DIDÁTICA E PRÁTICA DE ENSINO DE HISTÓRIA
EXPERIÊNCIAS, REFLEXÕES E APRENDIZADOS

COLEÇÃO
MAGISTÉRIO: FORMAÇÃO E TRABALHO PEDAGÓGICO

Esta coleção que ora apresentamos visa reunir o melhor do pensamento teórico e crítico sobre a formação do educador e sobre seu trabalho, expondo, por meio da diversidade de experiências dos autores que dela participam, um leque de questões de grande relevância para o debate nacional sobre a educação.

Trabalhando com duas vertentes básicas – magistério/formação profissional e magistério/trabalho pedagógico –, os vários autores enfocam diferentes ângulos da problemática educacional, tais como: a orientação na pré-escola, a educação básica: currículo e ensino, a escola no meio rural, a prática pedagógica e o cotidiano escolar, o estágio supervisionado, a didática do ensino superior etc.

Esperamos assim contribuir para a reflexão dos profissionais da área de educação e do público leitor em geral, visto que nesse campo o questionamento é o primeiro passo na direção da melhoria da qualidade do ensino, o que afeta todos nós e o país.

Ilma Passos Alencastro Veiga
Coordenadora

SELVA GUIMARÃES

DIDÁTICA E PRÁTICA DE ENSINO DE HISTÓRIA
EXPERIÊNCIAS, REFLEXÕES E APRENDIZADOS

PAPIRUS EDITORA

Capa	Fernando Cornacchia
Foto de capa	Rennato Testa
Coordenação	Ana Carolina Freitas e Beatriz Marchesini
Copidesque	Aurea Guedes de Tullio Vasconcelos
Diagramação	DPG Editora
Revisão	Isabel Petronilha Costa, Julio Cesar Camillo Dias Filho, Maria Lúcia A. Maier e Simone Ligabo

Dados Internacionais de Catalogação na Publicação (CIP)
(Câmara Brasileira do Livro, SP, Brasil)

Guimarães, Selva
    Didática e prática de ensino de História: Experiências, reflexões e aprendizados/Selva Guimarães. – 13ª ed. rev. e ampl. – Campinas, SP: Papirus, 2012. – (Coleção Magistério: Formação e Trabalho Pedagógico)

Bibliografia.
ISBN 978-85-308-0948-5

1. História – Estudo e ensino 2. Prática de ensino I. Título. II. Série.

12-01836 CDD-907

Índice para catálogo sistemático:
1. História: Ensino   907

13ª Edição rev. e ampl. – 2012
8ª Reimpressão – 2023
Livro impresso sob demanda – 160 exemplares

Exceto no caso de citações, a grafia deste livro está atualizada segundo o Acordo Ortográfico da Língua Portuguesa adotado no Brasil a partir de 2009.

Proibida a reprodução total ou parcial da obra de acordo com a lei 9.610/98.
Editora afiliada à Associação Brasileira dos Direitos Reprográficos (ABDR).

DIREITOS RESERVADOS PARA A LÍNGUA PORTUGUESA:
© M.R. Cornacchia Editora Ltda. – Papirus Editora
R. Barata Ribeiro, 79, sala 316 – CEP 13023-030 – Vila Itapura
Fone: (19) 3790-1300 – Campinas – São Paulo – Brasil
E-mail: editora@papirus.com.br – www.papirus.com.br

Resposta

Bem mais que o tempo
Que nós perdemos
Ficou para trás também
O que nos juntou

Ainda lembro
Que eu estava lendo
Só pra saber
O que você achou
Dos versos que eu fiz
E ainda espero resposta

Desfaz o vento
O que há por dentro
Desse lugar que ninguém mais pisou

Você está vendo
O que está acontecendo?
Nesse caderno sei que ainda estão
Os versos seus
Tão meus, que peço
Nos versos meus
Tão seus, que espero
Que os aceitem...
Nando Reis e Samuel Rosa

Aos meus companheiros de diálogo:
professores de História, Didática, Metodologia e Prática de Ensino.

SUMÁRIO

APRESENTAÇÃO 9

PARTE I
DIMENSÕES DO ENSINO DE HISTÓRIA NO BRASIL

1. REVISITANDO A HISTÓRIA DA DISCIPLINA 19

2. ABORDAGENS HISTORIOGRÁFICAS RECORRENTES
   NO ENSINO FUNDAMENTAL 39

3. POLÍTICAS PÚBLICAS, CURRÍCULOS E ENSINO
   DE HISTÓRIA 55

4. O ESTUDO DA HISTÓRIA E DA CULTURA
   AFRO-BRASILEIRA E INDÍGENA 73

5. LIVROS DIDÁTICOS DE HISTÓRIA 91

6. A FORMAÇÃO DOS PROFESSORES DE HISTÓRIA 111

7. O ENSINO DE HISTÓRIA E A CONSTRUÇÃO
   DA CIDADANIA 143

PARTE II
EXPERIÊNCIAS, SABERES E PRÁTICAS DE ENSINO DE HISTÓRIA

1. INTERDISCIPLINARIDADE, TRANSVERSALIDADE
   E ENSINO DE HISTÓRIA 161

2. PROJETOS DE TRABALHO: TEORIA E PRÁTICA 177

3. A PESQUISA E A PRODUÇÃO DE CONHECIMENTOS
   EM SALA DE AULA 205

4. O ESTUDO DA HISTÓRIA LOCAL E A CONSTRUÇÃO
   DE IDENTIDADES 235

5. DIFERENTES FONTES E LINGUAGENS NO PROCESSO
   DE ENSINO E APRENDIZAGEM 257
   5.1 Cinema 259
   5.2 Canções 285
   5.3 Literatura 314
   5.4 Documentos 324
   5.5 Imprensa: Jornais e revistas impressos 334
   5.6 Fontes orais 345
   5.7 Fontes iconográficas 352
   5.8 Tecnologias digitais de comunicação e informação 362
   5.9 Museus e cultura material 379

6. A AVALIAÇÃO DA APRENDIZAGEM EM HISTÓRIA 401

BIBLIOGRAFIA PARA O PROFESSOR 429

SITES PARA O PROFESSOR 439

APRESENTAÇÃO

Após quase uma década da conclusão da primeira edição[1] desta obra, aceitei o desafio de revisá-la, atualizá-la, enfim, reescrevê-la. Isso significa dialogar com diferentes temporalidades. Como nos ensina Bosi (1992, p. 29),[2] "o diálogo com o passado torna-o presente. O pretérito passa a existir, de novo".

Nestes anos, muitas histórias foram construídas, desconstruídas, escritas, narradas e contadas. O país mudou, a democracia se consolidou entre nós. As políticas públicas foram diversificadas. Os indicadores de renda e a qualidade de vida da população brasileira melhoraram. Mas persiste a extrema desigualdade social. A miséria ainda atinge milhões de brasileiros. No campo da educação escolar, não podemos deixar de registrar a democratização do acesso à educação básica, de modo particular ao ensino fundamental – quase 100%, segundo dados do Ministério da Educação (MEC). Houve significativo esforço para a ampliação do acesso à educação superior, para o crescimento e a autonomia das universidades, da pesquisa científica e da pós-graduação. O Brasil tornou-se um dos países com maior produção científica no cenário internacional.[3] Problemas e desafios: vários, dentre os quais destaco a superação das extremas desigualdades sociais, do analfabetismo e a valorização da educação e dos professores da educação básica.

No campo da pesquisa e do ensino de História, pergunto: o que mudou e o que permaneceu em nossa área? A escola mudou. E a formação de professores de História? Os currículos e outros temas relevantes? Saímos dos anos 1980, período caracterizado como tempos do "repensar", com um saldo rico, positivo e potencializador. Desse movimento, emergiram outras proposições diferenciadas daquelas predominantes, até então, na educação brasileira. A partir dos anos 1990, as disputas, as lutas em torno de uma nova política educacional produziram alguns resultados, dentre os quais:

- a consolidação do processo de substituição de Estudos Sociais por História e Geografia nos anos iniciais e finais do ensino fundamental;
- a extinção legal, no território nacional, das disciplinas Educação Moral e Cívica, Organização Social e Política do Brasil e Estudos dos Problemas Brasileiros, em 1995, durante o governo Itamar Franco;
- a paulatina extinção dos cursos de formação de professores de História em licenciaturas de curta duração em Estudos Sociais;
- a instituição e o aperfeiçoamento do Programa Nacional do Livro Didático (PNLD), da avaliação dos livros didáticos de História, no âmbito do MEC, e, nos anos 2000, a criação do Programa Nacional do Livro Didático para o Ensino Médio (PNLEM);
- a promulgação da Nova Lei de Diretrizes e Bases da Educação Nacional (LDB) – lei n. 9.394/96 – que, apesar das críticas e ressalvas quanto à forma e ao conteúdo, possibilitou a implementação de novas políticas públicas;
- a elaboração e a implantação dos Parâmetros Curriculares Nacionais (PCNs);
- os processos de reformulação curricular desenvolvidos nos sistemas estaduais e municipais de educação.

Na passagem dos anos 1990 e 2000, vivenciamos a elaboração e a implantação das Diretrizes Nacionais para os cursos superiores de História e de Formação de Professores da Educação Básica – resolução CNE/CP n. 1 de 18 de fevereiro de 2002. Durante o governo Lula (2002-2010), por pressão dos movimentos sociais, o Conselho Nacional de Educação aprovou a lei n. 10.639/2003 e as Diretrizes Curriculares Nacionais para a Educação das Relações Étnico-Raciais e para o Ensino de História e Cultura Afro-Brasileira e Africana. Essa lei acarretou mudanças no artigo 26 da LDB, tornando obrigatório o estudo de História e Cultura Afro-Brasileira e Africana e, a partir de 2008 (lei n. 11.645, de 10/3/2008), da temática indígena, frutos de demandas e lutas históricas dos movimentos negro e indígena.

Ocorreu também, de forma crescente, o desenvolvimento das novas tecnologias de informação e comunicação (TICs) e a implantação de cursos de formação inicial e continuada de professores, na modalidade educação a distância (EAD). Houve um incremento da produção científica e das publicações que têm como objeto de investigação o ensino e a aprendizagem de História nas universidades contando com a colaboração de professores da educação básica e superior. Essa ampliação é decorrente, em grande medida, da formação de grupos de pesquisa e do aumento do número de pesquisadores nas universidades, de intercâmbios internacionais e circulação de textos, estudos, pesquisas entre as diversas instituições.

Articulada a essas mudanças, consolidou-se no Brasil a realização periódica dos eventos acadêmicos da área como espaços de formação de pesquisadores e de professores: o Seminário Nacional Perspectivas do Ensino de História (teve sua primeira edição em 1988, na Universidade de São Paulo, USP/SP), o Encontro Nacional de Pesquisadores de Ensino de História (Enpeh; sua primeira edição ocorreu na Universidade Federal de Uberlândia, UFU/MG) e a posterior criação da Associação Brasileira de Ensino de História (Abeh).[4] Todas essas mudanças são frutos de um esforço coletivo de professores de História, formadores de professores, pesquisadores da área de ensino de História em diferentes realidades do Brasil.

Nesse contexto, a reapresentação desta obra aos professores, em particular, àqueles que atuam no ensino fundamental, visa, mais uma vez, colaborar de forma ativa para a articulação e a troca de experiências entre os profissionais que atuam na área do ensino e da pesquisa em História; favorecer o debate e a reflexão sobre diferentes temas, problemas e fontes; socializar e debater experiências didáticas, saberes e práticas educativas, projetos e resultados de pesquisas no campo do ensino de História, desenvolvidos em diversos espaços de produção e difusão dos saberes históricos; e contribuir para a avanço da qualidade do ensino fundamental e da formação de professores.

Este livro reúne experiências que desenvolvi como professora de História no ensino fundamental, como professora de Didática e Metodologia de Ensino de História, como formadora de professores e pesquisadora da área. Inspirada nas lutas cotidianas, nos debates realizados em diversos espaços educativos e no atual movimento da produção acadêmica e didática na área da História e da Educação, aceitei o desafio de organizar, sistematizar e apresentar aos colegas algumas reflexões e práticas de ensino desenvolvidas por mim e por diversos professores, formadores, pesquisadores e alunos em diferentes espaços e épocas.

Ao longo da minha vida profissional selecionei, reuni e produzi vários materiais: textos, artigos de jornais, de revistas, seleções de documentos, relatos de experiências, vídeos, seleções de filmes, textos literários, canções, poemas, crônicas e muitos outros. Muitos desses materiais, vestígios de uma experiência acumulada, encontravam-se dispersos, guardados em pastas, armários, disquetes, arquivos; entre eles, alguns sobreviveram no anonimato; outros (acreditem!) foram mimeografados para alunos; uma parte estava apenas transcrita em transparências; outra, fotocopiada, publicada; e havia aqueles revistos por alunos e colegas. A cada ano, a cada curso, novas atividades são realizadas, e nem sempre nós, docentes, temos tempo para sistematizar, organizar e refletir sobre nossas práticas, nossos saberes e fazeres de sala de aula, sobre os conhecimentos da nossa experiência docente. É comum publicarmos resultados de dissertações, teses, relatos de projetos de pesquisa, coletâneas de *papers*, porém resistimos à publicização, ou até mesmo desvalorizamos aquilo que é fruto de construção da/para a sala de aula.

Este livro apresenta um esforço de sistematização de alguns desses materiais, que ficaram dispersos e ainda não se "perderam", e de outros inéditos. Apresento um roteiro inspirado no programa de ensino da disciplina que ministramos no curso de graduação. Alguns textos constituem análises de resultados de pesquisa; outros, relatos de experiência, sugestões metodológicas produzidas em diferentes momentos e realidades escolares.

Sabemos que este é um empreendimento arriscado. Como diriam alguns colegas, "trata-se de um ato de coragem" socializar aspectos importantes daquilo que construímos e reconstruímos, dia após dia, ano após ano, "no chão" da sala de aula. Por um lado, realizo um antigo desejo: reunir, publicizar, expor reflexões produzidas coletivamente "entre as quatro paredes" da sala de aula, expô-las ao debate, receber críticas, aprender com elas, mudando e aperfeiçoando meu trabalho docente. Por outro lado, ao sistematizarmos e tornarmos didáticos alguns temas, especialmente conteúdos didáticos, acabamos por simplificar, fragmentar algo bastante complexo: o processo de ensino e aprendizagem. Nesse sentido, não tenho a intenção de ser prescritiva e normativa, ou seja, não é minha pretensão apresentar um receituário, um manual de respostas prontas e acabadas, mas sim colaborar para o debate da área, fruto do cotidiano da sala de aula, apresentar mais uma fonte, um espaço de conversa, de diálogo com professores de História, Didática, Metodologia, Prática de Ensino, formadores de professores e com vários profissionais que atuam ou se preparam para atuar como docentes na educação básica. Portanto, a intenção é aprender, compreender melhor o nosso ofício e contribuir para o ensino e a aprendizagem em História.

O texto está dividido em duas partes. A primeira parte contém análises e reflexões acerca de algumas das principais dimensões do ensino de História, vivenciadas por nós, na realidade educacional brasileira. Selecionamos questões e temas que consideramos importantes objetos de investigação nos cursos de formação de professores: a história da disciplina, os objetivos, os currículos, as diretrizes legais, as políticas públicas, o estudo da História e da Cultura Afro-Brasileira e Indígena, as abordagens historiográficas recorrentes no ensino fundamental, a formação inicial e continuada dos professores, a questão dos livros didáticos e a formação da cidadania. A segunda parte da obra apresenta questões didáticas, práticas pedagógicas, sugestões de metodologias, materiais, relatos, técnicas de ensino, recortes, seleções e comentários críticos, visando à troca de experiências entre os profissionais que, cotidianamente, (re)constroem as práticas educativas em sala de aula.

Desejo com este livro participar do processo de construção de um trabalho pedagógico coletivo, crítico, criativo e formativo, tecido na experiência dos diversos sujeitos que fazem a história do ensino de História, na intrínseca realidade socioeconômica e cultural brasileira: dinâmica, complexa e desigual. Os relatos e as interpretações aqui desenvolvidos são temporários. Um modo de ver, ler e fazer ensino de História. Espero que nossas escolhas, interpretações e produções sejam criticadas e ampliadas por outras investigações, outros relatos e outras publicações. O campo da Didática e da Prática de Ensino, nos últimos anos, revelou-se extremamente dinâmico, produtivo, um campo de possibilidades, de criação, de revisões, de caminhos que não se submetem mais às concepções prescritivas e normativas sobre "como ensinar" dos velhos manuais. Logo, esta obra, mais que um desafio pessoal, é um espaço de trocas.[5]

Acredito que a História, em todas as suas dimensões, é essencialmente formativa. Assim, seu ensino, os sujeitos, as aprendizagens, os saberes, as práticas, as experiências didáticas têm uma enorme importância para a vida social, para a construção da democracia e da cidadania. É por meio dos diversos processos, mecanismos, fontes e atos educativos que compreendemos a experiência humana, as tradições, os valores, as ideias e as representações produzidos por homens e mulheres em diversos tempos e lugares.

Nós – professores, alunos, autores, produtores, formadores, investigadores – ensinamos e aprendemos História, sempre, nos diversos espaços, mas é na educação escolar que, fundamentalmente, produzimos novas maneiras de ler, compreender, escrever, viver e fazer História.

Notas

1. Fonseca, S.G. (2003). *Didática e prática de ensino de História*. Campinas: Papirus.
2. Bosi, A. (1992). "O tempo e os tempos". *In:* Novaes, A. (org.). *Tempo e História*. São Paulo: Companhia das Letras, pp. 19-32.
3. Conforme nota da Agência Brasileira de Inteligência (Abin), em 19/6/2009: "O Brasil ampliou em 56% o número de artigos em publicações científicas de alto padrão, entre 2007 e 2008, e passou da 15ª para a 13ª posição no *ranking* das nações com maior volume de produção acadêmica. Hoje, o país responde por 2,12% da produção internacional. Rússia e Holanda, tradicionalmente com muito mais presença na área, ficaram para trás". (http://www.abin.gov.br)
4. Sobre a Associação Brasileira de Ensino de História veja: http://abeh.org.
5. Para a realização desta obra, contei com a ajuda dos membros do Grupo de Estudos e Pesquisa em Formação Docente, Saberes e Práticas de Ensino de História e Geografia (GEPEGH) da Faced/UFU (http://www.gepegh.faced.ufu.br) e, especialmente, de leitores críticos dos textos que a compõem: Astrogildo Fernandes da Silva Júnior, Iara Vieira Guimarães, Eucídio P. Arruda, Odair França, Eliana Carleto, Gizelda Costa da Silva, Adriana Pastorello, Regina Nascimento, Alexandre Pereira e Wanessa Bueno Campos. Não posso deixar de registrar o afetuoso e permanente diálogo com Antonio César Ortega (UFU), Marcos Silva (USP) e Ernesta Zamboni (Unicamp). A todos minha gratidão.

PARTE I

DIMENSÕES DO ENSINO DE HISTÓRIA NO BRASIL

1
REVISITANDO A HISTÓRIA DA DISCIPLINA

As mudanças efetuadas no ensino de História nas últimas décadas vieram articuladas às transformações sociais, políticas, econômicas e educacionais de maneira mais ampla, bem como àquelas ocorridas no interior dos espaços acadêmicos, escolares, na indústria cultural e em diversos espaços formativos. Nesse sentido, considero importante não separarmos a investigação e o debate sobre o ensino, do contexto em que ele é produzido, do conjunto de relações de espaços de saber e poder, especialmente, das relações entre Estado, universidades, indústria cultural e escolas de ensino fundamental.

Nas últimas décadas do século XX e na primeira do século XXI, a produção historiográfica e educacional não somente se ampliou de forma consistente e gradativa, como alargou sua presença na indústria cultural, incluindo aqui os diferentes espaços de produção de novas tecnologias e artefatos, objetos que fazem parte da cultura contemporânea. Assim, além do Estado e do mercado editorial, a mídia também se faz presente na discussão sobre o ensino de História, ou seja, sobre o que, para que e como promover esse ensino aos milhões de jovens que frequentam as escolas brasileiras (Freitag 1977, 1989). Discutir o ensino de História, no século XXI, é pensar os processos formativos que se desenvolvem em diversos espaços e as relações entre sujeitos, saberes e práticas. Enfim, é refletir sobre modos de educar cidadãos numa sociedade complexa, marcada por diferenças e desigualdades.

Isso nos convida a revisitar a história da disciplina a partir do contexto das mudanças sócio-históricas e políticas ocorridas no Brasil pós-1964 até o século XXI. No período ditatorial, o papel da educação – assim como as metas para o setor, estabelecidas pelo Estado brasileiro – esteve estritamente vinculado ao ideário de segurança nacional e desenvolvimento econômico. O projeto, delineado nos planos e programas de desenvolvimento, na legislação e nas diretrizes governamentais, representava o ideário educacional dos setores políticos dominantes. No plano interno, ocorreu a continuidade de experiências visando à elaboração de políticas e tecnologias educacionais, como, por exemplo, as das Forças Armadas, por meio da Escola Superior de Guerra, e as dos empresários, por meio do Instituto de Pesquisa e Estudos Sociais (Ipes).[1] No plano externo, houve um estreitamento dos vínculos com organismos internacionais, tais como a United States Agency for International Development (Usaid), além da Organização dos Estados Americanos (OEA) e da Organização das Nações Unidas para a Educação, a Ciência e a Cultura (Unesco) (Guimarães 1993).

Uma das principais características da política educacional pós-1964 foi a desobrigação do Estado com o financiamento da educação, especialmente dos níveis médio e superior. A Constituição de 1967, ao não vincular ao Orçamento Geral da União a porcentagem de verbas destinadas ao ensino, fez, como consequência direta, com que o Estado passasse a diminuir, sucessivamente, seus investimentos no setor educacional. Só para relembrarmos, vale registrar que a participação no orçamento do então Ministério da Educação e Cultura (MEC) decresceu de 10,6%, em 1965, para 4,3%, em 1975, e manteve-se no patamar médio de 5,5% até 1983. Em contrapartida, a rede de ensino privado cresceu em todo o país, especialmente no que diz respeito ao ensino superior, anteriormente concentrado quase exclusivamente em instituições católicas. A mesma tendência ocorreu com o ensino de 2º grau, hoje ensino médio, chegando a responder por 41% das matrículas em 1982, basicamente nos cursos preparatórios para as universidades e nos cursos profissionalizantes, predominantemente noturnos (Fundação Instituto Brasileiro de Geografia e Estatística – FIBGE 1983).

No final de 1983, no auge do processo de luta pela redemocratização política do Brasil, o Congresso Nacional aprovou a emenda constitucional do senador João Calmon pela qual a União fica obrigada a aplicar nunca menos de 12% da receita de impostos no ensino, e os estados e municípios, igualmente, 25% no mínimo. Essa aprovação se deu graças às pressões dos movimentos organizados, sobretudo dos trabalhadores da educação. Desde meados dos anos 1970, o aumento das verbas públicas para o ensino constitui-se uma das principais bandeiras de luta dos educadores brasileiros. Na Constituição, aprovada pelo Congresso Nacional em 1988, prevaleceu o reconhecimento da necessidade de elevação do percentual de verbas para a educação. No seu artigo 212, a atual Constituição Federal estabelece que a União aplicará nunca menos de 18%, e os estados e municípios, 25% no mínimo, da arrecadação de impostos no setor educacional. Entretanto, no artigo 213, fica assegurada a aplicação desses recursos públicos não só nas escolas públicas, mas também em escolas comunitárias, confessionais ou filantrópicas que "comprovem finalidade não-lucrativa" (Constituição Federal do Brasil 1988).

Outro marco da política educacional foi a reforma universitária de 1968, instituída no auge da ditadura. A literatura da área tem apontado um duplo foco de análise: por um lado, a reforma aparece como instrumento de desenvolvimento e progresso social, atendendo às demandas sociais por cursos superiores em nível de graduação e pós-graduação. Por outro, revela-se um meio de controle social e ideológico, com um claro objetivo desmobilizador, pois atacava duramente a organização do movimento estudantil, a autonomia universitária e a possibilidade de contestação e crítica no interior das instituições de ensino superior. Medidas como a departamentalização, a matrícula por disciplina, a unificação dos vestibulares – que passaram a ser classificatórios –, a fragmentação dos cursos, o controle ideológico e administrativo dos professores e o modelo administrativo empresarial implantado nas faculdades representaram o "ajustamento" da universidade brasileira à ordem política e econômica que se impunha, aprofundando linhas já existentes (lei 5.540/68).

Em 1971, o governo Médici completou a configuração do projeto educacional que vinha sendo desenhado desde 1964 e implantado, mais detalhadamente, a partir de 1968. A reforma do ensino de 1º e 2º graus (hoje níveis fundamental e médio), implantada por meio da lei 5.692 de 11 de agosto de 1971, tinha como fundamento o mesmo ideário e os mesmos objetivos que nortearam a reforma universitária. Dentre as mudanças destacaram-se: 1) a associação do período de escolaridade obrigatória, prevista na Constituição Federal (7 a 14 anos), ao que passa a denominar-se como 1º grau, ou seja, o ensino de 1ª a 8ª séries; 2) o ensino de 2º grau da rede pública voltado para a habilitação profissional dos alunos. Tornou-se compulsória a profissionalização técnica em nível médio, praticamente eliminando dos currículos de 2º grau a parte de formação geral, especialmente a da área de ciências humanas.

As resistências dos diferentes setores sociais à implantação da profissionalização no ensino de 2º grau foram imediatas (Cunha 1973). E, após dez anos de resistências, críticas e pressões contra o projeto profissionalizante imposto à sociedade pela reforma de 1971, o Conselho Federal posicionou-se favoravelmente à alteração do projeto. Em outubro de 1982, o MEC sancionou a lei 7.044, alterando alguns dispositivos da lei 5.692/71, especialmente aqueles que se referiam ao ensino de 2º grau, objeto de tantas discussões e preocupações no decorrer dos anos 1970.

A despeito das mudanças, alguns princípios do projeto continuaram inalterados. Os significados dessas mudanças para a educação e a formação do pensamento e da cidadania estão ainda presentes no século XXI. O acesso à escola foi ampliado, o número de matrículas cresceu. Mas questiona-se: o acesso ao saber foi ampliado? O "funil" e a exclusão social ainda são traços visíveis. A formação geral do educando foi preterida pela concepção que vinculava preparação para o trabalho à formação específica. A evasão e a repetência, apesar dos esforços, ainda são visíveis nos indicadores de distorção série/idade. Segundo o Instituto Brasileiro de Geografia e Estatística (IBGE 2011), a taxa de analfabetismo das pessoas de 15 anos ou mais de idade baixou de 13,3% em 1999 para 9,7% em 2009. Em números absolutos, o contingente era de 14,1 milhões de pessoas analfabetas. Destas, 42,6% tinham mais de 60 anos, 52,2% residiam no Nordeste e 16,4% viviam com ½ salário mínimo de renda familiar *per capita*.

Os dados evidenciam o analfabetismo como uma das heranças desse período histórico, além da pobreza e das desigualdades regionais.

Mas por que prevaleceu, nesse contexto histórico, a lógica de negar a formação geral ao educando no interior do projeto da reforma de ensino de 1971? Por que a tentativa de destruição das humanidades dentro dos currículos, no período pós-1964? Inicialmente, podemos afirmar que a resposta está nos propósitos do poder, no ideal do Conselho de Segurança Nacional, que agia no sentido de controlar e reprimir as opiniões e o pensamento dos cidadãos a fim de eliminar toda e qualquer possibilidade de crítica e resistência ao regime autoritário.

No entanto, após 1982, quando legalmente deixou de existir a predominância da formação específica sobre a geral, a revalorização das disciplinas – História e Geografia, por exemplo – ocorreu com dificuldades no interior das escolas. Em Minas Gerais, a carga horária das disciplinas da área de ciências humanas continuou diminuída em relação à das disciplinas da área de exatas e biológicas. Os vestibulares massificados passaram a exercer pressão sobre os currículos e as escolas de ensino médio, dificultando a formação integral dos jovens. Assim, no interior desse projeto educacional, o ensino de História constituiu-se alvo de especial atenção dos planejadores, legisladores e gestores da educação.

Constatamos, nesse período estudado, sobretudo após 1968, uma série de mudanças no ensino de História. Num primeiro momento, elas se processaram em estreita consonância com as diretrizes políticas do poder do Estado autoritário. Num segundo momento, constatamos o poder das forças sociais emergentes no processo de democratização, intervindo diretamente nas mudanças afetas ao ensino e à produção da História. Vejamos outras configurações assumidas por alguns aspectos constitutivos da história do ensino de História.

Iniciaremos pela formação do profissional de História. Para a realização de um projeto educacional, um dos elementos mais importantes é o professor que, investido de autoridade acadêmica e institucional, domina um conjunto de saberes, e é por meio do seu trabalho de planejamento e desenvolvimento do processo de ensino e aprendizagem que se realiza a educação escolar. No tempo presente essa formação ocorre em diversos espaços ao longo da vida dos sujeitos.[2] Evidentemente, os princípios de segurança nacional e desenvolvimento econômico norteadores da política educacional chocaram-se com o princípio de autonomia do professor, e o Estado autoritário passou a investir deliberadamente no processo de desqualificação/requalificação dos profissionais da educação.

A lógica da racionalização capitalista, incorporada pelas escolas brasileiras nas décadas de 1920 e 1930, foi aprimorada por meio do aperfeiçoamento do controle técnico e burocrático no interior das escolas; a perda do controle do processo de ensino e a subordinação dos professores aos supervisores e orientadores pedagógicos, a massificação e a imposição do material didático (o livro didático por excelência que, nesse período, não era escolhido pelo professor) são algumas das formas aperfeiçoadas. Acentuaram-se o processo de proletarização dos professores e a precarização das condições de trabalho. Aqueles que ministraram aulas nos anos 1970 ainda se recordam que parte do pequeno salário era destinada, pelos dedicados professores, a compras de giz, cadernos, lápis, caneta (até mesmo para distribuir aos alunos pobres), papel, cartolina etc. Os diretores se esforçavam para arrecadar fundos, por meio de festinhas, destinados a adquirir itens básicos para o funcionamento das escolas.

As estratégias desenvolvidas pelos reformadores foram acompanhadas por um ataque central à formação dos professores. No início de 1969, amparado pelo Ato Institucional n. 5 (AI-5), de dezembro de 1968, o governo, por meio do decreto-lei 547, de 18 de abril de 1969, autorizou a organização e o funcionamento de cursos profissionais superiores de curta duração. Ao admitir e autorizar habilitações intermediárias em nível superior para atender às "carências do mercado", o Estado revelou ser desnecessária uma formação longa e sólida em determinadas áreas profissionais – quais sejam, as licenciaturas encarregadas de formar mão de obra para a educação. Enquanto isso, outras áreas de formação profissional mantiveram os mesmos padrões de carga horária, duração e exigências.

A implantação das licenciaturas curtas expressava a dimensão econômica da educação, encarada como investimento, geradora de mercadoria (conhecimentos) e mão de obra para o mercado. O papel dos cursos de licenciatura curta atendia à lógica do mercado: habilitar um grande número de professores da forma mais viável economicamente – cursos rápidos e baratos, cuja manutenção exigia poucos investimentos. Esse fato fez com que tais cursos proliferassem em grande número, sobretudo em instituições de ensino privado, uma vez que se tornaram grandes fontes de lucro para as empresas educacionais.

As licenciaturas curtas vinham acentuar ou mesmo institucionalizar a desvalorização e a consequente proletarização do profissional da educação. Isso contribuiu para acelerar a progressiva perda de autonomia do professor diante do processo de ensino e aprendizagem na medida em que sua preparação para o exercício das atividades docentes era bastante restrita. Desse modo, as licenciaturas curtas (muitas vezes ofertadas nos famosos "cursos vagos")[3] cumpriam o papel de legitimar o controle técnico e as relações de poder, o controle ideológico e a submissão no interior das escolas.

Os cursos superiores de Estudos Sociais foram implantados nacionalmente, sendo extintos somente nos anos 1980 e 1990, após formarem grande número de professores em todo o Brasil, uma geração de professores polivalentes, com habilitação para ministrar aulas de História, Geografia, Organização Social e Política do Brasil (OSPB) e Educação Moral e Cívica (EMC). Tendo como uma de suas principais características a desvalorização das disciplinas da área das ciências humanas como campo de saberes autônomos, tais cursos apresentavam-nas transfiguradas – as ciências humanas eram transmitidas como um mosaico de conhecimentos gerais e superficiais da realidade social.

As reações contrárias aos Estudos Sociais levaram o MEC a recuar em determinadas medidas que atacavam frontalmente a área. O recuo do governo se deu em decorrência de pressões dos professores por meio de suas associações, tais como a Associação Nacional de História (Anpuh)[4] e a Associação dos Geógrafos do Brasil (AGB), num momento de mobilização e organização dos profissionais da educação. Houve uma revisão do artigo 5º da resolução 8/71 e da portaria 790/76, explicitando a possibilidade de introduzir História, Geografia e OSPB a partir da 5ª série, como disciplinas autônomas, e também de os licenciados em História e Geografia ministrarem aulas de Estudos Sociais no 1º grau. É interessante observar que, nesse caso, a estratégia do governo foi a mesma adotada em relação à revisão da lei 5.692/71, no que se referia à habilitação profissional. Num momento de lutas políticas, em que vários setores da sociedade organizam-se em torno de seus direitos, o governo centralizador utiliza-se de argumentos e procedimentos aparentemente democráticos para rever pontos de um projeto, mantendo, porém, seus princípios inalterados.[5]

Articuladas ao projeto de desqualificação dos professores de História, no final dos anos 1960 e no início dos anos 1970, novas ações foram planejadas e desenvolvidas para revitalizar a Educação Moral e cívica nas escolas brasileiras. A formação moral e a transmissão de valores sempre estiveram presentes na educação brasileira, porém, a maneira de concretizá-las e a concepção acerca desses valores têm variado segundo o contexto sociopolítico e as forças sociais dominantes no país. Com o golpe militar de 1964, o Estado passou a se preocupar com a necessidade de revigorar o ensino de Educação Moral e Cívica pela ótica da doutrina de segurança nacional.

O decreto-lei 869, de 12 de dezembro de 1969, foi imposto pelos ministros da Marinha, do Exército e da Aeronáutica que governavam o país naquele momento, amparados pelo AI-5, de 1968. Ele tornou obrigatória a inclusão de EMC como disciplina e como prática educativa em todos os sistemas e graus de ensino do país, e em nível de graduação e pós-graduação a disciplina passou a ser ministrada como Estudos dos Problemas Brasileiros (EPB). Para planejar, controlar e revigorar a Educação Moral e Cívica no ensino brasileiro, foi criada a Comissão Nacional de Moral e Civismo, cujos membros, pessoas "dedicadas à causa da Educação Moral e Cívica", eram nomeados pelo presidente da República. Essa comissão gozava de uma série de privilégios por ser considerada de "interesse nacional". Suas atribuições, de abrangência nacional, não se restringiam a dar as diretrizes do ensino de EMC no interior das escolas, mas também a outras esferas.

Conceitos como nação, pátria, integração nacional, tradição, lei, trabalho e heróis passaram a ser o centro dos programas da disciplina EMC. Deviam também "marcar" o trabalho de todas as outras áreas específicas e das atividades extraclasse com a participação dos professores e das famílias, imbuídas dos mesmos ideais e responsabilidades cívicas. A disciplina OSPB passou a ser vinculada à EMC, "seguindo a esteira de seus princípios norteadores". Desse modo, o ensino de História, cujo objeto de estudo era, explicitamente, citado no decreto 68.065/71, foi também sutilmente "vinculado" aos "princípios norteadores da EMC". De um lado, os professores de História e Geografia ou Estudos Sociais passaram a envolver-se, diretamente, ao ministrar as duas disciplinas, e também porque o conteúdo e os conceitos de moral e civismo perpassavam todas as disciplinas e as atividades extraclasse. De outro, os estabelecimentos de ensino passaram a ser obrigados, legalmente, a cumprir o programa fixado pelo Conselho Federal de Educação, diminuindo a carga horária de História e Geografia ou Estudos Sociais, e cedendo espaço na grade curricular da escola para as duas disciplinas obrigatórias: EMC e OSPB.

As atividades cívicas extraclasse foram instituídas pelas escolas com o objetivo de garantir uma maior "eficiência" da prática educativa. Dentre as inúmeras atividades previstas em lei, os atos cívicos tornaram-se recorrentes no cotidiano escolar. Nesses atos, crianças e jovens cultuavam os símbolos e os heróis nacionais – por meio de homenagens ao hino, à bandeira, aos heróis já tradicionais e também aos novos heróis – e participavam de comemorações, tais como a do 150º aniversário da Independência do Brasil e a da conquista do tricampeonato de futebol em 1970. Esse processo passou a se confundir com o ensino de História do Brasil, especialmente de 1ª a 4ª séries, aprofundando e renovando uma prática tradicional na escola brasileira.

Além de atos cívicos e desfiles suntuosos, a legislação previa a criação de centros cívicos. Com essa medida, o Estado tentava controlar o movimento estudantil e enquadrá-lo na doutrina de moral e civismo, liquidando sua autonomia em consonância com outro conjunto de medidas. Os centros acadêmicos passaram a ser controlados por um professor de confiança do diretor do estabelecimento de ensino, e as ações desses centros tinham um papel ideológico definido pelo Estado. A criação dos centros cívicos deu-se no auge da repressão, quando professores, estudantes e funcionários vivenciavam o cotidiano de suas atividades, na vigência do decreto-lei 477/69 que proibia qualquer forma de manifestação política "não autorizada", "provocativa" ou "subversiva".

Se a ordem e a moral transmitidas nas disciplinas e na prática educativa visavam eliminar críticas e legitimar o poder dos grupos dominantes no país, a dedicação especial ao ensino de Moral e Cívica acabava por reduzir os conceitos de moral, liberdade e democracia aos de civismo, subserviência e patriotismo. Houve um reducionismo e uma simplificação da formação moral e de cidadania à mera doutrinação ideológica – repressão à liberdade de pensamento e ao debate de ideias e culto aos heróis, mitos e datas nacionais. No final dos anos 1960 e no início dos anos 1970, o governo federal decretou uma série de leis nacionais, instituindo comemorações cívicas em estabelecimentos de ensino e repartições públicas. Em 1971, foi decretada a lei 5.700, constituída de 45 artigos que dispunham sobre a forma e a apresentação dos símbolos nacionais, bem como as penalidades impostas a quem desrespeitasse a legislação referente aos símbolos.

A implantação da doutrina moralizadora, disciplinadora e ideológica no sistema educacional por meio da EMC gerou resistências. Em 1971, a Comissão Especial de Educação Moral e Cívica reconheceu as dificuldades encontradas para a implantação da disciplina. Os "culpados" pelas resistências ou pelo insucesso, na perspectiva da comissão, eram os diretores e os professores "despreparados". Os diretores, porque a eles cabia a tarefa de nomear o coordenador das atividades de Moral e Cívica no estabelecimento escolar – portanto o sucesso dependia da eficiência do coordenador; os professores "despreparados" para ministrar eficientemente a disciplina eram os licenciados em ciências humanas (Filosofia, Pedagogia, História, Geografia e Ciências Sociais), uma vez que, inicialmente, o mercado ainda não dispunha dos professores "preparados" pelas licenciaturas curtas em Estudos Sociais.

A lei 5.692/71 foi anunciada como instrumento de grande renovação no ensino. No entanto, ao investigarmos detalhadamente a história do período, constatamos que, na prática, a reforma de 1971 consolidou uma série de medidas e estratégias educacionais adotadas, paulatinamente, após o golpe militar de 1964, entre elas, a obrigatoriedade do estudo de EMC como disciplina e prática educativa; institucionalizaram-se, em nível nacional, experiências curriculares que já estavam sendo realizadas em alguns estados, como, por exemplo, os Estudos Sociais. A nova organização curricular também efetivou outras disciplinas obrigatórias constantes no artigo 7º da lei 5.692/71, ao mesmo tempo que efetivamente desprestigiou o ensino de História e Geografia. No nível médio, 2º grau, admitia-se o tratamento de História e Geografia como disciplinas, desde que diminuídas sua "duração" e sua "intensidade", pois as disciplinas da área da formação especial deveriam ter duração superior àquelas de formação geral.

Outro aspecto importante a ser destacado na análise dos currículos do ensino fundamental, elaborados a partir de 1971,[6] é a configuração dos conteúdos mínimos que formavam o conjunto denominado Estudos Sociais. A especificidade do objeto do conhecimento histórico não aparece em sua totalidade. A generalização e a diluição eram explícitas. O objetivo do ensino de Estudos Sociais não era estudar, analisar, refletir sobre a história construída pelos homens, mas "localizar e interpretar fatos", utilizando "instrumental das ciências sociais" em geral e não da História especificamente. Nos conteúdos mínimos são evidentes a dimensão doutrinária e conservadora da EMC e da OSPB, além de uma série de noções e conceitos gerais de História, Geografia, Política, Sociologia, Filosofia etc. Isso nos leva a concluir que, no seio da deliberada tentativa de substituir História e Geografia por Estudos Sociais, havia uma intenção de dissolução desses campos do saber como disciplinas autônomas, formadoras do espírito crítico.

Assim, no período ditatorial, sobretudo após 1968, o ensino de História afirmou-se como instrumento de poder, de dominação, estratégia política do Estado. Esse fato não era inédito nem algo característico do nosso país. A História, como disciplina formativa, pode manipular fatos, acontecimentos, histórias, dados que são variáveis importantes na correlação de forças. A História e o seu ensino podem propiciar uma intervenção direta no social, por meio do trabalho com a memória coletiva. Nesse sentido, o ensino na educação escolar básica, que forma crianças e jovens, esteve submetido à lógica política do governo. Para exemplificar: em 1969, o presidente Médici, por meio do decreto 65.814/69, editou uma "convenção sobre ensino de História" firmada entre as nações latino-americanas no início dos anos 1930. Essa lei previa, em seu artigo 1º, "efetuar a revisão dos textos adotados para o ensino em seus respectivos países, a fim de depurá-los de tudo quanto possa excitar, no ânimo desprevenido da juventude, a aversão a qualquer povo americano (...)" (Guimarães 1993, p. 43).

Analisando o conteúdo do decreto, notamos que sua essência é a "depuração" dos temas da História de tudo aquilo que pudesse provocar aversão a outros povos americanos. É ainda bastante significativa a declaração do então governo dos Estados Unidos da América, preocupado com o ódio entre as nações americanas. Que tipo de ensino de História interessava ao governo dos Estados Unidos naquele contexto histórico na América Latina e em seu país? Para o plano interno, Vidal-Naquet registra, em *Os assassinos da memória*, o fato ocorrido em 22 de dezembro de 1950, "quando o então presidente Truman dirigiu-se ao Congresso da American Historical Association solicitando a elaboração de um programa histórico federal de luta contra o comunismo" (1988, p. 119).

No plano externo, em particular na relação com a América Latina, a presença americana fez-se marcante por meio de numerosos mecanismos: na ingerência direta nos processos políticos – por exemplo, no golpe de Estado de 1964; na elaboração da política educacional, especialmente nos currículos; e na promoção de intensa propaganda anticomunista. A recomendação de estudos de uma história da América sem hostilidades, livres de conceitos ofensivos, sem ódios, valorizando o estudo da cultura e do desenvolvimento, fez-se presente no ensino médio. A hegemonia americana na América e no mundo, a paz entre as nações americanas e a identificação entre elas são exemplos de temas de estudos sugeridos pela referida convenção. Ao adotar essa concepção, o ensino de História assumia a tarefa de formação ideológica, impondo regras de conduta política por meio do estudo de temas e conceitos que eram de interesse central dos governos brasileiro e americano.

Portanto, o fazer histórico realizava-se, no campo da luta política, de modo ambíguo, pois, se por um lado se aproximava do poder dominante, por outro, se distanciava e constituía outro poder, evidenciando estratégias, símbolos importantes na correlação de forças. Nesse sentido, a partir de 1964, há registros, em diferentes realidades escolares, de experiências variadas, ora acatando as diretrizes e reforçando-as, ora lutando contra elas e realizando experiências alternativas.[7] Anteriormente, analisamos como os profissionais da educação reagiram contrariamente à desvalorização da História e da Geografia e ao processo de qualificação dos professores da área. Isso demonstra como as práticas sociais em determinadas épocas são parte do movimento de construção da memória histórica efetuada no interior das lutas políticas.

No final da década de 1970 e ao longo dos anos 1980, ocorreram mudanças significativas no ensino de História, fazendo com que a configuração por ele assumida (Estudos Sociais) durante os anos de autoritarismo fosse paulatinamente alterada. Nos anos 1980, vivenciamos uma realidade contraditória e rica. De um lado, um amplo debate, troca de experiências, um movimento de repensar as problemáticas nas várias áreas. De outro, a permanência de aparato legal elaborado em plena ditadura, o chamado "entulho autoritário". EMC e OSPB permaneceram disciplinas obrigatórias para o ensino de 1º grau, assim como EPB para a graduação, embora esvaziadas dos projetos para os quais foram criadas. Foram definitivamente "invadidas pelos conteúdos de História".[8]

No amplo debate ocorrido no início dos anos 1980, no interior das lutas pela democratização do país – greves de professores, lutas pelas eleições diretas, eleições diretas para governadores –, ocorreram os processos de reformulação curricular na maioria dos estados brasileiros. Do Acre ao Rio de Janeiro, estendendo-se ao sul do país, nas redes de ensino públicas e privadas dos grandes e médios municípios, nas experiências de escolas de educação básica ligadas às universidades, nos organismos de gestão da educação dos entes federados, foram desenhados outros caminhos do ensino de História. Foi um tempo de intensa mobilização dos movimentos sociais em busca da liberdade de expressão, em prol da democracia, visando assegurar direitos sociais e políticos na nova Constituição, que estava sendo desenhada pela Assembleia Nacional Constituinte depois de anos de ditadura. Em 5 de outubro de 1988 foi promulgada a nova Constituição da República Federativa do Brasil.

O texto constitucional representou, na área da educação, um avanço significativo em relação às constituições anteriores, no que diz respeito às conquistas do movimento social em defesa da escola pública. No capítulo III, seção 1 – Da Educação, estabeleceu no artigo 207: "As universidades gozam de autonomia didático-científica, administrativa e de gestão financeira e patrimonial, e obedecerão ao princípio da indissociabilidade entre ensino, pesquisa e extensão". O artigo 212 prevê: "A União aplicará, anualmente, nunca menos de 18% e os Estados, o Distrito Federal e os Municípios 25%, no mínimo, da receita resultante de impostos, compreendida a proveniente de transferências, na manutenção e desenvolvimento do Ensino". Esses dois artigos produziram significativos impactos nas políticas públicas educacionais, tanto na educação superior como na educação básica.

O ano 1988 nos remete a Bosi (1992), "O tempo e os tempos". Questiona o autor: "Datas. Mas o que são datas? De onde vêm a força e a resistência dessas combinações de algarismos (...)" (p. 19). "Vêm", segundo ele, "da relação inextricável entre o acontecimento, que elas fixam com a sua simplicidade aritmética e a polifonia do tempo social, do tempo cultural, (...) que pulsa sob a linha de superfície dos eventos (...)" (p. 19). As datas não são aleatórias... "As datas, como símbolos, dão o que pensar..." (p. 32).

Saímos da década de 1980, período caracterizado como tempos do "repensar",[9] com um saldo rico, positivo e potencializador. Se, para alguns economistas, foi uma "década perdida", para a educação e o ensino de História, não. Repensamos e criticamos os diversos aspectos constitutivos da educação, da História e seu ensino: a política educacional, os currículos, a gestão, a escola, o ensino e a aprendizagem, os professores, os alunos, os pressupostos, os métodos, as fontes e os temas. Desse movimento, emergiram outras proposições diferenciadas daquelas predominantes, até então, na educação brasileira.

A partir de 1990, no contexto neoliberal-conservador, de globalização econômica e consolidação da democracia, as lutas e disputas em torno de políticas educacionais e da nova LDB produziram alguns resultados, dentre eles: a consolidação do processo de substituição de Estudos Sociais por História e Geografia nos anos iniciais e finais do ensino fundamental; a extinção legal, no território nacional, das disciplinas Educação Moral e Cívica, Organização Social e Política do Brasil e Estudos dos Problemas Brasileiros, durante o governo do então presidente da República, Itamar Franco; a extinção dos cursos de formação de professores de História em licenciaturas de curta duração em Estudos Sociais; o aperfeiçoamento da política pública de livros didáticos por meio do Programa Nacional do Livro Didático (PNLD) e das Avaliações dos Livros Didáticos, no âmbito do Ministério da Educação; a promulgação da nova Lei de Diretrizes e Bases da Educação Nacional (LDB) – lei n. 9.394/96 – que, apesar das críticas e ressalvas quanto à forma e ao conteúdo, possibilitou a implementação de novas políticas públicas; a elaboração e a implantação dos Parâmetros Curriculares Nacionais (PCNs); os movimentos de reformulação/atualização curricular desenvolvidos nos sistemas estaduais e municipais de educação.

Importante e necessário registrar tais acontecimentos, pois, como nos ensina Bosi, "o diálogo com o passado torna-o presente. O pretérito passa a existir, de novo" (*ibidem*, p. 29). Nesses anos, muitas histórias foram construídas, desconstruídas, escritas, narradas e contadas. O país mudou, a democracia se consolidou entre nós. Os direitos sociais e políticos foram ampliados. Por outro lado, os debates, os movimentos sindicais e acadêmicos sofreram inflexões, o que não significou ausência de problemas políticos e sociais, associados às questões educacionais mais amplas e aos novos horizontes ocupados pela pesquisa e o ensino de

História. Uma tendência que se fortaleceu, a partir daquela conjuntura, foi pelo crescimento da presença empresarial, (editoras e escolas privadas) na cena do debate, com o simultâneo recuo de sindicatos e outras entidades associativas, ligado a certa fadiga do debate político que marcou a passagem do século XX para o seguinte (Silva e Guimarães 2007, p. 8).

Como dissemos na introdução da obra *Ensino de História no século XXI*, a chegada de um novo século não produz, automaticamente, alterações nas atividades humanas. Serve, entretanto, como referência simbólica para que se façam balanços sobre diferentes áreas, pensando em seu estado atual e nas tendências que se configuram para a sua existência. Nesse sentido, salientamos outras ações que nos ajudam a refletir sobre a disciplina no século XXI: a elaboração e a implantação das diretrizes nacionais para os cursos superiores de História e, posteriormente, as diretrizes de formação de professores da educação básica em 2002;[10] a mudança do artigo 26 da LDB, tornando obrigatório o estudo de História e Cultura Afro-Brasileira e Africana e da temática indígena, fruto de demandas dos movimentos sociais; o rápido desenvolvimento de novas tecnologias no campo da educação; a implantação de cursos de formação inicial e continuada de professores, na modalidade educação a distância (EAD); a ampliação da produção científica e das publicações sobre o ensino e a aprendizagem em História nas universidades por professores da educação básica e superior ou com sua colaboração; o crescimento dos grupos de pesquisa e do número de pesquisadores nas universidades, os intercâmbios internacionais, a circulação de textos, estudos, pesquisas entre as diversas instituições; a consolidação dos eventos nacionais na área do ensino de História: o Encontro Nacional Perspectivas do Ensino de História, promovido, pela primeira vez, em 1988, na USP, e o Encontro Nacional de Pesquisadores do Ensino de História, em 1993, na UFU. Tais eventos passaram a ser realizados de dois em dois anos em diferentes cidades do Brasil, tornando-se importantes espaços de formação continuada, de trocas de experiências científicas e didáticas. E, por último, a criação da Associação Brasileira de Ensino de História (Abeh)[11] que passa a ser, assim como a Anpuh,[12] importante espaço de aglutinação de profissionais de História que se dedicam ao ensino e à pesquisa sobre o ensino.

Nesse contexto, ainda que reconheçamos o tímido debate das políticas educacionais para o ensino de História desde os anos 1990, como afirmamos anteriormente, houve não apenas um crescimento da pesquisa científica na área do ensino e da aprendizagem de História, mas também uma valorização cada vez maior da cultura escolar, dos saberes e das práticas educativas, desenvolvidos em diferentes lugares por docentes e outros atores do processo educativo. Essa foi uma conquista importante porque reafirmou, entre nós, a concepção de que ensinar História não é apenas repetir, reproduzir conhecimentos eruditos produzidos em outros espaços: existe também uma produção escolar (Silva e Guimarães 2010).

As culturas escolares, dotadas de especificidades, mantêm laços, diálogos permanentes com outros espaços culturais, desde a formação dos professores nas universidades, passando pela produção erudita continuada (artigos, livros, exposições) e pela divulgação (livros didáticos, cursos) elaborada a partir desses mesmos espaços. Nesse sentido, a cultura escolar não está isolada de outras culturas (universitária, industrial, não escolar, tradições populares). Logo, a escola não está fora da História. Essa mudança de concepção implica reconhecer um importante rompimento com a crença de que a universidade constitui o único lugar do saber e de que o Estado é o responsável por tudo, ignorando, assim, a autonomia, o papel, as vontades intelectuais e políticas dos sujeitos: professores, alunos e outros atores sociais envolvidos no ensino de História (Silva e Guimarães 2010).

Assim, ao revisitar a história do ensino de História, os ganhos, as conquistas, os recuos, observamos os avanços em relação à educação em geral. Os dados do IBGE com relação à educação mostram uma evolução entre 1999 e 2009, com o aumento do percentual de pessoas que frequentam instituições de ensino em todas as faixas etárias e níveis de escolaridade. Em 2009, houve um crescimento expressivo da frequência ao nível pré-escolar das crianças de 0 a 5 anos, visto que o percentual das que frequentavam escolas ou creches atingiu 38,1%, ao passo que em 1999 esse índice era de 23,3%. Em relação ao ensino fundamental, que recebe crianças entre 6 e 14 anos – desde meados da década de 1990, praticamente todas as crianças frequentavam a escola –, o atendimento evoluiu de 94,2% em 1999 para 97,6% em 2009. Ou seja, quase 100% de acesso e frequência. O IBGE (2010) ressalva que

> a situação é menos favorável para adolescentes de 15 a 17 anos: em 2009, a taxa de frequência à escola alcançou 85,2%, mas a taxa de escolarização líquida (percentual de pessoas que frequentavam a escola no nível adequado à sua idade, ou seja, o ensino médio) era de 50,9% (era de 32,7% em 1999).[13]

Também, nos últimos anos, ocorreu um notável esforço para o crescimento do número de matrículas na educação superior, graduação e pós-graduação, bem como da participação na pesquisa científica. O Brasil tornou-se um dos países com maior volume de produção científica, conforme nota da Agência Brasileira de Inteligência (Abin) em 19/6/2009:

> O Brasil ampliou em 56% o número de artigos em publicações científicas de alto padrão, entre 2007 e 2008, e passou da 15ª para a 13ª posição no *ranking* das nações com maior volume de produção acadêmica. Hoje, o país responde por 2,12% da produção internacional. Rússia e Holanda, tradicionalmente com muito mais presença na área, ficaram para trás.[14]

Esse dado nos faz recordar os desafios, a necessidade de enfrentar velhos problemas, sem perder de vista aqueles que foram conquistados ao longo das últimas décadas, dentre os quais se destacam o analfabetismo, a qualidade da educação básica, a valorização dos professores da educação básica e a superação das desigualdades sociais.

A história da disciplina História, na educação escolar brasileira, tem sido objeto de vários estudos.[15] As mudanças são frutos de um esforço coletivo de professores, formadores de professores, pesquisadores e demais atores sociais envolvidos. Nos capítulos seguintes apresentaremos reflexões sobre o lugar, o papel, os objetivos, a importância da História na educação, experiências escolares que apresentam novas configurações dos saberes e das práticas constitutivas do ensino de História. Na construção da análise, abordaremos documentos variados, relatos, metodologias, sugestões curriculares, produções textuais, materiais, fontes de estudo, decorrentes de políticas públicas, movimentos sociais e experiências de ensino e pesquisa desenvolvidas no contexto sócio-histórico educacional brasileiro no início do século XXI.

Notas

1. Sobre isso ver: Souza, M.I.S. (1981). *Os empresários e a educação: O Ipes e a política após 1964*. Petrópolis: Vozes.
2. Este tema pode ser analisado nos estudos publicados em: Guimarães, S. e Zamboni, E. (orgs.) (2008). *Espaços de formação do professor de História*. Campinas: Papirus.
3. Chamavam-se "vagos" aqueles cursos superiores em que ocorria a concentração de carga horária em um ou dois dias por semana ou mês, atraindo, desse modo, estudantes de diferentes cidades que se deslocavam para a sede do curso apenas nos períodos de oferta de aulas e provas.
4. Mesquita, I.M. e Zamboni, E. (2008). "A formação de professores na trajetória histórica da Associação Nacional de História (Anpuh)". *In*: Zamboni, E. e Guimarães, S. (orgs.). *Espaços de formação do professor de História*. Campinas: Papirus, pp.131-162.
5. A questão dos Estudos Sociais pode ser conhecida em: Fenelon, D.R. (1984). "A questão dos Estudos Sociais". *Cadernos Cedes*, n. 10 – *A prática do ensino de História*. São Paulo: Cortez/Cedes. Sobre os cursos superiores de História, ver importante documento: MEC/Sesu (1986). *Diagnóstico e avaliação dos cursos de História no Brasil*. Brasília, 42 p.
6. Minas Gerais (1973). *Programa de ensino de primeiro grau: Estudos Sociais*. Belo Horizonte: SEE/MG.
São Paulo (1975). *Guia curricular para o ensino de 1º grau*. São Paulo: SEE/SP.
7. Sobre isso há importante registro em: Silva, J.G.W. (1985). *A deformação da História ou para não esquecer*. Rio de Janeiro: Zahar.
8. As cargas horárias de EMC e OSPB, previstas legalmente nos anos 1980, eram, em grande parte das escolas brasileiras, ocupadas por professores de História e Geografia para o estudo de problemas sociais, históricos e geográficos e não mais pelos conteúdos prescritos pelos currículos e livros didáticos do tempo da ditadura.
9. Esse movimento pode ser apreendido em importantes obras publicadas no período, tais como: Silva, M.A. da (org.) (1984). *Repensando a História*. Rio de Janeiro: Anpuh/Marco Zero; Veiga, I.P.A. (org.) (1999). *Repensando a didática*. Campinas: Papirus.
10. Brasil (2002). Diretrizes para a formação de professores da educação básica, em cursos de nível superior. Brasília: MEC. [Disponível na internet: http:/www.mec.gov.Br/sesu/ftp/curdiretriz/ed_basicaed_basdire.doc.]; Brasil (2001). Diretrizes curriculares nacionais dos cursos de História. Brasília: MEC. [Disponível na internet: http://www.mec.gov.br/sesu.]

11. *Site* da Associação Brasileira de Ensino de História: http://abeh.org.
12. *Site* da Associação Nacional de História: http://www.anpuh.org.
13. Fonte: http://www.ibge.gov.br/home/presidencia/noticias/noticia_visualiza. php?id_noticia=1717&id_pagina=1. Acesso em 12/6/2011.
14. Fonte: http://www.abin.gov.br. Acesso em outubro de 2009.
15. Resultados de pesquisas na área podem ser conhecidos, por exemplo, no *site* da Capes http://www.capes.gov.br. No *link* Banco de Dissertações e Teses, é possível acessar o conteúdo das produções defendidas nos Programas de Pós-graduação do Brasil.

Referências bibliográficas

BOSI, A. (1992). "O tempo e os tempos". *In*: NOVAES, A. (org.). *Tempo e História*. São Paulo: Companhia das Letras/SMC, pp. 19-32.

BRASIL (1988). Constituição da República Federativa do Brasil. Brasília: Senado Federal, Centro Gráfico.

_____ (1997). Lei de Diretrizes e Bases da Educação Nacional. Rio de Janeiro: Qualitymark.

CUNHA, L.A.R. da (1973). *Política educacional no Brasil: A profissionalização do ensino médio*. Rio de Janeiro: Eldorado Tijuca.

FIBGE (1983). Anuário estatístico do Brasil.

FREITAG, B. (1977). *Escola, Estado e sociedade*. São Paulo: Cortez & Moraes.

_____ (1989). *Política educacional e indústria cultural*. 2ª ed. São Paulo: Cortez.

GUIMARÃES, S. (1993). *Caminhos da História ensinada*. Campinas: Papirus.

IBGE. Síntese de Indicadores Sociais. [Disponível na internet: http://www.ibge. gov.br/home. Acesso em 17/9/2011.]

SILVA, M. e GUIMARÃES, S. (2007). *Ensinar História no século XXI: Em busca do tempo entendido*. Campinas: Papirus.

_____ (2010). "Ensino de História hoje: Errâncias, conquistas e perdas". *Revista Brasileira de História*, vol. 30, pp. 13-33.

VIDAL-NAQUET, P. (1988). *Os assassinos da memória*. Campinas: Papirus.

2
ABORDAGENS HISTORIOGRÁFICAS RECORRENTES NO ENSINO FUNDAMENTAL

Durante algum tempo, como professora de crianças e adolescentes e, ao mesmo tempo, estudante de História no curso de graduação, questionei e investiguei aquilo que considerava "discrepância", "distância" entre a História estudada, debatida, produzida na universidade e aquela ensinada nas escolas de ensino fundamental.

No Brasil, o espaço acadêmico no campo da História caracteriza-se pela multiplicidade de leituras e interpretações, métodos e temas, pela diversificação de práticas de ensino e pesquisa. Entretanto, trata-se de um espaço de produção de conhecimentos acessível a um número restrito de pesquisadores e parte do reduzido percentual de estudantes com acesso à universidade. Cabe registrar que, em algumas das instituições que ofertam cursos superiores de História, a pesquisa é ainda incipiente ou até mesmo inexistente. Por sua vez, muitas das nossas escolas de educação básica ainda carecem não só de acervo de uma bibliografia variada, mas de projetos e práticas pedagógicas que estimulem o debate, a investigação, a criação. Assim, as escolas podem configurar-se como espaços nos quais são recorrentes uma ou outra leitura historiográfica que, fragmentadas e simplificadas, acabam, muitas vezes, impondo uma versão como a verdade histórica sobre determinados temas.

Esse fato é revelador de faces da educação básica brasileira, decorrentes das políticas públicas e de gestão educacional, tais como: precárias condições de trabalho dos professores, excessiva carga horária, baixos salários, ausência de efetivos projetos de formação continuada, inadequadas condições físicas e materiais das escolas, falta de apoio pedagógico, violência e indisciplina estudantil, dentre outras. É certo que já avançamos muito, mas essas características listadas ainda fazem parte do cenário educacional. Devemos considerar também as características das relações entre os diversos espaços de produção e difusão de saberes em nosso país, tão marcado pela concentração de renda e desigualdade sociocultural. Após percorrermos alguns caminhos da história do ensino de História na educação brasileira nas últimas décadas, vamos refletir sobre concepções, abordagens do conhecimento histórico recorrentes no ensino fundamental, com o objetivo de contribuir para o debate, a meu ver, necessário e permanente, sobre quais histórias ensinar e aprender no ensino fundamental e qual o papel da História na formação dos jovens.

Algumas perguntas são básicas: O que estuda a História? Qual a importância e o papel da História para nossas vidas? Como a História é construída? Por que e para que ensinar e aprender História? Para que serve a História? Quais concepções de História chegam às salas de aula e são mais difundidas entre nossos alunos?

Essas questões são frequentes no meio educacional, nas salas de aula, nos cursos de formação, nas salas de professores e até mesmo nas famílias. Quantos pais questionam o que estudar em História e por que estudá-la? Sintetizando: o que ensinar e aprender de História? Por que e para que ensinar e aprender essa disciplina? Para começar nosso diálogo, transcrevo uma resposta direta do mestre Caio Boschi (2007, p. 12):

> Trocando em miúdos, a história serve para que o homem conheça a si mesmo – assim como suas afinidades e diferenças em relação a outros. Saber quem somos permite definir para onde vamos. Quem

sou eu? De onde vim? Para onde vou? Perguntas como essas são uma constante na história da humanidade. Por mais sem sentido que pareçam, tais indagações traduzem a necessidade que temos de nos explicar, nos situar, nos (re)conhecer como humanos e, em decorrência, como seres sociais.

Em palavras simples, o autor nos relembra o conceito de História e nos faz pensar sobre ele. História é vida e conhecimento. As pessoas fazem história o tempo todo e em todos os lugares. Concebemos a História como o estudo da experiência humana nos diversos tempos. A História busca compreender as inúmeras maneiras como homens e mulheres viveram e pensaram suas vidas e a de suas sociedades no decorrer do tempo (Novaes 1992). Ela permite que as experiências sociais sejam vistas como um constante processo de transformação – um processo que assume formas muito diferenciadas e que é produto das ações dos próprios homens. O estudo da História é fundamental para perceber o movimento e a diversidade, possibilitando comparações entre grupos e sociedades nos diversos tempos e espaços. A História nos ensina a ter respeito pela diferença, contribuindo para o entendimento do mundo em que vivemos e também do mundo em que gostaríamos de viver. Em suma, nos ensina Boschi (2006, p. 25):

> O fundamento da História, seu para quê mais profundo: dar sentido à vida pela compreensão de uma totalidade da qual fazemos parte; dar sentido social primeiramente à comunidade que nos rodeia, depois à espécie humana como um todo e finalmente, num exercício de imaginação, à coletividade dos seres racionais e livres do universo.

Logo, não estamos sozinhos. O homem não faz História sozinho. Somos parte de um todo e um todo à parte.

Mas como a História é produzida, escrita e transmitida para as várias gerações? A resposta a essa pergunta está na explicação do ofício do historiador e das fontes que ele utiliza, no fazer histórico, nas formas como o conhecimento histórico é produzido e chega até nós. Segundo Thompson (1981), é por meio dos diversos registros das ações humanas, dos documentos, dos monumentos, dos depoimentos de pessoas, de fotografias, objetos, vestuários e outros, que chega até nós o real vivido por homens e mulheres nos diversos tempos e espaços. Portanto, todos os registros e as evidências das ações humanas são fontes de estudo da História. A história como experiência humana torna-se objeto de investigação do historiador, que realiza o levantamento das fontes históricas, analisa-as, dialoga com as teorias e com outros achados produzidos na esfera social e os transforma em conhecimento.

Para Jenkins (2005, p. 25), "o passado já passou, e a história é o que os historiadores fazem com ele quando põem mãos à obra". O autor nos relembra que "nenhum historiador consegue abarcar e assim recuperar a totalidade dos acontecimentos passados, porque o conteúdo desses acontecimentos é praticamente 'ilimitado'" (p. 31). Além do que, nenhum relato consegue recuperar o passado tal qual era, e a história "está sempre fadada a ser um constructo pessoal, uma manifestação da perspectiva do historiador como narrador..." (p. 32). "O passado que conhecemos é sempre condicionado por nossas próprias visões, nosso próprio presente" (p. 33).

O passado é reconstruído com os olhos do presente, e há diferentes modos de construir e interpretar o conhecimento histórico. Isso nos remete às concepções de conhecimento, história, mundo dos historiadores, inseridos em contextos específicos. Concordamos com Burke (2003, p. 18) para quem, quando produzimos conhecimento e o situamos socialmente, "devemos reconhecer que contém vieses, resultados de classe, gênero, nação e geração". Logo, a análise da produção não pode ocorrer descolada dos sujeitos, dos lugares sociais de produção, das circunstâncias da "sua reprodução, circulação, consumo e crítica" (Boschi 2006, p. 293).

A análise da questão anterior nos remete ao século XIX, na Europa, quando a História passou a ser considerada *ciência* e tornou-se disciplina escolar. Desde então, localizamos debates sobre diferentes maneiras de interpretar, escrever e ensinar a História. Concepções historiográficas foram construídas, desconstruídas, revistas e atualizadas. É dinâmica a história da História. Por isso dizemos que os conceitos, as teorias e os conhecimentos não são verdades prontas, acabadas, eternas, estáticas, absolutas, imutáveis e incontestáveis. O conhecimento histórico é temporal, parcial, limitado. Não está pronto e acabado, mas em construção, em movimento. É um conhecimento aberto a múltiplas leituras e interpretações. Dentre as abordagens historiográficas, podemos afirmar – com base em investigações, análises de currículos, livros didáticos, saberes e práticas pedagógicas desenvolvidas nas salas de aula – que as vertentes conhecidas como "História tradicional" e "nova História", aglutinando vieses e tendências variadas, são as mais presentes no ensino fundamental. Essas vertentes assumem nuanças. Por exemplo, uma análise mais aprofundada dos currículos, de materiais didáticos e mesmo das produções escolares revela a presença de perspectivas consideradas por muitos como inovadoras, como o materialismo histórico, inspirador da versão marxista ortodoxa, marcante no currículo de História e em coleções de livros didáticos amplamente utilizados no estado de Minas Gerais nos anos 1980 e 1990.

A História tradicional dominou o século XIX, sendo discutida, questionada e transformada ao longo do século XX. Desse movimento de críticas e diálogo nasceu e se desenvolveu a chamada "História nova". No Brasil, Falcon (1996) registra que a historiografia brasileira, pós-anos 1960, foi marcada por "uma dialética da tradição e da inovação". A tradição, vinculada ao empirismo positivista, nas décadas de 1960 e 1970, "era quem ditava currículos e leituras na esfera da graduação em História" (*ibidem*, p. 9) e, acrescento, na esfera do então ensino fundamental, favorecida pelo regime autoritário predominante. O polo da inovação era representado pela nova História, inspirada na prestigiosa Escola dos Annales e no marxismo. Para facilitar a compreensão de ambas e suas marcas no ensino, vamos destacar algumas de suas características.

A História tradicional ou positivista privilegiava como fontes os documentos escritos, oficiais e não oficiais (leis, livros), e também os sítios arqueológicos, as edificações e os objetos de coleções e museus, como moedas e selos. Os sujeitos da História tradicional eram as grandes personalidades políticas, religiosas e militares: reis, líderes religiosos, generais, grandes proprietários. Eram atores individuais, heróis que geralmente apareciam como construtores da História. Assim, a História tradicional estudava os grandes acontecimentos diplomáticos, políticos e religiosos do passado. Privilegiava o estudo dos fatos passados que eram apresentados numa sequência de tempo linear, cronológica e progressiva. Segundo Falcon (*ibidem*, p. 15), os historiadores positivistas acreditavam "que a história que escreviam era verdadeira se conseguisse ser suficientemente fiel aos fatos reais, acessados por meio das fontes". Essa postura, essa crença impactou significativamente a pesquisa e o ensino de História, pois "todo texto de história era portador da certeza, ou pretensão, de constituir uma reprodução, de natureza especular, da História, propriamente dita, os acontecimentos tais como estes se passaram na realidade" (*ibidem*, p. 16). Assim, a crença na neutralidade, na verdade histórica, marcou a escrita e a reprodução dos textos históricos escolares.

As correntes do campo da chamada História nova estabeleceram um diálogo crítico com a forma tradicional de fazer e ensinar a disciplina: abandonaram algumas posições, incorporaram outras e, fundamentalmente, transformaram a maneira de pesquisá-la e estudá-la. A História, no século XX, passou a dialogar com as outras disciplinas, movimento interdisciplinar que foi crescente até os dias de hoje. Em um clássico texto de meados do século passado, o historiador francês Fernand Braudel (1992, p. 97), que foi professor da USP, considerado um dos "pais" da História nova, afirma:

> Essa busca de uma história não factual se impôs de maneira imperiosa ao contato das outras ciências do homem, contato inevitável e que na França se organizou depois de 1900 (...), após 1929, graças à vitoriosa e eficientíssima campanha dos *Annales* de Lucien Febvre e Marc Bloch.

Essa citação demonstra que o movimento por uma História renovada não é novo, recente. Percorreu o século XX, sendo a chamada Escola dos Annales um marco importante para a mudança de concepção de documento, história e pesquisa. Os historiadores Febvre, Bloch e Braudel deram uma contribuição importantíssima a esse processo. Assim, houve no século XX uma ampliação do conceito de fontes de estudo e pesquisa. Passaram a ser consideradas fontes históricas todas as manifestações e evidências das experiências humanas, como as fontes escritas, orais (entrevistas, depoimentos, narrativas), audiovisuais (fotografias, discos, filmes, programas de televisão), obras de arte, como pinturas e esculturas, objetos e materiais diversos.

Também se alterou a atitude dos historiadores com relação às fontes. O documento escrito, oficial, deixou de ser o único instrumento da História, o fiel retrato da realidade. O historiador dialoga, interroga, analisa, confronta e produz conhecimentos que não são meras descrições dos registros, dos documentos. São, mais que isso, uma elaboração, um "constructo pessoal", uma manifestação da perspectiva do historiador.

Nessa mudança de concepção, os sujeitos não são mais alguns homens, e sim todos: homens e mulheres, ricos e pobres, negros, índios, brancos, governantes e governados, patrões e empregados. A História não é feita apenas por atores individuais, mas por movimentos sociais, pela classe trabalhadora, pelos militantes. A História nova preocupa-se também com os acontecimentos do cotidiano da vida humana, ligados às famílias, às festas, às formas de ensinar e aprender. São estudados o universo cultural e simbólico, as religiosidades, as mentalidades, os costumes, as diversas manifestações culturais.

A nova História ocupa-se de tudo aquilo que homens e mulheres fizeram no passado e fazem no presente. Ela reconhece que há inúmeras formas de viver e representar o tempo. Os muitos tempos convivem. Há variados instrumentos para medi-los e representá-los, diversos calendários. Portanto, ela não estuda apenas os fatos passados apresentados de forma linear, mas os diversos ritmos, tempos e lugares. Para Vieira *et al.* (2007, p. 17), "nas últimas décadas se tenta pensar a História ainda que com muitas dessas referências, mas fora dos esquemas e ortodoxias, e se adota uma concepção de História que leva em conta a experiência humana que não é alheia ao historiador".

Você deve estar se questionando: A História passou a estudar e a ensinar tudo?

As respostas, certamente, dependem de nossas posições políticas, de nossas escolhas teóricas e metodológicas, ou seja, de nossa maneira de nos apropriarmos do passado e interpretá-lo e do diálogo que estabelecemos com as evidências e interpretações já produzidas. (Silva e Guimarães 2007, p. 55)

Retomando a análise de Falcon sobre a historiografia brasileira contemporânea, o autor assinala que até o início dos anos 1980 era possível identificar dois tipos de historiadores no Brasil: "o tradicional e o moderno ou inovador" (1996, p. 12). No entanto, houve uma fragmentação, uma diferenciação, no interior da nova História. Autores como Foucault e Thompson, por caminhos distintos, abriram aos historiadores brasileiros a possibilidade do alargamento dos conceitos de política e história. A inspiração da nova História francesa e da historiografia social inglesa originou uma proliferação de tendências no campo da inovação. Assim, temas até então negligenciados pela historiografia passaram a ser objeto de investigação (Burke 1992; Le Goff 1994). Novas abordagens e novos objetos passaram a figurar nas pesquisas desenvolvidas na pós-graduação e chegaram ao ensino, como, por exemplo, na proposta curricular de ensino de História do estado de São Paulo, produzida nos anos 1980 (Guimarães 1993). Em um balanço produzido em 1990,[1] identificamos e analisamos, nas dissertações e teses produzidas entre 1970 e 1990, a ampliação dos temas investigados, especialmente o crescimento da historiografia social.

É consenso que houve entre nós uma importante renovação da historiografia, tanto na ampliação de temas, fontes e problemas, como nos modos de investigar e interpretar a História. Ao analisar a historiografia brasileira a partir dos meados dos anos 1980, Boschi (2006), que a entende, à semelhança de Falcon, como um conjunto de obras produzidas e consideradas História, destaca alguns elementos importantes para compreendermos o movimento revisionista de produção e difusão do conhecimento histórico: o fim dos constrangimentos impostos pela ditadura militar; as exigências de maior titulação e produção científica nas universidades; o incremento das publicações de livros, de novas revistas especializadas; a proliferação de dissertações e teses com o crescimento da pós-graduação *stricto sensu* e a profissionalização do historiador. Nesse período, enfatiza o autor:

> A chamada crise do marxismo fez com que a historiografia brasileira, gradativamente, fosse se desvencilhando dos esquematismos e das ortodoxias marxistas e estruturalistas vigentes. Temas-objetos da história social, como a história do trabalho, dos movimentos sociais (especialmente do movimento operário) e revolucionários (quer da fase colonial, quer da fase republicana) que, justificadamente, tinham forte incidência, passaram a conviver com temas da chamada história cultural, nesta incluídos – sem que possamos discerni-los – estudos sobre mentalidades, sentimentos, imaginário, representações, identidades, família e gênero. Análises estruturais cedem lugar e vez a pesquisas sobre microfenômenos. (*Ibidem*, p. 293)

Essa História mais aberta, democrática, flexível, micro, em oposição à História tradicional, identificada com o positivismo histórico, passou a ser ensinada nas escolas? Trata-se de uma questão que exige uma resposta complexa.

Como já abordamos anteriormente, no Brasil, nesse período, é possível constatar uma diversidade de objetos, abordagens, métodos e referenciais teóricos. Não se trata, como nos alertou Falcon (1996), nos anos 1990, de retomar o debate sobre a dicotomia tradicional *x* renovado, conservador *x* progressista, nem de "legitimar o novo em função da novidade e de desqualificar o antigo apenas por ser velho ou tradicional". Tal tendência, advertia-nos o autor, "tem favorecido novidades reais e importantes, mas tem também beneficiado pseudonovidades e alguns modismos sem maior importância" (p. 25). Depois de quase duas décadas, constatamos a existência desses tipos de produções, permanências, continuidades e rupturas em diferentes realidades e circunstâncias históricas.

Para a prática de ensino de História no nível fundamental, consideramos importante a análise crítica das perspectivas teóricas, metodológicas, das práticas de ensino e pesquisa desenvolvidas no âmbito da formação inicial e continuada dos professores. É necessário evitarmos o reducionismo, as querelas entre tradicional/conservador *x* novo/ inovador, o que pressupõe um diálogo crítico com diferentes abordagens, particularmente com aquelas que, a meu ver, tradicionalmente aparecem (de maneiras diferentes) arraigadas na produção didática: o positivismo histórico e o marxismo ortodoxo. Com base nessas preocupações, pretendemos aqui sistematizar algumas reflexões, incorporando elementos da análise benjaminiana.

O ponto de partida da análise é a concepção de História como construção. Nas teses da História,[2] especificamente na tese 17, Benjamin (1985, p. 231) critica o historicismo e o procedimento aditivo, afirmando que, ao contrário, "a historiografia marxista tem em sua base um princípio construtivo. Pensar não inclui apenas o movimento das idéias, mas também sua imobilização". Aqui o autor deixa claro: o procedimento de "explodir o *continuum* da História" implica o explodir da História universal. E, em contraposição ao *continuum*, coloca-se outra construção, pois a "paralisação para pensar" permite pensar possibilidades, ou seja, implica um "vir a ser construído" (*ibidem*).

A concepção benjaminiana confronta-se diretamente com a historiografia positivista e a ortodoxia marxista. Na tese 13, o autor critica a sequência temporal linear e evolutiva do progresso da humanidade, afirmando que a "crítica da idéia do progresso tem como pressuposto a crítica da idéia dessa marcha" (*ibidem*, p. 229). A história, segundo o autor, na tese 14, "é objeto de uma construção cujo lugar não é tempo homogêneo e vazio, mas um tempo saturado de agoras" (*ibidem*).

Essa crítica à historiografia sequencial, factual, causal e teleológica é recorrente no meio acadêmico brasileiro. Vários artigos e teses, especialmente a partir da publicação de obras como as de Chesneaux (1995), tratam detalhadamente dessa questão. No entanto, como é consenso, em grande medida a historiografia escolar, consumida pela maioria dos jovens ainda hoje, difunde o conceito dogmático de progresso da humanidade. Um dos modelos dominantes no ensino é o chamado "quadripartite francês", esquema cronológico composto pelos quatro grandes períodos: Idade Antiga, Idade Média, Idade Moderna e, finalmente, Contemporânea. Nesse sentido, é exemplar a versão chamada de História integrada ou intercalada como modo de organização didática dos conteúdos na maioria das coleções de livros didáticos de História avaliados pelo MEC em 2011. Aqui, o presente (o novo) e o passado (morto) estão rigidamente separados, e aquilo que pode "atrapalhar" a "perfeita ordenação do progresso", como diz Certeau (1975), é excluído, não tem lugar e, portanto, não tem direito à História.

A outra abordagem, tratada por alguns setores da historiografia brasileira, como renovação em currículos e livros de História nos anos 1980, já mencionada anteriormente, foi a versão marxista ortodoxa da "evolução dos modos de produção". A humanidade evolui com o desenvolvimento inexorável das forças produtivas. Inicialmente o regime de comunidades primitivas, o modo de produção escravista, ou o modo de produção asiático, o feudalismo, a transição, o capitalismo, suas crises – e, finalmente, nosso destino se completa com a revolução e a introdução do modo de produção socialista. Nessa perspectiva, o início, o meio e o fim da História estão previamente determinados e, o mais grave, "o progresso como redenção", nesse esquema, é fundamental para que nosso destino se realize. Devemos ressaltar que esse "modelo" curricular esgotou-se, progressivamente, no meio escolar, devido à crise do marxismo, à desagregação social, política e econômica dos países do chamado Bloco Socialista e aos rumos de China e Cuba.

Para Benjamin (1985, p. 230), na tese 15, "a consciência de fazer explodir o *continuum* da história é própria às classes revolucionárias no momento da ação". Na tese 16, o autor afirma que "o materialismo histórico não pode renunciar ao conceito de um presente que não é transição, mas pára no tempo e se imobiliza... Ele fica senhor de suas forças suficientemente viril para fazer saltar pelos ares o *continuum* da história" (*ibidem*). Trata-se de um salto dialético. Nessa construção da História as relações passado/presente são redimensionadas numa relação dialética. O passado ressurge no presente num movimento de reconstrução, não de repetição, de mera sucessão ou de evolução.

Os dois arcabouços historiográficos (positivista e marxista ortodoxo) didatizados e transpostos para o ensino de História desconsideram o caráter "construtivista" e dialético da história. A chamada história universal, que nada mais é que a história europeia, é transmitida como o desenvolvimento "natural" das forças produtivas, no decorrer do tempo contínuo, homogêneo e vazio.

Assim, países e povos que viveram processos e ritmos diferenciados são automaticamente excluídos do edifício da história universal, pois ela já está dada, não há contingências, descontinuidades. Esses dois esquemas privilegiam o que Benjamin (*ibidem*, p. 226) denomina um "processo essencialmente automático, percorrendo, irresistível, uma trajetória em flecha ou em espiral". Logo, uma trajetória que independe da realidade concreta dos sujeitos históricos, pois suas ações não são consideradas nem tampouco a possibilidade do despertar. A tempestade "progresso" não permite que o anjo da história possa "deter-se para acordar os mortos e juntar seus fragmentos" (tese 9) (*ibidem*).

Outro elemento importante para a nossa reflexão sobre a história ensinada é a valorização daquilo e daqueles que, tradicionalmente, não têm significado para a história. Na tese 3, Benjamin (*ibidem*, p. 223) afirma: "O cronista que narra os acontecimentos sem distinguir entre os grandes e os pequenos leva em conta a verdade de que nada do que um dia aconteceu pode ser considerado perdido para a história". Na tese 4, Benjamin (*ibidem*) explica o papel do historiador marxista diante da questão, afirmando que "na luta de classes as coisas refinadas e espirituais não podem ser representadas como despojos atribuídos ao vencedor. Elas se manifestam nessa luta sob a forma da confiança, da coragem, do humor, da astúcia, da firmeza e agem de longe, do fundo dos tempos".

Na historiografia positivista só têm valor para a história os fatos retirados dos documentos, os "únicos testemunhos do real"; logo, se não há documento, não há história. A história universal é basicamente a cronologia política institucional, marcos, a sucessão de datas e fatos protagonizados pelos heróis, governantes. Na versão marxista ortodoxa o que interessa são o esquema explicativo, os conceitos e o desenvolvimento da chamada infraestrutura; a luta de classes é considerada apenas nas dimensões econômica e política. Nos dois casos, a principal característica é a fragmentação das diversas dimensões constitutivas da mesma realidade social, política, cultural, econômica, espiritual e o privilegiar dos aspectos-chave para a elaboração do discurso explicativo.

Benjamin nos alerta para as transformações menos perceptíveis, uma vez que a experiência humana se manifesta não apenas na natureza política da luta de classes, mas como sentimentos, valores e imagens. A ideia de totalidade, representada pelo organismo simples, a "mônada", remete-nos à possibilidade de compreensão histórica a partir de qualquer tema ou objeto do nosso cotidiano. A produção historiográfica contemporânea alargou as possibilidades de construção. No entanto, no que concerne à difusão, por múltiplas razões, uma única história pode se impor.

Outra contribuição importante para nosso diálogo relaciona-se à problemática da decadência da troca de experiências no mundo atual, dominado pela técnica. Em "Experiência e pobreza" (1985, pp. 114-119), Benjamin pergunta: "Quem ainda encontra pessoas que saibam contar histórias como devem ser contadas? Quem sequer tentará lidar com a juventude invocando sua experiência?". O autor estava convencido do declínio da arte de narrar, da troca de experiências entre as diferentes gerações num mundo dominado pela técnica. A tradicional forma de transmissão de valores, a narração, como experiência coletiva, unindo narrador e ouvinte, foi substituída pela transmissão de informações fragmentadas, atemporais, mercadorias efêmeras para uma sociedade de consumo.

Em "O narrador" (1985, pp. 197-221), Benjamin nos mostra as diferenças entre a verdadeira narrativa e a informação. Enquanto a informação só tem valor no momento em que surge, é dirigida rapidamente como uma explicação verdadeira, pronta e acabada, a narrativa, ao contrário, é sempre aberta às interpretações, chama a si diferentes leituras e reflexões duradouras. Seu caráter construtivo e aberto conserva seu valor por milhares de anos, para muitas e muitas gerações. Com a massificação e a modernização do processo de ensino, qual de nossos alunos é capaz de, após um ano de curso, recordar o que lhe foi ensinado sobre a história do Brasil? Qual professor consegue dialogar, ouvir, partilhar experiências com seus alunos? Explicações fragmentadas, fetichizadas, temporais e a-históricas, muitas vezes, dominam as relações entre professor-alunos e os saberes na sala de aula. Questionamos: os modernos meios e recursos de ensino têm favorecido as relações, o trabalho de criação e o estímulo à reflexão?

Se, para Benjamin (*ibidem*, p. 225), o historiador é o "intérprete político dos sonhos coletivos", nós, historiadores – e, sobretudo, nós, professores de História –, temos que nos despertar para penetrar nos sonhos, interrompê-los e "salvar" a história. Salvar a história é fazer crescer a consciência dos jovens por meio de um trabalho de reflexão e de reconstrução da experiência humana. Trata-se, sem dúvida, de uma tarefa de natureza teórica, política, pedagógica e técnica, uma vez que a seleção do que é ensinado e de como ensinar é uma decisão, uma escolha, fundamentalmente, político-cultural e educativa. Nesse sentido, a história como construção, aberta a múltiplas e variadas interpretações, deve, a meu ver, dar lugar aos esquemas simplificadores e reducionistas. Nossa opção historiográfica está intimamente relacionada à nossa postura diante do mundo, do conhecimento, da educação, do ensino e aprendizagem. O professor de História é sujeito de seus saberes e de sua prática historiadora, que é educativa, formativa.

Notas

1. "A historiografia brasileira pós-70: Uma revisão". *Educação e Filosofia*, n. 9, 1990.
2. As teses analisadas a seguir encontram-se no texto "Sobre o conceito de História", de Walter Benjamin (1985, pp. 222-235).

Referências bibliográficas

BENJAMIN, W. (1985). *Magia e técnica, arte e política*. 4ª ed. Trad. de Sérgio Paulo Rouanet. São Paulo: Brasiliense.

BOSCHI, C.C. (2006). "Espaços de sociabilidade na América portuguesa e historiografia brasileira contemporânea". *Varia História*, vol. 22, pp. 291-313.

_____ (2007). *Por que estudar História?*. São Paulo: Ática.

BRAUDEL, F. (1992). *Escritos sobre a História*. São Paulo: Perspectiva.

BURKE, P. (1992). *A escrita da História: Novas perspectivas*. São Paulo: Ed. da Unesp.

_____ (2003). *Uma história social do conhecimento*. Rio de Janeiro: Zahar.

CERTEAU, M. (1975). *A escrita da História*. Rio de Janeiro: Forense.

CHESNEAUX, J. (1995). *Devemos fazer tábula rasa do passado?*. São Paulo: Ática.

FALCON, F.J.C. (1996). "A identidade do historiador". *Estudos Históricos*, vol. 17, pp. 7-31.

GUIMARÃES, S. (1990). "A historiografia brasileira pós-70: Uma revisão". *Educação e Filosofia*, vol. 5, n. 9. Uberlândia: Edufu, pp. 57-68.

_____ (1993). *Caminhos da História ensinada*. Campinas: Papirus.

JENKINS, K. (2005). *A História repensada*. São Paulo: Contexto.

LE GOFF, J. (1994). *Memória-História*. Campinas: Ed. da Unicamp.

NOVAES, A. (org.) (1992). *Tempo e História*. São Paulo: Companhia das Letras.

SILVA, M. e GUIMARÃES, S. (2007). *Ensinar História no século XXI: Em busca do tempo entendido*. Campinas: Papirus.

THOMPSON, E.P. (1981). *A miséria da teoria*. Rio de Janeiro: Zahar.

VIEIRA, M.P.A. *et al*. (2007). *A pesquisa em História*. São Paulo: Ática.

3
POLÍTICAS PÚBLICAS, CURRÍCULOS E ENSINO DE HISTÓRIA

Vivemos um tempo de mudanças e incertezas. Recorrente nos anos 1990, essa expressão continua sendo ouvida e vivida no século XXI. Relativismo, multiculturalismos, crises são marcas do mundo globalizado. Para muitos analistas, estamos vivendo uma mudança no interior da própria mudança. O que é novo? Nos anos 1990, Forquin escreveu que "a mudança 'em si' tornou-se um valor enquanto tal", um valor supremo, princípio de avaliação das coisas. "A mudança tornou-se 'pedra de toque' da criação. E é criador aquilo que rompe com o passado" (1993, p. 19). Dessa forma, o homem contemporâneo não é mais aquele que sofre a ruptura entre o passado e o presente, o antes e o depois, mas o homem que carrega em si próprio a ruptura como o objeto mesmo de sua vontade.

Segundo Reis (2002, p. 106), vivemos a "metáfora da perplexidade". Estamos perante tendências e contratendências, temporalidades diversas. Assim, espaço (lugares = identidade, relações sociais e história) e tempo (temporalidades) se cruzam. Nesse contexto, para o autor, insistimos na convicção de que a análise das tensões entre mobilidades e localizações não pode ser remetida para a busca das duas faces de uma mesma moeda, o que nos conduz a uma visão apenas dialética. O mais importante, reitera, é a procura das singularidades. A globalização e a localização são processos conflituais e, até, potencialmente independentes. Ambas – especialmente a localização – são constitutivas de trajetórias inesperadas.

Para Bhabha (2005, p. 19), nossa existência hoje é marcada por uma tenebrosa sensação de sobrevivência, de viver nas fronteiras do "presente"... Encontramo-nos no momento de trânsito em que espaço e tempo se cruzam para produzir figuras complexas de diferença e identidade, passado e presente, interior e exterior, inclusão e exclusão.

Concordamos com os autores: vivemos (e sentimos isso no cotidiano) a emergência dos interstícios, sobreposições, deslocamentos, mobilidades, tendências e contratendências. Nesse novo mapa cultural e político, situam-se, reconstituem-se os territórios das crises da educação, da cultura, de valores, vivenciadas de forma intensa e complexa pela sociedade brasileira contemporânea. Explorar esses territórios, contestá-los e transformá-los implica enfrentar criticamente as relações orgânicas entre educação, cultura, sociedade, poder, política e memória. E, ao mesmo tempo, creio que é no tecido dessas relações que podemos entender melhor a configuração das políticas públicas e suas implicações nos saberes e nas práticas de ensino e aprendizagem em História no ensino fundamental.

Gostaria de iniciar esta análise lembrando Hanna Arendt (1972). Em sua obra *Entre o passado e o futuro*, a autora afirma que a educação, no sentido amplo da palavra, "está entre as atividades mais elementares e necessárias da sociedade humana" (p. 234). Os pais, ao introduzirem seus filhos no mundo, assumem, ao mesmo tempo, uma dupla responsabilidade educativa:

> pela vida, pelo desenvolvimento da criança e pela continuidade do mundo. (...) A criança requer cuidado e proteções especiais para que nada de destrutivo lhe aconteça de parte do mundo. Porém, o mundo também necessita de proteção, para que não seja destruído

pelo assédio do novo que irrompe sobre ele a cada geração. (...) O conservadorismo, no sentido da conservação (da preservação), faz parte da essência da atividade educacional, cuja tarefa é sempre abrigar e proteger alguma coisa – a criança contra o mundo, o mundo contra a criança, o novo contra o velho, o velho contra o novo. (*Ibidem*, p. 242)

Assim, educar é formar, socializar o homem para não se destruir, destruindo o mundo, e isso pressupõe cuidado, proteção, comunicação, transmissão, reprodução. Daí a célebre frase: "Sem reprodução não há educação e sem educação não há reprodução". A educação escolar tornou-se um fenômeno universal, passou a ser um direito, previsto na Declaração Universal dos Direitos Humanos da Organização das Nações Unidas (ONU):

Artigo XXVI
1. Toda pessoa tem direito à instrução. A instrução será gratuita, pelo menos nos graus elementares e fundamentais. A instrução elementar será obrigatória. A instrução técnico-profissional será acessível a todos, bem como a instrução superior, esta baseada no mérito.
2. A instrução será orientada no sentido do pleno desenvolvimento da personalidade humana e do fortalecimento do respeito pelos direitos humanos e pelas liberdades fundamentais. A instrução promoverá a compreensão, a tolerância e a amizade entre todas as nações e grupos raciais ou religiosos, e coadjuvará as atividades das Nações Unidas em prol da manutenção da paz.
3. Os pais têm prioridade de direito na escolha do gênero de instrução que será ministrada aos seus filhos.[1]

Se toda pessoa tem direito à educação, o mundo contemporâneo tornou-se impensável sem escola. A função, a responsabilidade da educação escolar e dos mecanismos educativos é a formação do indivíduo para a vida em sociedade, a compreensão, a construção da paz e a continuidade do mundo. Responsabilidade da família, do Estado e da sociedade, como prevê a Constituição Brasileira no artigo 6º, quando trata dos direitos sociais, e no capítulo III, seção 1 – Da educação, do artigo 205 ao 214.[2]

> Art. 6º – São direitos sociais a educação, a saúde, a alimentação, o trabalho, a moradia, o lazer, a segurança, a previdência social, a proteção à maternidade e à infância, a assistência aos desamparados, na forma desta Constituição. (Redação dada pela Emenda Constitucional n. 64, de 2010).
> Art. 205 – A educação, direito de todos e dever do Estado e da família, será promovida e incentivada com a colaboração da sociedade, visando ao pleno desenvolvimento da pessoa, seu preparo para o exercício da cidadania e sua qualificação para o trabalho.

O direito constitucional à educação no Brasil é regulamentado na Lei de Diretrizes e Bases da Educação Nacional, lei 9.394/96, conforme previsto no Título II – Dos Princípios e Fins da Educação Nacional: "Art. 2º – A educação, dever da família e do Estado, inspirada nos princípios de liberdade e nos ideais de solidariedade humana, tem por finalidade o pleno desenvolvimento do educando, seu preparo para o exercício da cidadania e sua qualificação para o trabalho".

O artigo reitera as responsabilidades e explicita uma tríplice intencionalidade: o desenvolvimento do indivíduo, a formação para a vida cidadã em sociedade, a preparação para o trabalho. Assim, as famílias e as escolas têm o papel de reproduzir, criar condições, possibilidades de transformações e continuidades. Nesses espaços se articulam a produção, a transmissão e a preservação da experiência humana, entendida como cultura. A esse respeito, escreve Forquin (1993, p. 14):

> (...) a cultura é o conteúdo substancial da educação, sua fonte e sua justificação última: a educação não é nada fora da cultura e sem ela; dir-se-á que é pela e na educação, através do trabalho paciente e continuamente recomeçado de uma *tradição docente*, que a cultura se transmite e se perpetua: a educação *realiza* a cultura como memória viva, reativação incessante e sempre ameaçada, fio precário e promessa necessária da continuidade humana. (Grifos nossos)

Em outras palavras, educação e cultura determinam-se, complementam-se, "uma não pode ser pensada sem a outra e toda reflexão sobre uma desemboca imediatamente na consideração da outra" (*ibidem*). Arendt (1972) analisa essas relações assinalando as conexões entre a crise da educação moderna e a crise da autoridade, da tradição, da cultura, em outras palavras, entre a crise da educação moderna e a crise de nossa atitude em face do passado. Para a autora, a raiz da crise da educação é a incompatibilidade de natureza intrínseca entre o ato de educar – preservação e transmissão cultural – e as atitudes do homem moderno diante do velho e do passado. O professor, como mediador entre o passado e o presente, sofre intensamente os efeitos das crises. Questiona-se: não estaria o homem moderno fazendo uma apologia da amnésia ao atribuir valor supremo à mudança?

A universalização do direito à educação escolar no mundo e a ampliação do acesso à escola pública no Brasil, nos últimos anos, provocaram a passagem de um sistema educacional elitista, uma escola acessível a uma minoria, formada por setores sociais de nível de renda média ou alta, para uma escola destinada a todos, ou, como alguns autores denominam, escola de "massas", ou "inclusiva", às quais têm acesso alunos pobres, de baixa renda e "excluídos". Essa mudança revelou, como uma das faces do sistema, as desigualdades de desempenho escolar, a diferenciação de acesso ao conhecimento segundo a origem social.

Esse fenômeno provocou, desde os anos 1960, uma série de pesquisas e questionamentos acerca das relações entre escola, sociedade, cultura e poder político. Reproduzindo o pensamento de Young (2007), para que servem as escolas? O autor nos lembra como os teóricos de esquerda, nos anos 1970, ligados à sociologia da educação, deslegitimaram o papel das escolas, na medida em que atribuíam a elas o papel reprodutivista da sociedade de classes. Essas teses foram, de algum modo, incorporadas ao ensino de História entre nós, uma vez que muitos educadores viam a escola como aparelho ideológico do Estado e o ensino de História como mero canal de reprodução da ideologia da classe dominante, da memória dos vencedores. As obras de Althusser (1974) e de Bourdieu e Passeron (1975)[3] tiveram grande repercussão na formação de professores no Brasil.

Por outro lado, se a educação é um direito de todos e um dever da família, do Estado e da sociedade, e se a escola é concebida como uma instituição que tem o papel de promover o acesso de todas as pessoas aos bens culturais, é pertinente questionar: que conteúdos são adequados e aceitos nessa escolaridade comum destinada a uma base social tão heterogênea? (Sacristán 1996, p. 47). Em outras palavras, quais elementos da cultura devem ser transmitidos? Como realizar uma seleção de conhecimentos "representativa" dos diversos setores e visões sociais que respeite e valorize as diferenças culturais dos alunos? O que vale a pena ser transmitido da cultura comum? Que conhecimento é responsabilidade da escola transmitir?

Sem dúvida, aí reside uma grande disputa teórica e política existente em torno dos processos de elaboração de currículos, de livros e materiais didáticos que difundem o saber escolar, especialmente de História. Estamos permanentemente debatendo e indagando: *o que* da cultura, da memória, da experiência humana devemos ensinar e transmitir aos jovens em nossas aulas de História? O que é significativo, válido e importante de ser ensinado e aprendido da História do Brasil e do mundo? O que e como ensinar nas aulas de História? A busca de respostas a essas perguntas, entre nós, revela tensões e conflitos entre demandas e interesses expressos nas políticas públicas do Estado brasileiro.

Em diferentes contextos sociais e políticos da nossa história é possível identificar diversas intencionalidades educativas explícitas nos documentos das políticas públicas, como registramos anteriormente. Portanto, há distintas e múltiplas respostas aos questionamentos curriculares. Na LDB (1996) e nos PCNs de História (1998) localizam-se algumas possibilidades. Após mais de uma década da implantação da LDB – lei n. 9.394/96 – e dos PCNs, é possível fazer um balanço crítico das imbricações da política educacional dos anos 1990, no contexto de políticas neoliberais, em tempos de globalização da economia, de desenvolvimento de novas tecnologias, com o ensino de História.

Desse modo, pensar sobre o lugar e o papel ocupado pela História na educação básica, na atualidade, exige considerar as transformações ocorridas na política educacional e no ensino de História, conquistadas no processo de lutas pela democracia nos anos 1980, consubstanciadas nos novos marcos jurídicos institucionais: a Constituição Federal de 1988 e a nova LDB. As reformas curriculares expressas nos debates acadêmicos e nos documentos produzidos no âmbito dos governos democráticos, tanto no nível federal quanto no estadual e no municipal, são reveladoras de objetivos, posições políticas e teóricas que configuram não apenas o papel formativo da História como disciplina escolar, estratégica para a formação do cidadão, mas também os modos de pensar, construir e manipular o conhecimento histórico escolar.

Como afirma Jenkins (2005), "nenhum relato consegue recuperar o passado tal qual era". A História, para o autor, "está sempre fadada a ser um constructo pessoal, uma manifestação da perspectiva do historiador como narrador... O passado que conhecemos é sempre condicionado por nossas próprias visões, nosso próprio presente" (pp. 31-33). Logo, a história ensinada é sempre fruto de uma seleção, como dizem atualmente, um "recorte" temporal, histórico. As histórias são frutos de múltiplas leituras, interpretações de sujeitos históricos situados socialmente. E o currículo, assim como a disciplina, não é um mero conjunto neutro de conhecimentos escolares a serem ensinados, apreendidos e avaliados. Como define Sacristán (1999, p. 34), o currículo é uma construção social, um "projeto seletivo de cultura, cultural, social, política e administrativamente condicionado", logo, uma opção cultural. Para Goodson (1995, p. 27), inspirado em Hobsbawn (1984),[4] o currículo "sempre é parte de uma tradição seletiva, um perfeito exemplo de invenção da tradição".

A História ocupa um lugar estratégico no currículo do ensino fundamental, pois, como conhecimento e prática social, pressupõe movimento, contradição, um processo permanente de (re)construção, um campo de lutas. Um currículo de História é sempre processo e produto de concepções, visões, interpretações, escolhas, de alguém ou de algum grupo em determinados lugares, tempos, circunstâncias. Assim, os conteúdos, os temas e os problemas de ensino de História – sejam aqueles selecionados por formuladores das políticas públicas, pesquisadores, autores de livros e materiais da indústria editorial, sejam os construídos pelos professores na experiência cotidiana da sala de aula – expressam opções, revelam tensões, conflitos, acordos, consensos, aproximações e distanciamentos, enfim relações de poder.

Os conteúdos (o que ensinar), os saberes históricos selecionados e sugeridos pelos PCNs, implantados a partir de 1997, apontam uma organização curricular por eixos temáticos, desdobrados em subtemas. Para os quatro anos iniciais do ensino fundamental foi proposto o estudo de dois eixos temáticos: I) História local e do cotidiano, subdividida em dois subitens: localidade e comunidades indígenas; II) História das organizações populacionais, subdividida em: deslocamentos populacionais, organizações e lutas de grupos sociais e étnicos, e organização histórica e temporal. Para os anos finais do ensino fundamental, os PCNs propõem outros dois eixos temáticos: I) História das relações sociais, da cultura e do trabalho, subdividida em: as relações sociais, a natureza e a terra e as relações de trabalho; II) História das representações e das relações de poder, desdobrada, também, em dois subitens: nações, povos, lutas, guerras e revoluções; cidadania e cultura no mundo contemporâneo. Além disso, o documento curricular estabeleceu como temas transversais: Ética, Saúde, Meio Ambiente, Orientação Sexual, Pluralidade Cultural, Trabalho e Consumo – demandas sociais emergentes naquele momento histórico.

Essa organização dos currículos de História por temas e problemas é fruto do intenso debate curricular ocorrido no Brasil, nos anos 1980, em diálogo com experiências europeias. É exemplar, nesse movimento, o debate ocorrido em torno da Proposta Curricular da Secretaria de Estado da Educação/Coordenadoria de Estudos e Normas Pedagógicas (SEE/Cenp) no estado de São Paulo (Guimarães 1993). Tal proposição constituía uma busca, uma resposta às críticas à estrutura curricular tradicional, que privilegiava a organização cronológica linear, por meio de fatos, marcos da história europeia integrados, quando possível, aos fatos/marcos da história da nação brasileira. Era, assim, uma resposta crítica ao "quadripartismo francês", ao eurocentrismo tão bem analisado pelo historiador Chesneaux (1995) e radicalmente incorporado no Brasil, formatando (e engessando) currículos e livros didáticos. A opção por eixos temáticos representava uma insubordinação "ao império do fato", "ponto de localização de significações e lugar onde é entrevista a realização da História", como bem analisou Vesentini (1997) em *A teia do fato*. Na referida obra o autor nos alertou: "Alguns fatos são difundidos, impondo-se no conjunto do social antes da possibilidade de qualquer reflexão específica voltar-se para o seu exame" (p. 19). Assim, a organização curricular por temas, intensamente discutida a partir dos anos 80, passou a ser um desafio teórico e metodológico, uma postura crítica ante as tramas da produção e difusão do conhecimento histórico.

Ao propor um tema amplo para os dois últimos anos da primeira fase do ensino fundamental, o documento curricular dos PCNs de História (1997) possibilitou a professores e alunos problematizarem e compreenderem temas/dimensões da História do Brasil. Isso significou enfrentar um velho problema em algumas realidades escolares, buscar respostas a uma questão que muito incomodava os educadores: o fato de o aluno concluir essa fase da escolaridade sem ter contato com as temáticas mais amplas da História do Brasil.

Os programas de ensino de Estudos Sociais, frutos da política educacional da década de 1970, em geral, encerravam o ciclo dos quatro anos do então ensino de 1º grau (hoje ensino fundamental) com o estudo da história regional, do município e/ou do estado (unidade da federação em que vive o aluno), de forma estanque e fragmentada. Assim, por exemplo, no estado de Minas Gerais, as crianças, que estudavam seguindo o Programa de Estudos Sociais da Secretaria de Estado da Educação (1975) e os livros didáticos, elaborados à semelhança do programa, chegavam ao final da 4ª série, hoje 5º ano, sem ter noções mínimas, básicas, de História do Brasil. O mesmo ocorria com os estudos de Geografia. Ora, levando em conta que grande parte dos alunos brasileiros não ultrapassava, naquele período, os limites da 4ª ou 5ª séries, em virtude dos elevados índices de evasão e repetência, muitos deles encerravam ou interrompiam a escolaridade sem ter estudado História e Geografia do Brasil. Aqueles que prosseguiam os estudos chegavam, via de regra, à então 5ª série (6º ano) sem uma base conceitual e temática das disciplinas, sem adquirir conhecimentos mínimos de História e Geografia do Brasil.

Considero a introdução aos estudos de temas e problemas da História do Brasil, nos anos iniciais do ensino fundamental, uma mudança curricular relevante para a formação do aluno na educação básica, no seio de uma conquista maior: o fim da disciplina Estudos Sociais e suas correlatas, tais como Formação Social e Política, Integração Social, e a separação das disciplinas História e Geografia. Como decorrência, o Programa Nacional do Livro Didático (PNLD) do MEC passou a avaliar e distribuir os livros didáticos específicos para cada uma das disciplinas nessa etapa de formação. Essas medidas, adotadas em âmbito nacional – ressalvo que em muitos estados e municípios a separação de História e Geografia nos currículos ocorreu desde o fim da ditadura –, contribuíram para a definição do objeto de estudo, do papel da História para a formação das identidades e da cidadania, desde os primeiros anos de escolaridade. Nesse sentido, as ações decorrentes dessa política pública potencializaram as investigações no âmbito acadêmico, a formação de professores para o ensino de História e Geografia nos anos iniciais e a produção de livros e materiais didáticos voltados para a aprendizagem da História no que se refere à educação das crianças.

As políticas públicas[5] para o ensino de História, como políticas regulatórias, resultantes da complexa interação entre Estado e sociedade, expressão das demandas de grupos de interesses – neste caso, os movimentos sociais e étnicos –, produziram outra mudança curricular nos anos 2000, no contexto do governo do presidente Lula. Como veremos no próximo capítulo, desde os anos 1970, intensificaram-se entre nós os movimentos negros e indígenas contra o racismo, os preconceitos, a marginalização e as diversas práticas e formas de dominação e exclusão. Esses movimentos foram interpenetrando espaços por meio de lutas específicas no campo da cultura, da educação e da cidadania. Em 2003, o então presidente da República, por meio da lei federal n. 10.639, de 9 de janeiro de 2003, determinou a inclusão, no currículo da rede de ensino, da obrigatoriedade do estudo da temática História e Cultura Afro-Brasileira e outras providências. Em 2004, foram aprovadas, pelo CNE, as Diretrizes Curriculares Nacionais para a Educação das Relações Étnico-Raciais e para o Ensino de História e Cultura Afro-Brasileira e Africana, bem como a resolução n. 1 do CNE, de 7 de junho de 2004, que instituiu as diretrizes. Essas medidas provocaram alterações na LDB, com o acréscimo de dois artigos referentes ao ensino de História; vale destacar um deles, o 26-A, que trata da obrigatoriedade do ensino da História e Cultura da África e Afro-Brasileira, e define "o que ensinar", "o conteúdo programático", "resgatando" a importância do estudo da luta dos africanos e afro-brasileiros, da história e da cultura desses povos.

Como a história é dinâmica, campo de lutas e práticas sociais, novas alterações foram feitas na legislação em decorrência das lutas políticas, articuladas ao movimento acadêmico multicultural crítico. Em 2008, a lei federal n. 11.645 alterou novamente a LDB, modificada pela lei n. 10.639, de 9 de janeiro de 2003, para incluir, no currículo oficial da rede de ensino, a obrigatoriedade da temática História e Cultura Afro-Brasileira e Indígena. Foram feitas alterações e modificações no artigo 26-A e respectivos parágrafos, acrescentando a obrigatoriedade dos estudos referentes à questão indígena.

Outras questões curriculares, novas necessidades e também possibilidades educativas emergiram e se desdobraram com a reorganização da estrutura e duração do ensino fundamental brasileiro. Em 2006, o governo federal, por meio da lei n. 11.274/2006, alterou a redação dos artigos 29, 30, 32 e 87 da LDB, ampliando para nove anos a duração do ensino fundamental, com matrícula obrigatória a partir de 6 anos. Desde então, passaram a ser discutidas novas diretrizes curriculares nacionais no âmbito do CNE, até que, em 9 de julho de 2010, foi publicado o texto do Parecer e o Projeto de Resolução (Parecer CNE 7/2010) aprovado pelo CNE e homologado pelo ministro de Estado da Educação. As diretrizes reiteram a organização da educação básica em três etapas: educação infantil, fundamental e média. No entanto, como implantado em algumas regiões, em Minas Gerais por exemplo, o ensino fundamental obrigatório e gratuito passou a ter a duração de nove anos, organizado e tratado em duas fases: a dos cinco anos iniciais e a dos quatro anos finais.

Na estrutura curricular que deve integrar a base comum nacional, os ensinos de História e Geografia estão contemplados no item C, do artigo 14, que estabelece, como componente curricular, "o conhecimento do mundo físico, natural, da realidade social e política, especialmente do Brasil, incluindo-se o estudo da História e das Culturas Afro-Brasileira e Indígenas" (Parecer CNE 7/2010, p. 66). Essa configuração reafirma diretrizes anteriores recorrentes na produção curricular e historiográfica escolar. Os efeitos dessa mudança para o ensino de História merecem investigações específicas. Além disso, outras ações da política educacional dos anos 2000 devem ser registradas, pois de algum modo impactam as políticas para o ensino de História, tais como o aprimoramento do PNLD (ensino fundamental); a criação e ampliação do PNLD para o ensino médio: PNLEM; as mudanças no sistema de avaliações nacionais: Exame Nacional do Ensino Médio (Enem), Sistema Nacional de Avaliação da Educação Básica (Saeb), Prova Brasil; a criação do Índice de Desenvolvimento da Educação Básica (Ideb);[6] a implantação do Programa de Formação de Professores (Parfor); a melhoria e reorganização do Programa de Alimentação Escolar; a aprovação do piso salarial nacional para professores da rede pública de ensino.[7]

Portanto, os debates sobre currículos para o ensino de História, no âmbito das políticas públicas do Estado brasileiro, desde os anos de luta contra a ditadura e mesmo durante os anos de inquietações, de movimentos anteriores, contribuíram para um alargamento das concepções sobre esse campo de ensino e aprendizagem. A despeito da força e do poder diretriz dos currículos prescritos, as disciplinas não são meros espaços de vulgarização de saberes nem tampouco de adaptação, transposição das ciências de referência, mas produtos dos espaços, das culturas escolares. Os professores, mesmo aqueles que atuam em condições precárias para o exercício da docência, possuem autonomia (em alguns casos bastante relativa) ante as demandas do Estado e da sociedade. Assim, questionam, criticam, subvertem os saberes, as finalidades, as prescrições no cotidiano escolar. Entre os currículos prescritos e os vividos nas aulas de História, há diversas mediações entre os sujeitos (alunos e professores), saberes de diferentes fontes (livros didáticos, fontes históricas, imprensa, textos, filmes, literatura, documentos e outros), práticas institucionais, burocráticas e comunitárias em contextos muito diferenciados. Nessa trama relacional, a valorização do papel, da autonomia, da formação e das condições de trabalho docente é imprescindível.

Analisar os impactos das diretrizes legais e curriculares no ensino de História nos remete à compreensão do papel da escola e da dinâmica escolar em relação aos saberes históricos nela transmitidos. Tornou-se impossível, no mundo contemporâneo, continuar vendo a escola como simples espaço de reprodução das desigualdades sociais ou reflexo de uma cultura dominante e una. Para Forquin (1993, p. 37), isso não significa que devamos ver "a instituição escolar como um império dentro de um império, mas é preciso reconhecer a autonomia relativa e a eficácia própria da dinâmica cultural escolar em relação às outras dinâmicas que coexistem no campo social".

A escola é dotada de uma dinâmica própria – saberes, hábitos, valores, modos de pensar, estratégias de dominação e resistências, critérios de seleção constitutivos da chamada "cultura escolar". Não se limita a fazer uma seleção entre os saberes culturais, os conteúdos disponíveis num dado momento; ela também realiza um trabalho de seleção, reorganização, produção e difusão dos saberes.

As mudanças curriculares no ensino de História no interior das escolas são estratégicas não só na luta pelo rompimento com as práticas homogeneizadoras e acríticas, mas também na criação de novos saberes e práticas educativas em diálogo com saberes e culturas não escolares. O objeto do saber histórico escolar é constituído de tradições, ideias, símbolos e significados que dão sentido às diferentes experiências históricas. No espaço da sala de aula, é possível ao professor de História – com sua maneira própria de pensar, agir, ser e ensinar – fazer emergir o plural, a memória daqueles que, tradicionalmente, não tiveram direito à história, unindo os fios do presente e do passado, num processo ativo de desalienação. Mas também pode, inconsciente ou deliberadamente, operar o contrário e perpetuar estereótipos sociais, mitos, fatos e heróis da memória dominante.

O movimento curricular brasileiro para o ensino de História, em curso desde os anos 1980, ao defender uma perspectiva multicultural, plural e temática, tem contribuído para a ampliação do debate historiográfico e a formação histórica dos jovens. Isso, a meu ver, não significa uma apologia do relativismo absoluto, conforme apontam alguns críticos. Não implica a defesa de que se deve aceitar tudo, estudar tudo, valorizar tudo, sugerindo o velho chavão "tudo é história" ou mesmo uma volta do "presentismo" em nome da valorização dos interesses e da vivência dos alunos.

As experiências curriculares contemporâneas em diversos países têm-nos demonstrado possibilidades, caminhos na construção de currículos de História para uma educação verdadeiramente democrática. Resumidamente: apresentam-se conteúdos históricos que fazem parte da chamada cultura comum, permitindo a todos os alunos igualdade de acesso ao que há de mais universal e permanente nas produções do pensamento, mas também conhecimentos de experiências históricas específicas dos grupos e projetos representativos para a história de cada um. Em outras palavras, busca-se o respeito à diferença, à diversidade, sem perder de vista as referências universais da cultura, dos problemas e da história dos homens. Segundo Forquin (*ibidem*, p. 143), é a busca do "universalismo aberto e tolerante" em oposição ao "universalismo etnocêntrico e dominador" tão realçado, entre nós, pela chamada "história geral ou universal" dominante nos tradicionais currículos escolares.

Os textos/documentos das políticas públicas traçam diretrizes gerais, bases/sugestões amplas a partir das quais será operada a seleção cultural dos conteúdos de História nas diferentes culturas escolares. Essa afirmação pode parecer ingênua. Como? Em tempos de uniformização e padronização dos currículos e das avaliações nacionais? O objeto de ensino de História é complexo. As relações implícitas e explícitas entre os sujeitos, os saberes e as práticas são igualmente complexas. As mediações possíveis escapam às fronteiras, delimitações e enquadramentos rígidos.

É na história da História que são construídas as possibilidades de ensinar e aprender a disciplina. Do movimento historiográfico e educacional ocorrido nos últimos anos é possível afirmar que existe no Brasil uma diversidade de modos de ensinar e aprender História, uma pluralidade de concepções teóricas, políticas, ideológicas e metodológicas no ensino de História desenvolvido nas redes pública e privada. No interior da diversidade é possível destacar algumas perspectivas comuns: a concepção multicultural dos conteúdos e a diversificação de fontes e linguagens no processo de ensino. Isso é evidente não só nas propostas curriculares, nos livros didáticos (nas versões de História integrada ou temática), mas também na prática cotidiana dos professores de História, como demonstram as pesquisas na área.[8]

Nesse contexto, fazem-se necessárias algumas considerações. Em primeiro lugar, a meu ver, não basta introduzir nos documentos curriculares novos temas, problemas ligados aos "saberes locais, experienciais ou contextuais", ou saberes demandados por grupos sociais e étnicos. Sabemos que aquilo que o professor ensina e deixa de ensinar, bem como aquilo que o aluno aprende e deixa de aprender, vai muito além do "prescrito", como definido por Goodson (1995). É preciso auscultar o currículo real, vivido, (re)construído no cotidiano escolar. Nesse sentido, é imprescindível que o próprio professor esteja atento à linguagem, aos exemplos que utiliza, às suas atitudes com os alunos de diferentes culturas, etnias e níveis sociais. Devemos observar as relações entre os alunos, as formas de agrupá-los, as práticas dentro e fora da sala de aula. Professores, gestores e autores devem combater a difusão de estereótipos e toda forma de preconceitos nos materiais didáticos, nas avaliações que constituem, historicamente, mecanismos de seleção, discriminação e exclusão.

Em segundo lugar, é preciso reconhecer o óbvio: o professor de História não opera no vazio. Os saberes históricos escolares, os valores culturais e políticos são ensinados na escola a sujeitos que trazem consigo um conjunto de crenças, significados, valores, atitudes e comportamentos adquiridos nos outros espaços educativos. Isso implica a necessidade de nós, professores, incorporarmos no processo de ensino e aprendizagem variadas fontes, linguagens, suportes e estratégias de ensino. O professor, ao diversificar as fontes e dinamizar a prática de ensino, democratiza o acesso ao saber, possibilita o confronto e o debate de diferentes visões, estimula a incorporação e o estudo da complexidade da cultura e da experiência histórica.

Em terceiro lugar, mudanças nas políticas públicas curriculares devem vir acompanhadas de uma transformação pedagógica na formação inicial e continuada do docente, articulada à ação, à experiência do trabalho docente. É na ação que os saberes do professor são mobilizados, reconstruídos e assumem significados diversos. Isso requer de nós, educadores, sensibilidade, postura crítica, reflexão permanente sobre nossas ações, sobre o cotidiano escolar, para rever saberes e práticas. Cultivar uma postura reflexiva evita práticas e atitudes que desvalorizam os saberes produzidos em outras culturas não escolares, não acadêmicas, por diferentes grupos sociais, étnicos ou religiosos. Possibilita-nos cultivar atitudes de respeito à diversidade e de crítica às desigualdades.

Finalmente, a meu ver, ensinar e aprender História demanda de nós, professores de História, a reflexão sobre o papel formativo do ensino de História. Devemos pensar sobre a possibilidade educativa da História, ou seja, a História como saber disciplinar que tem um papel fundamental na formação da consciência histórica do homem, sujeito de uma sociedade marcada por diferenças e desigualdades múltiplas. Requer assumir o ofício de professor de História como uma forma de luta política e cultural. As relações entre ensino e aprendizagem podem ser, a um só tempo (por que não?), um convite e um desafio para alunos e professores cruzarem ou mesmo subverterem as fronteiras impostas entre as diferentes culturas e grupos sociais, entre a teoria e a prática, a política e o cotidiano, a história e a vida.

Notas

1. Declaração Universal dos Direitos Humanos. Adotada e proclamada pela resolução 217 A (III) da Assembleia Geral das Nações Unidas em 10 de dezembro de 1948. Fonte: http://unesdoc.unesco.org/images/0013/001394/139423por.pdf.
2. Há vários textos abordando essa temática, como: Oliveira, R.P. de (1999). "O direito à educação na Constituição Federal de 1988 e seu restabelecimento pelo sistema de justiça". *Revista Brasileira de Educação*, n. 11, maio/jun./jul./ago., pp. 61-74.
3. Trata-se das obras: Althusser, L. (1974). *Ideologia e aparelhos ideológicos do Estado*. Trad. Joaquim José de M. Ramos. Lisboa: Presença; Bourdieu, P. e Passeron, J.C. (1975). *A reprodução: Elementos para uma teoria do sistema de ensino*. Trad. Reynaldo Bairão. Rio de Janeiro: Francisco Alves.
4. O debate sobre o conceito "tradição inventada" pode ser apreendido na seguinte obra: HOBSBAWN, E. e RANGER, T. (orgs.) (1984). *A invenção das tradições*. Rio de Janeiro: Paz e Terra.

5. Sobre concepções de políticas públicas, sugerimos a leitura dos textos: SOUZA, C. (2006). "Políticas públicas: Uma revisão de literatura". *Sociologias,* ano 8, n. 16, Porto Alegre, jul./dez., pp. 20-45; Di Giovanni, G. (2009). "As estruturas elementares das políticas públicas". *Caderno de Pesquisa,* n. 82, Unicamp, Nepp.
6. O Índice de Desenvolvimento da Educação Básica (Ideb) foi criado em 2007 para medir a qualidade de cada escola e de cada rede de ensino. Para mais informações, visite o *site:* http://ideb.inep.gov.br.
7. Esses e outros programas que compõem as políticas públicas educacionais desenvolvidas pelo MEC podem ser conhecidos no *site* http://www.mec.gov.br. Os programas desenvolvidos pelos estados e municípios podem ser conhecidos, respectivamente, nos *sites* das Secretarias de Estado da Educação e Secretarias Municipais de Educação.
8. Exemplos podem ser apreendidos nos *Anais* dos eventos nacionais na área de ensino de História, Encontros Nacionais de Pesquisadores de Ensino de História (Enpeh) (*site* da Abeh), e Seminários Nacionais Perspectivas do Ensino de História: Guimarães, S. e Gatti Júnior, D. (orgs.) (2011). *Perspectivas do ensino de História: Ensino, cidadania e consciência histórica.* Uberlândia: Edufu, 419 p.; *VII Encontro Nacional Perspectivas do Ensino de História* (2009). Uberlândia: Edufu. E em balanços da produção científica na área, como, por exemplo: Guimarães, S. (org.) (2010). *O ensino de História na produção científica das IES mineiras,* vol. 1. Uberlândia: Edufu, 240 p.

Referências bibliográficas

ARENDT, H. (1972). *Entre o passado e o futuro.* São Paulo: Perspectiva.

BHABHA, H.K. (2005). *O local da cultura.* Belo Horizonte: Ed. da UFMG.

BRASIL (1997a). Lei de Diretrizes e Bases da Educação Nacional (LDB) (lei n. 9.394). Rio de Janeiro: Qualitymark.

_____ (1997b). *Parâmetros Curriculares Nacionais: História e Geografia.* Brasília: MEC/SEF.

_____ (1998). *Parâmetros Curriculares Nacionais: História.* Brasília: MEC/SEF.

_____ (2010). Diretrizes Curriculares Nacionais Gerais para a Educação Básica – Parecer 7/2010. Brasília: *Diário Oficial da União,* 9/7, seção 1, p. 10.

CHESNEAUX, J. (1995). *Devemos fazer tábula rasa do passado?*. São Paulo: Ática.

FORQUIN, J.-C. (1992). "Saberes escolares, imperativos didáticos e dinâmicas sociais". *Teoria & Educação*, n. 5. Porto Alegre: Pannonica.

_____ (1993). *Escola e cultura*. Porto Alegre: Artes Médicas.

GOODSON, I. (1995). *Currículo: Teoria e prática*. Petrópolis: Vozes.

GUIMARÃES, S. (1993). *Caminhos da História ensinada*. Campinas: Papirus.

JENKINS, K. (2005). *A História repensada*. São Paulo: Contexto.

REIS, J. (2002). "A globalização como metáfora da perplexidade? Os processos geo-económicos e o 'simples' funcionamento dos sistemas complexos". *In:* SANTOS, B. de S. (org.). *A globalização e as Ciências Sociais*. São Paulo: Cortez, pp. 105-132.

SACRISTÁN, J.G. (1995). "Currículo e diversidade cultural". *In:* SILVA, T.T. e MOREIRA, A.F. (orgs.). *Territórios contestados*. Petrópolis: Vozes.

_____ (1996). "Escolarização e cultura: A dupla determinação". *In:* SILVA, H.; AZEVEDO, J.C. e SANTOS, E. (orgs.). *Novos mapas culturais, novas perspectivas educacionais*. Porto Alegre: Sulina.

_____ (1999). *O currículo: Uma invenção sobre a prática*. Porto Alegre: Artmed.

VESENTINI, C.A. (1997). *A teia do fato*. São Paulo: Hucitec.

YOUNG, M. (2007). "Para que servem as escolas?". *Educação e Sociedade*, vol. 28, n. 101, Campinas, set./dez.

4
O ESTUDO DA HISTÓRIA E DA CULTURA AFRO-BRASILEIRA E INDÍGENA

"A África tem uma história." Com essa frase, aparentemente simples e óbvia, Ki-Zerbo inicia o texto "Introdução geral" da coletânea *História geral da África*, publicada no Brasil em 2010. Acrescento: as sociedades indígenas também têm histórias. Essas afirmações podem parecer dispensáveis em um país multicultural como o Brasil. No entanto, vários estudos demonstram que, no século XXI, a história dos indígenas e africanos deve ser reescrita, ensinada e aprendida por nós, brasileiros, descendentes diretos desses povos. Isso porque, concordando com o autor, durante séculos essa história "foi mascarada, camuflada, desfigurada, mutilada", pela "força das circunstâncias, ou seja, pela ignorância e pelo interesse" (p. XXXII). Este texto[1] se propõe a contribuir para esse movimento, apresentando algumas reflexões, resultados de investigações sobre o estudo da história e cultura afro-brasileira e indígena no ensino fundamental brasileiro.

Por meio de várias políticas públicas, de instrumentos legais, programas, orientações e diretrizes relacionadas à política curricular, durante o governo Lula (2002-2010), o MEC buscou promover a valorização e o reconhecimento da diversidade étnico-racial na educação escolar brasileira. Com esse objetivo foi elaborado um conjunto de estratégias para enfrentar culturas e práticas discriminatórias e racistas, ainda presentes no cotidiano das escolas e nos sistemas de ensino. Essas práticas historicamente excluíram, de modo explícito ou sutil, crianças, jovens e adultos, sobretudo negros e índios, comprometendo, assim, a garantia do direito à educação de qualidade a todos os cidadãos. Diante de tal realidade, o governo federal intentou "promover uma alteração positiva na realidade vivenciada, revertendo os perversos efeitos de séculos de preconceito, discriminação e racismo" (Brasil 2005, p. 8).

O debate sobre o estudo da história e das culturas africana e indígena deve ser situado no contexto da história do Brasil, nas trajetórias das relações entre os diferentes povos que formaram a nação brasileira, reconhecendo, como uma das marcas desse processo, a diversidade de povos e culturas. À semelhança do que ocorreu em distintas regiões da América, desde a colonização portuguesa, houve a valorização dos povos e tradições culturais de matrizes europeias em detrimento das populações e culturas de matrizes africanas e indígenas, dentre outras. O etnocentrismo de base eurocêntrica, a propagação da superioridade de povos, raças e culturas produziram, por um lado, a cultura do racismo, da exclusão, da marginalização e, em contraposição, movimentos de lutas e resistências a esse processo. No Brasil, as raízes históricas das lutas podem ser encontradas nas variadas formas de resistências dos negros à escravização no período compreendido entre os séculos XVI e XIX, de modo particular na formação dos quilombos, como o Quilombo dos Palmares, por exemplo, que se tornou um símbolo nos embates pela liberdade. Ao longo do século XX e no início do século XXI, o movimento negro enfrentou as práticas de racismo e discriminação social disseminadas na sociedade brasileira, no âmbito da produção acadêmico-científica, da imprensa, do mercado de trabalho e dos diferentes espaços de vivências –, sociais, políticos e culturais.

Refletir sobre esse tema e as repercussões nas práticas de ensino e aprendizagem em História no ensino fundamental (ainda que tardiamente no Brasil) representa uma possibilidade de combater o etnocentrismo europeu, o "europocentrismo" tão arraigado no ensino de História. Significa também debater e repensar alguns dos elementos constitutivos da educação e do ensino de História, tais como a historiografia (Munanga e Gomes 2006; Munanga 2005, 2009); currículos, identidades e culturas (Abramowicz e Gomes 2010; Silva e Gonçalves 2006; Gomes 2008); livros e materiais didáticos, a formação de professores (Gomes e Silva 2006); os saberes históricos escolares, metodologias de ensino (Paula 2009; Serrano e Waldman 2010) e avaliações. Em todos esses componentes, tradicionalmente, perpassaram implícita ou explicitamente ideias, valores, noções que poderiam contribuir para atenuar ou robustecer práticas racistas e excludentes de negros e indígenas. O debate teórico e político contribui para fortalecer a cultura do respeito às diferenças, às identidades plurais, com base no princípio da alteridade e da igualdade plena de direitos em uma sociedade democrática.

Desde a segunda metade do século XX, fruto do Projeto Unesco, que fomentou estudos e pesquisas sobre a África em diferentes partes do mundo, foram desenvolvidas no Brasil importantes investigações e publicações, dentre elas a clássica obra *A integração do negro na sociedade de classes*, de Florestan Fernandes, publicada, a 1ª edição, em 1965. Trata-se, originalmente, da tese de cátedra em Sociologia, que representa, segundo Arruda (2011), um momento de viragem nas análises sobre a questão do negro no Brasil, marcadas por teses raciais e mesmo racistas, presas ao evolucionismo e ao darwinismo social. Ao mesmo tempo, expressa a persistência do seu interesse pelas relações interétnicas, demonstrado na pesquisa "Brancos e negros em São Paulo", em colaboração com Roger Bastide. A obra constitui, portanto, um ponto de clivagem nos estudos sobre as relações raciais, tendo contribuído significativamente para a construção de outra imagem sobre a situação social dos negros, pois rompe com os discursos que explicavam as desigualdades entre negros e brancos apenas como uma questão de classe; explicita a reprodução das desigualdades raciais; evidencia a condição de marginalidade dos negros e dos mulatos. O autor "localiza e expande a compreensão do preconceito e da discriminação racial, originários da preservação das formas sociais arcaicas" (Arruda 2011).[2]

A partir dos anos 1970, durante o movimento de democratização do país, cresceram a organização e as demandas dos movimentos sociais, em particular os movimentos dos negros, mulheres e indígenas, contra o racismo, os preconceitos, a marginalização, as desigualdades, enfim, contra as diversas práticas e formas de racismo. As questões étnico-raciais entraram na agenda das lutas, de modo especial, as dos movimentos de resistência da comunidade negra. Entre os anos 1980 e o início do século XXI, houve uma diversificação de organizações sociais vinculadas ao movimento negro, algumas delas defendendo teses distintas, mas tendo em comum o avanço da resistência, da denúncia para forçar a proposição de políticas públicas, diretrizes legais e ações afirmativas para os afrodescendentes no Brasil.

Os movimentos conquistaram vitórias expressivas no processo constituinte na década de 1980. O racismo tornou-se crime inafiançável e imprescritível, conforme estabelece a Constituição Federal de 1988:

> Art. 5º – Todos são iguais perante a lei, sem distinção de qualquer natureza, garantindo-se aos brasileiros e aos estrangeiros residentes no País a inviolabilidade do direito à vida, à liberdade, à igualdade, à segurança e à propriedade, nos termos seguintes:
> XLI – a lei punirá qualquer discriminação atentatória dos direitos e liberdades fundamentais;
> XLII – a prática do racismo constitui crime inafiançável e imprescritível, sujeito à pena de reclusão, nos termos da lei.

Como exposto, a Constituição Brasileira, promulgada em 1988, ao preceituar em seu artigo 5º os direitos e garantias fundamentais do homem, tipificou o racismo e as práticas de discriminação e preconceito de qualquer natureza como crime. Desde então, outras leis foram aprovadas com a finalidade de complementar e regulamentar o estabelecido na Constituição e, desse modo, proteger e garantir a igualdade dos cidadãos no exercício da convivência democrática em nosso país. Dentre elas, a lei n. 7.716, de 5 de janeiro de 1989, que ficou conhecida como "Lei Caó"[3] e a lei 9.459/97, sancionada em 13 de maio de 1997, autoria do então deputado Paulo Paim. Essa legislação provocou alterações no Código Penal Brasileiro que passou a vigorar com a seguinte redação:

Art. 140 – Injuriar alguém, ofendendo-lhe a dignidade ou o decoro:
Pena – detenção, de um a seis meses, ou multa.
§ 1º – O juiz pode deixar de aplicar a pena:
I – quando o ofendido, de forma reprovável, provocou diretamente a injúria;
II – no caso de retorsão imediata, que consista em outra injúria.
§ 2º – Se a injúria consiste em violência ou vias de fato, que, por sua natureza ou pelo meio empregado, se considerem aviltantes:
Pena – detenção, de três meses a um ano, e multa, além da pena correspondente à violência.
§ 3º – Se a injúria consiste na utilização de elementos referentes a raça, cor, etnia, religião, origem ou a condição de pessoa idosa ou portadora de deficiência: (Redação dada pela Lei n. 10.741, de 2003.)
Pena – reclusão de um a três anos e multa. (Incluído pela lei n. 9.459, de 1997.) (http://www.jusbrasil.com.br/legislacao/anotada.)

No debate político-institucional há controvérsias sobre o tema. Após 20 anos, segundo especialistas, há dificuldades de se avaliar a dimensão do cumprimento da lei em nosso país. Em geral, os crimes de racismo são tratados como injúrias, logo se enquadram no artigo 140 do Código Penal, que estabelece uma punição menos rigorosa ao praticante. Concordo com os argumentos de que uma legislação antirracista por si mesma não garante o efetivo combate ao racismo, mas constitui um meio de luta do cidadão pela igualdade de direitos. A punição de atos de discriminação racial inibe comportamentos preconceituosos e sensibiliza diferentes setores da sociedade na busca permanente pela efetivação de um estado de direito, que tem como pilares a cidadania, a liberdade e a dignidade humana. Nesse sentido, a educação escolar é fundamental para a promoção e a formação de tais princípios e valores.

Nesse movimento sócio-histórico estão inseridas a construção de novos marcos jurídicos e a formulação de políticas públicas com o objetivo de superação das desigualdades raciais e sociais pós-1980. Várias políticas e projetos foram implantados, tais como a demarcação de terras indígenas; ações afirmativas para a população negra de afrodescendentes; implementação de cotas raciais nos concursos públicos e nas instituições de ensino superior; programas de saúde para as populações negra e indígena; programas específicos para ingresso na carreira diplomática; projetos de inserção do negro no mercado de trabalho; e ações específicas na área da cultura e da educação de afrodescendentes e indígenas. A luta pelo efetivo acesso à educação escolar em todos os níveis foi ampliada, com ações que vão desde a construção de práticas educativas não racistas, a necessária revisão do modo como negros, indígenas, mulheres foram, tradicionalmente, tratados nos saberes históricos escolares (nos livros didáticos e nas práticas docentes) até as mudanças estruturais nos projetos de formação de professores e currículos da educação básica e superior.

Em 2003, foi sancionada pelo então presidente da República, Luiz Inácio Lula da Silva, a lei federal n. 10.639, de 9 de janeiro de 2003, determinando a obrigatoriedade da inclusão no currículo da rede de ensino o estudo da História e Cultura Afro-Brasileira e outras providências. Em 2004, foram aprovadas pelo CNE as Diretrizes Curriculares Nacionais para a Educação das Relações Étnico-Raciais e para o Ensino de História e Cultura Afro-Brasileira e Africana, e a resolução n. 1 do CNE, de 7 de junho de 2004, que instituiu as diretrizes. A aprovação da lei federal n. 10.639/2003 foi considerada um marco efetivo na adoção de políticas públicas e ações afirmativas de reconhecimento da diversidade étnico-racial na educação brasileira.

A aprovação da lei n. 10.639/2003 provocou alterações na lei n. 9.394, de 20 de dezembro de 1996, LDB, com o acréscimo de dois artigos que se referem ao ensino de História:

> Art. 26 – A. Nos estabelecimentos de ensino fundamental e médio, oficiais e particulares, torna-se obrigatório o ensino sobre História e Cultura Afro-Brasileira. (Incluído pela lei n. 10.639, de 9/1/2003.)
> § 1º – O conteúdo programático a que se refere o *caput* deste artigo incluirá o estudo da História da África e dos Africanos, a luta dos negros no Brasil, a cultura negra brasileira e o negro na formação da sociedade nacional, resgatando a contribuição do povo negro nas áreas social, econômica e política, pertinentes à História do Brasil. (Incluído pela lei n. 10.639, de 9/1/2003.)
> § 2º – Os conteúdos referentes à História e Cultura Afro-Brasileira serão ministrados no âmbito de todo o currículo escolar, em especial

nas áreas de Educação Artística e de Literatura e História Brasileiras; (Incluído pela lei n. 10.639, de 9/1/2003.)
Art. 79-A – (VETADO); (Incluído pela lei n. 10.639, de 9/1/2003.)
Art. 79-B – O calendário escolar incluirá o dia 20 de novembro como Dia Nacional da Consciência Negra. (Incluído pela lei n. 10.639, de 9/1/2003.)

O foco da mudança é a obrigatoriedade do estudo da História e Cultura da África e Afro-Brasileira. O texto legal define "o que ensinar", "o conteúdo programático", "resgatando" a importância das lutas dos africanos e afro-brasileiros, da história e da cultura desses povos. O parágrafo 2º do artigo 26-A estabelece que os conteúdos devem ser objeto de todas as disciplinas, em especial das disciplinas Educação Artística, Literatura Brasileira e História Brasileira. Registre-se que não é objeto exclusivo da disciplina História, mas também das correlatas.

O artigo 79-B das Disposições Gerais da LDB incluiu no calendário escolar o dia 20 de novembro como o Dia da Consciência Negra. Trata-se de uma referência à memória (dia da morte) de Zumbi dos Palmares, um dos principais líderes da luta dos escravos no Quilombo dos Palmares pelo fim do regime escravocrata. Para muitas lideranças dos movimentos sociais e historiadores, a institucionalização do dia 20 de novembro no calendário escolar é um importante contraponto à memória oficial que comemora o dia 13 de maio como o dia da libertação dos escravos, "feito da princesa Isabel", consagrada na História como a Redentora dos Escravos.

As lutas e as demandas dos movimentos sociais provocaram novas alterações na LDB. A lei federal n. 11.645, de 10 de março de 2008, determinou a obrigatoriedade da inclusão do estudo da História e Cultura Afro-Brasileira *e Indígena* nos ensinos fundamental e médio, públicos e privados. Foram feitas alterações e modificações no artigo 26-A e respectivos parágrafos, que passaram a ter a seguinte redação:

Art. 26 – A. Nos estabelecimentos de ensino fundamental e de ensino médio, públicos e privados, torna-se obrigatório o estudo da história e cultura afro-brasileira e indígena. (Redação dada pela lei n. 11.645, de 2008.)

§ 1º – O conteúdo programático a que se refere este artigo incluirá diversos aspectos da história e da cultura que caracterizam a formação da população brasileira, a partir desses dois grupos étnicos, tais como o estudo da história da África e dos africanos, a luta dos negros e dos povos indígenas no Brasil, a cultura negra e indígena brasileira e o negro e o índio na formação da sociedade nacional, resgatando as suas contribuições nas áreas social, econômica e política, pertinentes à história do Brasil. (Redação dada pela lei n. 11.645, de 2008.)

§ 2º – Os conteúdos referentes à história e cultura afro-brasileira e dos povos indígenas brasileiros serão ministrados no âmbito de todo o currículo escolar, em especial nas áreas de educação artística e de literatura e história brasileiras. (Redação dada pela lei n. 11.645, de 2008.)

As modificações na LDB decorrentes da lei federal n. 11.645, de 10 de março de 2008, não revogaram, mas complementaram as leis anteriores com o objetivo de valorizar uma das matrizes da formação sociocultural: as populações indígenas do Brasil. Segundo Meirelles (2011), com a nova lei, incorpora-se a esse conteúdo a história, a cultura, a luta, bem como suas contribuições na constituição do povo brasileiro.

Assim, as políticas públicas do Estado – que tem o poder regulatório da educação escolar no país – expressam, por meio de seus instrumentos legais, programas e projetos, as correlações de forças sociais e políticas em determinados momentos históricos. O ensino de História, os conteúdos a serem ministrados, os objetivos de ensino, o papel da disciplina, as intencionalidades educativas são objeto de discussão, debates e disputas teóricas e políticas em diversos espaços formativos, de produção e transmissão de saberes. Respeitar, valorizar e incorporar a história e a cultura afro-brasileira e indígena na educação escolar são atitudes que não podem, a meu ver, ser tratadas como meros preceitos legais, mas um posicionamento crítico perante o papel da História como componente formativo da consciência histórica e cidadã dos jovens. A História constitui um campo de saber fundamental na luta pela construção de uma sociedade democrática e multicultural.

Nesta perspectiva, a introdução do texto do parecer do CNE/CP/2004 explicita que como instrumento legal "procura oferecer uma resposta, entre outras, na área da educação à demanda da população afrodescendente, no sentido de estabelecer políticas de ações afirmativas, isto é, de políticas de reparações, e de reconhecimento e valorização de sua história, cultura e identidades (2004c, p. 10). Trata-se, de acordo com o referido documento, de uma necessidade histórica, não apenas de propor, formular uma política, mas implementar, executar e avaliar políticas educacionais antirracistas, de combate a práticas discriminatórias contra os negros, indígenas e seus descendentes no meio escolar e, de forma mais ampla, no contexto educacional brasileiro. Nessa perspectiva, o CNE aprovou outros documentos nos termos da nossa legislação, a saber:

- Parecer do Conselho Nacional de Educação – Câmara Plena (CNE/CP) n. 03, de 10 de março de 2004, que institui as "Diretrizes Curriculares para a Educação das Relações Étnico-Raciais e para o Ensino de História e Cultura Afro-Brasileira e Africana";
- Resolução do Conselho Nacional de Educação – Câmara Plena (CNE/CP) n. 01, de 17 de junho de 2004, que institui as "Diretrizes Curriculares Nacionais para a Educação das Relações Étnico-Raciais e para o Ensino de História e Cultura Afro-Brasileira e Africana";
- Plano Nacional de Implementação das Diretrizes Curriculares Nacionais para a Educação das Relações Étnico-Raciais e para o Ensino de História e Cultura Afro-Brasileira e Africana, aprovado em 2009.[4]

O texto do parecer CNE/CP n. 3/2004 detalha a implantação do disposto na lei federal 10.639/2003. O documento é amplo, contém as bases teóricas e políticas, sendo as relações étnico-raciais um conceito fundamental de toda a proposta. A resolução CNE/CP n. 1/2004 institui as Diretrizes Curriculares Nacionais para a Educação das Relações Étnico-Raciais e para o Ensino de História Afro-Brasileira e Africana, conforme as disposições contidas no parecer CNE/CP n. 3/2004 (Brasil 2005); e determina algumas medidas, dentre as quais, destaco:

(...) as diretrizes devem ser observadas, em especial, por instituições que desenvolvem programas de formação inicial e continuada de professores. O Artigo 1º estabeleceu que: "As instituições de ensino superior deverão incluir, nos conteúdos de disciplinas e atividades curriculares dos cursos que ministram, a educação das relações étnico-raciais (...)". (Resolução n. 1 de 17 de junho de 2004. Parágrafo 1º do artigo 1º.)

Outros dispositivos relevantes para o ensino e aprendizagem em História referem-se às condições materiais e financeiras, devendo os sistemas de ensino prover escolas, professores e alunos de materiais didáticos e outros materiais bibliográficos necessários ao estudo da temática. Pesquisas evidenciam (Silva 2011) que a falta de material didático (livros, textos) constitui um dos principais obstáculos ao desenvolvimento curricular da história da África nos últimos anos do ensino fundamental.

Esses documentos se complementam e suscitam reflexões sobre diversos aspectos constitutivos do ensino e aprendizagem em História, como a formação inicial e continuada de professores da educação básica em nível nacional. Esse é um dos pontos críticos na implementação da política. Nesse sentido, o MEC adotou, a partir de 2003, um conjunto de iniciativas, programas e ações com o objetivo de criar as condições para tal fim. Muitas das ações se efetivaram em parceria com as organizações sociais do movimento negro, comprometidas com o estudo da temática racial. Em julho de 2004 foi criada a Secretaria de Educação Continuada, Alfabetização, Diversidade e Inclusão (Secadi) com a finalidade de reunir as ações do MEC, dedicadas aos temas como alfabetização e educação de jovens e adultos, educação do campo, educação ambiental, educação escolar indígena e diversidade étnico-racial, temáticas antes a cargo de várias secretarias e órgãos do governo federal. O objetivo da Secadi, segundo o órgão, é "contribuir para a redução das desigualdades educacionais por meio da participação de todos os cidadãos em políticas públicas que assegurem a ampliação do acesso à educação" (2011).[5]

Em 2005, foi criado o Programa de Ações Afirmativas para a População Negra nas Instituições Federais e Estaduais de Educação Superior (Uniafro) com o objetivo de fomentar as ações dos Núcleos de Estudos Afro-Brasileiros (Neabs), núcleos voltados para a pesquisa, extensão e apoio em diversas universidades estaduais e federais. Por meio de parcerias e do apoio do Programa Uniafro, os Neabs atuam na formação de professores e na elaboração de material didático-pedagógico para a educação das relações étnico-raciais e para a história e cultura afro-brasileira e da África, dentre outras ações.

Após a aprovação da lei federal 10.639/2003, setores do Movimento Negro passaram a solicitar a formulação de um plano nacional de implementação da lei. Em função desse movimento, o MEC promoveu ações coordenadas, denominadas Diálogos Regionais, com a participação de inúmeros setores da sociedade envolvidos com a temática. O resultado foi a produção do primeiro Plano Nacional de Implementação, lançado pelo governo federal em maio de 2009, a partir das sugestões colhidas durante seis encontros Diálogos Regionais. O Plano Nacional de Implementação das Diretrizes Curriculares Nacionais para a Educação das Relações Étnico-Raciais e para o ensino de História e Cultura Afro-Brasileira e Africana focaliza, dentre outros elementos, o papel indutor do MEC; o diálogo ampliado para implementação da Educação das Relações Étnico-Raciais; os objetivos; os eixos fundamentais do plano; as atribuições dos sistemas de ensino da educação brasileira; as ações dos governos federal, estadual e municipal e dos Conselhos de Educação, das Instituições de Ensino, da rede pública e particular de ensino superior, das coordenações pedagógicas, dos Grupos Colegiados e Núcleos de Estudos Afro-Brasileiros e grupos correlatos, Fóruns de Educação e Diversidade Étnico-Racial, dos diferentes níveis e modalidades de ensino e da educação em áreas remanescentes de quilombos.

Trata-se, portanto, de um conjunto de ações e atribuições que ultrapassam os limites das aulas de História e envolvem diferentes agentes e espaços. As principais ações para o ensino fundamental previstas no plano são:

a) assegurar formação inicial e continuada aos professores e profissionais desse nível de ensino para a incorporação dos conteúdos da cultura afro-brasileira e indígena e o desenvolvimento de uma educação para as relações étnico-raciais;
b) implementar ações, inclusive dos próprios educandos, de pesquisa, desenvolvimento e aquisição de materiais didático-

pedagógicos que respeitem, valorizem e promovam a diversidade a fim de subsidiar práticas pedagógicas adequadas à educação para as relações étnico-raciais;
c) prover as bibliotecas e as salas de leitura de materiais didáticos e paradidáticos sobre a temática étnico-racial adequados à faixa etária e à região geográfica das crianças;
d) incentivar e garantir a participação dos pais e responsáveis pela criança na construção do projeto político-pedagógico e na discussão sobre a temática étnico-racial;
e) abordar a temática étnico-racial como conteúdo multidisciplinar e interdisciplinar durante todo o ano letivo, buscando construir projetos pedagógicos que valorizem os saberes comunitários e a oralidade, como instrumentos construtores de processos de aprendizagem;
f) construir coletivamente alternativas pedagógicas com suporte de recursos didáticos adequados e utilizar materiais paradidáticos sobre a temática;
g) propiciar, nas coordenações pedagógicas, o resgate e o acesso a referências históricas, culturais, geográficas, lingüísticas e científicas nas temáticas da diversidade;
h) apoiar a organização de um trabalho pedagógico que contribua para a formação e o fortalecimento da auto-estima dos jovens, dos docentes e demais profissionais da educação. (Brasil 2006, pp. 48-49)

Evidencia-se no texto do documento a necessidade de assegurar a formação inicial e continuada dos professores, adequada não só para o ensino dessas temáticas, mas para as ações educativas multiculturalmente orientadas. Isso requer profundas transformações nos currículos, nos projetos pedagógicos dos cursos superiores e na formação dos formadores de professores (Guimarães e Couto 2009). Questiono: Qual o lugar ocupado pela história da África e dos povos indígenas nos cursos superiores de História? Quais são as concepções, os valores e as ideias recorrentes entre formadores e futuros professores?

Um segundo elemento que merece ressalva é a produção de saberes, fontes e materiais didáticos para o trabalho pedagógico. Uma leitura atenta das avaliações dos livros de História realizadas pelo PNLD, nos anos finais do ensino fundamental, divulgadas nos guias de livros didáticos, revela-nos avanços no tratamento da história da África, mas de forma pontual. Em relação ao tratamento dos povos indígenas, Meirelles afirma que "a diversidade cultural é apresentada de modo genérico e com exemplos inconsistentes". Reconhece progressos com a aplicação da lei 11.645/2008, mas afirma que as "novas publicações não têm atingido os professores" (2011, p. 292). Segundo a pesquisadora, um traço comum às obras é a superficialidade no trato da questão indígena.

De norte a sul do Brasil, é possível evidenciar experiências exitosas de produção de alternativas pedagógicas, de recursos/fontes adequadas e utilização de materiais paradidáticos sobre a temática indígena. Exemplos dessa produção podem ser apreendidos em obras, tais como: Silva e Grupioni (1995); MAE (2008a e b); Bergamaschi (2011), além de materiais produzidos pelos órgãos públicos, organizações e movimentos sociais. No entanto, é licito reconhecer que muitas produções de professores e alunos ainda não são partilhadas, publicadas no meio educacional, pois se perdem na rotina estressante do trabalho docente. Silva (2011), em investigação realizada em cinco escolas de ensino fundamental, públicas e privadas, observou uma rica variedade de materiais alternativos, construídos por professores de História para o ensino e aprendizagem do estudo da história e da cultura da África, desde textos até vídeos. Uma das fontes mais utilizadas são os filmes, segundo a pesquisa. A seguir, apresentamos uma listagem dos mais explorados em sala de aula pelos professores investigados.

Quadro de filmes sobre a temática

Título	Ano	País	Duração	Temáticas abordadas
Kiriku	1998	França	71 min	Valorização da cultura africana.
Vista a minha pele	2004	Brasil	15 min	Racismo e preconceito em sala de aula.
Chico Rei	1980	Brasil	115 min	Valorização de escravizados que se tornaram libertos bem-sucedidos.
Xica da Silva	1976	Brasil	117 min	A vida da primeira dama negra da história do país.
Carlota Joaquina, Princesa do Brasil	1995	Brasil	100 min	A vinda da Corte Portuguesa para o Brasil em 1808.
A cor púrpura	1985	Estados Unidos	152 min	A vida difícil dos negros e a violência contra a mulher.

Adivinhe quem vem para jantar	1967	Estados Unidos	108 min	O casamento entre negros e brancos e o preconceito nos anos 1960.
A encruzilhada	1986	Estados Unidos	98 min	A música negra e a relação entre brancos e negros no Mississipi.
Amistad	1997	Estados Unidos	148 min	A questão da liberdade dos negros nos Estados Unidos e o tráfico de escravos.
Distraída para a morte	2001	Brasil	14 min	Racismo e preconceito.
Meu mestre, minha vida	1989	Estados Unidos	108 min	Sala de aula, experiência de violência, tráfico de drogas e racismo.
Mississipi em chamas	1988	Estados Unidos	122 min	Luta pelos direitos civis e racismo nos Estados Unidos.
Quilombo	1984	Brasil e França	119 min	História do Quilombo de Palmares e da luta de Zumbi e seu povo.
Ray	2004	Estados Unidos	153 min	A vida de Ray Charles, a música negra e a segregação racial americanas.
Sarafina	1992	EUA	96 min	A segregação racial na África do Sul numa escola de Soweto.
Um grito de liberdade	1987	Inglaterra/ Estados Unidos	155 min	A luta contra o *apartheid* e a violência contra os negros.
Uma história americana	1998	Estados Unidos	119 min	Violência e gangues de jovens negros americanos.
O jardineiro fiel	2005	Estados Unidos/ Inglaterra	129 min	Luta contra uma empresa multinacional farmacêutica que utiliza o Quênia para realizar pesquisas em seres humanos.
Hotel Ruanda	2004	Estados Unidos/ Itália/ África do Sul	121 min	A guerra civil em Ruanda, onde os hutus matam tutsis, chegando perto de um milhão de pessoas.
Invictus	2009	Estados Unidos	133 min	A luta contra a segregação racial, tendo como principal personagem Nelson Mandela, e o esporte nacional da África do Sul, o rúgbi.

Fonte: Silva, G.C. da (2011). "O estudo da História e Cultura Afro-Brasileira no ensino fundamental: Currículos, formação e prática docente". Programa de Pós-graduação em Educação – Doutorado. Uberlândia: Faculdade de Educação/UFU.

Outro aspecto mencionado pelo plano é o caráter interdisciplinar da temática étnico-racial. Considero de extrema relevância a discussão da abordagem interdisciplinar no ensino e aprendizagem de História e Cultura Afro-Brasileira e Indígena. Trata-se de uma opção metodológica, de diálogo com os vários campos do conhecimento, como Geografia, Sociologia, Antropologia, Linguística, Literatura, Filosofia e outras. Esse diálogo favorecerá a compreensão das singularidades, dos processos históricos, dos intercâmbios culturais, das contribuições mútuas, das contradições em processo. A postura interdisciplinar favorecerá a incorporação de diversificadas fontes e problemas, evitando, desse modo, cair nas armadilhas do etnocentrismo, o privilégio da visão exterior e superior determinando o curso da história. Assim, assumiremos uma atitude histórica que "não será uma atitude vingativa, nem de autossatisfação, mas um exercício vital de memória coletiva que varre o campo do passado para reconhecer suas próprias raízes" (Ki-Zerbo 2010, p. LIII). Evitaremos o retorno aos maniqueísmos (herói x vilão, dominante x dominado), à idealização e romantização de modos de ser e viver na história.[6]

Acreditamos que o desafio para a construção de um projeto educacional, que tenha como foco a construção de relações étnico-raciais positivas, na perspectiva de combate às práticas racistas, discriminatórias e excludentes no meio educacional e escolar, tem avançado, significativamente, em comparação ao que vivíamos há algumas décadas. Porém ainda encontra dificuldades, muitas ligadas à formação, à concepção excludente e discriminatória disseminada na cultura escolar e fora dela. Isso requer dos educadores uma luta permanente, cotidiana, nos diversos espaços, contra todas as formas de racismo e discriminação. A História como disciplina formativa tem um papel central na luta pela superação da formação racista e no desafio de construção de um projeto de educação inclusiva, republicana, libertadora e plural. Como afirma Ki-Zerbo (2010, p. XXXIII), a História como ciência humana, mais que qualquer outra disciplina, "é igualmente feita para o homem, para o povo, para aclarar e motivar sua consciência".

Notas

1. Este texto é resultante de reflexões e estudos realizados pelo Grupo de Pesquisa em Ensino de História e Geografia (Gepegh) da Faced/UFU, com os investigadores Giselda Costa da Silva, Benjamim Xavier de Paula e Osvaldo Cerezer, doutorandos no Programa de Doutorado em Educação no PPGED/UFU sob minha orientação.
2. Arruda, M.A. Assimilação marginal ao mundo do trabalho livre. Disponível em: http://www1.folha.uol.com.br/fol/brasil500/zumbi_29.htm. Acesso em 10/8/2011.
3. Trata-se de uma referência ao deputado constituinte, militante do Movimento Negro, Carlos Alberto Caó de Oliveira, do PDT do Rio de Janeiro, que muito lutou pela aprovação na Assembleia Constituinte da lei que estabelece o racismo como um crime inafiançável.
4. Disponível em: http://www.seppir.gov.br/publicacoes.
5. Os programas e ações da Secadi podem ser conhecidos em http://portal.mec.gov.br.
6. Uma sugestão de trabalho educativo visando superar e combater o racismo pode ser feita por meio da análise do documento: *Estatuto da igualdade racial*. Lei n. 12.288, de 20 de julho de 2010. Brasília: Seppir, 2010.

Referências bibliográficas

ABRAMOWICZ, A. e GOMES, N.L. (orgs.) (2010). *Educação e raça: Perspectivas políticas, pedagógicas e estéticas*. Belo Horizonte: Autêntica.

BERGAMASCHI, M.A. (2011). "A temática indígena no ensino de História: Possibilidades para diálogos interculturais?". *In:* GUIMARÃES, S. e GATTI JÚNIOR, D. (orgs.). *Perspectivas do ensino de História: Ensino, cidadania e consciência histórica*. Uberlândia: Edufu, pp. 295-304.

BRASIL (2003). Lei federal n. 10.639, de 9 de janeiro. Brasília: Imprensa Oficial.

_____ (2004a). Parecer do Conselho Nacional de Educação, n. 3, de 10 de março. Brasília: MEC/CNE.

_____ (2004b). Resolução do Conselho Nacional de Educação, n. 1, de 17 de junho. Brasília: MEC/CNE.

_____ (2004c). Diretrizes Curriculares Nacionais para a Educação das Relações Étnico-Raciais e para o Ensino de História e Cultura Afro-Brasileira e Africana. Brasília: MEC/Secad.

_____ (2006). *Orientações e ações para a educação das relações étnico-raciais*. Brasília: MEC/Secad.

_____ (2008a). *Contribuições para a implementação da lei 10.639/2003*. Brasília: MEC/Unesco.

_____ (2008b). Lei federal n. 11.645, de 10 de março. Brasília: *Diário Oficial da União*.

_____ (2009). *Plano nacional de implementação das Diretrizes Curriculares Nacionais para educação das Relações étnico-raciais e para o ensino de História e cultura afro-brasileira e africana*. [Disponível na internet: http://www.seppir.gov.br/.arquivos/leiafrica.pdf.]

FERNANDES, F. (1978). *A integração do negro na sociedade de classes*. 3ª ed. São Paulo: Ática, 814 p. (2 volumes).

GOMES, N.L. (2008). *Sem perder a raiz: Corpo e cabelo como símbolos da identidade negra*. 2ª ed. Belo Horizonte: Autêntica.

GOMES, N.L. e SILVA, P.B.G. (orgs.) (2006). *Experiências étnico-culturais para a formação de professores*. Belo Horizonte: Autêntica.

GUIMARÃES, S. e COUTO, R.C. do (2008). "Formação de professores de História no Brasil: Perspectivas desafiadoras do nosso tempo". *In*: ZAMBONI, E. e GUIMARÃES, S. (orgs.). *Espaços de formação do professor de História*. Campinas: Papirus, pp. 101-130.

KI-ZERBO, J. (2010). "Introdução geral". *In:* KI-ZERBO, J. (org.). *História geral da África I: Metodologia e pré-história da África*. 2ª ed. Brasília: Unesco, pp. XXXI-LVII.

MAE – MUSEU DE ARQUEOLOGIA E ETNOLOGIA DA UNIVERSIDADE DE SÃO PAULO (2008a). *Manifestações socioculturais indígenas: Guia temático para professores*. São Paulo: USP/MAE.

_____ (2008b). *Origem e expansão das sociedades indígenas: Guia temático para professores*. São Paulo: USP/MAE.

MEIRELLES, L.M. (2011). "A temática indígena no ensino de História". *In:* GUIMARÃES, S. e GATTI JÚNIOR, D. (orgs.). *Perspectivas do ensino de História: Ensino, cidadania e consciência histórica*. Uberlândia: Edufu, pp. 285-295.

MUNANGA, K. (org.) (2005). *Superando o racismo na escola*. Brasília: Ministério da Educação.

_____ (2009). *Origens africanas do Brasil contemporâneo: Histórias, línguas, culturas e civilizações*. São Paulo: Global.

MUNANGA, K. e GOMES, N.L. (2006). *O negro no Brasil de hoje*. São Paulo: Global/Ação Educativa.

PAULA, B.X. (2009). "O ensino de História e cultura da África e afro-brasileira: Da experiência e reflexão". *In:* GUIMARÃES, S. (org.). *Ensinar e aprender História: Formação, saberes e práticas educativas*. Campinas: Átomo & Alínea, pp. 171-198.

SERRANO, C. e WALDMAN, M. (2010). *Memória d'África*. 3ª ed. São Paulo: Cortez.

SILVA, A.L. e GRUPIONI, L.D.B. (orgs.) (1995). *A temática indígena na escola: Novos subsídios para professores de 1º e 2º graus*. Brasília: MEC/Mari/Unesco.

SILVA, G.C. da (2011). "O estudo da História e cultura afro-brasileira no ensino fundamental: Currículos, formação e prática docente". Tese de doutorado em Educação. Uberlândia: Faced/UFU.

SILVA, P.B.G. e GONÇALVES, L.A.O. (2006). *O jogo das diferenças: O multiculturalismo e seus contextos*. 4ª ed. Belo Horizonte: Autêntica.

5
LIVROS DIDÁTICOS DE HISTÓRIA

Adotar, abolir, complementar e/ou diversificar o uso de livros didáticos no ensino de História? Para muitos essa questão pode parecer ingênua, inadequada ou superada. Isso porque muito já se investigou sobre política, conteúdo e forma do livro didático e, de modo geral, ele constitui a principal fonte de estudo, o elemento predominante e, muitas vezes, determinante no processo de ensino e aprendizagem em História. Esse fato não é peculiar ao Brasil. Jörn Rüsen, pesquisador alemão, em artigo intitulado "El libro de texto ideal" ("O livro didático ideal"), publicado no Brasil em 2010, inicia o texto afirmando: "Todos os especialistas estão de acordo em que o livro didático é a ferramenta mais importante no ensino de História" (p. 109).

O livro didático é um dos principais veiculadores de conhecimentos sistematizados, o produto cultural de maior divulgação entre os brasileiros com acesso à educação escolar básica na rede pública de ensino. Segundo resultados da pesquisa "Retratos da leitura no Brasil", realizada pelo Instituto Pró-livro em 2007, na percepção das pessoas, dos brasileiros, há uma ligação íntima entre leitura e escola, estudos, conhecimento.

Evidenciou-se que no Brasil o número de livros lidos é de 4,7 por habitante/ano; o número de livros indicados pela escola, incluindo os didáticos, é de 3,4 por habitante/ano; logo, o número de livros lidos fora da escola é de 1,3 por habitante/ano. O uso da biblioteca está também associado aos estudos e pesquisas escolares. A pesquisa em questão apurou que 50% dos leitores são estudantes que leem livros indicados pelas escolas. O livro didático é o segundo gênero de leitura mais lido pelos leitores brasileiros, ficando atrás apenas da *Bíblia*. Com relação à frequência da leitura dos diferentes tipos de livros, os didáticos e os universitários são os únicos lidos mais frequentemente. O estudo demonstra, ainda, a progressiva valorização da leitura com o avanço da escolaridade, e outro dado relevante é a importância da professora como uma das pessoas que mais influenciaram a prática da leitura, perdendo apenas para a mãe ou para a responsável mulher.[1]

Esse "retrato", dentre outros dados da realidade educacional brasileira, justifica, entre nós, a relevância do debate, as pesquisas sobre a produção, as políticas, as características, as qualidades, as intencionalidades, o conteúdo, as funções e os usos do livro didático de História. Nesse sentido, desenvolvo aqui algumas reflexões que me acompanharam como usuária crítica de livros didáticos em aulas de História no ensino fundamental e médio e, posteriormente, como avaliadora, autora e pesquisadora da área.

Em primeiro lugar, questiono: Por que o livro didático de História, especialmente aquele destinado ao ensino fundamental, é tão amplamente utilizado no Brasil? A resposta parece óbvia: o fácil acesso dos estudantes ao livro didático no Brasil. Trata-se de uma das mais antigas e importantes políticas públicas para a educação básica do governo brasileiro. Segundo a cronologia elaborada pelo MEC e Fundo Nacional de Desenvolvimento da Educação (FNDE), o PNLD teve início em 1929 quando o "Estado criou um órgão específico para legislar sobre políticas do livro didático, o Instituto Nacional do Livro (INL), contribuindo para dar maior legitimidade ao livro didático nacional e, consequentemente, auxiliando no aumento de sua produção". Desde então, o programa sofreu várias mudanças na concepção e no formato de execução, tais como a instituição da Comissão Nacional do Livro Didático (CNLD), em 1938, que estabeleceu a primeira política de legislação e controle de produção e circulação do livro didático no país, e em 1945, quando foi consolidada a legislação sobre as condições de produção, importação e utilização do livro didático.[2]

No entanto, trata-se de uma questão mais complexa que merece cuidadosas e permanentes análises. As mudanças operadas no ensino de História nas últimas décadas se processaram em estreita relação com o universo da indústria cultural, particularmente do mercado editorial. Os saberes históricos chegam à escola básica e ao público em geral, sobretudo, pelos modernos meios de comunicação de massa e pelo material de difusão cultural: livros didáticos e paradidáticos, internet, TV, jornais, revistas de divulgação, filmes, meios digitais e outros. Assim, pensar o ensino de História e os materiais didáticos implica refletir sobre as relações entre o mercado (envolvendo toda a cadeia produtiva do livro), o Estado, a universidade (centro de produção e difusão de saberes), as escolas e os currículos prescritos e em ação nas aulas de História.

Os Estados nacionais, nas diversas partes do mundo, se ocupam em repensar continuamente o papel da escola na sociedade, bem como o da produção, difusão e acesso aos conhecimentos. No Brasil, desde as últimas décadas do século XX, particularmente pós-1964, um dos fatos marcantes foi a chamada "massificação" ou expansão da educação escolar básica, decorrente das mudanças econômicas, sociais, políticas, e de fatores como a urbanização, por exemplo, que tiveram como consequência direta a demanda por vagas na rede escolar pública. Assim, apesar do problema do analfabetismo, a ampliação do número de pessoas escolarizadas foi acompanhada de considerável avanço das condições de modernização da indústria de produtos educacionais e culturais.

A partir dos anos 1960, o Estado impulsionou a indústria editorial, vinculando-a diretamente ao processo de ampliação de produtos educacionais. Esses vínculos podem ser aprendidos e analisados de diversos modos. Interessa-nos aqui, especialmente, a relação entre a indústria editorial e o processo de mudanças pelo qual passa o ensino de História, tendo como base de análise os livros didáticos. Examinando o conteúdo, os objetivos e a fundamentação teórico-metodológica dos currículos de História, constatamos que os programas de ensino, os currículos elaborados e implementados na década de 1970, a partir da reforma educacional de 1971 (lei 5.692/71), corporificaram-se no livro didático. Houve uma adoção em massa de livros didáticos, incentivada pelo Estado e pela indústria editorial brasileira, em plena expansão, por meio dos incentivos estatais. O livro didático assumiu, assim, a forma do currículo e do saber histórico nas escolas.

Os governos pós-1964 incentivaram a indústria editorial brasileira de diversas formas. Em primeiro lugar, puseram fim ao projeto de governo Jânio Quadros/João Goulart que visava à padronização do livro didático, além de concentrar a produção e a distribuição nas mãos do MEC. A partir daí, estabeleceu-se a isenção de impostos sobre todas as fases de produção e comercialização de livros, jornais e periódicos, conforme exposto na alínea d do item III, artigo 19, capítulo V da Constituição Federal de 1967. Essa isenção se estendia também à produção de papel. O Brasil, de importador de papel em 1967, passou a ser exportador de papel e celulose no início dos anos 1980, graças aos incentivos fiscais que beneficiaram, principalmente, os investimentos das empresas estrangeiras no setor (Hallewel 1985).

O governo passou a estimular, também, a renovação tecnológica da indústria editorial pela isenção alfandegária sobre importação de maquinaria. Houve uma generalização do emprego de sistema *offset*, e a capacidade da indústria editorial cresceu a ponto de aceitar encomendas do exterior, sobretudo de países da América Latina. Além disso, no governo Castelo Branco, o Estado passou a financiar diretamente o mercado editorial por meio de subsídios a livros.

O PNLD passou a ser gerenciado pela Comissão Nacional do Livro Técnico e Didático (Colted), criada em 1966 e extinta em 1971. Segundo dados do MEC,

> um acordo entre o Ministério da Educação (MEC) e a Agência Norte-Americana para o Desenvolvimento Internacional (Usaid) permitiu a criação da Comissão Nacional do Livro Técnico e Didático com

o objetivo de coordenar as ações referentes à produção, edição e distribuição do livro didático. O acordo assegurou ao MEC recursos suficientes para a distribuição gratuita de 51 milhões de livros no período de três anos. Ao garantir o financiamento do governo a partir de verbas públicas, o programa adquiriu continuidade.[3]

Esse programa visava à distribuição gratuita de livros didáticos às escolas primárias e secundárias [de ensino fundamental e médio] e, com descontos nos preços, às universidades. Era voltado também à realização de seminários e cursos de treinamento de professores, editores e profissionais da indústria editorial. Tudo isso promovido pelo MEC e pela Usaid, cuja participação na política educacional foi marcante. O programa, parte integrante do projeto educacional do governo, trouxe enormes benefícios financeiros ao setor industrial em consonância com os ideais de desenvolvimento econômico e segurança nacional (Guimarães 1993).

Até 1971, o governo, por intermédio da Colted, adquiriu grandes quantidades de livros didáticos, tornando-os o principal negócio da indústria editorial e do setor livreiro. A expansão do setor se deu de tal forma que em 1970 realizou-se, no Brasil, a I Bienal Internacional do Livro. Em 1971, a Colted foi absorvida pelo INL. Implementou-se o sistema de coedição de livros com as editoras nacionais, com recursos do INL. Isso não significou, entretanto, o fim do subsídio ao livro. Em 1976, houve outra mudança. Foi extinto o INL, e a Fundação Nacional do Material Escolar (Fename) tornou-se responsável pela execução do programa do livro didático com recursos do FNDE e das contrapartidas estabelecidas com os estados.

Assim, houve um crescente apoio do Estado à indústria editorial e à massificação do livro didático no Brasil. O livro didático tornou-se uma das mercadorias mais vendidas no campo da indústria editorial, e o governo, um dos maiores compradores de livros. Nessa evolução, segundo Mendes, em 2008, em termos de faturamento, "apurou-se o valor de 3,30 bilhões de reais (3.305.957.488,25)", sendo que "o faturamento para o mercado representa 73,7% e para o governo 26,3%".[4] Daí a preocupação das editoras em publicar livros que estivessem em sintonia com os programas curriculares de História, Geografia e demais disciplinas.

Outra novidade no campo dos didáticos, com grande aceitação, foi o lançamento dos manuais dos professores, pela editora Ática, em meados dos anos 60. Esses manuais, além de trazerem a resolução de todos os exercícios propostos, forneciam os planejamentos anuais e bimestrais prontos para o professor – planejamentos exigidos pelas escolas naquele momento histórico. A editora Ática, criada em 1966, tornou-se, em vinte e poucos anos de existência, a maior editora do país (*Leia* 1990). Desde 1999, no processo de concentração do mercado editorial, a Ática faz parte do Grupo Abril (Mendes 2009).

Portanto, a indústria editorial e a educação escolar, sobretudo a partir da reforma educacional de 1971, estiveram intimamente ligadas ao projeto de ampliação do acesso ao ensino fundamental. Esse projeto vinculava-se ao modelo de desenvolvimento econômico, aos ideais de segurança nacional, e correspondia aos interesses de multinacionais no Brasil e na América Latina. Os vínculos entre o Estado, o capital e a educação não se restringiam ao campo da editoração de livros didáticos; os mecanismos de controle político-ideológico conseguiram abarcar vários setores da vida cultural do país.

A indústria editorial brasileira, graças à produção e à venda em massa de livros didáticos, subsidiada em grande parte pelo governo, conseguiu se colocar entre as maiores do mercado internacional. Segundo o Ministério da Cultura, em 2008, o Brasil foi o oitavo maior produtor de livros do mundo.[5] Os dados, entretanto, não significam que a democratização do saber no Brasil tivesse atingido índices similares aos do Japão e da França e de outros grandes produtores. Ao contrário, os índices educacionais da educação básica no mesmo período colocavam o Brasil ao lado dos países mais pobres do mundo. Mesmo com a diminuição da taxa de analfabetismo, de 13,3% em 1999 para 9,7% em 2009, o IBGE apurou que o número de pessoas analfabetas com 15 anos ou mais de idade, em números absolutos, era de 14,1 milhões, sendo que, dessas, 42,6% tinham mais de 60 anos, 52,2% residiam no Nordeste e 16,4% viviam com meio salário mínimo de renda familiar *per capita*.[6]

Nesse cenário o livro didático de História tornou-se o canal privilegiado para a difusão de saberes históricos.

Pesquisas publicadas (Freitag *et al.* 1993; Baldissera 1994; Diehl 1994; Battista 2002; Gatti Jr. 2004, 2007; Oliveira e Stamatto 2007) têm analisado os diversos aspectos relacionados aos livros didáticos, os significados de sua ampla utilização no Brasil e as formas de uso desse material, que, muitas vezes, constitui o elemento definidor do processo de ensino. No entanto, considero pertinente questionar: como uma mercadoria destinada a difundir uma determinada produção, escreve-se alheia ao processo de ensino-aprendizagem, tornou-se amplamente aceita e legitimada pela sociedade, professores, alunos e pais? Quais os procedimentos que fazem do livro didático "panacéia universal" para alguns e "bode expiatório" do ensino de História para outros? (Vesentini 1984; Silva 1984).

Primeiramente, é preciso considerar o processo de simplificação do conhecimento histórico em conhecimento histórico escolar. A necessidade de simplificação, para alguns especialistas, tem uma função didática: auxiliar na implementação dos programas de ensino, nos planejamentos de unidade e na sequência lógica dos conteúdos. Outra função bastante difundida é a de oferecer aos alunos uma visão de toda a história da humanidade, ou seja, da História Geral difundida pelos europeus; a História do Brasil, do "Descobrimento à atualidade"; e alguns aspectos da História da América. Essa concepção faz com que temas e problemas amplos sejam simplificados em meros fatos ou eventos históricos. Muitas escolas públicas e privadas, levadas por interesses diversos, chegam até mesmo a extrapolar as sínteses difundidas pelos livros didáticos, substituindo-os por apostilas mais esquemáticas, que conseguem abranger "períodos maiores" da história.

O processo de transposição e simplificação no âmbito da difusão implica tornar definitivas, institucionalizadas e legitimadas pela sociedade determinadas visões e explicações históricas. Essas representações transmitidas simplificadamente trazem consigo a marca da exclusão. O processo da exclusão inicia-se no social, em que "alguns atos" são escolhidos e "outros" não, de acordo com critérios políticos. A lógica da produção historiográfica e as operações realizadas determinam o tipo de saber veiculado. Como sabemos, na academia, o trabalho do historiador pode tanto excluir ou omitir como recuperar ou resgatar "atos" excluídos; depende dos modos de produzir conhecimento. São várias leituras, versões, interpretações. Na complexa produção dos livros didáticos, o processo de seleção e exclusão de ações e sujeitos históricos faz parte da lógica de didatização.

No final dos anos 1970 e no início dos anos 1980, o movimento de ampliação das pesquisas históricas e do repensar do ensino foi acompanhado por um processo de mudanças nas relações entre a indústria cultural e as instituições educacionais produtoras de conhecimento. A indústria editorial, em grande medida, passou a participar ativamente do debate acadêmico, adequando e renovando os materiais, aliando-se aos setores intelectuais que, para se estabelecerem na carreira acadêmica, cada vez mais dependiam da mídia, das publicações.

A relação entre as partes foi extremamente significativa para as mudanças operadas no ensino fundamental e médio. No caso do ensino de História, ocorreu um fenômeno interessante. À medida que se ampliava o campo das pesquisas históricas – a exemplo do ocorrido na Europa, com a ampliação dos campos temático, documental (novos temas, problemas, fontes e abordagens) e a publicação de experiências alternativas no ensino de História, como a nova História temática na França –, o mercado editorial brasileiro também lançava suas novidades.

No início dos anos 1980, Carlos Vesentini, no texto "Escola e livro didático de História", publicado na coletânea *Repensando a História*, apontava três direções por onde se desenvolvia o aperfeiçoamento do livro didático de História: "1) pela renovação das explicações, ou nova seleção de fatos, utilizando bibliografia recente; 2) pela renovação da forma, procurando-se rever a linguagem; 3) pela seleção de documentos" (1984, p. 74). Sobre a análise das características gerais e específicas, do reducionismo e da simplificação, o autor nos alertou: "A operação de difusão do saber deve ser examinada, pois seria um absurdo colocar na obra didática o peso e a força pelos quais a memória do vencedor se impõe" (*ibidem*, p. 79). O autor volta a insistir: o livro didático apenas a difunde e a reproduz (1997).

Esses caminhos de renovação se consolidaram, e nos anos 1990 outras características começaram a se destacar. Primeiro, a introdução de novos temas, ligados à história das mentalidades, do cotidiano. O livro didático, de modo geral, deixou de se dedicar quase que exclusivamente aos fatos da política institucional e alargou o campo do conhecimento histórico ensinado nas escolas. Segundo, a tendência de não mais organizar os conteúdos de História do Brasil, História da América e História geral isoladamente, mas articulados ao longo de quatro séries, sem recorrer às categorias dos modos de produção como articuladores. Foram significativas as mudanças no padrão gráfico, na linguagem, na forma de apresentação, com a inclusão de seleção de documentos, diversos gêneros textuais e fontes iconográficas. Outro movimento foi o lançamento de novas coleções, visando atingir o leitor médio. Os livros dessas coleções, denominados paradidáticos, tornaram-se um novo campo para as publicações dos trabalhos acadêmicos. A nova produção historiográfica, em forma de paradidáticos, abordando temas até então pouco estudados, tornou-se mercadoria de fácil aceitação no mercado de livros, nas escolas e universidades. Exemplo, o sucesso editorial de coleções como Primeiros Passos e Tudo é História, lançadas pela Editora Brasiliense no final dos anos 1970.

No decorrer dos anos 1980 e 1990, houve uma ampliação do número e do tipo de publicações de livros paradidáticos. Especialistas do meio acadêmico (Eco 1991; Darnton 1990), atraídos pela lógica do mercado e em função também das exigências de produtividade das universidades, aliaram-se às editoras, buscando socializar e difundir o chamado saber histórico erudito, bem como outros temas considerados complexos para o leitor médio, entre os quais o tema "o que é ideologia", um dos maiores sucessos da coleção Primeiros Passos. A produção e a venda em massa do livro didático de História permaneceram representando indiscutivelmente o "carro-chefe" do setor editorial na área. Dentre os livros paradidáticos em História, as editoras passaram a publicar diferentes tipos e enfoques. Alguns apresentavam resumidamente períodos da História, itens dos programas tradicionais que significavam meros desdobramentos dos livros didáticos.

Nos anos 1980, período de democratização da sociedade brasileira, a política de distribuição do livro didático no Brasil sofreu alterações. Em 1983 foi criada a Fundação de Assistência ao Estudante (FAE) em substituição à Fename, de outubro de 1967. Em 1985, a nova política foi definida pelo decreto federal 91.542, de 19 de agosto de 1985, que instituiu o PNLD e as regras para sua execução. O processo de gerenciamento e implementação foi concentrado na FAE, órgão ligado ao MEC. De acordo com essa política, o MEC se comprometia a distribuir gratuitamente livros didáticos aos alunos de escola pública de ensino fundamental, sendo a indicação dos livros feita pelas escolas. Os professores passaram a avaliar, selecionar os títulos e solicitá-los ao governo federal, que, por sua vez, comprava-os das editoras e os distribuía para todo o Brasil. Outra mudança foi a política de reutilização do livro pelos alunos, o que significou a abolição do livro consumível ou descartável.

Com a mudança de governo federal, decorrente do *impeachment* do presidente eleito Fernando Collor, em 1992 e 1993 veio à tona uma série de problemas. O programa sofreu restrições orçamentárias e a distribuição foi limitada, exclusivamente, aos alunos das redes públicas de ensino até a 4ª série do ensino fundamental. Os problemas de execução e a qualidade dos livros didáticos foram amplamente questionados. Assim, nos anos 1993/1994, na gestão do professor Murilo Hingel no MEC e dos professores Everaldo Lucena e Walter Garcia na FAE, em meio a inúmeras denúncias sobre vários problemas do PNLD (execução, distribuição) e a graves aspectos relacionados à qualidade dos livros didáticos – identificados por educadores e pesquisadores não só brasileiros, como também estrangeiros –, o MEC criou um grupo de trabalho formado por especialistas das diversas áreas, indicados pelas seguintes entidades: União Nacional de Dirigentes Municipais da Educação (Undime), Conselho Nacional de Secretários da Educação (Consed), Associação Nacional de Pesquisa e Pós-Graduação em Educação (Anped), Secretaria de Educação Fundamental (SEF) e FAE/MEC. A comissão foi oficialmente criada em 1993 com o objetivo de definir parâmetros de qualidade e avaliar a produção destinada às séries iniciais.[7] As conclusões do grupo de especialistas, publicadas em relatório do MEC/FAE/Unesco (1994), revelam vários problemas e também sugestões para aprimorar a qualidade das obras, bem como propostas, critérios, parâmetros de avaliação da qualidade dos livros.

Desde então, o PNLD foi aperfeiçoado e ampliado. De modo particular, ressalta-se o processo permanente de avaliação dos livros didáticos, organizado e sistematizado pelo MEC, a partir de 1995. Em 1996, foi lançado o primeiro *Guia dos livros didáticos*, e ocorreu nova mudança no gerenciamento do programa, sendo extinta a FAE. As responsabilidades de execução passaram ao FNDE.

A partir de 2000, ressalto duas outras importantes medidas para a área de História: 1) a distribuição de livros de História e Geografia, separadamente, e não mais de Estudos Sociais, para os anos iniciais do ensino fundamental; 2) a universalização da distribuição dos livros de História para os alunos do ensino médio das redes públicas, por meio do Programa Nacional do Livro Didático do ensino fundamental e do ensino médio (PNLEM). O PNLEM tem, basicamente, a mesma forma de execução, destacando-se, entre as principais ações de execução da política: lançamento dos editais; inscrição das editoras; triagem/avaliação dos livros; elaboração e divulgação dos guias; escolha dos livros pelas escolas; aquisição; produção; distribuição e recebimento dos livros pelas escolas públicas de diferentes lugares do Brasil.[8]

Nos anos 1990, o mercado da produção e comercialização dos livros no Brasil passou a sofrer o processo de concentração, próprio da economia capitalista mundial. Segundo Mendes (2009), entre nós, iniciou-se pelas editoras. De acordo com os dados levantados pelo autor, os grupos Record, Saraiva, Ediouro, Pigmento Editorial, Sextante e Abril compraram sucessivamente um grande número de editoras menores. Ao mesmo tempo, houve um processo de internacionalização do capital com a entrada de vários grupos estrangeiros no país, tais como Pearson, Vivendi, Prisa-Santillana, Larousse, Planeta, Elsevier/Campus, Edições SM, Penguin Books, Leya. A concentração também ocorreu no setor de livrarias. Desse modo, a produção e a comercialização de livros didáticos no Brasil passaram a ser realizadas por um pequeno número de grandes grupos empresariais nacionais e multinacionais, conforme dados disponíveis no *site* do FNDE.[9] As pequenas editoras encontram inúmeras dificuldades para competir no setor, de modo especial, no educacional. Outro problema é que grande parte dos recursos públicos do PNLD é destinada aos grandes grupos, o que de certa forma gera uma distorção no sistema, na medida em que não propicia o desenvolvimento de projetos alternativos.

Neste momento histórico em que a preocupação central da sociedade e do Estado é construir uma educação básica de qualidade, tornou-se consenso a necessidade imprescindível de aprimorar a política nacional do livro didático. Para isso, considero importante, em primeiro lugar, aprofundar os mecanismos e instrumentos de avaliação permanente da produção disponível no mercado. O Estado, como maior comprador, passou a exigir das editoras mudanças qualitativas, excluindo do mercado, por meio das avaliações, livros desatualizados, que contenham erros conceituais ou veiculem preconceitos raciais, políticos e religiosos. A política do MEC, com sua exigência de avaliação permanente da qualidade das obras, possibilita oferecer, aos professores e às escolas de modo geral, opções e critérios para a escolha do material mais adequado às diferentes realidades educacionais e à diversidade de projetos pedagógicos e concepções históricas dos professores em efetivo exercício. Um dos desafios certamente é enfrentar a chamada "cadeia produtiva do livro", altamente concentrada.

Em segundo lugar, considero necessário refletir sobre a seguinte questão: se o livro didático é um elemento tão poderoso na difusão de saberes históricos e determinante no ensino básico brasileiro, quais as possibilidades de reinvenção das relações professor/aluno/livro didático/ conhecimento histórico? Ou ainda, como podemos, em nossas escolas, tornar o conhecimento histórico ensinável aos alunos e assimilável por eles sem nos submetermos à sedução exclusivista de reprodução do livro didático?

Para alguns, esse processo implica abolir o uso do livro didático nas aulas de História e substituí-lo por materiais e suportes diversos. A meu ver, essa posição é legítima, demonstra autonomia docente, mas exige cuidado, pois não é possível conduzir o ensino dessa disciplina sem texto escrito, principal fonte e ferramenta do ensino e aprendizagem de História. Logo, essa atitude requer a organização de textos alternativos. Implica uma revisão dos modos de uso dos livros didáticos. É certo que o uso de um único livro como fonte única pode simplificar a forma do currículo e do conhecimento em sala de aula. Essa postura metodológica poderá formar nos alunos uma concepção autoexcludente da História, além de conduzir a uma concepção de "História como verdade absoluta" e de livro didático como a fonte de conhecimento inquestionável.

Temos defendido a complementação do livro didático. A diversificação das fontes historiográficas, como os paradidáticos, as diferentes mídias e linguagens em sala de aula são opções que não descartam ou consideram o livro como mero "bode expiatório", culpado por todos os males do ensino, mas partem de um pressuposto básico: o livro didático é uma das fontes de conhecimento histórico e, como toda e qualquer fonte, possui uma historicidade e chama a si inúmeros questionamentos (Guimarães 1993).

Diversificar as fontes utilizadas em sala de aula tem sido um dos maiores desafios dos professores de História na atualidade. Isso implica redimensionar as relações professor-aluno-saber. Implica superar a relação de submissão de professores e alunos ao saber difundido e não ceder à sedução exclusivista do livro didático. A sala de aula não é um mero espaço de transposição didática e reprodução de conteúdos, logo, requer de nós uma postura de criticidade diante do conteúdo veiculado.

Em relação ao conteúdo, a produção dos guias do livro didático, de três em três anos, com o resultado das avaliações trienais, tem possibilitado importantes análises sobre o perfil dos livros didáticos de História utilizados pelos professores e sobre os conteúdos, concepções e metodologias difundidos. As perspectivas de renovação apontadas por Vesentini nos anos 1980 se aperfeiçoaram e se diversificaram. Em vários estudos realizados recentemente (Carvalho 2009), de modo geral, verifica-se que as características das obras de História para os anos iniciais e finais do ensino fundamental, após as avaliações sistemáticas, distanciam-se daquelas registradas no documento de 1994. Os resultados da avaliação trienal dos especialistas das áreas, divulgados no *Guia de livros didáticos: História*, e a análise dos critérios e das fichas de avaliação evidenciam a melhoria do padrão de qualidade dos livros didáticos no que se refere ao padrão gráfico, às propostas pedagógicas, às fontes, às abordagens e às atividades de aprendizagem.

No entanto, apesar da renovação, como o próprio autor indicava nos anos 80, após três décadas é possível identificar permanências implícitas e explícitas, do ponto de vista de conteúdos históricos. Miranda e Luca (2004) se debruçaram sobre os resultados avaliativos alcançados pelas coleções de História, inscritas no PNLD 2005, em dois aspectos: Metodologia da Aprendizagem e Metodologia da História. Em relação às perspectivas de aprendizagem presentes nas coleções, as autoras constataram que 68% se enquadravam no paradigma informativo e 32% no paradigma cognitivista (*ibidem*). No que se refere à abordagem curricular da História a ser ensinada, a perspectiva programática dominante, os dados demonstraram que 76% veiculavam a chamada História integrada, 17% se enquadravam na História temática e 7% na História tradicional. As autoras analisaram as concepções historiográficas recorrentes na produção e evidenciaram que 54% das obras vinculavam-se à chamada historiografia tradicional, 21% à renovada e 24% adotavam uma concepção eclética. Assim, concluíram, "é possível afirmar que ainda existe um enorme abismo entre a renovação historiográfica advinda da pesquisa historiográfica e o saber histórico veiculado por meio do livro didático" (*ibidem*, p. 142).

A avaliação dos livros didáticos de História para os anos finais do ensino fundamental, publicada pelo *Guia 2008*, evidenciou uma tendência que se consolidou em 2011. Segundo esse guia, foi possível reunir as 19 coleções aprovadas "em quatro blocos, de acordo com a organização de conteúdos: História temática (4 coleções); História integrada (7); História intercalada (7) e História convencional (1 coleção)". Nesse sentido, os avaliadores concluíram "que a maior parte das coleções inscritas neste PNLD-2008 foi elaborada seguindo a organização curricular dos conteúdos que aborda, concomitantemente, as Histórias da América, do Brasil e História Geral, sendo que metade por meio da abordagem denominada 'História Integrada' e a outra metade pela 'História Intercalada', o que permite a conclusão de que esta é a tendência atual da área" (*Guia* 2008, p. 13). Após três anos, o *Guia de livros didáticos PNLD 2011: História, anos finais do ensino fundamental*, informa que foram avaliadas 25 coleções, sendo 16 aprovadas e 9 reprovadas. Quanto às abordagens norteadoras, a perspectiva curricular dominante no universo de coleções avaliadas, a comissão concluiu que elas podem ser agrupadas em dois blocos: 94% das coleções aprovadas priorizam a chamada História integrada e 6% a História temática. Segundo o *Guia*,

> por História Integrada identificamos as coleções cujos agrupamentos pautam-se pela evocação da cronologia de base européia, integrando-a, quando possível, à abordagem de temas relativos à História brasileira, africana e americana (...). A organização em torno de uma proposta de História temática ocorre quando os volumes são apresentados não em função de uma cronologia linear, mas por eixos temáticos que problematizarão as permanências e transformações temporais, sem, contudo, ignorar a orientação temporal assentada na cronologia.[10]

Portanto, podemos afirmar que no universo das obras didáticas de História – destinadas aos últimos anos do ensino fundamental e aprovadas pelo MEC –, cujas avaliações estão registradas nos guias de 2005 (Miranda e Luca 2004), 2008 e 2011 (Silva e Guimarães 2010), a perspectiva curricular dominante legitima a concepção didática da História chamada "integrada", pelo critério temporal, linear, com base na cronologia da História europeia, articulada, quando possível, à História do Brasil, da América e da África. Revela-se, assim, a força de uma concepção tendencialmente conservadora de História e de organização curricular em nossas escolas, no contexto de revisão e críticas historiográficas e pedagógicas. O conjunto dos autores/editores/obras que opta pela proposta temática é minoritário, a despeito das sugestões e diretrizes dos PCNs – História e de propostas curriculares institucionais de vários estados e municípios. Esse dado é também evidenciado em pesquisas sobre escolha, recepção e usos de livros didáticos nesse nível de ensino e também sobre outras fontes didáticas, bastante utilizadas, como as famosas "apostilas" em redes de ensino público e privado – presentes também em algumas redes públicas na forma de fascículos.[11] As apostilas usadas na rede estadual de São Paulo, por exemplo, no final da primeira década do século XXI, além da má qualidade (muito inferiores aos melhores livros didáticos), também representam uma extrema centralização na produção desses materiais (padronização), excluindo os próprios professores de uma tarefa importante e malbaratando fundos públicos, pois materiais frequentemente melhores são oferecidos pelo PNLD – e ignorados, nesse caso – sem custos adicionais (Silva e Guimarães 2010). O uso de apostilas reforça os processos de simplificação, fragmentação e imposição de versões simplificadas e acríticas do conhecimento histórico.

Portanto, os livros didáticos são representativos da lógica de difusão do saber histórico; demonstram, entre outras dimensões, que a opção/concepção dominante entre os autores e os professores brasileiros não se dá pelo viés dos "eixos temáticos", mas pelo "cronológico", seja na versão "integrada", seja na "intercalada" da História Geral das civilizações, articulada à História do Brasil, da América e da África. Isso nos remete a outras duas indagações: Como se dá a formação dos professores nos cursos superiores de História? E quais as relações entre a opção curricular difundida pelos documentos e as condições de trabalho nas escolas?

Reiteramos a posição de não culpabilizar o professor e o livro didático pelas escolhas. O livro didático é uma fonte útil para a cultura escolar desde que não mais seja considerado o lugar de *toda a* História. Submetido à leitura crítica, com a ajuda interpretativa do professor e colocado em diálogo com outras fontes de estudo – acervos de museus e arquivos, livros não didáticos, produção literária e artística, por exemplo –, ele pode contribuir de modo significativo para a aprendizagem da História. Nos anos 1980, Vesentini (1984) nos advertiu que as "falhas" dos livros didáticos também se faziam presentes na historiografia considerada erudita. A contrapartida dessa conclusão é que as conquistas da historiografia também podem ser incorporadas e preservadas em bons livros didáticos, dependendo do "engenho e arte" de seus autores e de seus usuários (Silva e Guimarães 2007). Em sala de aula, eles precisam ser ampliados, complementados, criticados, revistos. O professor deve ter uma posição crítica, nunca de submissão, em relação ao livro de História, que, como todo texto, toda fonte, merece ser questionado, problematizado e amplamente explorado com os alunos.

O processo de renovação nos livros didáticos e a ampliação do mercado de paradidáticos nos levam a concluir que as empresas editoriais tornaram-se, nas últimas duas décadas, agentes poderosos na definição sobre o que ensinar em História e como ensiná-la na escola fundamental. O ensino de História é um espaço complexo, no qual atuam diferentes propostas de saber e poder, cabendo aos professores dessa disciplina o papel fundamental de desenvolver um ensino que contribua para a formação do pensamento crítico e reflexivo, para a construção da cidadania e a consolidação da democracia entre nós.

Nesse sentido, deixo como "provocação" a necessidade de rebeldia e ousadia contra a submissão e a imposição, no sentido amplo e educativo, do livro didático. Nem tudo é livro didático: o ensino se dá por múltiplos caminhos; logo, a produção de materiais didáticos, vinculada a realidades específicas de aprendizagem, deve ser apoiada e valorizada. O livro didático é uma fonte importante, mas não deve ser a única. A formação de sujeitos livres, cidadãos do mundo, requer não apenas uma atitude de respeito para com o mundo, para com o conhecimento produzido, mas também de crítica. O exercício da crítica é nossa principal ferramenta na luta cotidiana pela (re)construção da História.

Notas

1. Disponível no *site*: http://www.prolivro.org.br/ipl/publier4.0/dados/anexos/48.pdf. Acesso em 20/6/2011.
2. Disponível no *site*: http://www.fnde.gov.br/index.php/pnld-historico. Acesso em 30/6/2011.
3. *Idem*.
4. Fonte: http://livroslivrariaselivreiros.blogspot.com/2009/10/mercado-do-livro-no-brasil.html. Acesso em 13/6/2011.

5. Fonte: http://blogs.cultura.gov.br/bibliotecaviva/2009/01/22/pesquisa-retratos-da-leitura-no-brasil/.
6. Fonte: http://www.ibge.gov.br/home/. Acesso em 13/6/2011.
7. Na Comissão de Estudos Sociais/História participaram os seguintes historiadores: Elza Nadai, Selva Guimarães e Léo Stampacchio.
8. Fonte: http://www.mec.gov.br. Acesso em 25/5/2010.
9. Disponível no *site*: http://www.fnde.gov.br/index.php/pnld-historico. Acesso em 30/6/2011.
10. Brasil (2007). *Guia de livros didáticos: PNLD 2008: História*. Brasília: MEC/SEB.
11. *Idem* (2010). *Guia de livros didáticos: PNLD 2011: História*. Brasília: MEC/SEB, p. 17.

Referências bibliográficas

BALDISSERA, J.A. (1994). *O livro didático de História: Uma visão crítica*. Porto Alegre: Evangraf.

BATTISTA, A.A.G. (2002). *Recomendações para uma política pública de livros didáticos*. Brasília: MEC/SEF.

BRASIL (1994). Definição de critérios para a avaliação dos livros didáticos. Brasília: MEC/FAE.

CARVALHO, A.B. dos S. (2009). "Leituras e usos do livro didático de História: Relações professor-livro didático nos anos finais do ensino fundamental". Dissertação de mestrado em Educação. Uberlândia: Faced/UFU.

DARNTON, R. (1990). *O beijo de Lamourette*. São Paulo: Companhia das Letras.

DIEHL, A.A. (org.) (1994). *O livro didático e o currículo de História em transição*. Passo Fundo: EDU-PF.

ECO, H. (1991). "Mídia constrói perfil da universidade hoje". *Folha de S.Paulo*, 3 de fev., p. C-8.

FREITAG, B.; COSTA, W. e MOTTA, V.R. (1993). *O livro didático em questão*. São Paulo: Cortez.

GATTI JR., D. (2004). *A escrita escolar da História: Livro didático e ensino no Brasil (1970-1990)*. Bauru: Edusc/Uberlândia: Edufu.

_____ (2007). "Estado, currículo e livro didático de História no Brasil (1988-2007)". In: OLIVEIRA, M.M.D. e STAMATTO, M.I.S. (orgs.). *O livro didático de História: Políticas educacionais, pesquisa e ensino.* Natal: Ed. da UFRN.

GUIMARÃES, S. (1993). *Caminhos da História ensinada.* Campinas: Papirus.

HALLEWELL, L. (1985). *O livro no Brasil (sua história).* São Paulo: T.A. Queiroz/Edusp.

LEIA (1990). Ano XII, n. 142. Rio de Janeiro, ago., pp. 21-27.

MENDES, J. (2009). Mercado do livro no Brasil. [Disponível na internet: http://livroslivrariaselivreiros.blogspot.com/2009/10/mercado-do-livro-no-brasil.html.]

MIRANDA, S.R. e LUCA, T.R. (2004). "O livro didático de História hoje: Um panorama a partir do PNLD". *Revista Brasileira de História.* São Paulo, vol. 48, pp. 124-143.

OLIVEIRA, M.M.D. e STAMATTO, M.I.S. (orgs.) (2007). *O livro didático de História: Políticas educacionais, pesquisa e ensino.* Natal: Ed. da UFRN.

RÜSEN, J. (2010). "O livro didático ideal". In: RÜSEN, J. *Jörn Rüsen e o ensino de História.* Curitiba: Ed. da UFPR, pp. 109-120.

SILVA, M. e GUIMARÃES, S. (2007). *Ensinar História no século XXI: Em busca do tempo entendido.* Campinas: Papirus.

_____ (2010). "Ensino de História hoje: Errâncias, conquistas e perdas". *Revista Brasileira de História.* São Paulo, vol. 30, pp. 13-33.

VESENTINI, C.A. (1984). "Escola e livro didático de História". In: SILVA, M. *Repensando a História.* São Paulo: Anpuh/Marco Zero.

_____ (1997). *A teia do fato.* São Paulo: Hucitec.

VIDAL-NAQUET, P. (1988). *Os assassinos da memória.* Campinas: Papirus.

6
A FORMAÇÃO DOS PROFESSORES DE HISTÓRIA

Tornar-se professor de História

Como alguém se torna professor(a) de História? Como me tornei professora de História? Como nos tornamos professores? Existe um momento na carreira do professor em que é legítimo falar disso como um processo finalizado, um ponto ultrapassado? Por que a opção pela História e pelo ensino? Como é ser professor de História no Brasil? Como compreender a experiência pessoal e profissional dos sujeitos que têm como ofício o ensino de História? Responder a essas questões pode parecer algo simples e corriqueiro para aqueles que têm como ofício a busca incessante de explicações históricas. No entanto, é algo bem mais complexo.

Quando debatemos sobre formação docente, tratamos, fundamentalmente, da construção identitária dos professores. Concordando com Nóvoa (1991, p. 70), "estar em formação implica um investimento pessoal, livre e criativo sobre os percursos e os projetos próprios, com vista à construção de uma identidade pessoal, que é também uma identidade profissional". Ou seja, "a formação se constrói através de um trabalho de reflexibilidade crítica sobre as práticas e de reconstrução permanente de uma identidade pessoal". Logo, a formação docente não se resume a uma etapa da vida escolar, não é uma tarefa exclusiva de determinados agentes, lugares e tempos, mas se processa ao longo da vida profissional dos sujeitos.

Nos últimos anos, estamos vivenciando um processo de revisão, críticas, ampliação e reconhecimento de diversos espaços, processos, sujeitos, saberes e práticas formativas, modos de ensinar e aprender a ensinar, de formar-se, tornar-se professor de História. Ao fazer um balanço sobre as perspectivas de formação de professores, Imbérnon (2010, p. 8) afirma que os últimos 30 anos do século XX nos deixaram avanços significativos, com os quais compartilhamos no Brasil, tais como: crítica ao modelo advindo da racionalidade técnico-formadora; análise dos modelos de formação; análise das modalidades e suas potencialidades; maior aproximação entre formação e instituições educacionais; maior conhecimento da prática reflexiva, de projetos de formação, além de maior teorização sobre o tema.

Em alguns países o tema constitui objeto de discussões que evidenciam semelhanças e diferenças em relação ao que vivemos. Na América Latina, por exemplo, destacamos as lutas políticas pela educação pública, pela valorização dos professores; na União Europeia, a discussão do Tratado de Bolonha. Vários estudos têm apresentado cartografias da produção científica que resultam do intenso debate no campo da formação docente.[1] Os estudos revelam não apenas um aumento considerável das pesquisas acerca da temática – exemplo disso: o crescimento do Grupo de Trabalho (GT – Formação de Professores) da Associação Nacional de Pós-graduação e Pesquisa em Educação (Anped) –,[2] como também a diversificação dos problemas de estudos, leituras críticas sobre processos, possibilidades e limites, problemas e contradições.

O debate sobre a formação de professores de História no Brasil, no final do século XX, inspirado no movimento acadêmico internacional e nas políticas públicas educacionais, e articulado com eles, pautou-se, basicamente, por três questões: as licenciaturas curtas/plenas em Estudos

Sociais e História; as dicotomias bacharelado/licenciatura em História, teoria/prática; e a elaboração/implementação das Diretrizes Nacionais para os cursos superiores de História e de Formação de Professores para a Educação Básica após a Lei de Diretrizes e Bases da Educação Nacional, lei 9.394/96. A centralidade do debate gravitou sobretudo em torno de um determinado lócus/território de formação de professores de História, ou seja, dos cursos superiores de História que formam, certificam e identificam o professor de História.[3]

Nos primeiros anos do século XXI, identificamos uma continuidade e também uma ampliação do movimento acadêmico e político para a formação e profissionalização do professor. Esse alargamento representa o reconhecimento de outras perspectivas de análise multidisciplinar e interdisciplinar, bem como da complexidade do pensamento e da realidade social, cultural e formadora em nosso país. Implica adotar o princípio dialógico, da partilha de experiências, e o rompimento com as formas hierarquizadas e mecanicistas de organização de saberes e práticas. Foram repensados o conceito e o lócus de formação, incluindo os entre-lugares, os espaços intersticiais e informais.

A formação e a profissionalização do professor passaram a ser situadas no contexto social das mudanças na produção científica, cultural, técnica, pedagógica e artística que cada vez mais impactam as formas de viver, pensar, sentir e agir das diferentes gerações. As novas tecnologias de comunicação, o rápido e diversificado acesso às informações globais, as relações sociais via redes sociais horizontais demandam novas maneiras de educar e ensinar que não são mais tarefas exclusivas dos professores e das escolas. A sociedade multicultural requer o enfrentamento de práticas discriminatórias e preconceituosas, portanto a necessidade de conviver e educar para a diversidade e as diferenças múltiplas.

Assim, de acordo com Nóvoa (2011, p. 14), os professores reapareceram no século XXI como "elementos insubstituíveis não só na promoção das *aprendizagens*, mas também na construção de processos de inclusão que respondam aos desafios da *diversidade* e no desenvolvimento de métodos apropriados de utilização das *novas tecnologias*" (grifos nossos).

Partilhamos as concepções de formação docente amplamente defendidas no cenário nacional e internacional. A formação de professores é um processo educativo. Logo, não se inicia nem termina na educação superior (nos cursos de graduação e pós-graduação, aprimoramento). Como processo de aprender e ensinar e aprender a ensinar, desenvolve-se na experiência cotidiana, em diferentes tempos e espaços educativos, por exemplo, nos espaços de lazer: teatros, cinemas, meios de comunicação; em diferentes lugares de memória: museus, bibliotecas, igrejas, sindicatos; nos espaços e atividades formais e também informais. No exercício da profissão, na prática, na experiência da sala de aula, o professor também aprende e se forma. A formação é permanente e complexa. A identidade profissional docente é definida social e historicamente. Como é bastante óbvio, mas ainda assim gosto de repetir, ninguém nasce professor, mas torna-se professor. É um processo inacabado. O "ser professor" é construído na história de vida, no terreno da experiência pessoal e coletiva em determinados espaços e tempos históricos (Guimarães 2006; Vasconcelos 2003).

A formação nos cursos superiores de História

Os cursos superiores de licenciatura são espaços de formação profissional, de aprendizagem da profissão, que devem possibilitar a articulação das atividades de ensino, pesquisa, extensão e as práticas pedagógicas. É na graduação que a aprendizagem profissional é sistematizada, os saberes docentes (disciplinares, pedagógicos e outros) são organizados como estruturantes da formação do professor. No entanto, como já enfatizamos, os sujeitos/docentes constroem seus saberes permanentemente, no decorrer de suas vidas. Essa aprendizagem depende e alimenta-se de modelos educativos, mas não se deixa controlar. É dinâmica, ativa e constrói-se no movimento entre o saber trazido do exterior e o conhecimento ligado à experiência. Nesse sentido, Dominicé afirma:

> A vida é o lugar da educação e a história de vida, o terreno no qual se constrói a formação... Por isso, a análise da formação não se pode fazer

sem uma referência explícita ao modo como o adulto viveu as situações concretas de seu próprio percurso educativo. (*Apud* Nóvoa 1992, p. 24)

Isso nos faz reconhecer que a docência

não é uma profissão que se exerça algumas horas por semana: é uma forma de partilhar o saber, um modo de relação com os outros. Quanto à história, é um certo olhar sobre um mundo e um método de conhecimento. A prática do ensino da História não se isola. Há para um professor mil outras maneiras de aprender e ensinar e de ampliar a sua formação. (Chaunu *et al.* 1987, p. 319)

Os professores tornam-se professores de História aprendendo e ensinando, relacionando-se com o mundo, com os sujeitos, com os saberes e com a história. Formação e prática não são atividades distintas para os professores. Ensinar é confrontar-se, cotidianamente, com a heterogeneidade e partilhar saberes. Assim, por caminhos distintos, movidos por visões teóricas e políticas, o papel do professor de História é contribuir para formar o cidadão.

Ao tornar-se professor de História, o sujeito (re)constrói sua identidade pessoal e profissional. Mas existirá um momento na carreira do professor em que seja legítimo falar disso como um processo finalizado, um ponto ultrapassado, como alguns ainda acreditam? Segundo Nóvoa (1992, p. 14),

(...) mesmo nos tempos áureos da racionalização e da uniformização, cada um continuou a produzir no mais íntimo a sua maneira de ser professor. [Nesse sentido] A identidade não é um dado adquirido, não é uma propriedade, não é um produto. A identidade é um lugar de lutas e conflitos, é um espaço de construção de maneiras de ser e de estar na profissão. Por isso, é mais adequado falar em processo identitário, realçando a mescla dinâmica que caracteriza a maneira como cada um se sente e se diz professor.

No caso específico do professor de História, a ambiguidade da profissão se faz mais evidente, pois, conforme afirma Remond (1987, pp. 289-290), "se considerarmos que a 'inteligência histórica' se define mais por uma atitude de questionamento do que pela posse de uma soma de conhecimento, não acabamos nunca de nos tornarmos professores de História". O inacabamento é a marca desse movimento. Na construção da identidade profissional cada um ensina e desenvolve um modo próprio de ensinar e aprender. Uma "mescla dinâmica" de gostos, de saberes plurais, experiências e acasos consolida, no decorrer do tempo, concepções e comportamentos que identificam a maneira própria de ensinar de cada um dos professores. Isto é, o modo como cada um ensina liga-se diretamente ao modo de ser da pessoa, ao modo de tornar-se o que é.

Os cursos superiores de graduação, pós-graduação e aperfeiçoamento têm um papel importante na formação permanente do professor de História. Trata-se do lugar social, institucional, que tem o poder de formar e certificar o profissional, tornando-o habilitado para o exercício do magistério em todos os níveis de ensino. Quais paradigmas de formação têm norteado as práticas dos cursos superiores de História? Como se articulam as questões da formação inicial/universitária e permanente à construção dos saberes docentes e das práticas pedagógicas no ensino de História?

A análise do lócus e de processos de formação docente evidencia modos de produção de determinadas concepções, crenças, práticas, culturas formadoras. No Brasil, ainda é recorrente, em alguns cursos de licenciatura – em História, por exemplo –, a crença de que, para ser (bom) professor, basta saber História, ou seja, o mais importante é o domínio do conteúdo da disciplina. Os saberes pedagógicos e experienciais ainda são considerados complementares, de segunda ordem, de menor importância na hierarquia disciplinar do currículo acadêmico. Muitos professores da chamada "área pedagógica" ou de "ensino" ainda sentem o peso do descaso dos alunos em relação à obrigatoriedade de cursar as disciplinas pedagógicas. Como exemplo, relembramos vários registros de formadores que ouviram seus graduandos/futuros professores denominarem essas disciplinas como "perfumarias".

Esse menosprezo não é uma invenção da cultura acadêmica. É construído socialmente, pela desvalorização do trabalho e da profissão do professor, no cotidiano das famílias, nas relações sociais, no mercado de trabalho, em diferentes espaços de vivência e na própria universidade. Os formadores da área didático-pedagógica são desvalorizados, nem são considerados pesquisadores por muitos. Quantos alunos da universidade estranham o fato de nós, da área do ensino, desenvolvermos projetos de pesquisas aprovados em agências externas à instituição! São também comuns relatos sobre a dificuldade de alguns cursos para alocar, entre os professores (que compõem o quadro docente), as disciplinas de Estágio e Prática de Ensino. Isso ocorre em várias instituições, sobretudo naquelas onde não há contratações de professores específicos e qualificados na área. Evidencia, a meu ver, mais uma faceta do desprestígio da formação dos professores no interior dos próprios cursos superiores, que têm, na universidade, a missão de formar professores (Guimarães 2010).

Recentes pesquisas sobre os currículos das licenciaturas apontam alguns problemas, recorrentes nas diversas áreas. A publicação, em 2009, dos resultados da pesquisa "Formação de professores para o ensino fundamental: Instituições de ensino e seus currículos",[4] coordenada pela professora Bernadete Gatti, demonstrou que, nos currículos das licenciaturas analisadas – Língua Portuguesa, Matemática e Ciências Biológicas –, dentre outros problemas:

- predomina nos currículos a formação disciplinar específica, em detrimento da formação de professores para essas áreas do conhecimento;
- na maior parte dos ementários analisados, não foi observada uma articulação entre as disciplinas de formação específicas (conteúdos da área disciplinar) e as de formação pedagógica (conteúdos da docência);
- saberes relacionados a tecnologias no ensino estão praticamente ausentes;
- as disciplinas da categoria conhecimentos relativos aos sistemas educacionais registram percentuais inexpressivos de presença em todas as licenciaturas analisadas. (Gatti e Barreto 2009, pp. 153-154)

Esses problemas impactam de forma significativa a construção dos saberes e das práticas docentes. Pesquisas desenvolvidas por nós indicam que os problemas observados nos cursos superiores de licenciatura em História são similares aos das demais licenciaturas (Mesquita 1999; Couto 2004; Moura 2005; Rassi 2006; Silva Júnior 2007). A predominância dos saberes específicos em disciplinas fragmentadas, a desarticulação, a inexpressiva presença dos chamados conteúdos pedagógicos de estudos relativos ao conhecimento da escola e dos sistemas educacionais são visíveis nas estruturas curriculares e nos projetos pedagógicos dos cursos. Rodrigues (2010), em investigação sobre os saberes e as práticas de professores iniciantes de História, apresenta análises reveladoras dos impactos dos problemas advindos da formação universitária no trabalho docente.

O debate sobre a formação e a profissionalização de historiadores e de professores de História tem-se pautado por alguns dilemas teóricos, políticos e pedagógicos que envolvem historiadores, professores formadores da área pedagógica, professores de História dos vários níveis e sistemas de ensino, associações sindicais e científicas, mais precisamente a Associação Nacional de História (Anpuh) que, desde os anos 1970, tem uma participação ativa no processo de discussões, trocas de experiências, proposições e publicações na área. Em 1983 (p. 28), Déa Fenelon, após anos de lutas contra a licenciatura curta em Estudos Sociais,[5] diagnosticava a situação daquele momento. Dentre as dificuldades e dilemas, destacava:

> (...) é fácil constatar que o profissional do ensino de História, o recém-formado, tendo de enfrentar a realidade de uma sala de aula com 40, 50 alunos, 30, 40 horas semanais e péssimas condições de infra-estrutura, para não falar do desincentivo da remuneração aviltante, na maioria das vezes, se sente perdido, não sabe o que vai fazer. Passou quatro anos estudando a sua disciplina e de repente se vê perplexo diante da realidade – quase sempre não tem mesmo a segurança sobre sua própria concepção de História, de ensino – e na confusão tenta reproduzir o que aprendeu com a intenção de fazer o melhor possível. Sente-se perdido até mesmo quanto aos critérios de escolha dos livros didáticos... sente-se culpado, sua formação ainda é deficiente... E o círculo vicioso se completa, pois a única segurança que lhe foi transmitida é a do mito do saber, da cultura, dos dogmas que estão nos livros, na academia.

Quase 30 anos após essa publicação, a postura de perplexidade dos recém-formados diante dos problemas da educação escolar é atual e não exclusiva da área de História. É resultado, dentre outros fatores, da herança do modelo de formação docente consagrado na literatura da área como "aplicacionista", oriundo da "racionalidade técnica e científica". Esse modelo, traduzido e generalizado entre nós pela fórmula "três + um", marcou profundamente a organização dos programas dos cursos de licenciatura em História nas últimas décadas do século XX. Durante três anos (ou menos ou mais) os alunos cursavam as disciplinas encarregadas de transmitir os conhecimentos da área de História, os chamados saberes específicos ou disciplinares. Na sequência cursavam as disciplinas obrigatórias da área pedagógica e aplicavam os conhecimentos na prática de ensino, também obrigatória. Enfatizo a palavra *obrigatória* para expressar uma ideia – herança dessa cultura formadora – comum entre os graduandos de História e bastante conhecida dos professores da área pedagógica: a crença, como citei anteriormente, de que, para ser professor de História, bastava dominar os conteúdos de História. Obrigatoriedade e resistências variadas conviviam no interior dos cursos.

As críticas a esse modelo foram desenvolvidas em vários países do mundo e avivadas no Brasil, sobretudo no decorrer dos anos 1980. Alguns autores apresentaram contribuições frutíferas ao debate interno, como Tardif (2000), Gautier (1998), Zeichner (1993) e Lautier (1992), dentre outros. Segundo Tardif (2000, p. 15),

> (...) quer se trate de uma aula ou do programa a ser ministrado durante o ano inteiro, percebe-se que o professor precisa mobilizar um vasto cabedal de saberes e habilidades, porque sua ação é orientada por diferentes objetivos: objetivos emocionais ligados à motivação dos alunos, objetivos sociais ligados à disciplina e à gestão da turma, objetivos cognitivos ligados à aprendizagem da matéria ensinada, objetivos coletivos ligados ao projeto educacional da escola etc.

Nessa perspectiva de análise, o "inventário" ou "repertório" de saberes docentes investigados na atualidade deixa, cada vez mais, explícito, que saber alguma coisa já não é mais suficiente para o ensino:

é preciso saber ensinar e criar condições concretas para seu exercício. O ensino como arte e ofício do professor pressupõe uma mobilização de saberes. O saber docente é plural, constitui uma mescla dinâmica que responde a exigências específicas das situações de ensino e aprendizagem. Desse modo os saberes disciplinares são tão necessários quanto os curriculares, os didático-pedagógicos, as novas tecnologias de informação e comunicação, as diferentes linguagens, os saberes experienciais e outros construídos nas culturas escolares e não escolares. Perrenoud (2000, pp. 14-15) parte do movimento da profissão, das demandas emergentes no social, para delinear "as competências prioritárias, coerentes com o novo papel dos professores" – um "roteiro para um novo ofício" –, compatíveis com os "eixos de renovação da escola". Esteve (1999) nos alerta para o fato de o aumento das exigências em relação ao professor não ter sido acompanhado por mudanças significativas no processo de formação. Esse descompasso, segundo o autor, contribuiu para o aumento de contradições no exercício da docência, acentuando a crise de identidade, a baixa autoestima e o mal-estar docente.

Considerando as críticas e os problemas decorrentes do modelo da racionalidade técnica norteador da organização dos currículos de formação de professores de História durante décadas, questiono: como a formação universitária pode contribuir para a atuação e profissionalização do professor diante desse conjunto plural e complexo de saberes requeridos pela cultura contemporânea? Quais os desafios da formação permanente? O que propõem as DCNs para os cursos superiores de História e as DCNs para a Formação de Professores da Educação Básica do MEC? Trata-se de dois documentos, frutos das políticas públicas educacionais dos anos 1990, após a implantação da LDB – lei 9.394/96 –, que passaram a "formatar" os cursos de licenciatura em História. Como produções de uma época, esses documentos são reveladores de intencionalidades, permeados de significados e traduções, carregados de valores e ideias. A compreensão de tais documentos e suas historicidades nos auxilia na análise da arquitetura curricular dos cursos de formação de professores de História. Segundo Macedo (2006, p. 288), "a produção dos currículos são processos cotidianos de produção cultural, que envolvem relações de poder tanto em nível macro quanto micro".

O texto das diretrizes, como documento das políticas públicas, expressa faces da política nacional de educação pensada e gestada nos anos 1990 e início do século XXI. Apresenta um direcionamento da formação dos futuros historiadores e professores. Revela, desse modo, a confluência de determinadas posturas, crenças e valores, espaço de construção de significados, saberes, informações, poder e identidades (Silva 2001) que representam uma época. Como testemunho de uma época, permanece, dura e, portanto, necessita ser permanentemente (re) visto, lido, interpretado e criticado.

O texto das DCNs para os cursos de História[6] – documento histórico, produção de educadores brasileiros – aprovado pelo MEC é explícito: os cursos de História formam o historiador, qualificado para o exercício da pesquisa. Atendida essa premissa, o profissional estará apto para atuar em diferentes campos, inclusive no magistério. Forma-se o historiador. De acordo com o texto do documento, o perfil dos formandos é o seguinte:

> O graduado deverá estar capacitado ao exercício do trabalho de historiador, em todas as suas dimensões, o que supõe pleno domínio da natureza do conhecimento histórico e das práticas essenciais de sua produção e difusão. Atendidas essas exigências básicas e conforme as possibilidades, necessidades e interesses das IES, com formação complementar e interdisciplinar, o profissional estará em condições de suprir demandas sociais específicas relativas ao seu campo de conhecimento (magistério em todos os graus), preservação do patrimônio, assessorias a entidades públicas e privadas nos setores culturais, artísticos, turísticos etc. (Parecer CES 492/2001, p. 7)

Com relação às competências e habilidades requeridas do profissional egresso do curso de História, o documento apresenta aquilo que é básico, geral, e o que é específico para as licenciaturas. Dentre as competências gerais, relativas ao conhecimento que deve ter o profissional de História, apontam-se:

a. dominar as diferentes concepções metodológicas que referenciam a construção de categorias para a investigação e a análise das relações sócio-históricas;

b. problematizar, nas múltiplas dimensões das experiências dos sujeitos históricos, a constituição de diferentes relações de tempo e espaço;
c. conhecer as informações básicas referentes às diferentes épocas históricas nas várias tradições civilizatórias assim como sua inter-relação;
d. transitar pelas fronteiras entre a História e outras áreas do conhecimento;
e. desenvolver a pesquisa, a produção do conhecimento e sua difusão não só no âmbito acadêmico, mas também em instituições de ensino, museus, em órgãos de preservação de documentos e no desenvolvimento de políticas e projetos de gestão do patrimônio cultural; e
f. competência na utilização da informática. (*Ibidem*, p. 8)

As competências específicas a serem desenvolvidas nos estudantes dos cursos de licenciatura são: "a. Domínio dos conteúdos básicos que são objeto de ensino – aprendizagem no ensino fundamental e médio; b. domínio dos métodos e técnicas pedagógicos que permitem a transmissão do conhecimento para os diferentes níveis de ensino" (*ibidem*). A ênfase norteadora dos currículos dos cursos superiores de licenciatura em História recai na produção de saberes históricos e historiográficos, no domínio dos conhecimentos históricos escolares, nos métodos e técnicas de ensino. O documento ressalva que o curso de licenciatura deverá ser orientado também pelas Diretrizes para a Formação Inicial de Professores da Educação Básica em cursos de nível superior.

Em maio de 2000, o MEC encaminhou ao CNE, para apreciação, a proposta de Diretrizes para a Formação de Professores da Educação Básica em cursos de nível superior. Em 2001, após discussões, audiências públicas e debates, a Câmara de Educação Superior aprovou as DCNs para a Formação de Professores da Educação Básica, em nível superior, curso de licenciatura, de graduação plena.[7] A reforma foi implantada por meio da resolução CNE/CP n. 1, de 18 de fevereiro de 2002, que instituiu as DCNs, e da resolução CNE/CP n. 2, de 19 de fevereiro de 2002, que instituiu a duração e a carga horária dos cursos de licenciatura, de graduação plena, de Formação de Professores da Educação Básica em nível superior, incluída a normativa da carga horária mínima obrigatória de Prática de Ensino e Estágio Curricular Supervisionado. O texto do documento das DCNs é composto por um conjunto de princípios, fundamentos e procedimentos que deverão ser observados na organização institucional e curricular de cada estabelecimento de ensino. São apresentadas concepções, desenvolvimento e abrangência da formação como as competências, habilidades e conhecimentos, e os eixos articuladores – a organização institucional da formação de professores, a avaliação da formação de professores para a educação básica e as diretrizes para a organização da matriz curricular. Constitui, assim, o referencial de organização dos cursos de nível superior, a base comum nacional para a Formação de Professores da Educação Básica.

A reforma ou reestruturação do modelo de formação docente anunciada nas diretrizes ocorre num contexto de "flexibilização da gestão administrativa e pedagógica, da reafirmação da autonomia escolar e da diversidade curricular". O documento, ancorado no contexto global e nacional, no debate nacional e internacional sobre a educação dos professores, pressupõe uma mudança sintonizada com as preocupações e problemas que a educação brasileira vivenciou nas últimas décadas do século XX. Representa, nessa conjuntura, o suporte para orientar as mudanças necessárias nos cursos de formação de professores; objetiva regular e induzir a formação de professores da educação básica em nível nacional. Contém as competências, conhecimentos e eixos norteadores do trabalho e da formação pedagógica dos professores.

Nesse sentido, a organização curricular de cada instituição/curso que tem como objetivo a preparação de profissionais para a atividade docente deverá levar em conta, além do prescrito nos artigos 12 e 13 da lei 9.394, de 20 de dezembro de 1996, as seguintes orientações, de acordo com o artigo 2º da resolução CNE/CP n. 1, de 18 de fevereiro de 2002:

I – o ensino visando à aprendizagem do aluno;
II – o acolhimento e o trato da diversidade;
III – o exercício de atividades de enriquecimento cultural;
IV – o aprimoramento em práticas investigativas;
V – a elaboração e a execução de projetos de desenvolvimento dos conteúdos curriculares;

VI – o uso de tecnologias da informação e da comunicação e de metodologias, estratégias e materiais de apoio inovadores;
VII – o desenvolvimento de hábitos de colaboração e de trabalho em equipe.

Nesse artigo, evidencia-se a preocupação do Estado com a aprendizagem dos alunos articulada à compreensão da realidade social e cultural; a conexão dos currículos de formação com os currículos da educação básica. Corroborando nossa afirmação, relembramos Sacristán (1998, p.10), "pouco adiantará fazer reformas curriculares se estas não forem ligadas à formação dos professores. Não existe política mais eficaz de aperfeiçoamento do professorado que aquela que conecta a nova formação àquele que motiva sua atividade diária: o currículo".

O currículo, como sabemos, é construído, é produzido nas relações de poder e saber, nas práticas, nas escolhas, nas culturas escolares e acadêmicas. Nas ações e prescrições curriculares são definidos/selecionados os conhecimentos avaliados como necessários, válidos, úteis. As diretrizes apresentam esboços de currículos ao prescreverem os saberes "necessários" à educação dos professores: o ensino e a aprendizagem; a diversidade, a cultura, a pesquisa, os projetos, as novas tecnologias de informação e comunicação; a colaboração e o trabalho em equipe. Portanto, reafirmam demandas educativas da sociedade brasileira no contexto da cultura global contemporânea.

As diretrizes estabelecem também as competências profissionais que os cursos devem desenvolver nos futuros professores, "indispensáveis para uma educação de qualidade", segundo o documento. O artigo 6º estabelece que os projetos pedagógicos dos cursos superiores de licenciatura devem formar:

> I – as competências referentes ao comprometimento com os valores inspiradores da sociedade democrática;
> II – as competências referentes à compreensão do papel social da escola;
> III – as competências referentes ao domínio dos conteúdos a serem socializados, aos seus significados em diferentes contextos e sua articulação interdisciplinar;

IV – as competências referentes ao domínio do conhecimento pedagógico;
V – as competências referentes ao conhecimento de processos de investigação que possibilitem o aperfeiçoamento da prática pedagógica;
VI – as competências referentes ao gerenciamento do próprio desenvolvimento profissional.

A ênfase é na formação de um professor qualificado, competente, que domina conteúdos, metodologias, que saiba fazer, investigar, gerenciar sua carreira, que compreenda o valor da escola e da democracia. É a noção de competência em consonância com o perfil do profissional exigido pelo mercado de trabalho capitalista no século XXI: alguém capaz de conhecer, fazer, gerenciar e mobilizar conhecimentos para seu próprio desenvolvimento profissional.

Esse foi o principal alvo de críticas. Várias delas endereçadas ao documento como um todo, e outras, de modo particular, feitas à ênfase nas competências, ao viés tecnicista/aplicacionista. No texto há incidência de verbos denotativos dessa perspectiva, como: criar, planejar, realizar, gerir, avaliar, dominar, compreender, ser capaz etc., sendo que a expressão "ser capaz" revela a intenção e as demais dizem respeito às operacionalizações para viabilizar essa intencionalidade. O profissional precisa mobilizar, articular e aplicar saberes por meio de planos. Logo, é possível identificar, no texto-documento, uma dimensão aplicacionista inspirada no modelo da racionalidade técnica e científica (Guimarães e Couto 2008). Para Veiga (2003, p. 2), o texto do documento explicita que "os conhecimentos são mobilizados a partir do que fazer. Essa perspectiva de formação centrada nas competências é restrita e prepara, na realidade, o prático, o tecnólogo, isto é, aquele que faz, mas não conhece os fundamentos do fazer". Canen e Moreira (2001) criticam a consonância com o mercado de trabalho e as inexpressivas referências a uma formação multiculturalmente orientada.

Como contraponto, relembramos Tardif (2000), para quem o professor não é apenas um sujeito que precisa aprender para saber fazer;

ele é "um sujeito existencial", ou seja, um ser-no-mundo. Uma pessoa comprometida em e por sua própria história. Para o autor, os saberes que servem de base para o ensino, ou seja, os fundamentos do saber ensinar não se reduzem a um sistema "cognitivo" que, como um computador, processa e organiza as informações a partir de um programa anteriormente definido e independente tanto no contexto da ação, no qual ele se insere, quanto da história anterior que o antecede. Segundo o mesmo autor, os fundamentos do ensino são, a um só tempo, existenciais, sociais e pragmáticos.

Nesse sentido, como abordamos em outro texto (Guimarães e Couto 2008), preocupa-nos o fato de que no modelo de formação, centrado na pedagogia de competências, a dimensão multicultural crítica compromissada com a transformação das relações sociais assimétricas é pouco considerada, ou desconsiderada nessas diretrizes, que visivelmente privilegiam a dimensão técnica do conhecimento. Nos dois documentos a formação de professores de História em uma perspectiva multicultural crítica ou revolucionária não encontra ressonância. Em algumas breves passagens, por exemplo em "(...) não é possível deixar de considerar a enorme diversidade, sob vários pontos de vista, das regiões do Brasil e, mais especificamente, nelas (ou mesmo no interior de cada região), dos programas de História existentes" (MEC/Sesu, p. 6) e "reconhecer e respeitar a diversidade manifestada por seus alunos, em seus aspectos sociais, culturais e físicos, detectando e combatendo todas as formas de discriminação" (CNE, p. 27). É possível identificar abordagens multiculturais assimilacionistas, diferencialistas ou o chamado monoculturalismo plural. Ou seja, o multiculturalismo é um dado, logo, devemos reconhecer, respeitar, descrever as diferenças, combater os preconceitos e discriminações.

Acreditamos que os formadores de professores, na prática docente, têm a possibilidade de avançar nesse debate, recriando saberes, valores, conceitos para aprender e ensinar novos caminhos para os cursos de formação, restabelecendo às "culturas negadas e silenciadas" um lugar no currículo. Ora, como bem sabemos, o currículo é "uma opção cultural", um projeto seletivo de cultura, uma seleção cultural de determinados grupos. Nesse sentido, os textos das diretrizes revelam um projeto cultural que também é político e pedagógico. As questões multiculturais subjazem a esse projeto político/cultural/pedagógico, ou seja, estão ocultas ou subentendidas. Mas o documento não é tudo. Muito menos uma "camisa de força". Os dois textos oficiais, norteadores do processo de construção curricular de formação de professores de História, apresentam determinados conceitos que, notoriamente, são recorrentes no debate intelectual contemporâneo, tais como diversidade, discriminação, tolerância, conceitos que balizam olhares, mas instigam-nos a ver mais de perto o dito e o não dito. O que vem à tona é um debate revelador de uma das propriedades discursivas da contemporaneidade, que se apropria de conceitos, atribuindo-lhes novos significados, o que pode afirmar ou reafirmar antigos valores, posturas e verdades construídas estrategicamente na dinâmica da história. É certo que os documentos, ao se referirem às questões multiculturais, não desafiam a construção das diferenças, apenas admitem sua existência, convocando os educadores de professores para uma política de tolerância para com os diferentes e as diferenças. Logo, questionamos e alertamos: se os textos das diretrizes negligenciam culturas diversas, como realizar esse tipo de trabalho pedagógico no interior das escolas se a formação dos professores tem como ênfase a instrumentalização, as competências? Uma questão para os formadores de professores.[8]

As diretrizes dão uma resposta às críticas à herança da cultura formadora, estruturada com base no paradigma da racionalidade técnico-científica, que separava, rigidamente, teoria/prática, ensino/pesquisa, bacharelado/licenciatura, por meio da flexibilização curricular e da autonomia às instituições formadoras para a construção de projetos pedagógicos próprios, que integrassem as dimensões teóricas e práticas, os conhecimentos e a ação pedagógica, a formação geral e específica, com base nos princípios da interdisciplinaridade. Essa diretriz, é lícito reconhecer, teve como desdobramento não apenas um debate frutífero, como também a construção de uma multiplicidade de projetos no âmbito das instituições de ensino superior. Na mesma direção, a meu ver, a mudança da relação teoria e prática na organização curricular impactou de forma positiva e contribuiu para o rompimento com o esquema 3+1. O artigo 12 prevê:

Art. 12 – Os cursos de formação de professores em nível superior terão a sua duração definida pelo Conselho Pleno, em parecer e resolução específica sobre sua carga horária.

§ 1º – *A prática, na matriz curricular, não poderá ficar reduzida a um espaço isolado, que a restrinja ao estágio, desarticulado do restante do curso.*

§ 2º – *A prática deverá estar presente desde o início do curso e permear toda a formação do professor* (grifos nossos).

§ 3º – No interior das áreas ou das disciplinas que constituírem os componentes curriculares de formação, e não apenas nas disciplinas pedagógicas, todas terão a sua dimensão prática.

Conforme prescrito no *caput* do artigo, o Conselho Pleno do Conselho Nacional de Educação definiu a duração dos cursos por meio da resolução CNE/CP n. 2, de 19 de fevereiro de 2002.

Art. 1º – A carga horária dos cursos de Formação de Professores da Educação Básica, em nível superior, em curso de licenciatura, de graduação plena, será efetivada mediante a integralização de, no mínimo, 2.800 (duas mil e oitocentas) horas, nas quais a articulação teoria-prática garanta, nos termos dos seus projetos pedagógicos, as seguintes dimensões dos componentes comuns:
I – 400 (quatrocentas) horas de prática como componente curricular, vivenciadas ao longo do curso;
II – 400 (quatrocentas) horas de estágio curricular supervisionado a partir do início da segunda metade do curso;
III – 1.800 (mil e oitocentas) horas de aulas para os conteúdos curriculares de natureza científico-cultural;
IV – 200 (duzentas) horas para outras formas de atividades acadêmico-científico-culturais.

Sublinho duas mudanças significativas na organização curricular: a ampliação da carga horária da formação prática e o redimensionamento da relação teoria/prática, ou seja, entre os saberes pedagógicos, disciplinares, acadêmicos, científicos e culturais. A articulação dos saberes deve perpassar o desenvolvimento curricular, os diversos componentes/espaços do curso, nos diferentes tempos do (per)curso formativo. A dimensão prática deixa-se localizar em um espaço/disciplina/componente, em um tempo exclusivo da formação – geralmente era o final do curso, na disciplina Estágio e Prática de Ensino. Essa perspectiva, reafirmada pela diretriz, incorpora debates acadêmicos e experiências formativas em âmbito nacional e internacional. Em relação à ampliação da carga horária mínima, exigida para a prática de ensino e o estágio supervisionado, após uma década de implantação da diretriz, podemos afirmar que houve resistências e dificuldades iniciais de implantação. O debate produziu variadas interpretações, negociações e soluções. Muitos temiam que caíssemos na armadilha do "praticismo" em detrimento da formação teórica/conceitual dos futuros professores. No entanto, o princípio da flexibilização, da autonomia pedagógica, requer de cada instituição a discussão e a formulação de seu próprio projeto de formação de professores, de acordo com as diretrizes nacionais. Em decorrência disso produziu-se uma diversidade de projetos pelo Brasil, interpretações múltiplas sobre como articular os diversos saberes e dimensões formativas ao longo curso, visando à integração e à não fragmentação.

Diante desse conjunto de diretrizes e desafios, considero imprescindível repensar as articulações entre a formação inicial/universitária e a formação permanente, para assim refletirmos sobre a construção dos saberes docentes e as práticas pedagógicas no ensino de História. Relembramos a pertinente questão de Morin (2000, p. 79): "De que nos serviriam todos os saberes parcelados, se nós não os confrontássemos, a fim de formar uma configuração que responda às nossas expectativas, às nossas necessidades e às nossas interrogações cognitivas?". De que nos serve um currículo de formação distante das questões da educação básica, no atual contexto histórico e educacional de formação do profissional docente?

A formação continuada ou permanente

A busca de respostas às nossas inquietações sobre a formação de professores de História tem um alvo: a educação escolar. A escola, como lugar social, local de trabalho, espaço de conflitos, de formas culturais de resistência, exerce um papel fundamental na formação da consciência histórica dos cidadãos. A História e seu ensino são, fundamentalmente, formativos. Claro que reconheço que essa formação não se dá exclusivamente na educação escolar, mas é na escola que experienciamos as relações entre a formação, os saberes, as práticas, os discursos, os grupos e os trabalhos cotidianos. Os professores de História, sujeitos do processo, vivenciam uma situação extremamente complexa e ambígua: trata-se de uma disciplina que é extremamente valorizada, estratégica para o poder e para a sociedade e, ao mesmo tempo, ainda desvalorizada por muitos alunos e por diversos setores do aparato institucional e burocrático-educacional.

É na instituição escolar que as relações entre os saberes docentes e os saberes dos alunos defrontam-se com as demandas da sociedade em relação à reprodução, à transmissão e à produção de saberes e valores históricos e culturais. Nesse sentido, as práticas escolares exigem dos professores de História muito mais que o conhecimento específico da disciplina, adquirido na formação universitária. O que o professor de História ensina e deixa de ensinar na sala de aula vai muito além de sua especialidade, assim como aquilo que o aluno aprende. Daí decorre o que parece óbvio: a necessidade de articular diferentes saberes e espaços no processo de formação. A formação dos professores deve responder às demandas, aos fenômenos sociais do nosso tempo, o que representa um grande desafio para os educadores e para as instituições formadoras.

Nos anos 2000, convivemos com um sistema de formação inicial bastante heterogêneo, diversificado, que acomodou várias forças e interesses. Diferentemente de décadas anteriores, em geral, as instituições formadoras buscam romper com as dicotomias e com a desarticulação entre a preparação em História e a formação pedagógica, entre ensino e pesquisa, existentes no interior dos próprios cursos de licenciatura e entre licenciaturas e bacharelados. Trata-se de uma reinvenção permanente. Àqueles historiadores e educadores que se ocupam da formação de professores, da formação de formadores de professores, da elaboração de currículos, não mais é permitido ignorar o papel do professor de História. Isso decorre do reconhecimento de uma questão óbvia: não há educação e ensino sem professor, e o professor de História é uma pessoa, um cidadão que faz parte da história, e, como agente dela, também a transforma.

Nos anos 1990, estudos nos mostram que, em vários sistemas de educação escolar, tanto as críticas ao fracasso ou insucesso quanto a fé e as expectativas de mudanças no sistema foram concentradas, especialmente, no professor e na sua formação. No Brasil, a formação do professor aparece tanto como "bode expiatório", uma das principais causas do fracasso educacional brasileiro, como "panaceia", fórmula milagrosa capaz de mudar as práticas em nossas escolas, melhorar a qualidade do ensino. Concordando com Perrenoud (1993, p. 94), "a formação não merece nem esse excesso de honra nem essa indignidade"; ela faz parte da lógica do sistema educativo, dos limites e contradições do processo histórico. Portanto, a meu ver, ela não pode ser pensada fora do sistema e analisada como elemento ou força exterior, capaz de agir sobre as práticas, provocando mudanças e alterando, fundamentalmente, não só essas práticas, como seus resultados. Ao contrário, devemos sempre situá-la nos quadros das mudanças sociais em que operam as transformações na educação e no trabalho do professor.

Logo, devemos situar a formação continuada e permanente. Concordando com Imbernón (2010), isso não significa treinamento nem se reduz a ele. Refiro-me àquele tipo de curso, oficina, palestra a que os professores estão acostumados a assistir, sem, no entanto, muitas das vezes, terem participado da escolha do tema, dos objetivos, enfim do planejamento da atividade. Quantas vezes, ao ser convidada para ministrar esse tipo de formação e ao questionar sobre o que fazer, recebia da parte demandante (em geral um gestor) total autonomia, como especialista da área, para decidir "o que levar" aos professores em treinamento – e como isso me incomodava! Ou seja, o especialista externo que desconhece a realidade e os interesses dos professores, da escola, da região, vai até eles tratar de problemas educacionais de forma genérica, sugerir modelos, "teorias", estudos, metodologias, enfim soluções genéricas "válidas" para todos os contextos.

Em contraposição a esse tradicional conceito de formação continuada identificada como atualização didática, científica e psicopedagógica de professores, compartilho com a proposta de formação continuada, centrada em cinco linhas ou ideias de atuação, defendida por Imbernón (2010, p. 49):

a) A reflexão prático-teórica do docente sobre a sua própria prática, mediante uma análise da realidade educacional e social de seu país, sua compreensão, interpretação e intervenção sobre a mesma. A capacidade dos professores de gerar conhecimento pedagógico por meio da análise da própria prática educativa.
b) A troca de experiências escolares da vida etc. e a reflexão entre indivíduos iguais para possibilitar a atualização em todos os campos de intervenção educacional e aumentar a comunicação entre os professores.
c) A união da formação a um projeto de trabalho, e não o contrário (primeiro a realizar a formação e depois o projeto).
d) A formação como arma crítica contra práticas laborais, como a hierarquia, o sexismo, a proletarização, o individualismo etc., e contra práticas sociais, como a exclusão e a intolerância.
e) O desenvolvimento profissional da instituição educacional mediante o trabalho colaborativo (...). Possibilitar a passagem da experiência de inovação isolada e celular para a inovação institucional.

Isso requer repensar, como afirmei anteriormente, o papel do professor. A formação e a atuação de profissionais da educação ocupam uma posição estratégica, pois é consenso que os projetos de melhoria da qualidade do ensino dependem da "qualidade pedagógica" dos professores. Nesse sentido, é necessário ampliarmos a discussão, para que possamos, de uma vez por todas, romper com as velhas ideias de "reciclagem", "treinamento" e "requalificação". Hoje, pensar a formação docente implica pensar simultaneamente os eixos estruturantes do desenvolvimento profissional docente: formação inicial (cursos de licenciatura) e formação continuada, condições de exercício do trabalho docente (materiais, carga horária, salários) e carreira.

Um dos caminhos de muitos professores da educação básica que buscam a formação permanente no Brasil é a pós-graduação *lato* e *stricto sensu*. Em relação ao *stricto sensu*, aos programas de mestrado e doutorado, é preciso ressalvar que o foco, a cultura formadora ali instalada, não é de/para a docência. A pós-graduação é considerada um ambiente de produção científica. A pós-graduação *stricto sensu* no Brasil constitui um lugar de realização da pesquisa científica por professores e alunos. Severino (2002) nos lembra que até mesmo o processo de ensino e aprendizagem nesse nível educacional tem como finalidade desenvolver pesquisa, criar novos conhecimentos e fazer avançar a ciência na área. O autor ressalva que, a despeito das preocupações com a qualificação docente (para o 3º grau em particular), esse processo passará "necessariamente por uma prática efetiva da pesquisa científica" (*ibidem*, p. 69). E conclui: "É preparando o bom pesquisador que se prepara o bom professor universitário ou qualquer outro profissional" (*ibidem*).

A formação/titulação acadêmica no nível *stricto sensu* (mestrado e doutorado) é uma exigência para o exercício do magistério no ensino superior, na medida em que a LDB – lei 9.394/96 – estabelece para as universidades, no item III do artigo 52º, a exigência de "um terço do corpo docente pelo menos, com titulação acadêmica de mestrado ou doutorado". Além disso, os planos de carreira das universidades e as políticas e projetos das agências de fomento à pesquisa e à pós-graduação estimulam a qualificação dos professores nos programas de mestrado e doutorado. Por outro lado, a LDB estabelece no artigo 62º que "a formação de docentes para atuar na educação básica far-se-á em nível superior de licenciatura, de graduação plena (...)". Assim, os planos de carreira do magistério da educação básica, instituídos pelos vários entes federativos do Brasil, pouco estimulam ou propiciam a qualificação dos professores da educação básica na pós-graduação *stricto sensu*. Além das dificuldades institucionais, é preciso considerar que os docentes recebem nesses cursos uma formação exclusivamente voltada para a pesquisa científica, como analisado anteriormente. As demais dimensões formativas, igualmente importantes e necessárias à atividade docente nos três níveis de ensino, não são objeto e finalidade dos programas de pós-graduação.

No caso específico da formação continuada dos professores de História, em programas e projetos, desde os anos 1990, tenho debatido alguns problemas que considero duradouros. Logo, volto a reiterar a necessidade de enfrentá-los em nossas ações:

1. O aumento considerável das exigências que se fazem ao professor não acompanhado das melhorias das condições de trabalho e de preparação (Esteve 1991, p. 100). O professor de História assume inúmeras tarefas pedagógicas, administrativas, de orientação sexual, psicológica dos alunos, tarefas de integração social com a comunidade e muitas outras. Os cursos de formação contínua, que são também novas exigências e obrigações que o professor deve realizar, têm alargado a formação, preparando-o para assumir essas novas tarefas? O professor está sendo motivado e remunerado adequadamente para continuar se qualificando?
2. A formação da consciência histórica do aluno, como todos sabemos, não se dá apenas na escola, mas também em outros espaços, por outros agentes e meios de socialização. Atualmente, o que se percebe é uma inibição desses agentes – a família, por exemplo, passa cada vez menos tempo com a criança (*ibidem*, pp. 100-101). Os movimentos sociais organizados vivem também um momento de redefinição. Isso faz com que o professor de História tenha, hoje, maiores responsabilidades educativas. Como os atuais agentes e projetos de formação contínua têm enfrentado a relação com outros agentes socializadores? O professor de História e os formadores, também professores de História, têm discutido esse problema?
3. Com o desenvolvimento acelerado dos meios de comunicação de massa, tornou-se imprescindível o uso de novas linguagens no processo de ensino e aprendizagem de História, redimensionando o papel do professor e o conceito de fontes históricas. Como lidarmos com a história imediata e com essas novas linguagens? Os formadores têm incorporado essas novas linguagens? Como?
4. Convivemos no sistema escolar com uma pluralidade de concepções de educação e de História. Não há mais um consenso

social sobre os objetivos e os valores que a escola deva fomentar (*ibidem*, p. 101). Do mesmo modo, vivemos numa sociedade democrática, pluralista e desigual. Não há consenso sobre currículo, sobre uma concepção de História a ser ensinada. Por vezes, nem mesmo uma unidade escolar consegue elaborar uma proposta de ensino de História, dada a diversidade de concepções. As ações de formação contínua levam em conta essa diversidade? Como romper com o monopólio e o domínio de grupos que detêm as mesmas ideias, nos espaços formadores? Por que gestores educacionais e especialistas, muitas vezes, continuam planejando a formação contínua sem levar em conta os interesses e as necessidades dos professores?

5. O aumento de responsabilidades e a pluralidade de concepções acentuaram as contradições do professor no exercício da função (*ibidem*, p. 103). Muitos professores de História não têm clareza quanto às diferentes abordagens, não conseguem assumir uma linha de atuação e justificar a própria opção de trabalho. Isso faz com que o professor de História e o ensino praticado em várias escolas sejam, hoje, alvos de muitas críticas. De que maneira a formação contínua pode possibilitar uma melhor compreensão das diferentes abordagens e metodologias, contribuindo para a definição de propostas por parte dos professores?

6. As mudanças nos conteúdos, decorrentes das novas pesquisas (historiográficas e educacionais), colocam situações de insegurança e receio (*ibidem*, p. 106). Quais histórias ensinar? Como abandonar determinados conteúdos para a inclusão de novos? Qual proposta curricular seguir? Quais livros didáticos adotar? Nesse caso, não seria mais adequado à formação contínua romper, como conceitua Perrenoud (1993), com o "realismo conservador" e assumir o "realismo inovador"? Ou melhor, deixar de preparar o professor para a "escola do passado" ou "do futuro", para o ensino de História que há de vir, e formar o professor a partir da e para a prática "no mundo real" em que está inserido? Não seria conveniente iniciarmos

essa discussão pelo "currículo real, vivido", construído pelos professores no cotidiano, considerando seriamente seu poder de criação e interpretação? (*ibidem*, pp. 196-197).

7. As proposições metodológicas chocam-se com a escassez de material em nossas escolas, fontes para o processo de ensino (Esteve 1991, p. 106). A adoção de novas metodologias depende, em grande medida, do voluntarismo do professor que individualmente investiga, paga e confecciona o material utilizado. Como pressionar o Estado, grande financiador do sistema de ensino, e as instituições privadas, para que os projetos de formação contínua tenham como um de seus pilares a produção e a aquisição de materiais? Há consciência, por parte do professor, dessa real necessidade?

8. São visíveis as mudanças nas relações professor-aluno, o clima de indisciplina e, muitas vezes, de permissividade e impunidade reinante em muitas escolas (*ibidem*, p. 107). Essas mudanças afetam particularmente o trabalho de professores da área de humanas, como em História e Geografia. Como os projetos de formação contínua podem contribuir com o fortalecimento psicológico e afetivo do professor para enfrentar o relacionamento conflituoso e, por vezes, violento em nossas escolas?

9. Há uma insegurança generalizada entre os professores de História quanto às formas de avaliação da aprendizagem. Muitos instrumentos ainda são utilizados em total contradição com o ensino praticado em sala de aula. Como avaliar a aprendizagem dos alunos em História? Como incentivar e aumentar as pesquisas na área de avaliação no ensino de História? Não seria o caso de investir em práticas de formação – investigação-ação – que possam produzir novos conhecimentos sobre avaliação em História?

10. Como mudar a prática nociva que ainda confunde cópia de livros com "pesquisa", no cotidiano da sala de aula? Ensinar História numa perspectiva crítica e formativa implica desenvolver o exercício da reflexão, da criatividade e da

criticidade. Considerando que alguns cursos de licenciatura não preparam o professor para o exercício da produção de conhecimento, não seria o caso de a formação contínua investir, efetivamente, na formação do professor-pesquisador, ou seja, aquele professor que, como defendia Fenelon (1983, p. 29), "tenha a pesquisa, a descoberta como base de seu ensino"?

11. Como abordamos anteriormente, a sociedade multicultural e global em que vivemos tem nos colocado frente a frente com a questão das diferenças culturais, étnicas, religiosas etc. Como realizar um trabalho pedagógico de formação permanente numa perspectiva crítica, multiculturalmente orientada, que favoreça, por exemplo, o estudo da História e das culturas afro-brasileira e indígena?

Entendemos que os projetos de formação continuada do professor de História devem considerá-lo como alguém que domina não apenas o processo de construção do conhecimento histórico, mas sobretudo um conjunto de saberes e mecanismos que possibilitam a socialização e a recriação de saberes nos limites da instituição escolar. A ideia de que, para ser professor de História, ou melhor, um bom professor de História, é necessário apenas saber História deve ser ultrapassada. Hoje, busca-se a superação da dicotomia forma/conteúdo, uma vez que não é possível conceber uma metodologia de ensino deslocada de produção do conhecimento específico. Logo, o que se busca é a superação do individualismo e a compreensão da totalidade do ato de conhecer. Saber alguma coisa não é mais suficiente para o ensino; é preciso saber ensinar e criar condições concretas para a aprendizagem.

No universo de nossas perspectivas para o ensino de História, a formação continuada do professor não corresponde a "falhas" de sua formação original, mas à necessidade – comum a diferentes profissionais – de estar integrado à dinâmica de produção em seu campo de conhecimento. Isso é possível de várias maneiras, desde a participação em cursos e encontros até a leitura de publicações pertinentes e o diálogo com colegas de trabalho. Os benefícios pessoais e profissionais garantidos por essa formação se desdobram em bons resultados de trabalho com os alunos, garantindo uma aprendizagem dinâmica em diálogo com a complexidade das experiências estudadas e do saber em produção (Silva e Guimarães 2007, p. 128).

A formação e a atuação do professor em sala de aula são resultantes de múltiplas determinações e relações, de vontades/responsabilidades individuais e coletivas, da obrigação institucional do Estado e da sociedade. Na atualidade, os desafios da formação, da profissionalização, da ação docente constituem problemas complexos e, por essa razão, demandam políticas sistêmicas capazes de enfrentar as múltiplas dimensões dos problemas. Uma das medidas do MEC com relação à política foi a Instituição da Rede Nacional de Formação Continuada dos Profissionais do Magistério da Educação Básica Pública, por meio da portaria n. 1.328, de 23 de setembro de 2011. O que se espera é, de fato, a valorização do papel criativo e construtivo do professor no processo de planejamento, decisão e intervenção nos projetos de formação, possibilitando a integração, de forma ativa e dinâmica, dos conhecimentos às dimensões da experiência, das situações práticas do mundo acadêmico e da realidade sócio-histórico-cultural que estamos vivendo.

Concluindo

Concluindo, junto minha voz à daqueles que defendem a aprendizagem docente, de modo permanente, como elemento constitutivo, inerente ao desenvolvimento profissional dos professores. Isso pressupõe reconhecer e lutar pela perspectiva que articula a chamada formação inicial nos cursos universitários à história de vida dos sujeitos, à sua experiência, à sua formação nos diferentes espaços e tempos ao longo de sua vida. Trata-se de uma luta teórica, mas, sobretudo, política, pois qualquer projeto de formação permanente no Brasil dependerá de uma política de revalorização da profissão-professor.

É preciso, sim, formar permanentemente os professores, mas lutando para que seu desenvolvimento pessoal e profissional signifique também mudanças concretas no sistema educacional brasileiro. Hoje, o historiador que faz opção pelo ensino, para desenvolver seu ofício em sala de aula, deve ter consciência da ambiguidade da profissão: ocupa uma posição estratégica e, ao mesmo tempo, aparentemente desprovida de saberes; vive cotidianamente o dilema entre a autonomia profissional e a ameaça da proletarização. Portanto, "ser professor", "tornar-se professor", "constituir-se professor" de História, exercer o ofício, é viver a contradição, é exercitar a luta, e enfrentar a heterogeneidade, as diferenças sociais, econômicas e culturais no cotidiano dos diferentes espaços educativos.

Notas

1. Sobre isso veja estudos de: André, M.E.D.A. (2009). "A produção acadêmica sobre a formação docente: Um estudo comparativo das dissertações e teses dos anos 1990 e 2000". *Revista Brasileira de Pesquisa sobre Formação de Professores*, vol. 1, pp. 41-56; _____ (2000). "Análise de pesquisas sobre formação de professores: Um exercício coletivo". *Psicologia da Educação*, vol. 10/11, São Paulo, pp. 139-153; _____ (2007). "Desafios da pós-graduação e da pesquisa sobre formação de professores". *Educação & Linguagem*, vol. 15, pp. 43-59; _____ (1999). "Estado da arte da formação de professores no Brasil". *Educação e Sociedade*, Campinas, vol. XX, n. 68, pp. 301-309.
2. Sobre essa matéria veja: Garrido, E. e Brezinski, I. (2001). "Análise dos trabalhos do GT – Formação de Professores: O que revelam as pesquisas do período 1992-1998". *Revista Brasileira de Educação,* vol. 18, São Paulo, pp. 82-100.
3. Reiteramos posições assumidas na apresentação da obra de Zamboni, E. e Guimarães, S. (orgs.) (2008). *Espaços de formação do professor de História.* Campinas: Papirus.
4. A pesquisa foi realizada pelo Departamento de Pesquisas Educacionais da Fundação Carlos Chagas, com apoio da Fundação Victor Civita. Foram analisadas, por amostra representativa, a estrutura curricular e as ementas de 165 cursos presenciais de instituições de ensino superior nas áreas de Pedagogia (71 cursos), Letras: Língua Portuguesa (32), Matemática (31) e Ciências Biológicas (31) (Gatti e Barreto 2009, p. 117).
5. Sobre isso veja Fenelon, D.R (1984). "A questão dos Estudos Sociais". *Cadernos Cedes*, n.10. São Paulo, pp. 11-23.
6. CNE/CES 492/2001. Diretrizes Curriculares Nacionais dos cursos de Filosofia, História, Geografia, Serviço Social, Comunicação Social, Ciências Sociais, Letras, Biblioteconomia, Arquivologia e Museologia. Aprovado em 3/4/2001.
7. Brasil (2002). Diretrizes para a formação de professores da educação básica, em cursos de nível superior. Brasília: MEC. [Disponível na internet: http:/www.mec.gov.br.]

8. Sobre a formação de formadores sugerimos: Machado, L.C. (2009). "Formação, saberes e práticas de formadores de professores: Um estudo em cursos de História e Pedagogia". Tese de doutorado em Educação. Uberlândia: UFU/Programa de Pós-graduação em Educação.

Referências bibliográficas

BRASIL (2002). Diretrizes para a formação de professores da educação básica, em cursos de nível superior. Brasília: MEC. [Disponível na internet: http://www.mec.gov.br/sesu/ftp/curdiretriz/ed_basicaed_basdire.doc.]

CANEN, A. e MOREIRA, A.F.B. (orgs.) (2001). "Reflexões sobre o multiculturalismo na escola e na formação docente". In: CANEN, A. e MOREIRA, A.F.B. Ênfases e omissões no currículo. Campinas: Papirus, pp. 15-44.

CHAUNU, P. et al. (1987). Ensaios de ego-história. Lisboa: Edições 70.

COUTO, R.C. do (2004). "Formação de professores de História e multiculturalismo: Experiências, saberes e práticas de formadores(as)". Dissertação de mestrado em Educação. Uberlândia: UFU/Faced.

ESTEVE, J.M. (1991). "Mudanças sociais e função docente". In: NÓVOA, A. (org.). Profissão professor. Porto: Porto Ed., pp. 93-124.

_____ (1999). O mal-estar docente. Bauru: Edusc.

FELGUEIRAS, M.M.L. (1994). "O ensino da História em Portugal durante a ditadura: Determinantes epistemológicas e condicionamento político no trabalho docente". Porto: Universidade do Porto. (Mimeo.)

FENELON, D.R. (1983). "A formação do profissional de História e a realidade do ensino". Cadernos Cedes. São Paulo: Cortez, pp. 24-31.

GATTI, B.A. e BARRETO, E.S. de S. (orgs.) (2009). Professores do Brasil: Impasses e desafios. Brasília: Unesco.

GAUTIER, C. et al. (1998). Por uma teoria da pedagogia. Ijuí: Unijuí.

GUIMARÃES, S. (2006). Ser professor no Brasil: História oral de vida. 3ª ed. Campinas: Papirus.

_____ (2010). "O trabalho do professor na sala de aula: Relações entre sujeitos, saberes e práticas". *Revista Brasileira de Estudos Pedagógicos*, vol. 91, n. 228, pp. 390-407.

GUIMARÃES, S. e COUTO, R. C. do (2008). "Formação de professores de História no Brasil: Perspectivas desafiadoras do nosso tempo". *In*: ZAMBONI, E. e GUIMARÃES, S. (orgs.). *Espaços de formação do professor de História*. Campinas: Papirus.

IMBERNÓN, F. (2010). *Formação continuada de professores*. Porto Alegre: Artes Médicas.

LAUTIER, N. (1997). *Enseigner l'Histoire au lycée*. Paris: Armand Colin/Masson.

MACEDO, E. (2006). "Currículo como espaço-tempo de fronteira". *Revista Brasileira de Educação*, vol. 11, n. 32, maio/ago.

MESQUITA, I.M. de (1999). "Formação de professores de História: Experiências, olhares e possibilidades (Minas Gerais, anos 1980 e 1990)". Dissertação de mestrado em Educação. Uberlândia: UFU/Faced.

MORIN, E. (2000). "Articular os saberes". *In*: ALVES, N. e GARCIA, R.L. (orgs.). *O sentido da escola*. Rio de Janeiro: DP&A.

MOURA, M.C. de (2005). "Saberes da docência e práticas de ensino de História nos anos iniciais do ensino fundamental". Dissertação de mestrado em Educação. Uberlândia: UFU/Faced.

NÓVOA, A. (1991). "A formação contínua entre a pessoa-professor e a organização escola". *Inovação*, 4(1). Lisboa.

_____ (org.) (1991a). *Profissão professor*. Porto: Porto Ed.

_____ (1992). *Vidas de professores*. Porto: Porto Ed.

PERRENOUD, P. (1993). *Práticas pedagógicas, profissão docente e formação*. Porto: Porto Ed.

_____ (2000). *Dez novas competências para ensinar*. Porto Alegre: Artmed.

RASSI, M.A. de O. (2006). "Uma canção inacabada: Formação de professores de História – A experiência da Fepam (1970-2001)". Dissertação de mestrado em Educação. Uberlândia: UFU/Faced.

REMOND, R. (1987). "O contemporâneo do contemporâneo". *In*: CHAUNU, P. et al. *Ensaios de ego-história*. Lisboa: Edições 70, pp. 287-342.

RODRIGUES, H. (2010). "O peão vermelho no jogo da vida: O professor iniciante de história e a construção dos saberes docentes". Dissertação de mestrado em Educação. São Leopoldo: Unisinos.

SACRISTÁN, J.G. (1998). "A cultura, o currículo e a prática escolar". *In*: SACRISTÁN, J.G. *O currículo: Uma reflexão sobre a prática*. 3ª ed. Trad. Ernani F. Rosa. Porto Alegre: Artmed.

SEVERINO, A.J. (2002). "Pós-graduação e pesquisa: O processo de produção e sistematização do conhecimento no campo educacional". *In*: BIANCHETTI, L. e MACHADO, A.M.N. (orgs.). *A bússola do escrever: Desafios e estratégias na orientação de teses e dissertações*. São Paulo: Cortez/ Florianópolis: Ed. da UFSC, pp. 67-88.

SILVA, M. e GUIMARÃES, S. (2007). *Ensinar História no século XXI: Em busca do tempo entendido*. Campinas: Papirus.

SILVA JR., A.F. da (2006). "Saberes e práticas de ensino de História em escolas rurais: Um estudo no município de Araguari-MG, Brasil". Dissertação de mestrado em Educação. Uberlândia: UFU/Faced.

TARDIF, M. (2000). "Saberes profissionais dos professores e conhecimentos universitários: Elementos para uma epistemologia da prática profissional dos professores e suas conseqüências em relação à formação para o magistério". *Revista Brasileira de Educação*, n. 13, jan.-abr., pp. 5-24.

VASCONCELOS, G.A.N. (org.) (2003). *Como me fiz professora*. 2ª ed. Rio de Janeiro: DP&A.

VEIGA, I.P.A. (2003). "Perspectiva de análise da formação de professores". *VI Epeco (Encontro de Pesquisa em Educação do Centro-Oeste)*. Campo Grande. CD-ROM.

ZEICHNER, K.M. (1993). *A formação reflexiva de professores: Idéias e práticas*. Lisboa: Educa.

7
O ENSINO DE HISTÓRIA
E A CONSTRUÇÃO DA CIDADANIA

Qual História? Qual cidadania? Acrescento: Qual(is) História(s) ensinar e aprender? Qual cidadania queremos no Brasil, no século XXI? Isso significa pensar: Qual sociedade sonhamos e construímos, cotidianamente, nos espaços socioeducativos? Buscar essas respostas requer de nós, que temos como ofício o ensino de História, um profundo olhar sobre os desafios do nosso tempo, sobre as exigências teóricas e políticas.

Educar o cidadão, preparar o aluno para a vida democrática, permitir que os alunos possam progressivamente conhecer a realidade, o processo de construção da História e o papel de cada um como cidadão no mundo contemporâneo: vários pesquisadores têm abordado essa problemática no âmbito internacional, como Audigier (1999); De Alba, (2010); Pagès e Santistebán (2009); Rüsen (2001) e Savater (2002). No Brasil, essas intencionalidades estão explícitas e implícitas nas diretrizes legais, nos textos didáticos e paradidáticos para o ensino de História no nível fundamental, nos currículos dos diversos estados da federação e nos Parâmetros Curriculares Nacionais.

Especificamente, os PCNs de História apresentam como um dos objetivos da disciplina, no ensino fundamental, o desenvolvimento da capacidade de "valorizar o direito de cidadania dos indivíduos, dos grupos e dos povos como condição de *efetivo fortalecimento da democracia*, mantendo-se o respeito às diferenças e a luta contra as desigualdades" (*ibidem*, p. 43; grifos nossos).

Para professores e especialistas em ensino, é lugar-comum afirmar que a formação *da* e *para a* cidadania e a formação da consciência histórica do aluno[1] são preocupações centrais da educação básica. No entanto, isso não basta. Nós, professores de História, sabemos que o desenvolvimento do aluno, como sujeito social, com capacidade de análise e intervenção crítica na realidade, pressupõe a compreensão da história política do país, dos embates, projetos, problemas e dificuldades nas relações entre Estado e sociedade, na construção da cidadania, da democracia.

Proponho dialogar sobre esse tema, partindo de duas premissas óbvias para os historiadores. A primeira é pensar a História como disciplina fundamentalmente educativa, formativa e emancipadora. Assim, como disciplina escolar, seu papel central é a formação da consciência histórica dos homens, possibilitando a construção de identidades, a elucidação do vivido, potencializando a intervenção social, a práxis individual e coletiva. A segunda é ter consciência de que o debate sobre os significados de aprender e ensinar História processa-se, sempre, no interior de lutas políticas e culturais. Logo, é por meio da reflexão permanente que podemos desvendar a lógica das relações que envolvem tanto a produção quanto a difusão de saberes e ideias, desvelando limites e possibilidades, desejos e necessidades historicamente construídos.

Voltando ao passado recente da história da educação brasileira, podemos perceber como essa relação entre o ensino de História e a construção da cidadania assumiu diferentes configurações nos diversos contextos políticos. No projeto educacional implementado nos anos

1960 e 1970, durante a ditadura militar, a História ensinada na escola fundamental e média foi estrategicamente atingida de diversas formas. Por meio dos currículos de Estudos Sociais, foi imposta uma diluição do objeto de estudo da História e também da Geografia, privilegiando um conteúdo voltado para a formação moral e cívica e o ajustamento ideológico dos jovens aos objetivos e interesses do Estado, moldados pela doutrina de segurança nacional e de desenvolvimento econômico.

Como apontam vários autores, a História ensinada nesse período tinha como fundamento teórico a historiografia tradicional positivista, europocêntrica e linear. Os currículos eram organizados com base nos marcos/fatos da política institucional, numa sequência cronológica causal. A História Geral seguia o chamado "quadripartite francês" – Idade Antiga, Média, Moderna e Contemporânea – tão criticado por Jean Chesneaux (1995). Essa organização curricular enfatizava a evolução das sociedades agrárias rumo ao mundo industrial e tecnológico, sinônimo de paz e equilíbrio mundial. As noções de História do Brasil, nesse conjunto, privilegiavam mitos nacionais sobre a formação da sociedade e da cultura brasileiras, bem como a crença na integração nacional e no desenvolvimento econômico. Tratava-se de um conteúdo que tinha como lógica constitutiva a ideia de progresso como algo global, positivo e inevitável. A história da humanidade, nessa concepção, tem um início, um meio e um fim determinados; não há brechas para contingências e descontinuidades.

A principal característica dessa História ensinada nas escolas é a exclusão: sujeitos, ações e lutas sociais e políticas são excluídos. A exclusão e a simplificação do conhecimento histórico escolar endereçado aos alunos e professores tinham como intencionalidade educativa a introjeção de ideias, tais como: vocês não fazem história, nós não fazemos história. A história é feita por e para alguns, que não somos nós; são outros e são poucos.

Uma das consequências desse modelo de ensino era formar, nos alunos, já nos anos iniciais do ensino fundamental, uma concepção autoexcludente da história. Conforme relatado em outro texto (Guimarães

1993), vivi a experiência de, ao afirmar, em uma sala de aula de 5ª série, hoje 6º ano, que todos fazem História, ouvi de meus alunos uma resposta contrária, do tipo: "Não, professora, nós não fazemos História; quem fez a História do Brasil foi D. Pedro, Tiradentes, Princesa Isabel etc.".

Questionava: como podemos nos sentir cidadãos e lutar por direitos sociais e políticos se vivenciamos a exclusão no cotidiano, e, na sala de aula, a legitimação e a justificação dessa história real vivida? Essa História ensinada legitimava, em grande medida, a concepção liberal de cidadania, abstrata e excludente, dominante na elite brasileira e nas políticas educacionais implantadas ao longo do século XX.

Segundo Canivez (1991), os ideais liberais, ancorados no princípio da concorrência, na liberdade total de atividades e trocas, reservam, como valores centrais que caracterizam a sociedade moderna, o trabalho e a eficácia, o progresso das técnicas e das ciências. Assim, "o *status* fundamental atribuído ao indivíduo não é o de cidadão, mas sim o de trabalhador, produtor, consumidor. (...) O Estado é um mal necessário e a cidadania é uma noção marginal para não dizer caduca" (p. 18). Ela não confere valor ou dignidade suplementar ao indivíduo, apenas sanciona uma situação de fato: a de que todos os cidadãos herdam uma nacionalidade ao nascer. E essa nacionalidade confere direitos e deveres específicos, consideráveis, tais como o direito de voto e o de defesa nacional. Mas esses direitos e deveres "herdados" não constituem o principal da vida cotidiana, que é a vida do trabalho (*ibidem*). Podemos afirmar, como abordamos no primeiro capítulo, que a História ensinada nas escolas brasileiras, predominantemente, desde o século XIX, e sobretudo durante o regime militar pós-1964, complementada por EMC e OSPB no ensino fundamental, contribuiu para o desenvolvimento dessas ideias e valores.

No início do século XXI, no Brasil, apesar das mudanças, das conquistas de direitos, algumas escolas e alguns professores ainda trabalham essas concepções de História e de cidadania, revelando atitudes inconscientes ou deliberadamente ocultas, por meio da reprodução acrítica de materiais curriculares e didáticos ou, ainda, por sucumbir a elementos conjunturais, tais como condições de trabalho, tempo, hábitos da instituição, normas etc., como nos indicava Felgueiras (1994) sobre a realidade portuguesa no final do século XX.

As lutas sociais e políticas a partir dos anos 1970 e o processo de democratização e organização da sociedade brasileira trouxeram no conjunto das mudanças anunciadas outros horizontes de conhecimento histórico e de cidadania. A partir de 1982, com as eleições diretas para os governos dos estados e a vitória da oposição ao regime militar em importantes estados da federação, iniciaram-se, de norte a sul do Brasil, discussões visando às reformulações curriculares. Esse debate ocorreu articulado ao movimento de revisão e ampliação da produção historiográfica e educacional no âmbito das universidades e também à modernização da indústria editorial brasileira (Guimarães 1993).

Podemos caracterizar os anos 1980 como tempos do repensar,[2] da crítica ao ensino de História instituído. Repensamos e criticamos diversos aspectos da educação, da História e seu ensino: desde a política educacional, a escola, os professores, os alunos, até os pressupostos, os métodos, as fontes, os temas e, sublinho, as intencionalidades educativas. Desse movimento emergiram outras proposições de ensino em contraposição aos conceitos e noções difundidos pela chamada História "oficial".

Como já abordamos, tradicionalmente, os temas de análise política apareciam, nos materiais de ensino (livros didáticos e currículos), simplificados em meros fatos político-institucionais, fragmentados, desprovidos de historicidade. Muitos materiais didáticos ainda continuam reduzindo e reproduzindo a história política, reforçando imagens, mitos, heróis e também as datas que constituem marcos periodizadores da historiografia tradicional. Essa forma de tratamento dos saberes históricos escolares tem sido questionada e revista, como reconhece o texto dos PCNs (1998, p. 39):

> Os eventos históricos eram tradicionalmente apresentados por autores de modo isolado, deslocados de contextos mais amplos, como muitas vezes ocorria com a história política, em que se destacavam apenas ações de governantes e heróis. Hoje prevalece a ênfase nas

relações de complementaridade, continuidade, descontinuidade, circularidade, contradição e tensão com outros fatos de uma época e de outras épocas.

Nesse contexto de controvérsias, revisões, contradições e tensões entre objetivos, metodologias e conteúdos curriculares de História, questionamos como redimensionar os estudos e que temáticas e abordagens são mais significativas para o desenvolvimento no educando da capacidade de "valorizar o direito de cidadania dos indivíduos, dos grupos e dos povos como condição de *efetivo fortalecimento da democracia*". A meu ver, não basta ampliarmos os temas de estudo em História do Brasil; é necessário promovermos revisões de temas centrais para a compreensão da história política. Fugir dos clichês, dos estereótipos, dos anacronismos e das simplificações. Como? Talvez o primeiro passo seja enfrentar o debate, de forma multidisciplinar e interdisciplinar, de questões-chave para a formação cidadã. Em outras palavras, a meu ver, talvez devêssemos "sair da disciplina" para valorizar a educação cidadã. Ao articularmos os saberes produzidos pela História, Sociologia, Ciência Política, Geografia, Economia e por outras disciplinas, estaremos dialogando e redimensionando o ensino e a aprendizagem.

A característica comum às propostas curriculares para o ensino de História emergentes, nos anos 1980 e 1990, é a mudança do objetivo, do papel da disciplina, que passa a ser categoricamente "a preparação dos cidadãos para uma sociedade democrática". O "novo" ensino de História que se esboça assume a responsabilidade de formar o "novo" cidadão, capaz de intervir, participar e até transformar a realidade brasileira. A categoria "novo" indica a necessidade de superação do "velho", identificado com a ditadura, a opressão, a ausência de liberdades, a negação, a restrição de direitos básicos de cidadania. A nova LDB de 1996 corrobora as finalidades, as intencionalidades da educação nacional, reafirmando no artigo 2º: "A educação, dever da família e do Estado, inspirada nos princípios de liberdade e nos ideais de solidariedade humana, tem por finalidade o pleno desenvolvimento do educando, seu preparo para o exercício da cidadania e sua qualificação para o trabalho". Portanto, a preparação para o *exercício da cidadania* compõe o tripé dos princípios e fins da educação nacional.

Em pesquisa realizada por Bittencourt (2003), analisando um conjunto de propostas curriculares de ensino de História (cerca de 30 documentos) produzidas entre os anos de 1990 e 1995 em diversos estados brasileiros, a autora evidenciou a existência de uma diversidade na forma de apresentação, nos conteúdos e nas metodologias de ensino sugeridos. No entanto, a meta, os objetivos e as finalidades explícitas, na maioria das propostas, eram "contribuir para a formação de um cidadão crítico, para que o aluno adquira uma postura crítica em relação à sociedade em que vive" (p. 19). Esse é, segundo a pesquisadora, o viés inovador das propostas. No entanto, ela observa que de maneira geral "o conceito de cidadão que aparece nos conteúdos é limitado à cidadania política, à formação do eleitor dentro das concepções democráticas do modelo liberal" (*ibidem*, p. 22).

Nesse cenário de mudanças curriculares, evidenciamos em nossas investigações duas proposições teórico-metodológicas que se afirmaram no decorrer dos anos 1980 e passaram a coexistir com a chamada História tradicional. Uma das formas de organização curricular, bastante difundida no estado de Minas Gerais nos anos 1980, era por meio da ordenação da História de acordo com a "evolução" dos modos de produção. O aluno partia (na antiga 5ª série, hoje 6º ano) do estudo das comunidades primitivas e chegava ao final do curso (na antiga 8ª série, hoje 9º ano) analisando as crises do modo de produção capitalista, as vias de superação e o modo de produção socialista. Nesse esquema, as histórias do Brasil e da América apareciam como exemplos, ou estudos de caso, que confirmam o modelo explicativo da história das sociedades. Essa forma de sistematização da História fundamenta-se no marxismo ortodoxo, enfatizando o determinismo econômico e a ordenação de conceitos e categorias que explicam o desenvolvimento das forças produtivas de forma linear. A lógica do progresso prevalece. É também uma História reconhecidamente europocêntrica. Mas, nesse caso, onde residia o novo? Como formar o cidadão, a partir desse outro modelo que privilegiava o esquema explicativo que, muitas vezes, aprisiona as explicações do real, excluindo sujeitos e ações históricas?

Segundo Canivez (1991, p. 17), "a concepção de cidadania que se inspira nos trabalhos de Marx tem inúmeros pontos em comum com a concepção liberal, ainda que defendendo projetos radicalmente opostos". E o comum está na relação com o Estado e no *status* fundamental atribuído ao indivíduo, que é o *status* de trabalhador e consumidor. Nos dois casos o "Estado é uma máquina, aparelho, instrumento que, de fora, intervém no jogo das relações sociais" (*ibidem*). Para os liberais o Estado é um instrumento de regulação social, e para os marxistas o Estado é suspeito de servir à exploração de uns pelos outros, ou de criar obstáculos à produtividade e à inventividade dos indivíduos. O Estado é um mal, provisório ou necessário, mas sempre um mal. O diferencial entre as duas concepções é o projeto político. O *status* fundamental do indivíduo é o de trabalhador, produtor, e é exatamente ele (trabalhador) que tem a tarefa de realizar as transformações sociais e políticas na sociedade capitalista, inclusive no Estado.

A apropriação e a incorporação desses conceitos nos currículos de História, no final do século XX, no Brasil, demonstram uma ideia compartilhada por muitos professores, naquele momento histórico, de que era necessário "indicar" aos alunos caminhos que conduzissem à transformação da sociedade brasileira. Por meio do esquema explicativo, construído a partir da história da Europa, no século XIX, desejava-se formar politicamente o jovem, conscientizando-o, dando condições a ele, trabalhador ou futuro trabalhador, de exercer a cidadania. Isso, de acordo com essa lógica, processa-se pela conscientização e organização política.

Outra proposição que emerge nos anos 1980 e se consolida nos currículos nos anos 1990 com a implantação dos PCNs é a organização do ensino de História por temas ou eixos temáticos. Inspirada no movimento historiográfico contemporâneo, especialmente na experiência da nova História francesa, essa proposta defendia uma formação histórica capaz de "resgatar" (palavra bastante utilizada nos anos 1980 e 1990) as múltiplas experiências vividas pelos sujeitos históricos em diversos tempos e lugares. Buscava-se romper com a linearidade, com os determinismos e com o caráter teleológico das outras propostas. A história, aqui, não tem um início, um meio e um fim determinados, mas se apresenta como um campo de possibilidades. O ponto de partida não é nem o político-institucional nem o econômico, mas sim os problemas emergentes da realidade social vivida, do cotidiano. O diálogo com essas correntes historiográficas apresentava, aos professores, a possibilidade de alargamento do campo de estudo da História, incorporando temas, ações e sujeitos até então marginais ao ensino fundamental. Aqui, o critério do novo é a ampliação dos temas, problemas e fontes. Para alguns essa proposta pode levar à diluição, à fragmentação e à perda de referenciais, reforçando posições neoliberais.

Qual a relação dessas concepções de ensino de História com a construção da cidadania? Como formar o cidadão rompendo ou criticando os dois modelos teóricos e políticos que sedimentaram nossa formação política no século XX – o liberal e o marxista?

Cabe ressaltar que as propostas de metodologias de ensino de História que valorizam a problematização, a análise e a crítica da realidade concebem alunos e professores como sujeitos produtores de história e conhecimento. Logo, são pessoas, sujeitos históricos que cotidianamente atuam, lutam nos diferentes espaços de vivência: em casa, no trabalho, na escola etc. Essa concepção de ensino e aprendizagem facilita a revisão do conceito de cidadania abstrata, pois ela nem é algo apenas herdado via nacionalidade, nem se liga a um único caminho de transformação política. Também, ao contrário de restringir a condição de cidadão à de mero trabalhador e consumidor, a cidadania possui um caráter humano e construtivo, em condições concretas de existência.

Para Bittencourt (2003), ao concluir o estudo das propostas curriculares nos anos 1990 – no contexto neoliberal e conservador de proposição de políticas e redefinição do papel do Estado –, "a cidadania social que abarca os conceitos de igualdades, de justiça, de diferenças, de lutas e de conquistas, de compromissos e de rupturas tem sido apenas esboçada em algumas poucas propostas" (p. 22).

Dessa forma, complementa a autora,

a ampliação do conceito de cidadania, com a introdução e explicitação de cidadania social, confere ou deveria conferir outra dimensão aos objetivos da História quanto ao seu papel na formação política dos alunos, implicando, ainda, uma revisão mais aprofundada dos conteúdos propostos. (*Ibidem*)

Concordando com essa perspectiva, ampliar e não restringir, simplificar ou banalizar a concepção de cidadania exige de nós, professores de História, outras posturas em relação às temporalidades históricas, à cidadania e ao ideal de progresso no ensino de História, no contexto em que vivemos. Segundo Debray (1994, pp. 5-8), a ideia de progresso como algo globalmente positivo é um mito, uma ilusão "decorrente da confusão entre dois tipos de temporalidade: o tempo acumulativo do desenvolvimento científico e técnico, marcado por uma evolução linear em que a inovação é permanente, e o tempo repetitivo do universo simbólico e político". O mito do progresso que alimenta as duas concepções de História (gestadas no século XIX e dominantes nas escolas, ao longo do século XXI) opera, na contemporaneidade, de forma distinta nos países ricos do Norte e nos países pobres do Sul. "Como órfãos do presente, nós do Sul não podemos refugiar-nos no passado, sinônimo do pior; fixamos nosso olhar no porvir, no futuro, sinônimo do melhor" (*ibidem*). Nos países do Norte, ao contrário, "como órfãos do futuro, concentram-se em seu presente, que já não pode iluminar com a luz da utopia, mas com a do passado, exaltando especialmente a memória" (*ibidem*). Finaliza o autor:

> A redenção política, como resultado do progresso técnico, é uma idéia falsa da qual necessitam, realmente, os pobres e os oprimidos para enfrentarem a modernidade, com seu terrível espetáculo de injustiças, sem cair no desespero ou na delinqüência. (*Ibidem*, p. 8)

Utilizo as palavras do autor para, mais uma vez, defender a necessidade de rompimento com essa ilusão, esse mito, destino inexorável de tudo e todos. No mundo global, contraditório e desigual, marcado pelas incertezas, pelo individualismo e pela liquidez, como define Bauman (2008), não é possível alimentar, em nossos alunos, a crença nesse mito.

Se o progresso é contínuo e linear no campo técnico, no campo simbólico e político é descontínuo, fragmentado, cheio de idas e vindas, avanços e retrocessos. Sendo assim, não é mais possível "colar" – justapor – diferentes dimensões da experiência humana num único movimento. O ensino de História por meio de temas e problemas pode facilitar o rompimento com essa fusão de temporalidades, redimensionando as relações passado/presente/futuro.

Pagès (2011, p. 20) nos lembra como as contribuições do ensino de História para a formação da cidadania podem ser muitas e variadas. Dentre as principais, o autor destaca a capacitação dos jovens para que: a) construam um olhar lúcido sobre o mundo e um sentido crítico; desenvolvam o pensamento histórico, a temporalidade, a historicidade, a consciência histórica; b) adquiram maturidade política ativa e participativa como cidadãos do mundo; c) relacionem passado, presente e futuro e construam sua consciência histórica; d) trabalhem sobre problemas e temas sociais e políticos; sobre temas e problemas contemporâneos; e) aprendam a debater, a construir suas próprias opiniões, a criticar, a escolher, interpretar, argumentar e analisar fatos; f) desenvolvam um sentido de sua identidade, respeito, tolerância e empatia em relação às demais pessoas e culturas; g) analisem o modo como se elaboram os discursos; aprendam a relativizar e a verificar os argumentos dos demais; e h) defendam os princípios da justiça social e econômica e rechacem a marginalização das pessoas (tradução nossa).

Desse modo, educar o jovem hoje, no Brasil, implica romper com ideias abstratas de cidadania e de progresso, como forma de redenção política. Para uma educação cidadã, Pagès (2011, p. 21) defende algumas mudanças na concepção do saber histórico escolar, tais como: problematizar os conteúdos históricos escolares; potencializar mais o ensino do século XX; fomentar mais os estudos comparativos; evitar enfoques nacionais excessivamente centralistas; conceder muito mais protagonismo aos homens e mulheres que aos territórios. Assim, cabe aos agentes – professores, autores, pesquisadores da área do ensino de História – se situarem, se posicionarem de forma crítica nas relações de disputas teóricas e políticas que permeiam as escolas. Há, muitas vezes, uma desigualdade no interior dessas lutas e dos próprios direitos civis, sociais e políticos dos sujeitos envolvidos. As contribuições do ensino de História para a educação cidadã dos jovens dependem da nossa postura perante os saberes históricos, os sujeitos e o mundo.

Essas análises demonstram que a educação para a cidadania implica lutar contra obstáculos institucionais, teóricos, políticos, acrescidos dos movimentos por mudanças nas condições materiais de sobrevivência, na situação de desigualdade de acesso dos indivíduos ao saber e à informação que dificultam a construção de uma democracia moderna no Brasil. Ora, se uma democracia pressupõe participação, liberdade e igualdade política, como criar condições efetivas para que os indivíduos não sejam excluídos do exercício da ação política? Para respondermos a essa questão, precisamos pensar também no tipo de educação que o indivíduo recebe. Em que medida a educação escolar brasileira contribui para a construção da democracia e da cidadania? Em que medida a história ensinada em nossas escolas prepara o cidadão para a ação política? Concordando com Canivez (1991, p. 31), a educação dos cidadãos

> (...) não pode mais simplesmente consistir numa informação ou instrução que permita ao indivíduo, enquanto governado, ter conhecimento de seus direitos e deveres, para a eles conformar-se com escrúpulo e inteligência. Deve fornecer-lhe, além dessa informação, uma educação que corresponda à sua posição de *governante em potencial*. (Grifos nossos)

Trata-se de um desafio de todos, em especial daqueles que têm como ofício a compreensão, a aprendizagem da história do país, das sociedades. Segundo os PCNs (1998, p. 37), é preciso considerar que

> (...) do ponto de vista da historiografia e do ensino de História, a questão da democracia tem sido debatida como um problema fundamental da sociedade deste final de milênio. Se em outras épocas a sua abrangência estava relacionada principalmente à questão da participação política no Estado, aliando-se à questão dos direitos sociais, hoje sua dimensão tem sido sistematicamente ampliada para incluir novos direitos

conforme as condições de vida no mundo contemporâneo. Têm sido reavaliadas as contradições e as tensões manifestas na realidade ligadas ao distanciamento entre os direitos constitucionais e as práticas cotidianas. Assim, a questão da cidadania envolve hoje novos temas e problemas tais como, dentre outros: o desemprego; a segregação étnica e religiosa; o reconhecimento da especificidade cultural e indígena; os novos movimentos sociais; o desrespeito pela vida e pela saúde; a preservação do patrimônio histórico-cultural; a preservação do meio ambiente; a ausência de ética nos meios de comunicação de massa; o crescimento da violência e da criminalidade.

Esse longo trecho foi citado com o objetivo de reforçar nossas preocupações com a complexidade da educação para a cidadania no atual contexto histórico. Isso demanda de nós um esforço de análise histórico-educativa desses "novos temas e problemas", configurados pelas lutas em torno da ampliação de direitos. Caso contrário, nossas aulas de História correm o risco de se transformarem em animados palcos de representações do presentismo, porém esvaziados de historicidade.

Cidadania e democracia dependem, historicamente, relembrando Sérgio Buarque de Holanda (1987), da constituição de condições sociais compatíveis para seu exercício. E isso não passa simplesmente pelo ordenamento legal das instituições, mas por políticas sociais mais amplas, especialmente aquelas que garantam a todos, sem exclusão, o exercício do direito básico e universal de acesso à educação escolar. Sem o atendimento a esse direito, todos os demais estarão comprometidos no contexto social e político do século XXI. Portanto, educação, história e participação política são conceitos indissociáveis na construção de uma sociedade democrática.

Ao realizar um balanço de sua obra, em suas memórias, no final do século XX, o pensador Norberto Bobbio (1997, p. 164) nos ensina:

> Direitos do Homem, democracia e paz são três momentos necessários do mesmo processo histórico: sem direitos do homem reconhecidos e garantidos não há democracia; sem democracia não há condições mínimas para a solução pacífica dos conflitos sociais. Em outras

palavras, a democracia é a sociedade dos cidadãos. Os súditos passam a ser cidadãos quando seus direitos fundamentais são reconhecidos.

Portanto, a luta pela construção da democracia no Brasil requer o reconhecimento de direitos fundamentais. Como podemos contribuir? Quais histórias ensinar? Quais cidadanias? Colocadas na forma plural, essas questões não nos jogariam no relativismo, na perda de referências, contribuindo para o individualismo, o ceticismo e o niilismo? Depende do compromisso político de quem faz opção pelo ensino de História.

Finalizando, podemos afirmar que, apesar do peso e da força de modelos tradicionais de educação, uma das principais características do campo do ensino de História e seus produtores no Brasil, no atual contexto histórico, é a busca incessante pelo fim da exclusão, pelo combate permanente ao preconceito e às variadas formas de submissão e marginalização. Por caminhos distintos, em diversas culturas escolares, é possível evidenciar esforços de professores – muitas vezes, atuando em condições de trabalho precárias – desenvolvendo currículos, projetos, práticas educativas criativas e críticas. Assim, a escola fundamental busca se constituir como espaço de saberes e práticas fundamentais pelos direitos de cidadania. Somente o ensino de História comprometido com a análise crítica da diversidade da experiência humana pode contribuir para a luta, permanente e fundamental, da sociedade: direitos do homem, democracia e paz.

Notas

1. Para a discussão sobre a formação da consciência histórica, sugerimos as seguintes obras: Rüsen, J. (2010). *Jörn Rüsen e o ensino de História*. Org. M.A. Schmidt, I. Barca e E. de R. Martins. Curitiba: Ed. da UFPR; Cerri, L.F. (2011). *Ensino de História e consciência histórica: Implicações didáticas de uma discussão contemporânea*. Rio de Janeiro: Ed. da FGV.
2. Exemplo da produção: Silva, M. (1984). *Repensando a História*. São Paulo: Anpuh/Marco Zero.

Referências bibliográficas

AUDIGIER, F. (1999). *L'education à la citoyenneté*. Paris: INRP.

BAUMAN, Z. (2008). *Modernidade líquida*. Rio de Janeiro: Zahar.

BITTENCOURT, C. (2003). "Capitalismo e cidadania nas atuais propostas curriculares". In: BITTENCOURT, C. (org.). *O saber histórico na sala de aula*. 8ª ed. São Paulo: Contexto.

BOBBIO, N. (1997). *O tempo da memória*. Rio de Janeiro: Campus.

BRASIL (1997). *Lei de Diretrizes e Bases da Educação Nacional*. Rio de Janeiro: Qualitymark.

_____ (1998). *Parâmetros Curriculares Nacionais: História, 5ª a 8ª séries*. Brasília: MEC/SEF.

CANIVEZ, P. (1991). *Educar o cidadão?*. Campinas: Papirus.

CHESNEAUX, J. (1995). *Devemos fazer tábula rasa do passado?*. São Paulo: Ática.

DE ALBA, N.F. (2010). "Investigar la participación". In: RUIZ, R.M.A.; GRACIA, M.P.R. e SANZ, P.L.D. (coords.). *Metodologia de investigacion em didática de las ciencias sociales*. Zaragoza: CSIC, pp. 247-257.

DEBRAY, R. (1994). "Progresso para onde? Um mito ocidental?". *O Correio da Unesco*, n. 2, ano 22, fev. Rio de Janeiro: FGV, pp. 5-8.

DUBET, F. (2011). "Mutações cruzadas: A cidadania e a escola". *Revista Brasileira de Educação*, n. 47, vol.16, pp. 289-306.

FELGUEIRAS, M.L. (1994). *Pensar a História, repensar o seu ensino*. Porto: Porto Ed.

GUIMARÃES, S. (1993). *Caminhos da História ensinada*. Campinas: Papirus.

_____ (1997). "O ensino de História e a construção da cidadania". In: SEFFNER, F. e BALDISSERA, J.A. (orgs.). *Qual História? Qual ensino? Qual cidadania?*. São Leopoldo: Unisinos, pp. 14-20.

HOLANDA, S.B. de (1987). *Raízes do Brasil*. 19ª ed. Rio de Janeiro: José Olympio.

PAGÈS, J. (2011). "Educación, ciudadanía y enseñanza de la Historia". *In*: GUIMARÃES, S. e GATTI JR., D. (orgs.). *Perspectivas do ensino de História: Ensino, cidadania e consciência histórica.* Uberlândia: Edufu.

PAGÈS, J. e SANTISTEBÁN, A.M. (2009) "Cambios y continuidades: Aprender la temporalidade histórica". *In*: GUIMARÃES (org.). *Ensino fundamental: Conteúdos, metodologias e práticas.* Campinas: Alínea.

RÜSEN, J. (2001). *Razão histórica.* Brasília: UnB.

SAVATER, F. (2002). "Da ética como método de trabalho". *Revista Nova Escola*, n. 153.

PARTE II
EXPERIÊNCIAS, SABERES E PRÁTICAS DE ENSINO DE HISTÓRIA

1
INTERDISCIPLINARIDADE, TRANSVERSALIDADE E ENSINO DE HISTÓRIA

O tema é instigante por diversas razões, mas fundamentalmente porque nos faz pensar na construção de propostas pedagógicas fundadas no princípio que justifica a educação escolar: o desenvolvimento pleno do educando nas suas múltiplas dimensões: cognitivas, sociais, políticas, afetivas, éticas e estéticas.

Todos nós sabemos que a formação do ser humano não é tarefa exclusiva da escola nem do processo de ensino. Entretanto, as mudanças sociais, políticas e econômicas ocorridas no século XX e no início do século XXI passaram a exigir da escola uma participação cada vez mais efetiva na educação das novas gerações. As mudanças no mundo do trabalho acabaram redimensionando – ora limitando, ora complexificando – o papel da família na educação de seus filhos, ocorrendo, em muitos casos, uma transferência de responsabilidades para as escolas e seus professores. Ao mesmo tempo, ocorreram mudanças no papel formativo de outros agentes, tais como a Igreja e os movimentos sociais e culturais, e a emergência de novos meios, com o avanço tecnológico e a difusão da internet e diferentes mídias. Exemplo disso, as redes sociais que conectam jovens do mundo inteiro. Tudo isso ampliou e diversificou enormemente a responsabilidade da escola e de seus professores como espaço e sujeitos de socialização e formação dos indivíduos para a vida em sociedade.

Nesse contexto social de mudanças cada vez mais rápidas, novos fatores devem ser considerados na construção de projetos educativo-pedagógicos. Atualmente, o desenvolvimento dos meios de comunicação requer do professor, cotidianamente, novas posturas diante do conhecimento e das tradicionais formas de transmissão, recepção, ensino e aprendizagem. O professor vive uma posição estratégica e ambígua na sociedade. Suas funções tornaram-se cada vez mais complexas. Vive e exercita, ao mesmo tempo, a luta pela profissionalização e a permanente ameaça de proletarização e desvalorização social. Além disso, a passagem de um sistema de educação de elite, baseado na seleção, classificação e exclusão para um sistema flexível e integrador, que busca a equidade e a inclusão, trouxe enormes desafios para todos nós, responsáveis pela educação.

No Brasil, o processo de ampliação do acesso à educação escolar básica revelou as dificuldades dos sistemas educacionais público e privado de assegurar a qualidade e a permanência do aluno na escola e, sobretudo, o acesso ao conhecimento. Os resultados, todos nós conhecemos: elevadas taxas de abandono e baixo padrão qualitativo, como demonstram os indicadores das avaliações nacionais nos vários níveis de ensino.[1]

Nesse quadro geral de transformações, novos problemas desafiam o processo educacional, exigindo que a escola redimensione suas funções e assuma o compromisso com o seu tempo, como agente de formação de cidadãos. Isso requer de nós um esforço de revisão dos pressupostos teórico-metodológicos que nortearam as práticas da tradicional escola básica. Sobretudo, exige de nós um trabalho paciente de compreensão e construção de novos referenciais para que a escola seja, de fato, um espaço de construção de saberes, de aprendizagens, de formação social e cultural no sentido pleno.

Hoje, é consenso entre nós a concepção de que a escola é uma instituição social, espaço de formação das novas gerações, mas não é exclusivo. Como afirmei anteriormente, seu lugar e o papel que desempenha na sociedade têm-se transformado rapidamente. Em diferentes realidades, o Estado e a sociedade organizam e apoiam escolas, de acordo com determinadas visões de mundo, de educação e ensino e de cidadania. No entanto, há que se registrar que não mais se sustenta, entre nós, a concepção de escola como mero aparelho do Estado – ideia inspirada em Althusser –, ou mero reflexo do funcionamento da economia da política, reprodutora das desigualdades sociais – tese amplamente difundida por estudiosos do campo da sociologia da educação, conhecida entre nós como teoria reprodutivista.[2] O papel da escola, nesse viés, consistia em reproduzir conhecimentos, valores morais e cívicos às novas gerações, de acordo com os interesses e a ideologia das classes dominantes. Logo, o ensino de História consistia na mera reprodução da memória do vencedor.

As mudanças sociais, políticas e econômicas e as pesquisas acadêmicas no campo das ciências humanas, de modo particular da educação, redimensionaram as leituras e as concepções sobre o papel da instituição escolar. Como lugar social e cultural – parte da sociedade e da cultura geral –, passa a ser analisada de várias formas. Muitos autores têm demonstrado que o poder criativo da escola não era suficientemente valorizado porque não se percebia que ela desempenha um duplo papel na sociedade. Por que duplo? Ou múltiplo, complemento (Chervel 1991)? Porque, de fato, a escola não só forma os indivíduos, mas produz saberes, produz uma cultura que penetra, participa, interfere e transforma a cultura da sociedade. Ou seja, ela reproduz, mas também produz conhecimentos e valores (Apple 1989; Chervel 1991; Juliá 2000, 2001).

Como instituição social, a escola interage com diferentes grupos, sujeitos e instituições. Transforma-se junto com a sociedade, mas também contribui para essa transformação. Assim, ocupa um lugar estratégico, porque faz a mediação das relações entre a sociedade, a educação, o Estado, a cultura e a cidadania. Ainda que tenha uma autonomia relativa e o papel limitado por múltiplas determinações e circunstâncias sociais, políticas e econômicas, a escola articula as necessidades individuais às demandas da sociedade contemporânea. Ao mesmo tempo que fornece escolaridade, prepara para a vida social e política e para o trabalho, transmitindo, preservando e recriando a cultura.

A construção de novas propostas pedagógicas para o ensino de História pressupõe, a meu ver, a fundamentação nessa concepção de escola como instituição social, lugar plural, onde se estabelecem relações sociais e políticas, espaço social de transmissão e produção de saberes e valores culturais. É o lugar onde se educa para a vida, onde se formam as novas gerações para o exercício pleno da cidadania. Por isso, fundamentalmente, é um lugar de produção e socialização de saberes, valores, ideias, identidades.

Nesse contexto sociocultural e educacional processa-se de forma intensa o debate acerca dos paradigmas, das relações entre os padrões e níveis de conhecimento, das concepções de educação e da escola, o que evidencia a necessidade permanente de repensar os modos de conceber e construir saberes e práticas no interior dos diferentes espaços educativos. Há continuidades e rupturas. No entanto, há sim algo permanente e ao mesmo tempo novo nessa discussão: a abordagem das formas e relações entre sujeitos, saberes e práticas. A meu ver, é aí que ganha força a ideia da interdisciplinaridade e da transdisciplinaridade.

Morin, em 1998, ao anunciar e debater as Jornadas Temáticas,[3] lançou dois problemas – logo, desafios – à comunidade acadêmica. O primeiro é o desafio da globalidade. O pensador destacava a situação grave existente entre a fragmentação dos saberes, recorrentes nos currículos disciplinares das escolas, e a realidade planetária, multidimensional, global, transnacional em que os problemas são multidisciplinares, polidisciplinares, transdisciplinares, transversais. Exigem, portanto, respostas que não estão enclausuradas em um ou outro compartimento curricular. O segundo desafio, decorrente do anterior, é "a não pertinência do nosso modo de conhecimento e de ensino". A atitude de fracionar os problemas, separar os objetos de seu meio, as disciplinas umas das outras e não reunir aquilo que faz parte de um todo, nos torna cada vez mais incapazes de pensar a multidimensionalidade, o contexto e o complexo planetário (2002, p. 14).

A escola – como espaço educativo, de reconstrução de saberes –, ao propor ações pedagógicas, objetiva o desenvolvimento e a aprendizagem dos educandos. Na verdade, trata-se de projetos com finalidades educativas no sentido mais amplo do termo, pois a educação escolar visa fornecer ao indivíduo possibilidades de desenvolvimento cultural por meio da aquisição/construção de conhecimentos formais e de instrumentos para apreender esses conhecimentos.

A escola, hoje, como espaço pedagógico – ou seja, como um lugar social plural e contraditório –, visa possibilitar ao indivíduo o desenvolvimento de seu potencial humano. Nesse sentido Morin defende a adequação de todas as disciplinas às seguintes finalidades: "1) formar espíritos capazes de organizar seus conhecimentos em vez de armazená-los por uma acumulação de saberes; 2) ensinar a condição humana; 3) ensinar a viver; 4) refazer uma escola de cidadania" (2002, p. 18). Não se trata, portanto, de aquisição cumulativa de informações, mas de formação de atitudes diante do conhecimento que possibilita ao indivíduo transformar-se como individualidade sociocultural por meio de sua participação na ação coletiva de ensino e aprendizagem.

Se o papel da escola se transformou, quais são os papéis dos professores de História e dos alunos? Afinal, são eles os atores principais do processo educativo desenvolvido no interior da escola. Como a escola tradicional limitava-se a reproduzir conhecimentos, ao professor era atribuída a tarefa de transmiti-los, de ensiná-los por intermédio das inúmeras técnicas didáticas: exposição, explicação, exercitação etc. Ao final do processo, avaliava os resultados (geralmente por meio de provas), classificava e selecionava os educandos. O aluno, por sua vez, deveria interiorizar o conhecimento a ele transmitido tal como foi ensinado e reproduzi-lo nas múltiplas situações de controle e avaliação da aprendizagem. Essa maneira de conceber professor e aluno tem relação estreita com as tradicionais concepções de educação e conhecimento que valorizam a memorização mecânica de dados e informações fragmentadas pelos alunos, como algo pronto, acabado, verdades definitivas.

Nesse complexo contexto global, professores e alunos não são meros consumidores de materiais, executores de programas de ensino, mas criadores, produtores de saberes. O professor é um profissional que deve dominar não apenas os métodos de construção do conhecimento, mas um conjunto de saberes que possibilita a reconstrução no diálogo educacional com os alunos. Assim, o saber docente é considerado um saber plural, proveniente de diversas fontes, adquirido ao longo do tempo, nos diferentes espaços de vida e de formação. É, basicamente, constituído dos conhecimentos específicos das disciplinas ou área de formação (por exemplo, História, Geografia, Ciências, Pedagogia, Magistério etc.), dos saberes curriculares, pedagógicos e práticos da experiência, das diferentes linguagens, dos saberes das novas tecnologias. Encontra-se em curso a redefinição dos papéis e das relações que se estabelecem entre professores, alunos e saberes no espaço da sala de aula em diálogo com os saberes produzidos em outros espaços, culturas não escolares (Fernandes 2006). E é com base nessa teia de relações e comunicações que se configuram as novas concepções do que é ensinar e do que é aprender.

E os alunos? Se na escola tradicional os alunos eram jovens passivos, meros repetidores de modelos, consumidores de saberes, na atualidade são sujeitos da aprendizagem. São pessoas, jovens que têm histórias de vida diferentes, culturas e valores diversos. Exercitam e vivenciam a condição juvenil de várias maneiras. Partilham experiências, saberes, ideias, valores. Por isso, não são mais considerados no singular. Juventude não é mais uma categoria de fácil "preconceituação".[4] Alunos não são *tábulas rasas*. Seus saberes, interesses, motivações, comportamentos, demandas são fundamentais não apenas como ponto de partida, mas como componente ativo de todo o processo educativo. Como sujeitos, os alunos não apenas contribuem, mas participam, negociam, constroem, interagem ativamente com os outros alunos, com os professores e com o conhecimento.

Nessa perspectiva, ensinar História é estabelecer relações interativas que possibilitem ao educando elaborar representações sobre os saberes, objetos do ensino e da aprendizagem. O ensino se articula em torno dos alunos e dos conhecimentos, e as aprendizagens dependem desse conjunto de interações. Assim, como nós sabemos, ensino e aprendizagem fazem parte de um processo de construção compartilhada de diversos significados, orientado para a progressiva autonomia do aluno. Logo, o resultado do processo educacional é diferente em cada pessoa (educando), pois é diferente a significação, a interpretação que cada um faz da realidade, do conhecimento, tem características únicas e pessoais, juntamente com os elementos compartilhados com os outros.

De acordo com essa concepção, nem o professor nem o aluno ocupam uma posição secundária, mas ambos atuam de maneira ativa, aberta e flexível em relação aos diferentes saberes. O que se pretende é ultrapassar a concepção de ensino de História como mera transmissão de conteúdos fragmentados e desenvolver práticas educativas que tenham como pressupostos as relações, a investigação, a mediação, o diálogo e a religação de múltiplos saberes por professores e alunos no espaço escolar. Como afirma Charlot (2000), "a relação com o saber é relação de um sujeito com o mundo, com ele e com os outros". Logo, é "relação com um mundo de significados, mas também como espaço de atividades e se inscreve no tempo" (p. 78).

A construção de conhecimentos nos espaços escolares é uma ação coletiva, temporal. O desenvolvimento sociocultural, cognitivo e afetivo implica uma ação coletiva. "Coletiva" não quer dizer que tudo tenha que ser feito em conjunto, no mesmo tempo e no mesmo espaço. Quer dizer que há interação entre sujeito e conhecimento, mediada pela presença do professor. Coletiva porque implica que professores e alunos, sujeitos do processo educativo na escola, estabelecem diferentes níveis interativos de desenvolvimento. A individualidade sujeito-aluno precisa ser reconhecida, no grupo de alunos, como parte integrante de um coletivo de atores nas situações de aprendizagem, de formação, de construção de identidades pessoais e coletivas.

Um projeto pedagógico realiza determinadas intencionalidades, visa à realização de um determinado fim, em um determinado tempo e espaço. Projetos educativos implicam a proposição de um trabalho determinado pela natureza do conhecimento, pelos objetivos e atividades didáticas e não pelo controle externo do tempo e do currículo escolar, que divide o período letivo em unidades inflexíveis e o cotidiano em compartimentos que, muitas vezes, dificultam a compreensão do todo.

Se os saberes em construção determinam o tempo de realização da ação educadora, o professor mobilizará e incorporará em seu trabalho novos conhecimentos, um corpo de conhecimentos pedagógicos, disciplinares, ambientais, experienciais. Esses novos conhecimentos transformarão, enriquecendo, o saber pedagógico que o professor constrói na sua trajetória profissional.

A ação pedagógica na prática de ensino de História supõe, primeiramente, que os alunos estejam motivados, envolvidos, quer individualmente, quer em grupo, em atividades que não estarão mais centradas no professor, ou no livro didático, mas no processo que está sendo realizado. O professor fica assim liberado de empregar seu tempo no controle da disciplina dos alunos, nos conteúdos que fazem parte da "grade", e pode usar esse tempo, por exemplo, para prestar mais atenção nas soluções individuais que os alunos trazem, nos saberes que possuem, nas interações grupais, nas atividades dos alunos.

Uma das ações mais importantes do professor é a da observação acurada. A experiência de olhar, sentir, ouvir (digo sempre aos meus alunos para usar bem os cinco sentidos) redimensiona a ação, uma vez que os alunos ficam mais envolvidos e se percebem, cada vez mais, sujeitos de atividades que têm significado para eles e para o professor. Logo, passam a solicitar outras formas de intervenção do professor.

Tradicionalmente, o educando sempre foi visto como realizador de tarefas em espaços de tempo determinados pelo professor que, em geral, utiliza-se desse mecanismo para controlar o corpo e a mente dos alunos. Mantê-los ocupados com extensas listas de atividades (os exercícios de fixação são muito usados em História) é um modo de controlar a (in)disciplina. No entanto, com as mudanças tecnológicas, o aluno usa o tempo escolar, hoje, com mais autonomia, por exemplo, no computador, nos celulares. Isso exige do professor a reformulação das ações, das estratégias pedagógicas. A realização de um projeto educativo em História, seja ele transdisciplinar, multidisciplinar ou interdisciplinar, envolve intenso trabalho de reflexão para a articulação de conteúdos, alunos e atividades. Numa abordagem qualitativa privilegia-se mais o processo do que o produto final. Logo, professor e alunos não podem ser pressionados pela necessidade de um produto imediato, como as avaliações externas, pois devem vivenciar, refletir *na* e *pela* ação. Assim, os alunos poderão realizar atividades mais significativas e articuladas ao contexto mais amplo.

Vários relatos de professores e pesquisas qualitativas em sala de aula demonstram que, em situações educativas nas quais os alunos estão envolvidos com atividades que têm significado, eles se motivam mais e solicitam menos a intervenção dos professores. Estes, por sua vez, estão mais motivados para interagir com os alunos. A intervenção é necessária, mas a qualidade dessa intervenção é muito distinta, pois ela visa apoiar e orientar a realização da atividade e não fiscalizá-la. Aos professores cabe a tarefa de acompanhar, orientar o processo para poderem interferir nele a fim de construir com o aluno as atitudes, os comportamentos e os meios necessários para que ele aprenda e tenha autonomia em seu processo de aprendizagem.

Essa relação professor-aluno implica pensar o conhecimento, sobretudo o conhecimento escolar, como algo em permanente estado de reconstrução. Não mais como um dado, um fato cristalizado, uma verdade absoluta imutável. O conhecimento produzido e acumulado historicamente é apropriado, interpretado, reproduzido e transformado pela sociedade de diversas maneiras, em diferentes níveis e contextos sociais. A escola, como vimos anteriormente, não apenas reproduz o conhecimento produzido em outros espaços (na universidade, nas editoras, por exemplo), mas transforma-o e produz novos conhecimentos (Apple 1989). Assim, os novos papéis de professores e alunos pressupõem um relacionamento ativo e crítico com os saberes produzidos em diferentes realidades, escolares e não escolares, o que potencializa o desenvolvimento dos educandos e dos professores. Isso nos remete à discussão das abordagens do conhecimento na prática de ensino de História – *inter, multi, trans*?

"Muito se fala em interdisciplinaridade, mas pouco se faz de interdisciplinaridade!" Você já ouviu essa frase, ou algo parecido? Interessante que, geralmente, ela é vista, ora como algo facilmente praticado, uma rápida integração de conteúdos, ora como tábua de salvação, panaceia, fórmula milagrosa capaz de resolver todos os problemas do ensino e da aprendizagem. Também é vista por outros como algo difícil, distante das escolas, "teórico", ou "papo da academia", como recentemente ouvi. Na verdade, a inter e a transdisciplinaridade não merecem nem o excesso de honraria nem o desprezo e a banalização que às vezes ocorre.

Segundo Fazenda (1991, p. 17),

> (...) um projeto interdisciplinar de trabalho ou de ensino consegue captar a profundidade das relações conscientes entre as pessoas e entre pessoas e coisas. Nesse sentido, precisa ser um projeto que não se oriente apenas para o produzir, mas que surja espontaneamente, no suceder diário da vida, de um ato de vontade. Nesse sentido, ele nunca poderá ser imposto, mas deverá surgir de uma proposição, de um ato de vontade frente a um projeto que procura conhecer melhor. No projeto interdisciplinar, não se ensina, nem se aprende: vive-se, exerce-se.

A autora enfatiza a importância da postura interdisciplinar de cada pessoa, para a importância de viver e exercer no cotidiano escolar uma prática interdisciplinar. Mas como? Ela responde: "O que caracteriza a atitude interdisciplinar é a ousadia da busca, da pesquisa: é a transformação da insegurança num exercício do pensar, num construir" (*ibidem*, p. 18).

A postura interdisciplinar envolve uma determinada forma de conceber o conhecimento socialmente produzido e de se relacionar com ele, com o mundo e com os outros. Como abordei anteriormente, nossa pressuposição é uma metodologia de ensino de História centrada no relacionamento ativo e crítico entre professores, alunos e História. Logo, o envolvimento é condição para a prática. Outra necessidade é a compreensão dos significados e implicações dos conceitos de multidisciplinaridade, interdisciplinaridade e transdisciplinaridade. São conceitos complexos, muitas vezes controversos ou simplificados. É comum, por exemplo, identificarem interdisciplinaridade com mera fusão de conteúdos. A experiência dos currículos de Estudos Sociais, em substituição a História e Geografia, como registra o primeiro capítulo, é um exemplo de mera fusão, justaposição de conteúdos, e não de interdisciplinaridade.

Multidisciplinaridade é considerada a forma mais tradicional de organização de conteúdos curriculares. Os conhecimentos são apresentados e trabalhados por disciplinas independentes umas das outras. O grupo de disciplinas dispõe uma série de temas e assuntos a serem estudados, sem explicitar as relações existentes entre eles. A soma dos conteúdos multidisciplinares forma o "todo" do projeto curricular desenvolvido dentro de determinados planejamentos. A interdisciplinaridade pressupõe a integração entre os conteúdos e as metodologias de disciplinas diferentes que se propõem a trabalhar conjuntamente determinados temas. Não é uma simples fusão ou justaposição, mas uma "interpenetração" de conceitos, problemas, temas e metodologias.

Sílvio Gallo (2008, p. 24) chama nossa atenção para os limites da interdisciplinaridade. Instiga-nos a perguntar se as práticas interdisciplinares conseguem romper com as barreiras, com as fronteiras rígidas entre as disciplinas. O autor teme que não, embora reconheça que representam um avanço em relação ao esquema compartimentado das disciplinas.

Em defesa de uma educação não disciplinar, o autor nos ajuda a refletir sobre os princípios do paradigma rizomático, que rompe com as hierarquias e nos possibilita múltiplas conexões, leituras, percepções e aproximações. Afirma, lembrando Félix Guattari, que transversalidade é um modo de atravessar as relações entre as pessoas. Estendendo o conceito para o conhecimento e a educação, passamos a falar de saberes transversais que atravessam diferentes campos, áreas e disciplinas sem necessariamente se identificarem – e, acrescento, se fixarem – em apenas um território.

Assim, afirma o autor:

> Podemos tomar a noção de transversalidade e aplicá-la ao paradigma rizomático do saber: ela seria a matriz da mobilidade por entre os

liames do rizoma abandonando os verticalismos e horizontalismos (...) substituindo-os por um fluxo que pode tomar qualquer direção, sem nenhuma hierarquia definida de antemão (...). Podemos apontar para uma transversalidade entre as várias áreas do saber, integrando-as senão em sua totalidade, pelo menos de forma mais abrangente, possibilitando conexões inimagináveis. (*Ibidem*, p. 29)

Nessa perspectiva, o trabalho com o ensino de História, assumindo a transversalidade entre os campos de saber, passa pela adoção de uma postura teórica, político-pedagógica na qual a formação dos indivíduos seja pensada como um processo em que diversas instâncias, diversos campos do saber transitam e se entrelaçam, intervindo, transmitindo, construindo o pensamento. Significa "transitar pelo território dos saberes", "abrindo as gavetas compartimentadas, e possibilitar o acesso às múltiplas áreas do saber" (*ibidem*).

Para Morin (2008), *multidisciplinaridade*, *polidisciplinaridade*, *interdisciplinaridade* são termos polissêmicos e vagos. No entanto, ressalta que as misturas entre os três desempenharam importante papel na história das ciências. Mas a busca por um novo paradigma do conhecer requer também a ecologização das disciplinas, ou seja, "considerar tudo o que lhe é contextual, aí incluídas as condições sociais e culturais" (*ibidem*, p. 63). Onde e como nasceram? Como se transformam? Como se esclerosam? É necessário reconstruir a história social das disciplinas.

Outro desafio feito por Morin (2002) é o da complexidade. Para ele não é uma resposta nem um problema. Para Ardoíno (2002), há uma desvalorização do conceito nos usos triviais do termo/adjetivo *complexo*. Para muitos, é sinônimo de algo difícil, complicado, embrulhado, à espera de simplificação. Segundo Morin (*op. cit.*), um "conjunto", para ser reconhecido como complexo, deve supor "a inteligência de pluralidade de constituintes heterogêneos, inscritos numa história, ela mesma aberta em relação às eventualidades de um devir" (p. 550). Morin tece alguns postulados do pensamento complexo, articulando os conceitos de complexidade, heterogeneidade, multidimensionalidade, multirreferencialidade, unidade e diversidade. Estas últimas devem se reencontrar, "reconciliadas no seio de uma *unitas multiplex*" (*ibidem*, p. 552). E a educação e o ensino? Se compreendermos que se trata de uma reforma do pensamento, uma posição epistemológica, a complexidade é, "em si mesma, desígnio e método educativos" (Ardoíno 2002, p. 557).

No campo do ensino e aprendizagem de História, Ricoeur (2002, p. 369) discute a religação dos saberes, a partir de uma questão instigante: "Como ligar o ensino de História à preocupação com o presente e o futuro que os adolescentes podem experimentar?". O autor aborda vários obstáculos, como a subversão dos quadros da memória pela História, a estranheza inquietante dos mundos históricos distantes e o relativismo do *tudo é história*, destruidor do imutável. Defende, então, uma reconciliação com a memória coletiva tanto quanto com a individual, uma mediação entre a memória e a história, entre gerações sucessivas em favor da coexistência de diversas gerações numa mesma fatia do presente. Uma memória transgeracional (p. 375). O autor conclui o seu texto defendendo, no ensino, os horizontes *trans-históricos*.

> Com a palavra *trans-histórico* atingimos a idéia segundo a qual a história não é somente o que nos separa do passado e, por meio dessa separação, torna-o para os nossos olhos estrangeiro. *Trans-histórico* é também o que atravessamos, ou seja, o que nos aproxima daquilo de que a história parece nos distanciar. (*Ibidem*, p. 378)

Pensar essas questões implica acreditar na nossa capacidade de entender e agir sobre o mundo social, pois é sustentando essa crença, de forma implícita ou explícita, que damos sentido e ressignificamos nossa prática profissional. Para nós, a escola tem a responsabilidade não só de ampliar a compreensão do mundo, mas de formar indivíduos aptos a participar e intervir na realidade. Portanto, a educação é vital na busca da felicidade, do bem comum, nas relações humanas, na promoção do humanismo na sociedade complexa.

Finalmente, a meu ver, nem a busca de um saber unificado nem a busca da transdisciplinaridade na construção de saberes e práticas educativas articuladas a novas posturas epistemológicas podem ser consideradas fórmulas para os males do ensino, mas, fundamentalmente, uma postura crítica diante do mundo, do conhecimento, do ensino. É uma possibilidade de propiciarmos outra formação ao educando, pois permite a identificação entre o vivido e o estudado como resultado das múltiplas inter-relações, experiências, temporalidades e memórias. É formá-lo *na* e *para a* busca de respostas aos problemas híbridos e complexos. É, como afirma Morin, um problema da disciplina, da ciência e da vida. Portanto, um desafio para todos nós, educadores!

Notas

1. Para conhecer os resultados das avaliações nacionais e o Índice de Desenvolvimento da Educação Básica (Ideb) de cada escola brasileira, visite o *site*: http://portal.inep.gov.br.
2. Algumas obras marcaram esse debate no Brasil, dentre elas: Althusser, L. (1974). *Ideologia e aparelhos ideológicos do Estado*. Lisboa: Presença; Bourdieu, P. e Passeron, J.C. (1975). *A reprodução: Elementos para uma teoria do sistema de ensino*. Rio de Janeiro: Francisco Alves.
3. Trata-se das Jornadas Temáticas ocorridas na França em março de 1998, envolvendo pesquisadores e professores, e resultaram na publicação de "A religação dos saberes", citada nas referências.
4. Nos últimos anos cresceram consideravelmente, no Brasil e no exterior, as pesquisas sobre a juventude, a educação e o ensino de História, assim como a organização dos jovens e as políticas públicas para a juventude. Exemplos dessas investigações podem ser apreendidas em: Charlot, B. (2001). *Os jovens e o saber: Perspectivas mundiais*. Porto Alegre: Artmed; Almeida, M.I. de e Eugenio, F. (orgs.) (2006). *Culturas jovens: Novos mapas do afeto*. Rio de Janeiro: Zahar; Cerri, L.F. (2011). "O estudo empírico da consciência histórica entre jovens do Brasil, Argentina e Uruguai". *In*: Guimarães, S. e Gatti Jr., D. (orgs.). *Perspectivas do ensino de História: Ensino, cidadania e consciência histórica*. Uberlândia: Ed. da Universidade Federal de Uberlândia, vol. 1, pp. 93-111; Mendonça, J.A. (2008). "A construção do pensamento histórico e das identidades juvenis: Um estudo com jovens de 8as séries do ensino fundamental". Dissertação de mestrado em Educação. Universidade Federal de Uberlândia. Para conhecer faces da organização dos jovens e as ações do Conselho Nacional da Juventude no Brasil, acesse: http://www.juventude.gov.br/conjuve. O Projovem, política pública de formação de jovens desenvolvido pelo governo federal em parceria com estados e municípios, está disponível em http://www.projovemurbano.gov.br/site.

Referências bibliográficas

APPLE, M. (1989). *Educação e poder.* Porto Alegre: Artes Médicas.

ARDOÍNO, J. (2002). "A complexidade". *In:* MORIN, E. *A religação dos saberes: O desafio do século XXI.* Rio de Janeiro: Bertrand Brasil, pp. 548-558.

CHARLOT, B. (2000). *Da relação com o saber: Elementos para uma teoria.* Porto Alegre: Artmed.

CHERVEL, A. (1991). "História das disciplinas escolares: Reflexões sobre um campo de pesquisa". *Teoria & Educação*, n. 2, pp. 177-229.

FAZENDA, I. (org.) (1991). *Práticas interdisciplinares na escola.* São Paulo: Cortez.

FERNANDES, F.S. (2006). *El aprendizaje fuera de la escuela. Tradición del pasado y desafío para el futuro.* Madri: Académicas.

GALLO, S. (2008). "Transversalidade e educação: Pensando uma educação não disciplinar. Articular os saberes". *In:* ALVES, N. e GARCIA, R.L. (orgs.). *O sentido da escola.* 5ª ed. Rio de Janeiro: DP&A, pp. 15-36.

JULIÁ, D. (2000). "Construcción de las disciplinas escolares en Europa". *In:* BERRIO, J.R. (org.). *La cultura escolar de Europa: Tendencias históricas emergentes.* Madri: Biblioteca Nueva, pp. 45-78.

_____ (2001). "A cultura escolar como objeto histórico". *Revista Brasileira de História da Educação*, n. 1, pp. 9-44.

MORIN, E. (2002). *A religação dos saberes: O desafio do século XXI.* Rio de Janeiro: Bertrand Brasil.

_____ (2008). "Articular os saberes". *In:* ALVES, N. e GARCIA, R.L. (orgs.). *O sentido da escola.* 5ª ed. Rio de Janeiro: DP&A, pp. 53-64.

RICOUER, P. (2002). "O passado tinha um futuro". *In:* MORIN, E. *A religação dos saberes: O desafio do século XXI.* Rio de Janeiro: Bertrand Brasil, pp. 369-378.

2
PROJETOS DE TRABALHO: TEORIA E PRÁTICA

Quando falamos em projetos de trabalho na prática pedagógica, de modo particular no ensino fundamental de História, algumas questões vêm à nossa mente: Modismo? Atraente? Inovação? Solução para os problemas? A organização do processo de ensino por meio de projetos não é panaceia nem tábua de salvação para os problemas. Muito menos modismo. A meu ver, é algo concreto e complexo. Parte de duas premissas básicas: primeira, a concepção de projeto pedagógico como um trabalho educativo intencional, compreendido e desejado pelo professor e alunos; segunda, o entendimento de que todo projeto visa à realização de uma produção, sendo o conjunto de tarefas necessárias à sua concretização empreendido pelos alunos sob a orientação do professor.

Projeto, de acordo com a etimologia da palavra, deriva do latim *projectus*, particípio passado de *projícere*, que significa "lançar para frente", "arremessar algo". Segundo Barbier (1993, p. 52), "o projeto não é uma representação do futuro, do amanhã, do possível, de uma idéia; é o futuro a fazer, um amanhã a concretizar, um possível a transformar em real, uma idéia a transformar em ato". Nesse sentido, presente, passado e futuro são redimensionados. Para Machado (2000, p. 6), poderíamos simplificar a ideia da seguinte forma: "Não se faz projeto se não pensarmos no futuro... mas também se pode afirmar que o futuro não existe – ou não existirá sem nossos projetos". Assim, tempo, espaço, sujeitos, relações são elementos centrais na discussão e formulação de projetos pedagógicos.

Vários estudos publicados no Brasil têm aprofundado o valor educativo, formativo dos projetos pedagógicos, ressaltando a importância político-pedagógica (Veiga 1998) para a organização do trabalho educacional, para as aprendizagens significativas (Hernandes 1998), para o desenvolvimento de currículos escolares tendo como referência o enfoque globalizador e o pensamento complexo (Zabala 2002), como possibilidade de construção de práticas interdisciplinares (Fazenda 1991).

Nessa perspectiva, este texto[1] traz, inicialmente, algumas reflexões sobre a formulação e o desenvolvimento de projetos de ensino e, em seguida, apresenta e discute o relato de uma experiência que também se configura como proposta de projeto integrado sobre o tema "futebol" nas ocasiões de Copa do Mundo. Em minha experiência docente nos anos finais do ensino fundamental em História, desenvolvi vários projetos de trabalho no cotidiano do ensino e aprendizagem. Mas não tenho receitas, não acredito em receitas prontas, com medidas e sabores "predefinidos". Acredito em projetos flexíveis, abertos. Cada professor, cada grupo de educadores, com sua maneira própria de ser, pensar e ensinar, em condições e contextos próprios, constrói a sua experiência. Partilho com você a minha experiência que é também de muitos, na medida em que projeto pressupõe trabalho coletivo, sempre!

A elaboração de projetos de ensino

Como tenho defendido, o desenvolvimento de um projeto, em linhas gerais, pode ser composto de três grandes etapas ou fases. Na primeira etapa ocorre a identificação e a formulação do problema, das hipóteses, o planejamento, as discussões, a elaboração do projeto e a formação de grupos. Na segunda fase, o trabalho se constrói e desenvolve nas atividades, nas aulas e na discussão dos resultados. Já a terceira etapa se caracteriza pela apresentação dos resultados, pela globalização, pela socialização dos saberes produzidos e pela avaliação final do projeto como um todo.

Na elaboração de um projeto, ou seja, de uma ação pedagógica com vistas à construção da aprendizagem, devem ser delineados: o tema, os problemas, as justificativas, os objetivos, a metodologia de desenvolvimento (disciplinas envolvidas, conteúdos, atividades, passos do trabalho), o cronograma (tempo e ações), os recursos humanos (equipe) e materiais (custos, suportes materiais) necessários ao projeto, as fontes, a bibliografia e a avaliação. Em outras palavras: o que vão estudar; por que estudar; para quê; como construir as aprendizagens; quando; o que é necessário para desenvolver o trabalho; onde investigar, buscar e quais as fontes possíveis/disponíveis; e as formas de avaliação.

A escolha do tema, a problematização do projeto de trabalho, é o momento-chave, o detonador do projeto. Aqui é fundamental a ação mediadora do professor, tendo em vista a importância das questões para o grupo de alunos e para a proposta curricular da escola. O projeto pedagógico da escola e os currículos (nacionais, estaduais e municipais) antecedem e "norteiam" a elaboração dos projetos de trabalho pelos professores. Assim, os projetos se justificam uma vez que, em geral, "garantem" a significação dos conteúdos curriculares e também se traduzem na ampliação, nas adaptações e na seleção do que deve ser ensinado. Ao definirem o tema/problema, o professor e os alunos estão operando uma escolha no interior de uma seleção cultural de conteúdos já efetuada nos outros níveis de ação curricular.

A escolha do tema/problema de/para um projeto de trabalho não é apenas definida, motivada pelos interesses dos alunos diante de certas questões. É evidente que o interesse, o desejo e a motivação do aluno são elementos importantes na definição da temática, mas o professor tem um papel fundamental nessa escolha: ele não só pode como deve selecionar e propor temas, tendo em vista as diversas demandas de saberes, o atendimento à proposta curricular, as exigências formativas da sociedade e os objetivos a alcançar no processo de ensino e aprendizagem.

A problematização ocorre no início, mas percorre todo o processo. Ao final, muitas vezes, temos outras perguntas ao invés de respostas. Quando o tema, por razões diversas, é significativo para os alunos, ou seja, quando sentem uma real necessidade de investigá-lo, estudando-o, a problematização se dá de forma mais rica e consistente. Assim, é interessante que o professor proceda a um trabalho "prévio" de significação do tema, antes mesmo de problematizá-lo com os alunos. As formas e os níveis de desenvolvimento desse trabalho vão depender do modo como o tema se constituiu. Portanto, como dissemos anteriormente, a problematização ocorre durante todo o processo; é o momento em que os alunos manifestam seus saberes, vivências, expectativas e anseios. Por isso é necessário que o professor tenha relativo domínio do tema antes de iniciar o trabalho com os alunos, condição essencial ao seu papel de agente mediador e incentivador de todo o processo.

Outro elemento importante são as expectativas de aprendizagem apresentadas pelos alunos e professores. Muitos relatos de experiência revelam que as expectativas, de modo geral, extrapolam o conhecimento prévio do professor ou o material didático, assim como as fontes que ele tem em mãos ou que são de mais fácil acesso. Dessa forma, o processo de aprendizagem e de construção do saber, de fato, é uma ação coletiva, envolvendo professores e alunos em sua realização, a fim de buscar respostas e superar as limitações iniciais.

Na elaboração do projeto, outra questão relacionada às expectativas de aprendizagem são os objetivos, o propósito, aquilo que queremos com o estudo do tema, o que e para que pretendemos ao estudá-lo, e qual ou quais serão os pontos de chegada. Se o tema proposto para o desenvolvimento do projeto já era ou se tornou suficientemente significativo para os alunos, eles já têm em mente o que desejam alcançar.

De modo geral, o professor apresenta objetivos que não são necessariamente os mesmos dos alunos em relação ao desenvolvimento do projeto. O professor como moderador, mediador e incentivador do processo deve somar e articular os seus objetivos aos dos alunos, procurando alcançá-los na medida em que trabalha em direção à meta que a turma deseja alcançar. Os alunos devem ter clareza quanto ao ponto de chegada do trabalho, ou, melhor dizendo, possíveis pontos de chegada. Da mesma forma, o professor deve ter clareza do ponto de partida.

O aluno é um ser social completo, não é uma *tábula rasa*. Insistimos nessa afirmação. Ele não apenas estuda e aprende, mas faz história, participa da história, tem ideias, valores, concepções, informações sobre os fatos históricos. Tem vida própria fora da escola, participa de outras organizações além da escolar, com as quais convive e aprende, ou seja, tem conhecimentos múltiplos, e esse saber já construído deve ser o início do caminho a percorrer. Isso é óbvio, não é? No entanto, nem sempre os alunos contam com tempo e espaço para manifestar esses saberes, que devem ser organizados pelo professor com a preocupação de manter os registros para posterior análise e interpretação no grupo.

Os alunos trazem consigo expectativas de aprendizagem perante as hipóteses construídas. O professor deve possibilitar a manifestação dos interesses, curiosidades e anseios em relação às questões propostas, assim como em relação aos procedimentos, às atividades para sua realização. As questões levantadas devem ser posteriormente analisadas e interpretadas pelo professor como um material básico, norteador do desenvolvimento do projeto. Os saberes construídos pelos alunos em diferentes espaços e por diversos meios, as expectativas de aprendizagem, também constituem uma base para orientar o trabalho do professor.

No trabalho com projetos, outra grande questão – que muitas vezes provoca dúvidas e angústias – se impõe ao professor: quais os conteúdos curriculares, os saberes a serem ensinados? Como serão tratados esses conteúdos? São questões de grande dificuldade na prática cotidiana escolar, além de serem um dos pontos nevrálgicos das críticas à pedagogia de projetos. Por quê? Nos últimos anos houve uma mudança significativa na forma de abordar os conteúdos curriculares. O paradigma dominante já não mais se sustenta. As disciplinas deixaram de ser tratadas como territórios isolados, conhecimentos estanques, com um fim em si mesmas. As fronteiras estão mais flexíveis. As barreiras são transpostas tanto no campo científico como no escolar. Os componentes curriculares, como as chamadas "disciplinas", passaram a estar a serviço das questões propostas por alunos e professores – contextualizadas, configuradas em grandes temas que podem ser trabalhados em forma de projetos, com o objetivo de buscar respostas aos problemas levantados.

Não sejamos ingênuos. As disciplinas curriculares, como construções históricas, não perderam sua força; logo, não podem ser desprezadas, mas sim repensadas. Os conteúdos disciplinares, necessariamente, são contemplados na sistematização do trabalho escolar. Mas só serão significativos se estiverem a serviço de uma aprendizagem significativa, constituindo-se em instrumentos que permitam a solução de problemas, facilitando a compreensão e a atuação do educando sobre essa realidade.

Ao delinearmos os conteúdos, os temas, os conceitos e as habilidades, precisamos considerar a proposta curricular e o nível dos alunos da turma, para podermos referenciar em que graus de abrangência os conteúdos serão abordados. Isso não quer dizer que, necessariamente, o professor estará preso à tradicional concepção de seriação e sequenciação dos conteúdos disciplinares. Uma das características do trabalho pedagógico com projetos é a incorporação a eles dos múltiplos conteúdos disciplinares e não disciplinares, tendo em vista os níveis de abrangência sob os quais poderão ser enfocados: se com maior ou menor profundidade, se com maior ou menor sistematização. Os temas podem ser selecionados e, didaticamente, divididos por áreas, campos, considerando-se o delineamento da abrangência do projeto. É importante que sejam levantados e mapeados os saberes, os conceitos, as noções básicas significativas – não só em História, mas também nas outras disciplinas. Um projeto interdisciplinar não tem que necessariamente abranger todas as disciplinas, podendo tornar-se uma possibilidade/meio para se atingir qualquer temática em suas várias dimensões. Se entendermos interdisciplinaridade, como vimos no capítulo anterior, como interpenetração de método e conteúdos, que se opõe à mera fusão ou justaposição, um projeto integrado não visa delimitar ou reforçar as fronteiras dos territórios disciplinares dos vários campos de saber. Ao contrário.

Gallo (2008, p. 24), ao interrogar se a interdisciplinaridade dá conta de romper com as barreiras entre as disciplinas, responde que a interdisciplinaridade não pressupõe um rompimento definitivo com as disciplinas. E conclui sua reflexão sobre a interdisciplinaridade no contexto sociocultural e educacional contemporâneo: "Para pensarmos *problemas híbridos*, necessitamos de *saberes híbridos*, para além dos saberes disciplinares".

Assim, além (ou apesar) dos saberes disciplinares (previamente definidos nas propostas curriculares), é preciso considerar como objeto de conhecimento, de estudo, os múltiplos saberes sociais, as questões e os problemas contemporâneos vividos pela sociedade. Questões emergentes no social, nas diferentes realidades; os chamados temas transversais; os saberes produzidos nos diferentes espaços de socialização – na mídia, na rua, nas práticas culturais e religiosas, no cotidiano, por exemplo – podem constituir-se em objetos de investigação e de estudo em projetos integrados.

Nesse sentido, concordamos com Romano (2007, p. 19), quando afirma que:

> A concepção de conhecimento que está presente no trabalho com projetos está fundamentada na crença de que os conteúdos ensinados/aprendidos na escola precisam ser tratados pelos professores e entendidos pelos alunos como uma rede de relações. Nessa rede, esses conteúdos de princípios, fatos, procedimentos, atitudes, estão inter-relacionados e não são como pontos isolados que são ensinados/aprendidos de forma fragmentada, cabendo ao aluno, numa tarefa solitária e, muitas vezes, sem êxito, estabelecer as conexões, os significados, para que possa compreender o mundo e a si mesmo.

Os alunos não estão sozinhos diante dos saberes, nem os professores. Por isso o projeto é uma possibilidade de reconciliação das relações entre os sujeitos, os saberes e as práticas. Ensinar História por meio de projetos implica, portanto, alguns princípios, a meu ver, norteadores da ação pedagógica: problematização, trabalho coletivo, partilha, solidariedade; negociação, respeito ao tempo, ao ritmo de cada um, do outro e do grupo; avaliação permanente, complexidade e flexibilidade do conhecimento, da aprendizagem; busca de novos conhecimentos, reconhecimento de alunos e professores como sujeitos do conhecimento e da história.

O desenvolvimento de projetos de ensino

O processo de desenvolvimento, a construção da aprendizagem permeia todo o desenrolar do projeto. A meu ver, podem ser usadas várias estratégias, procedimentos e fontes necessárias para atingir os objetivos propostos: aulas expositivas, debates, leituras, trabalhos de campo, vídeos, pesquisas, entrevistas, imagens, diferentes linguagens. O conhecimento construído vai sendo sistematizado no decorrer das ações, quando também se desenvolvem habilidades como a criatividade e a criticidade. Crenças, ideias, valores e representações vão sendo ressignificados no diálogo entre as variadas fontes de saberes (evidências), os sujeitos e os conceitos.

O aluno que participou da organização inicial do projeto também deve participar efetivamente em todos os momentos, até a avaliação. O campo para o desenvolvimento do projeto se estende, se torna amplo e, às vezes, bem complexo. Novas questões podem emergir, necessitando de incorporação, ampliação, diversificação ou indicando uma retomada de caminhos. Assim, é inviável uma organização prévia rígida do trabalho a ser desenvolvido, mas é essencial que o professor trace as linhas gerais do seu trabalho como eixo norteador, como forma de se organizar, tendo em vista os objetivos propostos e as possibilidades de novos acontecimentos.

Corroboro propostas que sugerem algumas linhas de desenvolvimento a serem observadas pela equipe. Ao traçar a linha de desenvolvimento do projeto, o professor deve: a) exercitar o papel do mediador no processo de interdisciplinaridade, de orientação e globalização; b) observar os recortes ou módulos de aprendizagem; c) observar os níveis de abrangência; d) sentir o papel ativo dos alunos no desenvolvimento do projeto; e) combinar, articular as ações necessárias no processo de efetivação e no trabalho coletivo de alunos e professores –

o início da discussão sobre os combinados/contratos com a turma pode ocorrer na problematização, mas essa discussão precisa ser retomada no desenvolvimento para melhor organização e sistematização; f) tempo para a realização do projeto.

Considero o "tempo" um elemento, uma linha importantíssima no desenvolvimento de um projeto. Quantos projetos – lindos – já se perderam no desenrolar das ações por dificuldade da equipe em prever e equacionar o tempo das tarefas! A ação mediadora do professor, levando em conta as responsabilidades assumidas pela turma, os momentos específicos de desenvolvimento do projeto, o nível da turma e a abrangência do projeto deverão ser considerados na definição do cronograma.

O tempo de realização do projeto se relaciona, diretamente, com os objetivos propostos. Não deve ser muito longo, para não causar desinteresse e dispersão, nem muito estreito, para não dificultar e apressar o ritmo da aprendizagem. O respeito ao tempo de aprendizagem de cada um e do grupo é um desafio. Os ritmos são distintos. O ponto de equilíbrio deve ser uma das metas a atingir, facilitando a profundidade, o amadurecimento, a produção individual e coletiva.

Certas questões, nascidas no desenrolar das ações, se firmam pela intensa manifestação de interesse dos alunos ou pelas possibilidades que apresentam para a realização de outros trabalhos. No entanto, não devem arrastar-se demasiadamente, fugindo dos objetivos a que se propõem no momento. Devem, em vez disso, ser aproveitadas para a organização de novos trabalhos. O projeto deve ser concluído assim que alcançados seus objetivos de aprendizagem.

Outros dois aspectos importantes são os recursos humanos e materiais (expressão antiga, ultrapassada para alguns) e a avaliação. Todo projeto requer uma equipe e um conjunto de materiais; logo, exige investimento. Os alunos precisam aprender isso. Educação de qualidade e produção de saberes requerem condições adequadas. Uma forma de sensibilizá-los para o problema é perguntar: "Do que necessitamos para realizar o trabalho?"; "De onde virão os recursos?"; "Locar um filme em uma videolocadora demanda recursos; quem assumirá a despesa?"; "A escola possui o filme que vamos usar? Está disponível na internet? O que a escola nos oferta?"; "Como podemos resolver a situação? A quem devemos recorrer?"; "Como vamos atuar?". É preciso ouvir as hipóteses dos alunos sobre tais questionamentos e tentar encontrar soluções para eles; isso implica, muitas vezes, rever estratégias de ações.

Finalmente, a avaliação. Certamente a avaliação da aprendizagem e do ensino por meio de um projeto foge, escapa dos estreitos limites da tradicional avaliação classificatória, cujos objetivos são classificar, aprovar ou reprovar. A avaliação é formativa, diagnóstica e processual. Devemos avaliar tanto o processo de desenvolvimento de aprendizagem do aluno como as intervenções do professor, o projeto curricular da escola e todos os outros aspectos inseridos no processo educativo. O aspecto cognitivo deixa de ser o único avaliado, pois, como registramos anteriormente, o aluno possui múltiplas dimensões: cognitivas, sociais, políticas, afetivas, éticas...

Em sua totalidade, a ação avaliativa de um projeto requer dois momentos:

a) Diagnóstica no processo – Durante todo o processo avalia-se para identificar os problemas e avanços e redimensionar a ação educativa, considerando-se a totalidade dos aspectos nele inseridos. Logo, desde a formulação do projeto, o professor deve prever alguns momentos e instrumentos específicos de avaliação tendo em vista o trabalho a ser desenvolvido, mantendo-se atento para a necessidade de outros aspectos/ elementos avaliativos que certamente ocorrerão.

b) Com relação aos objetivos estabelecidos do processo – Ao concluir um projeto de trabalho, o professor deve organizar momentos específicos de avaliação do processo vivido, retornando ao ponto de partida, às questões que o originaram.

As expectativas de aprendizagem levantadas na problematização devem direcionar a ação avaliativa com toda a turma, para posicionamento com relação aos conhecimentos construídos. Essa avaliação, embora final de um processo, também é diagnóstica, pois pode indicar outros caminhos a serem percorridos.

Finalmente, devemos considerar que o trabalho por projetos constitui uma possibilidade metodológica que potencializa o desenvolvimento de estudos e pesquisas, numa perspectiva interdisciplinar, multidisciplinar e transdisciplinar, capaz de redimensionar a gestão do processo de ensino e ressignificar a concepção de aprendizagem em História.

Experiência e proposta de projeto integrado sobre o futebol[2]

Tema: Rumo à Copa – A escola se une às emoções do futebol

O futebol é o esporte mais popular do país. Desperta as mais diversas e profundas emoções nos cidadãos brasileiros. No ano da Copa do Mundo, estudar o tema torna-se inevitável. O caminho é a (busca da) interdisciplinaridade... O trabalho com projetos pode nos ajudar...

Apresentação

Futebol é uma paixão! E não é coisa de homem, como alguns ainda insistem em afirmar. É coisa de mulher, homem, criança, jovem, adulto, idoso! Sempre gostei de futebol. Aprendi a gostar quando criança, ouvindo futebol pelo rádio, em companhia de meu pai – um saudoso apaixonado pelo Botafogo do Rio de Janeiro, nos bons tempos de Garrincha, Gérson e companhia... Mas o meu coração desde cedo teve dono: o Corinthians Paulista.

A experiência de ensinar História interpenetrada ao tema "futebol", no ensino fundamental, foi um caminho tranquilo e prazeroso. Teve início nos anos 1980, quando ensinava História a uma turma da antiga 6ª série, que corresponde hoje ao 7º ano do ensino fundamental, majoritariamente masculina, às segundas-feiras, às sete horas da manhã.[3] Qual era o assunto da garotada? O futebol do final de semana, os resultados, as tabelas do campeonato nacional e também dos estaduais, os gols do "Fantástico" etc. Não tive dúvidas: trouxe o tema, naquele momento considerado "marginal", hoje "transversal", para o curso de História do Brasil. Realizamos pesquisas, estudos sobre a história do futebol no Brasil, investigamos as histórias dos times preferidos da turma, entrevistamos jogadores, visitamos um estádio, assistimos a vídeos e promovemos debates, enfim, ensinamos e aprendemos História do Brasil por meio do tema "futebol". Naquele momento começavam a chegar aos professores publicações de obras historiográficas sobre o futebol.[4] Comecei a ler e produzir materiais para/com os alunos. Foi uma experiência marcante em nossas vidas.

O trabalho educativo nas ocasiões da Copa do Mundo foi uma continuidade. O Brasil "para", literalmente, para assistir às partidas de Copa do Mundo. As escolas também param para ver o Brasil jogar. Acho normal e saudável em nosso país. Entretanto, muito me incomodava e incomoda quando alguns professores, gestores e até pais expressavam sua insatisfação pela "perda" da matéria, do conteúdo das aulas. Muitos colegas se sentiam incomodados. "Ora", questionava e defendia, "este é o momento de trazer a Copa, o futebol para dentro das disciplinas, do processo educativo, e trabalhar o tema de forma criativa em sala de aula. Em todos os níveis de ensino, por que não? Em vez de se lamentar, por que não inovar? Futebol tem história. E a cada ano, a cada Copa do Mundo crescem as pesquisas e as publicações de livros e filmes relacionados à história do futebol".[5]

Em 1982, momento de intensas lutas pela democracia e melhores condições de vida neste país, ocorreu a Copa do Mundo na Espanha. O Brasil contava com um time maravilhoso, comandado por Telê Santana – a era do futebol-arte. Nesse ano, iniciamos o trabalho com um projeto mais amplo, envolvendo várias turmas, disciplinas, professores. Toda a escola participou e realizamos um bonito trabalho no período da Copa.

Ao final, ficamos tristes e alegres: tristes porque o Brasil perdeu a Copa, alegres porque o projeto foi um sucesso, com envolvimento dos pais e da comunidade.

Em 1986, a Copa ocorreu no México. O *slogan* era "70 neles, outra vez Brasil!", uma retomada da conquista do tri no México, em 1970, pela geração de Pelé, Rivelino, Tostão. Novamente, Telê Santana, Zico, Sócrates, Falcão e tantos outros. Uma geração de grandes craques. A Copa foi um momento especial, e uma proposta de trabalho coletivo e interdisciplinar foi desenvolvida por nós em parceria com professores de diversas áreas de uma escola de educação básica, com a adesão de outras escolas da cidade também. Mas o tetracampeonato não veio. A magia de 1970 não se repetiu.

Em 1990, a Copa do Mundo foi realizada na Itália. O projeto de trabalho sobre o tema não foi desenvolvido diretamente por nós, mas acompanhamos sua realização em outras escolas públicas e com outros professores.

Em 1994, depois de mais uma década de trabalho com a história do futebol, recebemos o convite da revista *AMAE Educando* (1994) para publicar a experiência, um projetinho simples com uma proposta pedagógica para o trabalho durante a Copa do Mundo nos Estados Unidos. Outros tempos no Brasil. Passamos pelas primeiras eleições diretas para presidente da República, pós-ditadura, pela experiência do *impeachment* do presidente Collor. Nesse momento, estávamos, no futebol, na era Parreira (técnico da seleção), Zagalo, Dunga e a eficiente dupla de ataque Romário e Bebeto. O Brasil foi tetra. Um estilo de jogo que não agradava a maioria ou a muitos, mas eficiente. Alegria geral em um ano triste, marcado pela morte de um mito do esporte nacional: Airton Senna.

Nesse período, já atuando no ensino superior, convidei minhas parceiras – professoras de Metodologia de Ensino de Língua Portuguesa, Matemática e Ciências – e juntas produzimos uma proposta integrada para o ensino fundamental. Para nossa satisfação, o projeto (muito simples) foi publicado e teve repercussões positivas entre os professores de várias escolas de educação fundamental.

O relato e a proposta que seguem são parte do escrito e do feito durante as Copas do Mundo entre os anos 1980 e 1990,[6] com atualizações/sugestões para possíveis trabalhos durante a realização de competições como a Copa do Mundo e outros campeonatos de futebol. Esperamos que a proposta a seguir contribua para a construção de outros criativos projetos pedagógicos.

Justificativas e objetivos

O estudo do tema "futebol", especialmente em ano de Copa do Mundo, favorece o desenvolvimento de várias atividades inter/trans/disciplinares no processo de aprender e ensinar na escola fundamental, articulando os saberes escolares aos saberes e vivências dos alunos no meio social e nos diversos espaços educativos. Possibilita a formação da cidadania, o questionamento da realidade e a construção de identidades. De modo específico, o projeto tem como objetivos:

- investigar as histórias e o desenvolvimento do futebol em diferentes tempos da História do Brasil;
- analisar as múltiplas relações (sociais, políticas, culturais, econômicas, midiáticas) que se estabelecem em torno do futebol no Brasil;
- recuperar dimensões importantes da história da sociedade brasileira por meio de um tema considerado "marginal" (por alguns) e "transversal" (para muitos) nos currículos escolares, mas vivenciado por professores e alunos no cotidiano;
- refletir criticamente sobre o papel e os significados do futebol na sociedade brasileira;
- desenvolver nos alunos atitudes como respeito ao outro e às diferenças, diálogo, cooperação, solidariedade e convivência social e ética;

- conhecer, por meio do futebol, a pluralidade do patrimônio sociocultural brasileiro e as características sociais e culturais de diferentes povos;
- incentivar o trabalho interdisciplinar por meio do desenvolvimento integrado de um tema, perpassando as diversas áreas do conhecimento escolar;
- promover o aprendizado da utilização de diferentes linguagens, fontes de informação e recursos tecnológicos;
- promover atitudes de cuidados com o corpo e a valorização do esporte para uma vida saudável.

Desenvolvimento

Problematização e organização do projeto

Os professores de História e de outras áreas poderão partir de situações vividas para questionar sobre os esportes, o lazer e o modo de viver dos diferentes segmentos sociais, encaminhando a discussão para questões a respeito do futebol. Feito isso, podemos solicitar aos alunos que recolham material sobre o assunto: artigos de jornais, revistas e notícias obtidas pela TV, rádio, *sites* e até informações provenientes das próprias conversas com os familiares. O material coletado deve ser selecionado, discutido e exposto em sala de aula. Os questionamentos levantados a partir da busca, observação e discussão devem ser anotados por professores e alunos, para serem trabalhados no decorrer do desenvolvimento do projeto.

As questões mais significativas para a turma poderão nortear a organização do trabalho. Provavelmente cada turma ou grupo apresentará grande número de sugestões que poderão ser aproveitadas em diferentes disciplinas, áreas ou projetos. Caberá aos professores selecionar e dosar as atividades no tempo para que não haja dispersão (temática, documental, pedagógica) e rejeição ao tema. Os alunos serão os construtores do projeto, e as questões podem ser definidas no coletivo da turma. As atividades priorizadas e selecionadas devem ser criativas, possibilitando a investigação, o debate e a produção de conhecimentos no decorrer de todo o projeto.

Atividades sugeridas

História e Geografia

1. Ler e discutir um texto com os alunos, complementando-o com outros materiais. Vários artigos e livros publicados sobre o tema podem nos ajudar na escolha de textos para os alunos.[7]

O futebol no Brasil

Football! Futebol, esta paixão que tomou conta de todos os brasileiros originou-se na Inglaterra, em meados do século XIX. A história registra que povos antigos, como os romanos e os chineses, a.C., já praticavam esportes semelhantes ao futebol. Entretanto, só a partir de 1846 os ingleses criaram regras próprias para a sua prática como, por exemplo, o número de 11 jogadores para cada equipe.

No Brasil, o futebol chegou em 1894 com um jovem brasileiro, filho de ingleses, chamado Charles Miller que, após ter concluído seus estudos na Inglaterra, voltou ao Brasil trazendo consigo duas bolas de couro na bagagem.

Inicialmente, o esporte foi divulgado e praticado entre os jovens pertencentes às elites. Miller organizou o primeiro time de futebol do país: o São Paulo Athletic Club. A partir daí foram organizados vários outros clubes em diferentes lugares do Brasil, porém continuou sendo um esporte elitista, como afirmam alguns historiadores.

Vocês devem estar pensando: "Mas, como o futebol se tornou o esporte mais popular do Brasil, o esporte das 'massas'?". No início do século XX (1900-1930), o nosso país passava por uma série de mudanças sociais, políticas e econômicas. As cidades cresciam, e os trabalhadores começaram a se organizar e exigir seus direitos como, por exemplo, a jornada de oito horas diárias de trabalho. Em São Paulo e no Rio de Janeiro aconteceram várias greves organizadas por trabalhadores, muitos deles liderados por anarquistas e socialistas.

Os operários, trabalhadores de baixa renda, aos poucos começaram a penetrar nos espaços que antes eram permitidos somente às classes média e alta. Eles também praticavam o futebol. Surgiram, assim, vários clubes populares como o Corinthians Paulista, fundado por um grupo de artesãos e pequenos funcionários.

Os times mais ricos, ligados às elites, não aceitaram a popularização e formaram uma Liga de Futebol separada dos clubes populares. Apesar dessa resistência dos clubes de elite, o governo Vargas, que assumira o poder em 1930, passou a incentivar a prática do futebol entre os trabalhadores. Segundo o historiador Joel Rufino dos Santos (1981, p. 60), o populismo, o nacionalismo e o trabalhismo, pilares da política varguista, eram políticas de massas que exigiam ligações com o povo, e uma dessas pontes era o futebol. Começaram a construir campos de futebol nas fábricas, nas escolas, nos parques de lazer, e a polícia deixou de reprimir as famosas "peladas" em terrenos baldios. Em 1940 foi fundado o estádio Pacaembu, em São Paulo. No Rio de Janeiro foi construído o maior estádio do mundo naquela época, o Maracanã, para a Copa de 1950. Como vocês sabem, na final, o Brasil fracassou. O Uruguai se tornou o campeão do mundo. Foi o dia mais triste da história da República, para muitos, e de modo particular, para os 200 mil brasileiros que assistiram ao jogo!

O futebol, gradativamente, foi se tornando o esporte mais popular do país, difundido inicialmente pelas rádios e, posteriormente, também pela TV. Desperta paixão, ódio, delírios e disputas, nem sempre amigáveis. Passou a fazer parte do nosso dia a dia, influenciando os hábitos, os costumes e a cultura de uma forma geral. A partir de 1933, oficialmente, o futebol passou a ser um esporte profissional, ou seja, deixou de ser apenas uma forma de lazer para tornar-se também uma profissão.

Com a popularização do esporte, percebe-se que, por vezes, governantes, setores das elites políticas e econômicas, os meios de comunicação de massa utilizam-se desta paixão popular, o futebol, como um meio de manipular o povo a fim de atingir interesses comerciais e políticos. Exemplo disso é a Copa de 1970 que foi amplamente utilizada pelo regime militar para mascarar a violência da ditadura naquele período histórico. Outro exemplo é a corrupção e o uso político da administração e organização do futebol brasileiro por agências, clubes e confederações.

Como nos diz Santos, é difícil encontrar um brasileiro que não tenha sua história de futebol e, completo, cuja história de vida não esteja,

de algum modo, ligada ao futebol. Por isso é uma história de amor, ódio, dor, subversão, crítica, sonhos, vitórias e também derrotas! Relembrando Nelson Rodrigues, "a seleção é a Pátria de chuteiras!". Mesmo que alguns discordem, a Copa do Mundo é um momento singular da história do nosso país, manifestação, expressão da nossa cultura.
Esta história não termina aqui!... Por isso, vamos que vamos?! Pentacampeão só o Brasil!

Esse texto foi organizado em 1982, a partir da obra pioneira *História política do futebol brasileiro*, de Joel Rufino dos Santos (São Paulo: Brasiliense, 1981, Coleção Tudo é História). Foi estudado por vários grupos e turmas de alunos, complementado com outras fontes. Após 30 anos, possuímos um amplo acervo de textos acessíveis aos alunos do ensino fundamental. Sugerimos um trabalho crítico, a revisão e a construção de outros textos didáticos com e por alunos. Veja a diversificada bibliografia citada ao final do texto.

2. Ler e discutir os dados a seguir:

2.1. Algumas datas importantes na história do futebol

1846 –	Criação do futebol na Inglaterra.
1894 –	Introdução do futebol no Brasil.
1933 –	Profissionalização do futebol no Brasil.
1950 –	Brasil é sede da Copa do Mundo.
1958 –	Brasil ganha sua primeira Copa do Mundo.
1962 –	Brasil é bicampeão do mundo.
1970 –	Brasil é tricampeão do mundo.
1994 –	Brasil é tetracampeão do mundo.
2002 –	Brasil é pentacampeão do mundo.
2014 –	Brasil sediará a Copa do Mundo.

2.2. Copas do Mundo

COPA	ANO	LOCAL/PAÍS	VENCEDOR
I	1930	URUGUAI	URUGUAI
II	1934	ITÁLIA	ITÁLIA
III	1938	FRANÇA	ITÁLIA
IV	1950	BRASIL	URUGUAI
V	1954	SUÍÇA	ALEMANHA
VI	1958	SUÉCIA	BRASIL
VII	1962	CHILE	BRASIL
VIII	1966	INGLATERRA	INGLATERRA
IX	1970	MÉXICO	BRASIL
X	1974	ALEMANHA	ALEMANHA
XI	1978	ARGENTINA	ARGENTINA
XII	1982	ESPANHA	ITÁLIA
XIII	1986	MÉXICO	ARGENTINA
XIV	1990	ITÁLIA	ALEMANHA
XV	1994	ESTADOS UNIDOS	BRASIL
XVI	1998	FRANÇA	FRANÇA
XVII	2002	JAPÃO/COREIA	BRASIL
XVIII	2006	ALEMANHA	ITÁLIA
XIX	2010	ÁFRICA DO SUL	ESPANHA
XX	2014	BRASIL	ALEMANHA

- Explorar o texto-base, complementando com outros textos: "O futebol no Brasil". Procure analisar questões como: a relação futebol/poder político na História do Brasil; as manipulações (pelas elites e pela mídia) do lazer e dos sentimentos, as manifestações culturais de modo geral, o esporte e, especificamente, o futebol; a relação futebol/sentimento nacionalista e patriótico; histórias dos times preferidos pelos grupos, relacionando-as com os diferentes contextos da História do Brasil; as histórias das Copas do Mundo etc.
- Dividir a turma em grupos, sugerindo que identifiquem e investiguem alguns momentos históricos com base nos dados

apresentados nos quadros, tais como: entre os anos 1938 e 1950 não houve Copas do Mundo? Por quê? Qual o acontecimento histórico marcante desse período?

- Investigar e debater: a Copa do Mundo de 2010 foi realizada na África do Sul? O que você sabe sobre esse país? Você já ouviu falar em *apartheid*? O que vem a ser a política de *apartheid* na África do Sul? Quais as implicações do *apartheid* e da Copa do Mundo para a história do país? Investigar a questão do racismo no futebol.

- Apresentar e discutir com a turma a tabela, organizada pela Fifa, com os grupos dos países participantes do torneio; investigar e registrar dados como localização, representação gráfica e características socioeconômicas e demográficas. Localizar o país sede e as cidades/locais onde os jogos serão realizados. Buscar informações socioculturais e políticas do país, características geográficas dos diferentes países que participaram da Copa, fuso horário, população, clima, posição econômica e política em relação ao resto do mundo, fronteiras, língua falada, problemas sociais etc.

- Visitar um museu do futebol, por exemplo, o Museu do Futebol, em São Paulo, http://www.museudofutebol.org.br/ ou um estádio de futebol, se for possível.

- Buscar e explorar, de forma crítica, diferentes fontes: revistas, *sites*, jornais, vídeos, atlas geográfico, mapas e globo, livros didáticos de História e Geografia e outros.

Sugestões de filmes para discussão:

1) *Fifa fever* – Ed. especial (DVD duplo)
   Gênero: Documentário
   Narrador: Orlando Duarte (autor de várias obras sobre a história do futebol)
   Idioma: Português, Inglês

Legendas: Português, Inglês, Espanhol

Ano de produção: 2004

Duração: 194 min.

Sinopse: "*Fifa fever: O melhor da história do futebol* traz imagens impressionantes de todas as 17 Copas do Mundo já realizadas até 2004, desde a primeira, em 1930, até a consagração do pentacampeonato do Brasil, em 2002. É um vídeo de comemoração do Centenário da Fedération Internationale de Football Association, Fifa (1904/2004) – a entidade mundial que rege o futebol. Apresenta ângulos e filmagens especiais que não foram vistos nas transmissões televisivas. *Fifa fever: O melhor da história do futebol* é cuidadosamente dividido em capítulos, que mostram os melhores gols, jogos, defesa, heróis e vilões, imagens raras e muito mais sobre o esporte mais popular do mundo. Os momentos mágicos de Pelé, Ronaldo, Beckham, Zidane, Platini, Cruyff e muitas outras estrelas esperam por você! Este é simplesmente um guia completo dos melhores momentos do futebol." (Contracapa do DVD duplo, Focus Filmes, 2004).

2) *Pelé eterno*

Ano de lançamento (Brasil): 2004

Direção: Aníbal Massaini

Atores: Pelé, Zito, Pepe, Formiga, Lima

Duração: 2 h

Sinopse: A vida de Pelé mostrada por meio de depoimentos de ex-jogadores, amigos e celebridades, além da exibição de vários de seus gols, principais jogadas e fatos que marcaram sua carreira.

3) *Garrincha: Estrela solitária*

Ano de lançamento (Brasil): 2005

Direção: Milton Alencar

Atores: André Gonçalves, Taís Araújo, Henrique Pires, Alexandre Schumacher, Ana Couto

Duração: 1:50 h

Sinopse: A vida de Garrincha, o "demônio das pernas tortas", dentro e fora do campo, confrontando o mito do futebol mundial com o homem humilde do interior. Em 1980 a escola de samba Mangueira homenageia Garrincha, que desfila em um carro alegórico especialmente preparado para ele. As várias facetas de Mané Garrincha são mostradas a partir das lembranças de pessoas que lhe foram muito próximas e que o amaram de diferentes maneiras. As histórias que Elza Soares, Iraci, Sandro Moreira e Nilton Santos viveram com Garrincha compõem uma visão multilateral de sua personalidade e de seu destino de glórias e tragédias.

Ciências

Várias questões podem ser investigadas e relacionadas com os aspectos biofísico-químicos. Sugerimos um levantamento de questões, pesquisa e registro:

- Como a prática do futebol se relaciona com a saúde do indivíduo?
- Acidentes/socorros: quebraduras, músculos e nervos, cãibras, como são tratados?
- Aspectos psicobiológicos: concentração, percepção, preparação e esforço físico, alimentação, cigarro, sexo, bebidas e estimulantes usados pelos jogadores.
- Conceito de velocidade e movimento (Física).
- Substâncias químicas: drogas, estimulantes, aliviadores de dor, exames *antidoping* etc. (Química).

Inúmeras questões, surgidas no decorrer da preparação e realização da Copa, poderão ser incorporadas e desenvolvidas pela turma durante o projeto.

Língua Portuguesa e Literatura

- Literatura: leitura e comentário de obras relacionadas ao tema, escolhidas pelos próprios alunos ou sugeridas pelo professor, de acordo com o nível da turma. Há vários títulos no mercado, escritos por jornalistas, escritores e torcedores. Exemplos: *Meu pequeno corintiano*, de Serginho Groisman; *O passe e o gol*, de Juca Kfouri; *Meu pequeno vascaíno*, de Fernanda Abreu; *Pedrinho escolheu um time*, de Odir Cunha; *Prezado Ronaldo*, de Flávio Carneiro; *Vencer! Vencer! Vencer! (A história do time do meu coração)*, de Eduardo de Ávila; *Uma história de futebol*, de José Roberto Torero; *Bola no pé: A incrível história do futebol*, de Luisa Massarani e Marcos Abruccio; *Flamengo desde menino (A história e as histórias do Mengão mais querido para os pequenos torcedores)*, de Luís Pimentel.

- Linguagem oral: coletar e ler notícias sobre o futebol de sua cidade, estado, país e mundo para, então, dialogar a respeito delas com os colegas. Discutir algumas opiniões polêmicas de jornalistas: aproveitar para distinguir fatos de opiniões. É também um bom momento para fazer uma pesquisa de opinião, definindo-se a informação a ser buscada; por exemplo: "O que o povo pensa sobre o time?"; ou: "Quem deveria ser o técnico da seleção?"; ou: "O Brasil ganhará a Copa do Mundo?". Os alunos, em grupo ou individualmente, perguntam aos colegas das outras classes, aos trabalhadores da escola ou a outro grupo de pessoas. Anotam, sistematizam, fazem os gráficos e publicam os resultados.

- Produção de textos: a) Contos, crônicas, "casos" sobre futebol. Exemplos de títulos: "As peladas da vida", "Casos de futebol", "Meu time do coração" etc.; b) Conclusão final ou relatório das atividades do ciclo de estudos: textos para o jornal da sala (impresso, radiofônico ou televisionado).

- Língua escrita: vocabulário e ortografia – elaboração de um glossário de termos do futebol; levantamento dos termos e tentativa de defini-los; organização em ordem alfabética; consulta ao dicionário para melhorar as explicações (se necessário) e publicação do glossário. Levantamento das palavras inglesas que fazem parte do vocabulário futebolístico, tais como: *football*, *back*, *corner*, *goal*, *golden goal*, *penalty* etc. Construção de frases, utilizando-as.

Matemática

Algumas atividades simples, que podem ser aprofundadas e adequadas, de acordo com o ano e o nível da turma, podem contribuir para o desenvolvimento de conceitos ligados ao sistema de numeração, às quatro operações fundamentais, às unidades de medida, à geometria e à matemática comercial.

Sugestões:

- Com base na leitura dos dados, calcular: Há quantos anos o futebol foi criado? Entre a criação desse esporte na Inglaterra e sua introdução no Brasil, quantos anos se passaram? Em que século o futebol foi criado? Em que século ele se tornou profissional no Brasil? Como você faz para saber o século correspondente a determinado ano? Em que século o Brasil tornou-se pentacampeão? Quantos anos se passaram entre o primeiro e o último campeonato vencido pelo Brasil? Há quantos anos o Brasil não vence uma Copa do Mundo?
- Construir uma reta numerada, fazendo constar nela todos os anos em que ocorreram Copas do Mundo.
- Considerando as seguintes medidas de um campo de futebol: 120 metros de comprimento e 90 metros de largura, calcular o perímetro e a área do campo e, em seguida, explicar como é possível achar os resultados.
- A Copa do Mundo de 1990 foi realizada na Itália; a moeda desse país é o euro? Em 1994 foi realizada nos Estados Unidos, que

tem como moeda... o dólar? Pesquisar e calcular a diferença de valores entre 1 euro, 1 dólar e 1 real.
- Pesquisar e calcular a média de idade, peso e altura dos jogadores brasileiros e o número de países e de jogadores que irão participar do evento. Tentar encontrar o resultado por caminhos diferentes.

Artes

Os alunos e os professores podem pesquisar, ouvir, comentar e criar canções relacionadas com o tema. Podem ser trabalhados os hinos dos clubes preferidos e os hinos dos países que jogarão com o Brasil. Outro trabalho interessante, bastante realizado na área do desenho, é a representação das bandeiras e das cores dos times, dos uniformes. Podem ser produzidos vídeos, peças teatrais, maquetes, desenhos, pinturas e painéis ilustrativos.

Educação Física

As aulas de Educação Física têm importância fundamental no projeto, e a participação dos professores dessa área deve ser discutida com eles, a fim de proporcionar uma integração entre o esporte "futebol" e as demais áreas do conhecimento. Podem ser promovidas várias atividades, como um torneio interclasses, por exemplo, com a final do campeonato na fase de culminância do projeto.

Temas transversais: Pluralidade Cultural, Ética, Saúde e Meio Ambiente. Promover diálogos sobre essas questões durante o desenrolar da Copa do Mundo a partir de problemas e debates emergentes.

Conclusão do projeto

Trata-se do fechamento do projeto e deve ser realizada com criatividade, envolvendo toda a comunidade escolar. Algumas sugestões:

apresentação dos trabalhos realizados nas várias disciplinas à comunidade escolar e ao público externo. Por exemplo: jogos de futebol, peças teatrais, exposição de textos, dos desenhos, de números musicais, maquetes etc.; debate final, envolvendo a participação de professores, alunos, funcionários da escola e personalidades do futebol, como um jogador, um treinador, um juiz ou mesmo um jornalista de esportes; reunião do material produzido durante o ciclo de estudos, para que possa ser divulgado em outras unidades de ensino e sirva como fonte para futuros trabalhos na própria escola.

Avaliação

A avaliação é um processo que deve se dar de forma sistemática e contínua ao longo de todo o processo de aprendizagem. Entre os objetivos da avaliação, destacamos que ela deve fornecer aos professores informações sobre a aprendizagem dos alunos: conhecimentos adquiridos, raciocínios desenvolvidos, valores incorporados e domínio de certas estratégias. Assim, durante e após o processo, o professor deve acompanhar e avaliar o trabalho dos alunos. É importante que a avaliação seja discutida em conjunto, no momento do planejamento, antes de se iniciarem as atividades, com a escolha criteriosa das formas e instrumentos. Ao final do trabalho, é necessária uma avaliação coletiva do projeto, que deve ser registrada e arquivada na escola, visando subsidiar futuras iniciativas.

Entendemos que, por meio de trabalhos como esse, é possível dar um passo importante na busca de práticas interdisciplinares,[8] sempre com o objetivo de incorporar temas transversais, como os propostos nos PCNs (ética, saúde, meio ambiente, orientação sexual e pluralidade cultural), e outros emergentes no social, articulados aos problemas vivenciados no cotidiano, ao processo educativo realizado em nossas escolas. Como nos diz Fazenda (1991), o trabalho interdisciplinar é essencialmente um projeto em parceria!

Notas

1. Esse texto é uma versão revista e ampliada de texto publicado anteriormente. Veja Guimarães (2009).
2. O professor pode encontrar várias informações em *sites*, tais como: http://www.brasilescola.com e no *site* do Museu do Futebol: http://www.museudofutebol.org.br.
3. Essa experiência ocorreu na Escola de Educação Básica da Universidade Federal de Uberlândia.
4. Esse texto foi organizado em 1982, a partir da obra pioneira *História política do futebol brasileiro*, de Joel Rufino dos Santos, São Paulo: Brasiliense, 1981 (Coleção Tudo é História). Vali-me também das belas crônicas de futebol, escritas por Nelson Rodrigues, e dos ricos textos do jornalista Orlando Duarte.
5. Bernardo Borges Buarque de Hollanda, no artigo "A História entra em campo", ao realizar um balanço da historiografia nacional acerca do futebol, conclui que, no conjunto de obras analisadas, a questão mais recorrente é a relação entre o futebol e a brasilidade. Afirma: "Pode-se dizer que a identidade nacional é o ponto quase obsedante da reflexão historiográfica, algo compreensível, pois o futebol mobiliza uma gama de questões cruciais no Brasil: o papel do Estado, a composição étnica do povo, o peso da representação regional na nacionalidade, a expansão dos meios de comunicação de massas e a construção da imagem de nação moderna". (http://cienciahoje.uol.com.br/revista-ch/2010/269/a-historia-entra-em-campo, acesso em 1/10/2011.)
6. Experiências desenvolvidas em escolas públicas da cidade de Uberlândia, MG.
7. Sugerimos ao professor as seguintes obras (ver referências completas na Bibliografia para o professor): Aquino (2002); Franzini (2005); Malhano e Malhano (1998); Pereira (1998); Sevcenko (1994); Witter (1990 e 1996) e Duarte (1994 e 1998).
8. Ver sugestão de atividade interdisciplinar proposta por Bittencourt, C.M.F. (2009). *Ensino de História: Fundamentos e métodos*. São Paulo: Cortez, pp. 257-272.

Referências bibliográficas

BARBIER, J.M. (1993). *Elaboração de projetos de acção e planificação*. Porto: Porto Ed.

FAZENDA, I. (org.) (1991). *Práticas interdisciplinares na escola*. São Paulo: Cortez.

_____ (1991). *Interdisciplinaridade: Um projeto em parceria*. São Paulo: Loyola.

GALLO, S. (2008). "Transversalidade e educação: Pensando uma educação não disciplinar". *In*: ALVES, N. e GARCIA, R.L. (orgs.). *O sentido da escola*. 5ª ed. Rio de Janeiro: DP&A, pp. 15-36.

GUIMARÃES, S. (2009). *Fazer e ensinar História*. Belo Horizonte: Dimensão.

HERNÁNDES, F. e VENTURA, M. (1998). *A organização do currículo por projetos de trabalho*. Porto Alegre: Artmed.

MACHADO, N.J. (2000). *Educação: Projetos e valores*. São Paulo: Escrituras.

REVISTA AMAE Educando (1994). Belo Horizonte, ano XXVII, n. 243, maio.

RODRIGUES, N. (1994). *A sombra das chuteiras imortais: Crônicas de futebol*. São Paulo: Companhia das Letras.

ROMANO, E.P. (2007). *O trabalho com projetos: Significados e práticas*. Campinas: Komedi.

SANTOS, J.R. (1982). *História política do futebol brasileiro*. São Paulo: Brasiliense.

VEIGA, I.P.A. e RESENDE, L.M.G. (orgs.) (1998). *Escola: Espaço de projeto político-pedagógico*. Campinas: Papirus.

ZABALA, A. (2002). *Enfoque globalizador e pensamento complexo: Uma proposta para o currículo escolar*. Porto Alegre: Artmed.

3
A PESQUISA E A PRODUÇÃO DE CONHECIMENTOS EM SALA DE AULA

Durante os últimos anos, uma das proposições metodológicas mais debatidas na área do ensino de História foi a questão da produção de saberes históricos no cotidiano escolar. Essa discussão foi assumida pelas novas propostas curriculares, pelos cursos de formação de professores e pela investigação pedagógica. O debate é permanente e construtivo. Há divergências, controvérsias, dissensos, mas também um consenso na área do ensino de História: alunos e professores não são meros reprodutores de conhecimentos. São produtores de saberes, de culturas escolares.

No entanto, apesar do debate e das formulações críticas a respeito do tema, professores, pais, alunos e especialistas concordam que a prática de pesquisa no ensino fundamental e médio, e até mesmo no ensino superior, ora é mitificada, considerada algo praticado por grandes especialistas, ora é banalizada. Essa vulgarização, em muitos casos, é traduzida no velho "faz de conta": um dos momentos em que o professor "finge que ensina e o aluno finge que aprende". Geralmente, isso ocorre quando o professor seleciona os temas e solicita aos alunos que façam um "trabalho", "valendo" certo número de pontos, mas não fornece um roteiro nem tampouco as fontes, a bibliografia.[1] Os alunos, em grupo ou individualmente, saem no desespero à "caça" de alguma obra, e muitos copiam trechos de livros, sem aspas. Com a difusão da internet, também tornou-se comum a prática da impressão de textos prontos de *sites*. Nesses casos não ocorre esforço de investigação, análise e síntese. Os estudantes entregam esses textos aos professores, que, geralmente, não têm tempo ou dispõem de pouco tempo para lê-los, haja vista a carga horária daqueles que atuam nas escolas públicas brasileiras. Acabam avaliando pela estética, pelo tamanho do trabalho, pela participação dos alunos nas aulas ou pelas simpatias pessoais. As notas atribuídas, em geral, são muito boas, altas, muitas vezes, notas integrais, o que agrada aos alunos, especialmente àqueles menos produtivos.

Assim, o trabalho de pesquisa transforma-se, em muitos casos, numa maneira de o professor "vencer" determinados itens do programa sem efetivamente ensiná-los, e de os alunos conseguirem boas notas de uma forma fácil sem apreendê-los. As consequências dessa prática são bastante conhecidas: "barateamento", banalização do conceito de pesquisa e fraude no processo de ensino e aprendizagem. Para confirmar isso, a imprensa tem denunciado numerosas fábricas de trabalhos e monografias espalhadas pelo Brasil. Essas práticas são nocivas à formação dos jovens e ao ensino de História, pois contribuem para a desvalorização social da disciplina.

Em continuidade ao tema "projetos de trabalho", focalizo aqui possibilidades de organização do ensino de História por projetos de pesquisa nos anos finais do ensino fundamental, no contexto da realidade escolar brasileira. Essa proposta apoia-se numa concepção de ensino e aprendizagem da História que tem como objetivo central a formação da consciência histórica do aluno, ou seja, sustenta-se numa concepção de História como campo de saber fundamentalmente educativo dos sujeitos nos diversos espaços e tempos de vivência, sobretudo na educação escolar.

Significados da produção dos saberes históricos na prática docente

Ensinar História requer um diálogo permanente com diferentes saberes, produzidos em diferentes níveis e espaços. Requer do professor interrogações sobre a natureza, a origem e o lugar ocupado por esses diferentes saberes, que norteiam e asseguram sua prática em sala de aula. Os saberes que dialogam no interior do processo educativo, em sala de aula, são provenientes de diversas fontes: os saberes científicos, oriundos das pesquisas historiográficas, educacionais e áreas afins; os saberes docentes, decorrentes das disciplinas, dos currículos, dos profissionais, da experiência; os saberes históricos escolares, que chegam via livros e variados materiais escolares; os saberes que se constroem com base na vivência dos alunos; e os diferentes saberes sociais, provenientes dos espaços de trabalho e lazer, das manifestações culturais, dos espaços religiosos, entre outros. Enfim, todos esses saberes em ação na sala de aula, mediados pela ação dialógica dos sujeitos (alunos e professores), são reconstruídos no processo de ensino/aprendizagem da História. Mas você pode estar se perguntando: a lógica da produção do saber histórico no interior da escola é a mesma do chamado saber histórico considerado científico, erudito nos espaços acadêmicos?

O objetivo da História é reconstituir, explicar e compreender seu objeto: a história real (Thompson 1987, p. 57). Logo, o objeto do conhecimento histórico é o real em movimento, as ações de homens e mulheres em sociedade, ou seja, a experiência humana. Uma vez que esse movimento é contraditório, ele evidencia manifestações contraditórias. O real chega até nós – professores, pesquisadores, alunos – por meio de evidências (incompletas, parciais): registros, documentos, manifestações variadas, objetos, obras de arte, vestígios diversos etc. Do diálogo entre as concepções teóricas, os outros saberes e as múltiplas evidências, nasce o produto dessa operação: o conhecimento histórico – provisório, incompleto, seletivo e limitado. O conhecimento histórico, afirma Thompson (*ibidem*, p. 58), ajuda-nos a conhecer quem somos, por que estamos aqui, que possibilidades humanas se manifestam e tudo quanto podemos saber sobre a lógica e as formas de processo social.[2]

Assim, a lógica fundante da produção do saber histórico é a compreensão, a explicitação do real. Ora, se o objetivo da disciplina é formar, educar, reconstituindo e buscando compreender o real histórico, podemos afirmar que a lógica da prática docente é fundamentalmente construtiva. Isso implica uma busca permanente de superação do mero reprodutivismo livresco que ainda predomina em muitas aulas de História. O professor de História submisso ao reprodutivismo acaba por assumir uma concepção de conhecimento como verdade absoluta e imutável. Ao contrário disso, assumir a proposição investigativa em sala de aula implica ousar e construir uma atitude reflexiva e questionadora diante do conhecimento historicamente produzido.

Alunos e professores, como sujeitos da ação pedagógica, têm, constantemente, oportunidades de investigar e produzir saberes sobre a nossa realidade, estabelecendo relações críticas, expressando-se como sujeitos produtores de História e do saber. Assim, a "distância", as "divergências" (Guimarães 1993) e até mesmo as "discrepâncias" entre os saberes históricos "científicos" e "escolares" tornam-se objeto de discussão e análises críticas no processo de ensino, evitando a simplificação e a vulgarização comuns no processo de didatização de conteúdos de História.

Como iniciar os alunos nos caminhos da pesquisa na atual realidade educacional brasileira?

Essa questão é "lugar-comum" entre professores e pesquisadores. Alguns professores questionam: "Além de ensinar vou ter que pesquisar?". Outros são convictos: "A pesquisa só ocorre no ensino superior". Algumas universidades e cursos de formação de professores reforçam essa posição, mantendo a dicotomia entre a preparação para a pesquisa (bacharelado) e para o ensino (licenciatura). Em geral, os professores se sentem despreparados numa realidade escolar que hoje, mais do que nunca, exige deles uma série de "competências e habilidades" – à qual acrescento "saberes" – e envolvimento pessoal para assegurar condições mínimas de sociabilidade e convivência, indispensáveis para a realização do trabalho educativo. Entretanto, apesar dos problemas da formação inicial, da ampliação das novas exigências e das condições de exercício da atividade a que grande parte dos professores do ensino fundamental está submetida, várias experiências demonstram que a iniciação à pesquisa é possível, um desafio para professores e alunos.

Essa prática requer do professor uma relação dinâmica diante do ao conhecimento, da educação, do mundo, visto que ele é o sujeito que planeja, escolhe os materiais e avalia a aprendizagem dos alunos. Demanda do professor uma prática democrática de pensamento e trabalho, pois se faz necessário partilhar, dialogar com outros professores, alunos, pais e demais setores da sociedade. Assim, o professor é chamado a participar da criação coletiva de práticas pedagógicas e, simultaneamente, de uma formação de professores (inicial e continuada) realista e inovadora, que possa constituir condições potencializadoras de novas práticas, tais como:

- a elaboração e a definição de projetos político-pedagógicos pela comunidade escolar;
- na articulação desse projeto, participação ativa do trabalho de organização curricular. Um educador crítico que assume uma atitude de reconstrução curricular é capaz de construir uma outra relação professor/aluno que favoreça o trabalho de reflexão conjunta, no qual os alunos são orientados na busca de respostas às suas inquietações. Ao contrário, um educador acrítico, apático, ou assenta sua prática em pressupostos que inconsciente ou deliberadamente oculta, ou se torna mero consumidor acrítico de materiais curriculares (programas, textos, livros), ou, ainda, sucumbe a elementos conjunturais (tempo, hábitos da instituição, normas que recebe etc.), com base nos quais executa suas atividades (Felgueiras 1994);
- mudanças de concepção do chamado processo de transposição didática dos conteúdos empreendidos pelos professores em sala de aula. A meu ver, no processo de didatização não

deve ocorrer mera simplificação de temas amplos em fatos, excluindo sujeitos e ações históricas. Trata-se de um processo de recriação, no qual é possível valorizar o ponto de partida e as expectativas dos alunos: referências bibliográficas, reflexões metodológicas, contato com fontes, experiência de vida ou um debate colocado pelo social;

- definição da especificidade da disciplina, ou seja, do objeto de ensino da História, na multiplicidade de demandas explícitas e implícitas dos diferentes agentes sociais. A ampliação do trabalho de localização, seleção e análise de fontes, registros, documentos e dados relevantes não implica diluição do campo da História. É possível confrontar diversas fontes, procurando relacioná-las entre si, evitando privilegiar uma ou outra como as "mais" verdadeiras;
- reflexão sobre as mudanças metodológicas e as dimensões técnicas. Hoje, é bastante óbvio que a sala de aula não é mais o palco onde se apresentam monólogos para um público passivo. O professor de História sabe que não basta falar para que os alunos aprendam. O trabalho em sala de aula exige um professor em permanente situação de investigação, despertando a curiosidade, a criatividade e o interesse dos alunos pelo ensino que tem como pressuposto a descoberta.

Como organizar o processo de ensino de História por projetos de pesquisa?

Tradicionalmente, as escolas brasileiras trabalham com planejamentos de ensino anuais, desdobrados em planejamentos bimestrais, de unidades e de aulas. Nesses planos ou programas de ensino, como são chamados, os professores descrevem os conteúdos, os objetivos, os procedimentos, as técnicas de avaliação, os recursos e a bibliografia utilizada nos diferentes tempos do calendário escolar. Várias pesquisas já demonstraram a ineficácia de planejamentos tecnicistas (rígidos, organizados em unidades estanques) para a prática real do professor. Heranças do autoritarismo servem muito mais como instrumento de controle burocrático do professor, como instrumento de poder das direções, supervisões e inspeções, do que como instrumentos pedagógicos facilitadores e orientadores do trabalho.

Nos últimos anos do século XX, conscientes desse papel do "tal planejamento", por comodismo, ceticismo e outros fatores, alguns professores de História limitaram-se a copiá-lo dos "manuais do professor" oferecidos pelas editoras para serem entregues às autoridades da escola e fiscalizados pelos inspetores educacionais. Entretanto, a prática de resistência política ou comodismo foi cedendo lugar à ideia de planejamentos flexíveis, projetos, como foi discutido nos capítulos anteriores, articulados aos projetos pedagógicos das escolas no contexto de gestão democrática.

A metodologia de projetos de pesquisa em História pressupõe a busca de outra concepção pedagógica, de outra perspectiva no ato de planejar, ensinar, aprender e avaliar. Tem uma característica socializadora, na medida em que se trata de uma produção coletiva que demanda a ação de grupo. No processo de ensino e aprendizagem, o aluno exerce um papel ativo: constrói conhecimentos, desenvolve atividades, discute, participa, busca informações, (re)cria textos variados. E o professor orienta e conduz o trabalho na busca de respostas aos problemas levantados. A aprendizagem se processa de forma contínua, ativa e questionadora. O aluno adquire conhecimentos, mas, mais do que isso, também os questiona e constrói aprendizagens. O professor, por sua vez, também não apenas ensina, transmitindo conhecimentos: ele investiga, busca, dialoga, aprende, questiona, estimula, organiza, orienta e sistematiza.

Segundo Manique e Proença (1994, p. 16),

> (...) o trabalho com projeto possui duas características importantes e indispensáveis: o projeto é uma atividade intencional, e, como tal, compreendida e desejada pelo aluno. O projeto visa à realização de uma produção, sendo o conjunto de tarefas necessárias à sua concretização, empreendido espontaneamente pelo aluno.

Assim, é possível utilizar essa metodologia na escola sempre, desde que se considerem: a) o nível de interesse e participação dos alunos; b) a aprendizagem, a apropriação progressiva de novos saberes pelos alunos; c) a concretização de uma produção. Em outras palavras, para o desenvolvimento de um projeto é fundamental que o aluno seja motivado, que as "tarefas" sejam dosadas e que o trabalho seja sistematizado e construtivo.

Reconhecidamente, um projeto de produção de saberes compreende: elaboração, desenvolvimento e apresentação dos resultados. Um projeto educativo a ser desenvolvido em escolas envolve diferentes estratégias de abordagem nestes três momentos: 1) identificação e formulação do problema a ser estudado; 2) desenvolvimento das atividades variadas e apresentação dos resultados que podem ocorrer de diferentes maneiras: em forma de textos, seminários, vídeos, teatro, entre outros; 3) avaliação final. Em outras palavras, todo projeto de pesquisa requer claramente as seguintes definições do grupo:

- Tema: O que investigar?
- Objetivos: Para quê?
- Justificativas: Os porquês.
- Metodologia de trabalho: Como?
- Cronograma: Quando vamos fazer o quê?
- Recursos: O que é necessário?
- Avaliação: Como seremos avaliados?
- Fontes: Onde investigar? Existem fontes? São acessíveis para o aluno? Onde encontrá-las?

Qual a importância do trabalho de projetos para o ensino e a aprendizagem de História?

A produção de conhecimentos como atividade docente não significa que o professor realize a soma das atividades de ensino e pesquisa, mas significa pensar o ensino como processo permanente de investigação e de descobertas individuais e coletivas. Produzir novos saberes é um pressuposto metodológico que pode nortear ou não a prática docente, dependendo da visão e da decisão do professor. No desenvolvimento de um curso, há condições de realização de vários projetos. Em muitos casos, o programa de ensino de uma disciplina constitui um único projeto de pesquisa ou possibilita a elaboração de vários projetos que podem ser desenvolvidos em conjunto com outras disciplinas, ou mesmo fora da estrutura dos cursos obrigatórios.

A realização dessa proposta de ensino e pesquisa de forma global pressupõe o rompimento com as concepções científicas de ensino, de filiação positivista, segundo as quais a pesquisa é tarefa neutra, deslocada da prática social e acessível apenas aos especialistas. Implica também o rompimento com a concepção de escola e ensino como meros reprodutores de saberes, ideias e valores produzidos em outras esferas. A escola produz, sim, conhecimentos e saberes culturais que moldam, penetram e interferem na cultura geral (Forquin 1993). A valorização da cultura escolar, dos saberes produzidos na própria prática de ensino, foi uma conquista importante, porque nos lembra que ensinar não é apenas repetir conquistas eruditas elaboradas em outros espaços (universidades, museus etc.). No entanto, é preciso ter cuidado para não cair no extremo oposto: supor que a cultura escolar seja um fenômeno isolado. A cultura escolar – os saberes ali produzidos, dotados de especificidades – mantém laços permanentes com outros espaços culturais, desde a universidade, passando pela produção científica, erudita (artigos, livros), pela divulgação dos saberes (livros didáticos, exposições, simpósios, cursos) elaborados naqueles mesmos espaços (Silva e Guimarães 2007, p. 8).

A realização de projetos requer pensar o saber histórico como algo que está sempre em construção, que tem a ver com o presente, não menosprezando as teorias e os conhecimentos históricos produzidos em outros espaços. A tarefa do professor é valorizar e articular o trabalho pedagógico com os múltiplos saberes produzidos na experiência cotidiana, tanto na academia quanto em outros espaços da sociedade.

O trabalho com projetos de pesquisa e investigação na escola fundamental constitui uma forma possível de reconciliar ação e conhecimento. No ensino de História, possibilita a reconciliação da história vivida com a história/conhecimento, a partir de uma relação ativa entre os tempos presente e passado, entre espaços próximos e distantes, num movimento dialético. Isso possibilita o rompimento com os maniqueísmos tão comuns nas aulas de História (bom/mau, vencido/vencedor), com a fragmentação, com o mecanicismo, com a linearidade, e evita as armadilhas do anacronismo tão recorrentes. Os projetos são igualmente importantes, na medida em que facilitam e implicam a busca, o contato e o diálogo com fontes diversas, inclusive o livro didático, democratizando o acesso e a crítica à História, ampliando as possibilidades temáticas e a compreensão histórica. Auxiliam o desenvolvimento da expressão oral e escrita. Iniciam os alunos nos caminhos da investigação, da produção de saberes, evitando a prática da pesquisa vulgarizada, identificada com cópias de trechos e textos desconexos em forma de trabalhos.[3]

Finalizando, o trabalho com projetos de pesquisa em História propicia a educação para a cidadania. Trata-se de uma metodologia democrática, que parte dos sujeitos e é planejada, construída e avaliada pelos próprios sujeitos históricos do processo de ensino: alunos e professores. A lógica construtiva não se coaduna nem se submete à lógica do mercado, dos produtores de materiais didáticos descartáveis e das imposições de grupos. Em vez de respostas prontas e acabadas, há o despertar do desejo, do gosto, da imaginação e da curiosidade pela compreensão da História. Projetos de trabalho, de ensino e pesquisa podem contribuir para a construção de outros caminhos para o ensino de História no Brasil.

Relato de uma experiência desenvolvida em turmas de 8ª série (9º ano) do ensino fundamental

Projeto de pesquisa[4]

Tema: O mundo industrial – Vida e trabalho no passado e no presente

Turma: 8ª série

Duração: 40 dias

Ano de realização: 2º bimestre letivo dos anos de 1986 e 1987.

1. Justificativas

A Revolução Industrial iniciada na Inglaterra em meados do século XVIII transformou radicalmente o processo de produção até então existente nas oficinas de artesanato e nas manufaturas. A introdução de novas máquinas acarretou, progressivamente, uma transferência do controle de trabalho das mãos do homem para a máquina, ou seja, houve uma expropriação do saber do operário, que passou a ser mero apêndice da máquina.

A partir da Revolução Industrial, a organização do trabalho no interior das fábricas, em nome da eficácia e da produtividade, passou a se ocupar com a disciplinarização e o controle, visando construir um trabalhador dócil, submisso e útil aos interesses do capital. Para aumentar a produtividade, era necessário eliminar as resistências por parte dos trabalhadores.

Nesse sentido, as formas de organização do trabalho e os mecanismos de controle e vigilância dos trabalhadores foram repensados e reelaborados à medida que as estratégias de luta e resistências dos trabalhadores também se transformavam.

A fábrica, longe de ser um espaço neutro, objetivo, é um espaço onde se estabelecem relações de dominação, controle e resistências. É, portanto, um espaço de lutas políticas. Muitos estudiosos, industriais e governantes ocuparam-se de repensar o modo de produzir, de organizar e de operacionalizar as tarefas, visando aumentar a produtividade e os lucros.

A organização de trabalho em grande parte das indústrias modernas resulta basicamente dos estudos feitos por Taylor e Ford. Taylor propôs aumentar a produtividade das empresas por meio de uma série de medidas consideradas "científicas". Previa a transformação do operário no chamado "homem-boi", ou seja, aquele operário que é capaz de produzir muito mais do que o habitual, porém que não precisava "pensar", pois todo o "saber fazer" ficava concentrado nas mãos da administração, dos planejadores. Ao trabalhador cabia apenas a tarefa de executar. Todas as medidas "científicas" e todos os objetivos propostos por Taylor visavam controlar e disciplinar os trabalhadores e aumentar a produtividade.

Essa disciplinarização não ocorria apenas dentro da fábrica, mas fora dela também, em diferentes espaços. Todo um conjunto de normas, valores e hábitos foram introjetados nos trabalhadores visando à dominação e à exploração da força de trabalho. Além disso, as próprias condições de trabalho acabavam por determinar a regularidade de seus hábitos, o cotidiano, as relações com o tempo, enfim o ritmo de vida fora do espaço de trabalho.

Nessa perspectiva, esse projeto se propôs a analisar o mundo da indústria, a vida e o trabalho dos operários, no passado e no presente, investigando o espaço de produção de uma fábrica, o dia a dia dos trabalhadores que nela atuavam, as relações de poder que ali se estabeleciam. Buscou, ainda, contribuir para a compreensão do modo de vida dos trabalhadores fora da fábrica, inseridos no contexto da cidade de Uberlândia, em 1986.

Para a realização de tal pesquisa, observamos a organização do trabalho numa determinada fábrica, fizemos a análise de organogramas e das regulamentações internas da fábrica, bem como entrevistas e acompanhamento do cotidiano de alguns trabalhadores fora e dentro do espaço de trabalho.

Esse trabalho não teve a pretensão de propor uma solução para os problemas dos trabalhadores, tampouco se tratou de uma análise profunda acerca desse tema, porém, dentro das limitações existentes, pretendeu contribuir para a análise e a compreensão deste mundo "moderno", tão "desenvolvido" em que estamos inseridos.

2. Objetivo geral

Esse projeto teve por finalidade investigar e analisar as mudanças ocorridas no mundo do trabalho a partir da Revolução Industrial, a organização do trabalho, o cotidiano dos trabalhadores no interior de uma indústria moderna, assim como a hierarquia ali existente e a vida desses trabalhadores fora da fábrica.

3. Objetivos específicos

Analisar:

- a divisão do trabalho, o parcelamento de tarefas no processo de produção;
- o ritmo de trabalho imposto pela máquina e a relação operário-ferramentas;
- a organização do espaço, a disposição dos operários e das máquinas no interior da fábrica;
- a organização e o controle do tempo de trabalho dos operários;
- a estrutura de controle, da vigilância existente dentro e fora da fábrica;
- o espaço físico, as condições higiênico-sanitárias do local de trabalho;
- a estrutura de hierarquia do processo de trabalho;
- o conjunto de normas disciplinares, as regras de comportamento e todas as regulamentações impostas pela empresa;
- as condições de trabalho a que estavam submetidos os produtores daquela fábrica;
- os direitos trabalhistas;
- as condições materiais de subsistência desses trabalhadores: moradia, alimentação, saúde, educação e transporte;
- o cotidiano fora da fábrica: a disposição de "tempo", lazer e afazeres particulares;

- a organização e a participação política desses trabalhadores;
- as formas de resistência e as lutas travadas dentro e fora da fábrica.

4. Metodologia (atividades) e cronograma

a) *Leitura e discussão do "referencial teórico", da bibliografia:*
Textos didáticos e paradidáticos relacionados a seguir, filmes, canções e poemas.
Período/datas:

b) *Levantamento de fontes*:
Visita à fábrica e observação
Data:
Sistematização dos dados referentes à observação em sala de aula
Período/data:
Análise dos materiais, do organograma e do regulamento da fábrica
Data:
Entrevistas com um grupo de trabalhadores e com os gerentes
Data:
Visita ao bairro industrial onde vivia a maioria dos trabalhadores da empresa
Data:

c) *Discussão dos dados e elaboração de um texto contendo os resultados obtidos na pesquisa*:
Data/Período:

d) *Apresentação final e discussão do trabalho de pesquisa*:
Data:

Obs.: Na fase de sistematização dos dados, a turma de aproximadamente 30 alunos foi dividida em cinco grupos, e cada grupo ficou encarregado de elaborar um texto e apresentar seu trabalho, que foi globalizado e organizado pela professora para compor um único trabalho da turma.

5. Custos: Fontes e usos

6. Avaliação

A professora responsável acompanhou todas as etapas do projeto. Foi avaliada a participação do aluno, individualmente e no grupo, na fase de discussão teórica, levantamento de fontes, e na fase final de elaboração, apresentação e discussão.

Do aluno foi exigido que sistematizasse todas as observações e análises, elaborasse relatórios, textos contendo registros, tais como as imagens fotográficas, os materiais fornecidos pela fábrica e pelos trabalhadores.

7. Equipe responsável pela elaboração do projeto

Professora de História e alunos da 8ª série.

8. Fontes

Filme – projetado e discutido com a turma

Filme: *Tempos modernos*

Gênero: Comédia

Tempo de duração: 87 min.

Ano de lançamento (EUA): 1936

Direção: Charles Chaplin

Roteiro: Charles Chaplin

Produção: Charles Chaplin

Música: Charles Chaplin

Abordagem: Um operário de uma linha de montagem, que testou uma "máquina revolucionária" para evitar a hora do almoço, é levado à loucura pela "monotonia frenética" do seu trabalho. Após um longo período em um sanatório, ele fica curado de sua crise nervosa, mas desempregado. Ele deixa o hospital para começar sua nova vida, mas encontra uma crise generalizada e equivocadamente é preso como um agitador comunista, que liderava uma marcha de operários em protesto. Simultaneamente, uma jovem rouba comida para salvar suas irmãs famintas, que ainda são bem garotas. Elas não têm mãe e o pai delas está desempregado, mas o pior ainda está por vir, pois ele é morto em um conflito. A lei vai cuidar das órfãs, mas, enquanto as menores são levadas, a jovem consegue escapar.

Capítulos de livros estudados

DE DECCA, E. (1984). *O nascimento das fábricas*. São Paulo: Brasiliense. (Capítulos selecionados)

MOTA, C.G. (1985). "A Revolução Industrial na Inglaterra". *In: História moderna e contemporânea.* São Paulo: Moderna. (Poema citado a seguir)

RAGO, M. e MOREIRA, E. (1984). *O que é taylorismo*. São Paulo: Brasiliense. (Capítulos selecionados)

SILVA, F.A. (1982). "A Revolução Industrial". *In: História moderna e contemporânea.* São Paulo: Moderna.

Canções exploradas na primeira fase do projeto, escolhidas pelos alunos

1) "Fábrica" (*Legião Urbana*)

Nosso dia vai chegar
Teremos nossa vez

Não é pedir demais
Quero justiça,

Quero trabalhar em paz
Não é muito o que lhe peço
Eu quero trabalho honesto
Em vez de escravidão

Deve haver algum lugar
Onde o mais forte
Não consegue escravizar
Quem não tem chance
De onde vem a indiferença
Temperada a ferro e fogo
Quem guarda os portões
Da fábrica?

O céu já foi azul, mas agora
É cinza. O que era verde
Aqui já não existe mais
Quem me dera acreditar
Que não acontece nada de
Tanto brincar com fogo
Que venha o fogo então
Esse ar deixou minha vista
Cansada
Nada demais

2) "Tempo perdido" (*Legião Urbana*)

Todos os dias quando acordo
Não tenho mais o tempo que passou
Mas tenho muito tempo
Temos todo o tempo do mundo
Todos os dias antes de dormir
Lembro e esqueço como foi o dia
Sempre em frente
Não temos tempo a perder
Nosso suor sagrado
É bem mais belo que esse
Sangue amargo
E tão sério e selvagem

Veja o Sol dessa manhã tão cinza
A tempestade que chega é da cor
Dos teus olhos castanhos
Então me abraça forte e diz
Mais uma vez
Que já estamos distantes de tudo
Temos nosso próprio tempo

Não tenho medo do escuro
Mas deixe as luzes acesas agora
O que foi escondido é o que se
Escondeu
E o que foi prometido, ninguém
  prometeu
Nem foi tempo perdido
Somos tão jovens
Tão jovens! Tão jovens!...

(CD Legião Urbana, *Dois*, EMI Music, 1986)

Texto analisado pelos alunos na primeira fase do projeto

"As delícias do fabricante de tecidos de lã" ou "A alegria do rico e a tristeza do pobre", onde é descrita a malícia com a qual um grande número de fabricantes de pano da Inglaterra reduz os salários de seus trabalhadores.

1. De todos os ofícios que se exercem na Inglaterra./ Não há um que alimente mais fartamente que o nosso./ Graças ao nosso comércio, somos considerados cavalheiros,/ apreciamos o bem viver e levamos vida alegre./ Amealhamos tesouros, ganhamos grandes riquezas./ À força de despojar e oprimir pobres homens./ É assim que enchemos nossas bolsas./ Não sem que isso nos acarrete maldições.

2. Em todo o reino, no campo como na cidade./ Nossa indústria não periga desaparecer./ Enquanto o penteador de lã souber manejar seu pente,/ e enquanto o tecelão cuidar da tarefa./ o fiandeiro e a fiandeira, todo o ano sentamos à sua roça, nós lhe faremos pagar caro o salário que ganham...

3. (...) E inicialmente, os penteadores, nós reduziremos/ o pagamento de suas tarefas./ E se murmuram e dizem: "É muito pouco!",/ Dar-lhe-emos a escolha entre isso e a ausência de trabalho./ faremos crer que o comércio não vai bem;/ Eles ficarão tão tristes, mas que importa?

4. Nós faremos trabalhar a baixos salários os pobres tecelões./ Encontraremos defeitos, haja ou não, de maneira a aviltar ainda mais seus salários./ Se os negócios vão mal, cedo perceberão;/ mas se os negócios melhorarem, disso não saberão jamais./ Diremos que a lã não vai mais ao ultramar./ E que nós não nos preocupamos em continuar a vendê-la...

5. Quando partimos para o mercado, nossos trabalhadores regozijam-se; mas quando voltamos, fingimos um ar triste.

6. Se são clientes habituais de uma taverna,/ temos o cuidado de nos entender com a taverneira: contamos em conjunto e reclamamos a nossa parte,/ dois *pences* por *shilling* e saberemos obtê-los./ É por esses meios engenhosos que aumentamos nossa fortuna./ Pois tudo é peixe, que cai em nossas redes...

7. É assim que adquirimos nosso dinheiro e nossas terras./ Graças a homens pobres que trabalham dia e noite./ Se eles não estiverem lá para dispensar todas as suas forças,/ Ficaremos ameaçados, sem outra forma de viver./ Os penteadores, os tecelões, os torcedores também,/ com os fiandeiros que se extenuam por um salário ínfimo,/ é graças ao seu trabalho que enchemos nossa bolsa,/ não sem suportar mais de uma maldição... [Canção popular do final do século XVII, cantada no sudoeste da Inglaterra. Trad. livre, citada em Mota, C.G. (1986). *História: Moderna e contemporânea*. São Paulo: Moderna, p. 121. Fonte: Mantoux, Paul (1959). *La révolution industrielle au XVIII siècle*. Paris: Génin.]

Uma reflexão crítica sobre a experiência e sugestões

Olhar para o passado com os olhos *do* e *no* presente, refletir sobre uma experiência pedagógica – isso não é um trabalho simples, porém necessário, gratificante e, sobretudo, educativo. O desenvolvimento de projetos de pesquisa sempre fez parte da minha prática docente. Entretanto, nos dois anos que lecionei na Escola de Educação Básica, tive as condições necessárias, o apoio e o estímulo para sistematizar e registrar minhas ações. Desenvolvemos vários projetos, alguns deles integrados, envolvendo várias disciplinas, séries e profissionais. O tema "Revolução Industrial" foi abordado em 1986 e 1987 a partir das atividades previstas nesse projeto. O primeiro passo era a motivação da turma, a elaboração do projeto e a discussão do projeto com a turma. Usava várias estratégias para que o grupo compreendesse e desejasse o trabalho. Eles participavam de tudo, até da escolha da fábrica investigada. Em 1986, a pesquisa foi realizada na fábrica de óleo e sabão ABC; em 1987, na fábrica de balas e bombons Erlan. Na sequência, discutíamos os textos, assistíamos ao filme *Tempos modernos* – em seguida o debatíamos – e fazíamos uso de outros materiais, tais como cartazes, imagens, poemas, fotos, *slides* do acervo da escola. Por sugestão dos alunos, incorporei as belas canções do Legião Urbana, grupo musical que se destacava naquele momento. Preparávamos a visita, as entrevistas, os materiais e, após o estudo "teórico", saíamos a campo. Em sala de aula, após as visitas, selecionávamos o material levantado, os dados mais relevantes. Em atividades extraclasse, cada um dos grupos preparou um texto sobre um grupo de objetivos, apresentou e debateu em sala seus achados e suas análises. A professora reuniu todos os textos e organizou um trabalho único da turma, uma espécie de "livro", produzido coletivamente. Nós nos sentimos produtores da história e do saber. Os textos, as fotos, as fitas com as gravações passaram a fazer parte do acervo da escola.

Problemas: a minha formação de pesquisa obtida no curso superior na universidade, naquele momento, não me dava segurança para iniciar o trabalho de outra forma, como, por exemplo, pela visita à fábrica. Hoje, questiono: não teria sido mais rico? Por que separar a revisão da literatura selecionada, da observação e coleta de dados? Não terá sido por esse motivo que os alunos tiveram dificuldades para articular, nos seus textos, nas análises, os conceitos trabalhados com os dados da observação e das entrevistas?

Outro problema: o tema requer atualização permanente do professor. A história é dinâmica. Após quase 30 anos da realização dessa atividade, a organização do processo de trabalho vem sofrendo inúmeras transformações articuladas às inovações tecnológicas. Os princípios fordistas e tayloristas estão sendo revistos em função das mudanças operadas no mundo do trabalho no contexto de globalização e desenvolvimento das tecnologias de produção, informação e comunicação. O processo produtivo passou a adotar técnicas e modelos mais flexíveis, que requerem do trabalhador conhecimentos e habilidades mais amplos e menos específicos, tais como: "capacidade de ler e interpretar novas linguagens e trabalhar em equipe". Essas mudanças vieram acompanhadas de flexibilização do mercado de trabalho e redução da oferta de empregos formais no mundo capitalista.

Nesse sentido, nossas relações com o trabalho, o lazer, o tempo e o espaço foram redimensionadas, como nos dizem as letras de algumas canções da roqueira baiana Pitty:

"Anacrônico"

É claro que somos as mesmas pessoas
Mas pare e perceba como o seu dia a dia mudou
Mudaram os horários, hábitos, lugares
Inclusive as pessoas ao redor
São outros rostos, outras vozes
Interagindo e modificando você
E aí surgem novos valores
Vindos de outras vontades
Alguns caindo por terra
Pra outros poderem crescer
(Pitty: http://www.letras.mus.com.br)

"Admirável *chip* novo"

Pane no sistema, alguém me desconfigurou
Aonde estão meus olhos de robô?
Eu não sabia, eu não tinha percebido
Eu sempre achei que era vivo
Parafuso e fluido em lugar de articulação
Até achava que aqui batia um coração
Nada é orgânico, é tudo programado
E eu achando que tinha me libertado
Mas lá vêm eles novamente e eu sei o que vou fazer: reinstalar o sistema
Pense, fale, compre, beba
Leia, vote, não se esqueça
Use, seja, ouça, diga

Tenha, more, gaste e viva
Não senhor, Sim senhor, Não senhor, Sim senhor
(Pitty: http://www.pitty.letras.com.br)

Considerando a importância da temática, as mudanças no mundo do trabalho, na produção tecnológica e científica nos últimos anos, sugerimos que o trabalho de pesquisa com o tema seja realizado, recriado, diversificado e ampliado com novas leituras e fontes. Por exemplo, em cidades onde for possível, levar os alunos para conhecer, observar uma indústria moderna e também uma empresa de prestação de serviços, como um Call Center. Sugerimos também ao professor consultar e incorporar novas fontes, inclusive bibliografia mais recente sobre essas mudanças e filmes, *sites* de organizações, museus virtuais do trabalho, de ofícios e de trabalhadores, canções e outros materiais.

Dentre a vasta bibliografia que aborda diferentes faces do assunto na contemporaneidade, sugerimos ao professor:

ANTUNES, R. (1995). *Adeus trabalho?*. São Paulo: Cortez.

BENKO, G. (2002). "Economias e territórios em mutação". *In:* BENKO, G. *Economia, espaço e globalização na aurora do século XXI.* 3ª ed. São Paulo: Hucitec.

CAMARGO, L.O. de L. (1998). *Educação para o lazer.* São Paulo: Moderna.

CORBIN, A. (2001). *História dos tempos livres.* Lisboa: Teorema.

DE MASI, D. (2000). *O ócio criativo.* São Paulo: Sextante.

GIANSANTI, R. (2004). *Tecnologias e sociedade no Brasil contemporâneo.* São Paulo: Ação Educativa.

HARVEY, D. (1992). *A condição pós-moderna*: Uma pesquisa sobre as origens da mudança cultural. São Paulo: Loyola.

HOBSBAWN, E. (2000). *O novo século: Entrevista a Antonio Polito.* São Paulo: Companhia das Letras.

KUPSTAS, M. (1997). *Trabalho em debate*. São Paulo: Moderna.

MANCE, E.A. (2004). *Fome Zero e economia solidária*. Curitiba: Ifil – Editora Gráfica Popular.

MORSE, R.M. (1995). "As cidades 'periféricas' como arenas culturais: Rússia, Áustria, América Latina". *Estudos Históricos*, Rio de Janeiro, vol. 8, n. 16, pp. 205-225, jul./dez.

NASCIMENTO, A.E. e BARBOSA, J.P. (1996). *Trabalho: História e tendências*. São Paulo: Ática.

POCHMANN, M. (org.) (2002). *Desenvolvimento, trabalho e solidariedade*. São Paulo: Cortez.

RIFKIN, J. (1995). *O fim dos empregos: O declínio inevitável dos níveis dos empregos e a redução da força global de trabalho*. São Paulo: Makron Books.

SANTOS, M. (2001). *O Brasil: Território e sociedade no início do século XXI*. Rio de Janeiro: Record.

SINGER, P. (2002). *Introdução à economia solidária*. São Paulo: Editora Fundação Perseu Abramo.

THOMPSON, E.P. (1998). "Tempo, disciplina, trabalho e o capitalismo industrial". *In*: THOMPSON, E.P. *Costumes em comum*. São Paulo: Companhia das Letras.

Sites

http://www.mec.gov.br

Ministério da Educação (MEC) – Informações sobre a educação no Brasil, programas e projetos, notícias e *links* de interesse (documentos sobre o ensino de História, leis, diretrizes, publicações, currículos etc.).

http://www.mte.gov.br

Ministério do Trabalho e Emprego

http://www.abep.org.br

Associação Brasileira de Estudos Populacionais

http://www.ibge.gov.br

Instituto Brasileiro de Geografia e Estatística (IBGE) – Estatísticas, mapas, informações sobre o Brasil; seção infantil especial para as pesquisas dos alunos.

http://www.ipea.gov.br

Instituto Brasileiro de Pesquisas Aplicadas (Ipea)

http://www.anped.org.br

Associação Nacional de Pesquisa e Pós-graduação em Educação (Anped) – Publicações, eventos, discussões, pesquisas e pesquisadores na área educacional.

http://www.anpuh.org.br

Associação Nacional de História – Publicações, eventos, discussões, pesquisas e pesquisadores na área de História e ensino de História.

http://www.mae.usp.br

Museu de Arqueologia e Etnologia da Universidade de São Paulo

http://www.memorialdoimigrante.sp.gov.br

Memorial do Imigrante (São Paulo)

http://www.mao.org.br

Museu de Artes e Ofícios de Belo Horizonte

http://bve.cibec.inep.gov.br

Biblioteca Virtual de Educação

Canções

No universo da rica produção da MPB, sugerimos incorporar, além das citadas, do grupo Legião Urbana e Pitty, outras belas canções de

Gilberto Gil: "Tempo Rei", "Parabolicamará", "Pela internet". As letras podem ser acessadas no *site* http://letras.terra.com.br/gilberto-gil/46247.

Filmes

Há uma rica produção cinematográfica sobre o tema.[5] Além do clássico filme *Tempos modernos*, de Chaplin, a que os estudantes do ensino fundamental gostam muito de assistir, sugerimos ao professor, para que ele possa escolher de acordo com o projeto de trabalho e o nível da turma, outro elenco de filmes, nacionais e estrangeiros, que abordam várias dimensões do mundo do trabalho em diferentes tempos: organização do processo produtivo; técnicas de produção e novas tecnologias; globalização, redes sociais; emprego, renda, condições de trabalho; condições de vida, resistências, lutas, sonhos:

A rede social
  Gênero: Drama
  Direção: David Fincher
  País: EUA
  Ano: 2010
  Duração: 121 min

Babel
  Gênero: Drama
  Direção: Alejandro González-Iñárritu
  País: EUA
  Ano: 2006
  Duração: 142 min

À procura da felicidade
  Gênero: Drama
  Direção: Gabriele Muccino

País: EUA
Ano: 2006
Duração: 117 min

Fala tu
Gênero: Documentário
Direção: Guilherme Coelho
País: Brasil
Ano: 2004
Duração: 74 min

Garotas do ABC
Gênero: Drama
Direção: Carlos Reichenbach
País: Brasil
Ano: 2004
Duração: 124 min

Domésticas: O filme
Gênero: Comédia
Direção: Fernando Meirelles e Nando Olival
País: Brasil
Ano: 2002
Duração: 90 min

Dançando no escuro (*Dancer in the dark*)
Gênero: Drama
Direção: Lars Von Trier
País: França
Ano: 2000
Duração: 139 min

Comer, beber e viver (*Yinshi nan nu*)
Gênero: Drama
Direção: Ang Lee
País: Taiwan
Ano: 1994
Duração: 123 min

Daens: Um grito de justiça (*Daens*)
Gênero: Drama
Direção: Stijn Coninx
País: Bélgica
Ano: 1992
Duração: 132 min

Eles não usam black-tie
Gênero: Drama
Direção: Leon Hirszman
País: Brasil
Ano: 1981
Duração: 134 min

Sindicato de ladrões (*On the waterfront*)
Gênero: Drama
Direção: Elia Kazan
País: EUA
Ano: 1954
Duração: 108 min

Ladrões de bicicleta (*Ladri di biciclette*)
Gênero: Drama
Direção: Vittorio di Sica

País: Itália
Ano: 1948
Duração: 90 min

A greve
Gênero: Drama
Direção: Sergei Eisenstein
País: URSS
Ano: 1925
Duração: 82 min

Caminhos, vários! Quais deles seguir? Não pergunte, pois, como diz Larrosa (1995), "renunciarías a la posibilidad de perderte". Meu maior aprendizado com essa experiência: ao retornar de uma visita, cansada, depois de passar quatro horas dentro de uma fábrica com 28 adolescentes, lindos e cheios de energia, um deles me disse: "Professora, posso te dizer uma coisa? Essa foi uma das melhores aulas de História que tive na minha vida; aprendi pra caramba!". Esquecer essa frase, jamais! A história está viva!

Notas

1. A respeito de diretrizes para organização de diversos trabalhos escolares, acadêmicos, sugerimos ao professor consultar o clássico livro de Severino, A.J. (2002). *Metodologia do trabalho científico.* São Paulo: Cortez.
2. Sobre diferentes abordagens de produção do conhecimento histórico sugiro ler: Vieira, M.R. *et al.* (1992). *A pesquisa em História.* São Paulo: Ática.
3. Em vários países a iniciação à pesquisa ocorre ainda na educação básica. No Brasil o CNPq criou em 2003 e tem desenvolvido o Programa Institucional de Bolsas de Iniciação Científica para o Ensino Médio (Pibic-EM), dirigido aos estudantes do ensino médio. Em 2011, disponibilizou um total de 8 mil bolsas de iniciação científica para os estudantes com a finalidade de contribuir para a formação de cidadãos plenos, conscientes e participativos; de despertar vocação

científica e de incentivar talentos potenciais, mediante sua participação em atividades de educação científica e/ou tecnológica, orientadas por pesquisador qualificado de instituições de ensino superior ou institutos/centros de pesquisas ou institutos tecnológicos; fortalecer o processo de disseminação das informações e conhecimentos científicos e tecnológicos básicos, bem como desenvolver atitudes, habilidades e valores necessários à educação científica e tecnológica dos estudantes do ensino médio. O Pibic-EM é operacionalizado pelas Instituições de Ensino e Pesquisa (universidades), Institutos de Pesquisa e Institutos Tecnológicos (Cefets e IFs) que tiverem Pibic e/ou Pibiti para desenvolverem um programa de educação científica que integre os estudantes das escolas de nível médio, públicas do ensino regular, escolas militares, escolas técnicas ou escolas privadas de aplicação. Fonte: http://www.cnpq.br/programas/pibic_em/index.htm

4. O texto desse projeto foi originalmente escrito e discutido com os alunos de 8ª série (hoje 9º ano) no contexto das aulas de História na Escola de Educação Básica da UFU. A escola utilizava naquele ano a coleção de livros didáticos de História, de autoria de Francisco Assis e Silva, publicado pela Moderna. O livro era usado como uma das fontes e seu texto era complementado com vários outros livros, textos e materiais. Como escola pública federal, naquela época, dispunha de ampla gama de recursos e os professores eram contratados no regime de 40 horas, sendo cerca de 20 horas da jornada semanal destinadas a estudos e preparação das aulas, além de salários superiores àqueles pagos na rede pública estadual e municipal.

5. Dentre os bons textos que analisam a produção cinematográfica sobre o tema sugerimos: Vesentini, C.A. (2003). "História e ensino: O tema do sistema de fábrica visto através de filmes". *In*: Bittencourt, C. (org.). *O saber histórico na sala de aula*. São Paulo: Contexto, pp. 163-175; Amorim, R. (2006). "Cenas do trabalho na tela". *Ciência e Cultura*, vol. 58, n. 4, São Paulo, out./dez.

Referências bibliográficas

FELGUEIRAS, M.L. (1994). *Pensar a História: Repensar o seu ensino*. Porto: Porto Ed.

FORQUIN, J.C. (1993). *Escola e cultura*. Porto Alegre: Artes Médicas.

GUIMARÃES, S. (1993). *Caminhos da História ensinada*. Campinas: Papirus.

LARROSA, J. et al. (1995). *Déjame que te cuente: Ensayos sobre narrativa e educación*. Barcelona: Laertes.

MANIQUE, A.P. e PROENÇA, M.C. (1994). *Didáctica da História: Património e história local*. Lisboa: Texto.

SILVA, M.A. e GUIMARÃES, S. (2007). *Ensinar História no século XXI: Em busca do tempo entendido*. Campinas: Papirus.

TARDIF, M.; LESSARD, C. e LAHAYE, L. (1991). "Os professores face ao saber. Esboço de uma problemática do saber docente". *Teoria e Educação*, n. 4, pp. 215-233.

THOMPSON, E.P. (1987). *A miséria da teoria*. Rio de Janeiro: Zahar.

VIEIRA, M.R. *et al.* (1992). *A pesquisa em História*. São Paulo: Ática.

4
O ESTUDO DA HISTÓRIA LOCAL E A CONSTRUÇÃO DE IDENTIDADES

Quando discutimos conteúdos e metodologias no ensino de História, vêm à nossa mente as perguntas: o que e como ensinar? Ao longo dos capítulos, abordamos diversas faces dessas questões. Neste texto[1] temos como objetivo analisar algumas dificuldades, alguns problemas relacionados ao ensino de história local e também discutir possibilidades, caracterizar experiências pedagógicas e propostas de ensino. A partir da literatura de ensino e aprendizagem de História incorporando diversificadas fontes e linguagens, o texto analisa possibilidades de trabalho educativo com a história local no ensino fundamental.

Durante muito tempo, o ensino fundamental na educação escolar brasileira constituiu, em primeira mão, um lugar privilegiado para a difusão de uma dada memória, uma história marcada por preconceitos, estereótipos e mitos políticos conservadores. As intenções das elites dominantes, controladoras da difusão do conhecimento oficial, sobretudo nos períodos ditatoriais no Brasil, eram explícitas nos currículos e materiais educativos. Desde os primeiros anos de escolaridade, era preciso desenvolver nos alunos determinadas noções e atitudes visando "integrá-los" à realidade social e histórica, tendo em vista que grande parte da população estudantil brasileira não ultrapassava os limites do ensino fundamental (denominado ensino primário e ginásio, separados pelo exame de admissão e, depois da reforma educacional de 1971, ensino de 1º grau). A disciplina Estudos Sociais cumpriu essa função em grande parte da história da educação brasileira, particularmente na segunda metade do século XX. Além disso, os argumentos locais e regionais eram e ainda são, muitas vezes, usados como forma de mascarar os conflitos e as contradições presentes na sociedade.

Essa perspectiva de ensinar História não é mais a mesma, como já abordamos em vários capítulos do livro. Os objetivos, as finalidades educativas, os currículos prescritos, os livros e materiais didáticos e a formação do professor se modificaram. Estamos vivenciando, desde as últimas décadas do século XX, um movimento de repensar a História, as metodologias e as práticas de ensino. Entretanto, quando se trata das questões relativas à história local, regional e as relações com o global, muitas dificuldades, dúvidas e problemas permanecem.

O local em um país diverso e plural: Desafios ao ensino de História

A realidade brasileira é diversa, plural e complexa, com diferenças regionais marcantes, variadas geografias e níveis sociais, econômicos e culturais. O que nos une? Um território, uma pátria, uma língua, um estado, uma nação, uma Constituição. Vivemos um tempo de globalização, ou mundialização, como preferem alguns autores. Neste mundo contemporâneo, o que significa falar em nação, identidades locais, regionais e mesmo identidade nacional? O que é ser mineiro, gaúcho ou nordestino em nosso país uno, diverso e plural? O que significa ser brasileiro no contexto internacional? Como o ensino de História na educação básica tem tratado essa problemática?

Viajando por este Brasil, aonde quer que vá, para além das fronteiras de sua região, um mineiro, um gaúcho, um nordestino ou um baiano depara com algumas construções imaginárias que preconceituam sua identidade. Fernando Sabino (1991), depois de muito ouvir falar sobre mineiridade e mineirismos, sintetizou, como registra a revista *Veja*, o que é ser mineiro por este Brasil afora:

> É esperar pela cor da fumaça. É dormir no chão para não cair da cama. É plantar verde para colher maduro. É não meter a mão em cumbuca. Não dar passo maior que as pernas. Não amarrar cachorro com linguiça. Porque mineiro não prega prego sem estopa. Não dá ponto sem nó. Mineiro não perde o trem. Mas compra bonde. Compra e vende para paulista. (24/4, p. 11)

Os paulistas, por sua vez, retrucam a última definição de Sabino e dizem: "Mineiros são baianos cansados, que vinham do Nordeste e não conseguiram chegar até São Paulo" (estereótipo recorrente). Aqui, encontramos uma imagem unificadora dos nordestinos que se deslocam para o sul: são todos "baianos" para os paulistas, ou "paraíbas" no Rio de Janeiro. À primeira vista, isso pode parecer "conversa mole" de brasileiro.

Observamos que essas "conversas", "disputas", "casos", "piadas" estão presentes no nosso cotidiano e fazem parte do processo de construção e reconstrução da nossa identidade – que é plural –, da memória coletiva deste país. Nesse contexto podemos refletir sobre as experiências vividas no passado e no presente, no local, na região, no país; podemos organizá-las, registrá-las, reconstruí-las, de forma que elas não se percam e passem a fazer parte da nossa cultura, das nossas tradições.

Nas práticas de ensino de História, as pesquisas nos têm revelado uma diversidade de maneiras de abordar temas, linguagens, fontes e materiais sobre as problemáticas do meio social vivido, do local, do regional, do cotidiano. Nós, professores, não apenas estamos na história, mas fazemos, aprendemos história em diferentes realidades. A educação histórica, a formação da consciência histórica dos sujeitos não ocorre apenas na escola, mas em diversos lugares. Isso requer de nós uma relação viva e ativa com o tempo e o espaço do mundo no qual vivemos, por menor que ele seja. O meio no qual vivemos traz as marcas do presente e de tempos passados. Nele encontramos vestígios, monumentos, objetos, imagens, manifestações de grande valor para a compreensão do imediato, do próximo e do distante. O local e o cotidiano, como locais de memória, são constitutivos, ricos de possibilidades educativas, formativas.

Calvino (1990, pp. 14-15) nos lembra que "(...) a cidade não conta o seu passado, ela o contém como as linhas da mão, escrito nos ângulos das ruas, nas grades das janelas, nos corrimãos das escadas, nas antenas dos pára-raios, nos mastros das bandeiras".

Para Samuel (1989, p. 220):

> A história local requer um tipo de conhecimento diferente daquele focalizado no alto nível de desenvolvimento nacional e dá ao pesquisador uma idéia muito mais imediata do passado. Ele a encontra dobrando a esquina e descendo a rua. Ele pode ouvir os seus ecos no mercado, ler o seu grafite nas paredes, seguir suas pegadas nos campos.

Essas afirmações nos conduzem a uma série de questionamentos, tais como: a história pode ser encontrada, ouvida, lida nos muros, nas ruas, nas janelas, nas escadas, nos quintais, nas esquinas, nos campos, como tem sido contada no ensino? Isso nos leva a repensar as relações entre produção e difusão de saberes históricos; entre currículos prescritos e vividos, construídos no cotidiano escolar; entre memória, história e identidade; entre local e global.

A LDB, aprovada em 1996, estabelece como diretriz curricular para todo território nacional:

> Art. 26 – Os currículos do ensino fundamental e médio devem ter uma base nacional comum, a ser complementada em cada sistema de ensino e estabelecimento escolar por uma parte diversificada, exigida pelas características regionais e locais da sociedade, da cultura, da economia e da clientela.

Ou seja, os currículos escolares devem contemplar conhecimentos comuns em âmbito nacional e também as singularidades, as especificidades do lugar de vivência de alunos e professores. Esta perspectiva curricular, a articulação entre os "conhecimentos universais" e os "específicos", é objeto de amplo debate entre educadores. Forquin (1993, p. 143) ressalva que "a escola não pode ignorar os aspectos 'contextuais' da cultura, mas deve sempre também se esforçar para pôr ênfase no que há de mais geral na cultura humana".

Os PCNs (Brasil 1997, p. 49) de História reforçam a diretriz da LDB:

> (...) o ensino e a aprendizagem de História estão voltados, inicialmente, para atividades em que os alunos possam compreender as semelhanças e as diferenças, as permanências e as transformações no modo de vida social, cultural e econômico de sua localidade, no presente e no passado, mediante a leitura de diferentes obras humanas.

Zamboni (1993, p. 7), em artigo publicado no início dos anos 1990, sobre o papel do ensino de História na construção da identidade, argumenta:

> O objetivo fundamental da História, no ensino de primeiro grau (ensino fundamental), é situar o aluno no momento histórico em que vive. (...) O processo de construção da história de vida do aluno, de suas relações sociais, situados em contextos mais amplos, contribui para situá-lo historicamente, em sua formação intelectual e social, a fim de que seu crescimento social e afetivo desenvolva-lhe o sentido de pertencer.

Apesar das diretrizes, dos consensos construídos sobre a importância do estudo da história local e regional para a formação de crianças e jovens, até há bem pouco tempo era possível deparar, no cotidiano escolar, com uma série de dificuldades para a concretização desses objetivos. Entre essas dificuldades, pesquisas na área do ensino evidenciam: a fragmentação rígida dos espaços e temas não possibilitam aos alunos o estabelecimento de relações entre os vários níveis, dimensões e escalas. A história do bairro, da cidade, do estado do país é estudada, muitas vezes, em unidades estanques, dissociadas do resto do continente ou do mundo. Outra dificuldade recorrente eram (e em algumas localidades ainda são) as fontes de estudo, os documentos disponíveis aos professores, em geral, constituídos de dados, textos, encartes, materiais produzidos por órgãos administrativos locais com o objetivo de difundir uma determinada memória. Assim, muitas vezes, professores e alunos tinham, como únicas fontes de estudo, evidências que visam à preservação da memória de grupos da elite local (Guimarães 1992; 2009).

As dificuldades no tratamento da história local e regional são também recorrentes na pesquisa historiográfica. Apesar da beleza, da proximidade, das tentativas e dos esforços, a história local continua, como nos diz Samuel (1989, p. 222), "circunscrita a um grupo de entusiastas" e, "embora escrita como um trabalho de amor, é repetitiva e sem vida". Isso se deve à natureza dos documentos e também à própria noção de história local/regional como uma entidade distinta e separada, fenômeno único, como um conjunto cultural com periodização própria.

O local, o global e a construção de identidades

Ensinar e aprender a história local e do cotidiano é parte do processo de (re)construção das identidades individuais e coletivas, a meu ver, fundamental para que os sujeitos possam se situar, compreender e intervir no meio em que vivem como cidadãos críticos. No atual contexto histórico, no qual cada vez mais as identidades são líquidas, fluidas, como diz Bauman (2005, 2007), é desafiador relacionar local/global, singular/plural, universal/diverso em sala de aula. Para Manique e Proença (1994, p. 24),

> (...) uma identidade constrói-se a partir do conhecimento da forma como os grupos sociais de pertença viveram e se organizaram no

passado, mas também da verificação da forma como se estruturam para fazer face aos problemas do presente, tendo uma componente que aponta para o futuro, pelo modo como este se prepara através da fixação de objetivos comuns.

Ao analisar a questão da globalização e das identidades nos currículos de História na atual realidade europeia, particularmente na Espanha, Travería (2005, p. 19; tradução nossa) aponta alguns desafios da educação obrigatória e do ensino de História no contexto de produção de novas identidades e novas relações de pertencimento:

> Viver a diversidade como uma riqueza, não como uma ameaça; ativar mecanismos de identificação e conhecimento do meio próximo ou entorno; construir identidades sociais abertas, não excludentes, capazes de dialogar com as demais, tornando possível integrar diversas identidades.

Se estabelecermos relação entre a proposta de estudo de história local dos PCNs e as preocupações dos autores mencionados, encontraremos várias conexões, entrecruzamentos e aproximações. Concordamos com aqueles que defendem os estudos de história local na educação básica. Do ponto de vista de uma proposta pedagógica, podemos construir saberes e práticas que enfrentem os problemas de identidade, pertencimento, pluralidade cultural, étnica e religiosa e desigualdade social que marcam as nossas escolas. Nesse sentido, a história local pode ter um papel decisivo na construção de memórias que se poderão inscrever no tempo longo, médio ou curto, favorecendo uma melhor relação dos alunos com a multiplicidade da duração.

O local e o cotidiano do aluno constituem e são constitutivos de importantes dimensões do viver – logo, podem ser problematizados, tematizados e explorados no dia a dia da sala de aula, com criatividade, a partir de diferentes situações, fontes e linguagens. Assim, o ensinar e o aprender História não são algo externo a ser proposto e difundido com uma metodologia específica, mas sim algo a ser construído no diálogo, na experiência cotidiana, em um trabalho que valorize a diversidade e a complexidade de forma ativa e crítica. A memória das pessoas, da localidade, dos trabalhos, das profissões, das festas, dos costumes, da cultura, das práticas políticas no tempo presente e passado está viva entre nós. Nós, professores, podemos, com os alunos, auscultar o pulsar da comunidade, registrá-lo, produzir reflexões e transmiti-lo a outros. A escola e as aulas de História são lugares de memória da história recente, imediata e distante.

Finochio (2007), ao tratar a questão do ensino da "história recente" nas escolas argentinas, questiona os aportes do ensino para a construção de identidades abertas e plurais, para o fortalecimento da democracia.[2] Partindo do pressuposto de que história e memória se misturam, especialmente nas escolas, a autora analisa três lugares importantes para a reflexão sobre a história recente daquele país: a Plaza de Mayo, a obra *Nunca más* e o filme *La noche de los lápices*, de Héctor Olivera (1986). Uma das conclusões do estudo é a seguinte:

> (...) Fica a impressão de que a história recente que transmite a escola às jovens gerações tem uma textura frágil, mais frágil que a que transfere outras instituições sociais, como os meios de comunicação, por exemplo. Fica a impressão, também, de que a escola é um espaço aonde chega a história, porém é, além disso (ou talvez mais), uma máquina imponente de memória institucionalizada. (P. 274; tradução nossa).

Se os estudos do local e do tempo recente são relevantes no processo de construção das identidades,[3] se esse processo, na educação escolar, deve pautar-se na realidade em que vivemos, ou seja, numa sociedade marcada pela pluralidade étnica, religiosa, cultural e, também, por profundas desigualdades sociais e econômicas, como fugir às armadilhas, em especial àquelas que insistem em impor no processo educativo escolar uma determinada memória? Como não permitir que a escola seja, como denomina Finocchio, "uma máquina imponente de memória institucionalizada"?

Uma das dificuldades no estudo da história local, como já mencionado, é a excessiva fragmentação (no processo de didatização) dos espaços, tempos e problemas, o que acaba dificultando a compreensão dos alunos. Nesse sentido, cabem algumas considerações, buscando "fugir às armadilhas".

No trabalho pedagógico em sala de aula, um aspecto relevante e necessário hoje, e não só em História, é reconhecer e considerar, "na sociedade globalizada em que vivemos, o alto padrão de desenvolvimento das tecnologias. A televisão, o rádio, a internet, os jornais – os meios de comunicação de massa em geral – e os meios de transportes redimensionaram os fluxos, as nossas relações de espaço e tempo, bem como as relações sociais. A velocidade da circulação e do deslocamento de pessoas, mercadorias e informações faz, por exemplo, os alunos que vivem nos lugares mais afastados dos grandes centros urbanos terem acesso a fatos distantes ao mesmo tempo que foram produzidos ou após um curto espaço de tempo. Os alunos participam de redes sociais, comunidades virtuais na *web* das quais participam pessoas de diferentes partes do planeta.

Autores de diferentes áreas do conhecimento têm abordado as relações entre o local e o global. Segundo Harvey (2004), há "na saliência contemporânea, no debate político", o domínio do nexo "local/global"; um verdadeiro fascínio por estudos em variadas disciplinas, obras que tratam dos "conhecimentos locais", das "culturas locais", da "construção do lugar" (p. 119). Entretanto, o autor adverte para o fato de que "seria um erro flagrante confundir o 'global' de globalização com reivindicações mais gerais de universalidade (de verdades, preceitos morais, de ética ou de direitos)". Mas, também conforme o autor, "seria errôneo desprezar a ligação deveras robusta entre esses aspectos". A consideração conjunta do global e do local é vista, por ele, como "condição necessária (embora não suficiente) de criação de alternativas políticas e econômicas" (p. 118).

Samuel (1989) sugere que, em vez de considerar a localidade por si mesma como objeto, o professor poderá escolher como ponto de partida algum elemento da vida que seja, por si só, limitado tanto em tempo como em espaço, mas usado como "uma janela para o mundo" (p. 229).

Para Romero (*apud* Schmidt e Cainelli 2004, p. 116),

> (...) freqüentemente, coloca-se uma oposição entre ensinar a história local, a nacional e a história universal. Essa discussão nos parece inútil. A contraposição entre o local e o universal, o próximo e o longínquo, parece-nos falsa do ponto de vista científico e contraproducente em termos dos objetivos educacionais propostos. Nosso objetivo como docentes que têm a intenção de formar cidadãos de nossa nação e pessoas capazes de entender o mundo em que vivem, deveria fazer com que todos compreendessem o processo da História do nosso País, incluindo os três marcos sucessivos que lhe dão sentido: o latino-americano, o ocidental e o universal. Essa afirmação reconhece que o centro de preocupação deve estar na compreensão de nossa própria realidade, na medida em que esta realidade – recortada nos marcos do Estado e da nação – não é compreensível em si mesma.

Concordando com os autores, o local é uma janela para o mundo. Cabe a nós romper com as dicotomias, os didatismos que nos impõem segmentações, compartimentações como "primeiro se ensina isto e só depois aquilo". O mundo está dentro das nossas casas, nas diferentes localidades. Nosso cotidiano é perpassado pelas coisas do mundo. Nossos grupos de convívio são compostos de pessoas de diferentes lugares, nacionalidades, origens étnicas e culturais. O local e o global se mesclam, se articulam, se distanciam e se aproximam num movimento contínuo.

A história local pode ter um papel significativo na construção de memórias que se inscrevem no tempo longo, médio ou curto, favorecendo uma melhor relação dos alunos com a multiplicidade da duração. Seu estudo implica desafios semelhantes aos da história em geral. O local e o cotidiano devem ser problematizados, tematizados e explorados no dia a dia da sala de aula, com criatividade, a partir de variadas fontes. As memórias da localidade, da região, dos trabalhos, das profissões, das festas, dos costumes, da cultura, da política estão vivas entre nós. Os nomes das ruas em que os alunos moram podem dar início a uma pesquisa. Temos a responsabilidade de, juntos a eles, auscultar, ler, registrar, produzir reflexões e transmiti-las.[4]

Os estudos da história local, como sustentam os autores citados, é relevante no processo de construção das identidades. Essa construção, porém, não deve ser no sentido de apagar as diferenças ou cristalizar imagens imutáveis. As identidades são processos dinâmicos. Trata-se, portanto, de reconhecer o contexto sócio-histórico em que vivemos, marcado pela pluralidade territorial, étnica, religiosa, cultural e também por profundas desigualdades sociais e econômicas. Acreditamos que não há uma oposição entre ensinar história local/regional e história nacional. O nacional não é uma totalidade homogênea e, apesar da globalização, o mundo também mantém heterogeneidades. Os fenômenos gerais ocorrem em escala local. No século XIX, por exemplo, o fim da escravidão foi um fenômeno nacional, mas também registrado localmente e com características próprias. É também importante lembrar que a história nacional unitária é um mito sustentado por uma historiografia, que, como afirmam Manique e Proença (1994), não contribui para fazer do ensino da história o suporte de uma memória viva de uma identidade nacional, aberta ao mundo e multicultural. A história local/regional é um importante componente da história ensinada no ensino fundamental. Os problemas locais despertam o interesse dos alunos por problemas que o transcendem.

A fragmentação entre o local, o regional, o nacional e até mesmo o universal pode ser evitada, tendo em vista que vários temas possibilitam a análise de vários níveis e dimensões da realidade: o ecológico, o econômico, o social, o político e o cultural. Por exemplo, é possível trabalhar a singularidade e a universalidade dos problemas sociais e ambientais de nossas grandes cidades quando comparamos cidades brasileiras com cidades de outros países da América, da Ásia ou da África. O cotidiano do aluno não se limita ao vivido em seu bairro, em sua comunidade, mas é atravessado de informações, vivências e referências do resto do mundo. A globalização não só está presente entre nós, como também marca, significativamente, o nosso cotidiano. Nesse sentido, destacaremos duas sugestões de trabalho: 1) incorporação das fontes orais; e 2) os estudos de meio.

A história oral como um caminho...

As atuais propostas pedagógicas que privilegiam os estudos do local e do cotidiano caminham no sentido de romper com as dicotomias, a fragmentação, a separação entre espaços, tempos e sujeitos. O professor pode incorporar variadas fontes escritas e orais que permitem realizar trabalhos educativos, sem perder de vista os diversos aspectos da realidade histórica. Logo, é muito importante o trabalho de seleção de fontes, as escolhas das linguagens, das estratégias e das metodologias usadas em sala de aula. Precisamos ter clareza de que tanto as fontes orais e os documentos dos arquivos locais quanto a literatura e as canções, por exemplo, requerem sempre uma atitude ativa e crítica de professores e alunos.

Segundo Samuel (1989, pp. 237-239):

> A história local não se escreve por si mesma, mas, como qualquer outro tipo de projeto histórico, depende da natureza da evidência e do modo como é lida. Tudo pode variar, desde a escolha do tema até o conteúdo dos parágrafos individuais. (...) O valor dos testemunhos depende do que o historiador lhe traz, assim como aquilo que ele leva, da precisão das perguntas e do contexto mais extenso de conhecimento e entendimento do qual elas derivam. O relato vivo do passado deve ser tratado com respeito, mas também com crítica; como o morto.

Quanto ao uso das fontes orais, o autor defende:

> (...) as entrevistas como formas capazes de fazer com que os estudos de história local escapem das falhas dos documentos, uma vez que a fonte oral é capaz de ampliar a compreensão do contexto, de revelar os silêncios e as omissões da documentação escrita, de produzir outras evidências, captar, registrar e preservar a memória viva. A incorporação das fontes orais possibilita despertar a curiosidade do aluno e do professor, acrescentar perspectivas diferentes, trazer à tona o "pulso da vida cotidiana, registrar os tremores mais raros dos eventos, acompanhar o ciclo das estações e mapear as rotinas semanais". (*Ibidem*, p. 233)

Para Schwarzstein (2001, pp. 40-42; tradução nossa):

A história local é um aspecto importante, ainda que limitado, do trabalho escolar com fontes orais. Pode-se partir do entorno para promover o interesse por problemas que o transcendem. Entretanto, é importante abordar o local, enfatizando a necessidade de colocá-lo em um contexto global, que permita a análise de um conjunto de relações. Dessa maneira, aproveita-se para a aprendizagem, simultaneamente, a atração ao concreto e próximo, e ao distante e diverso. O conjunto de desafios e possibilidades que analisamos com anterioridade tem consequências muito importantes no desenvolvimento atitudinal e nos instrumentos de aprendizagem que os alunos vão adquirindo através de sua prática, que aponta nessa direção. Assim, as exigências de desenhar um projeto, tarefa conjunta dos docentes com os alunos, eleger os entrevistados, elaborar os questionários e realizar as entrevistas, desenvolvem neles uma grande habilidade para formular perguntas, bem como um sentido crítico fundamental. Devem, ainda, desenvolver critérios de seleção de conteúdos, ideias principais, enfoques etc. O trabalhar com testemunhas que dão prova de maneiras diferentes de processar e avaliar os fatos do passado ajuda os alunos a levar em consideração as múltiplas perspectivas dos diversos atores envolvidos.

Compartilhamos das ideias defendidas pelos autores sobre as possibilidades das fontes orais no trabalho pedagógico.[5] A meu ver, os projetos de história oral na educação básica pressupõem uma concepção de ensino de História que envolva a investigação, a pesquisa, a produção de saberes. O professor desempenha o papel de coordenador, gestor das ações educativas, mediador capaz de repensar, religar pesquisa e ensino, saberes e práticas.

O trabalho investigativo a partir do cotidiano do jovem, por meio de fontes orais, ganha novas dimensões à medida que possibilita a problematização, a reflexão sobre a realidade que o cerca. O aluno é motivado a levantar os testemunhos vivos, as evidências orais da história do lugar, buscando explicações. Por que essa situação é assim? Por que isso mudou e aquilo permaneceu? As interrogações sobre o local em que vive podem levar à busca de sentido, à compreensão do próximo e do distante no espaço e no tempo. A História tem o papel de auxiliar o aluno na busca de sentidos para as construções e as reconstruções históricas. Espaço e tempo não são duas categorias abstratas, mas preenchidas de historicidade.

Em 2005, um exemplo de projeto de trabalho de história oral foi apresentado e desenvolvido, sob nossa orientação, no curso Veredas, de formação superior de professores, com professores e alunos do ensino fundamental, na rede pública do Estado de Minas Gerais. O projeto interdisciplinar, envolvendo as disciplinas História, Geografia, Língua Portuguesa e Matemática, teve como objetivos "caracterizar e analisar a diversidade étnica e cultural da população brasileira", bem como "analisar e comparar as condições sociais e econômicas da população brasileira no passado e no presente" (Guimarães e Guimarães 2005, pp. 133-134). O projeto foi construído da seguinte forma: a) problematização do tema; b) planejamento do estudo; c) desenvolvimento do trabalho – etapa em que foi projetado e desenvolvido um elenco de atividades investigativas; d) síntese e avaliação.

A primeira atividade consistiu na elaboração, na preparação e na realização de entrevistas orais com familiares dos alunos, tendo, como objetivo, mapear os lugares, as regiões de origem das famílias dos alunos, os deslocamentos, os movimentos migratórios, os motivos da escolha ou da não escolha do lugar para viver. Também foram reconstruídos histórias das famílias, dos sobrenomes, os hábitos alimentares, os costumes, as religiões e outras características socioculturais dos grupos familiares. As entrevistas orais possibilitaram a compreensão da pluralidade da população, a convivência de pessoas de diversas regiões com hábitos, valores, culturas diferentes, e o compartilhamento de problemas, o diálogo sobre as diferenças e as semelhanças de modos de ser e viver. Os registros foram complementados com dados, indicadores sociais e populacionais do IBGE, do Ipea, do Ministério das Relações Exteriores sobre imigração e emigração e da ONU com relação às condições de vida da população brasileira e de outros países. Também foram utilizadas fontes como textos, mapas e canções. Ao final do projeto, alunos e professores das turmas foram motivados a produzir um pequeno livro ilustrado que recebeu o título *A gente faz um país*. O projeto foi desenvolvido de modo distinto, com variações, em diversas escolas do estado de Minas Gerais, Brasil.

Os relatos dos professores, dos trabalhos realizados com os alunos, particularmente nos memoriais, evidenciam como atividades com a história oral podem ser exitosas e gratificantes para os alunos. A investigação sobre quem somos nós, brasileiros, como vivemos, qual é nossa "cara", possibilita-nos não só refletir sobre a nossa identidade, mas também promover diálogo entre identidades de forma democrática e cidadã.

Estudos do meio como possibilidade de trabalho interdisciplinar

Outra abordagem metodológica bastante desenvolvida[6] diz respeito aos estudos do meio. Trata-se de uma metodologia que favorece o trabalho de pesquisa, interdisciplinar, que possibilita aos alunos estabelecer contatos vivos, diretos, com o patrimônio sócio-histórico ambiental. Segundo Manique e Proença (1994, p. 26),

> (...) o estudo do meio é, por natureza, uma área para que convergem os contributos de várias disciplinas, pois trata-se de um espaço vital onde se interligam diversas variantes e se estabelece uma série de relações entre os diferentes fenômenos que caracterizam as sociedades humanas. Ora, se a História tem um carácter global, é indispensável que essa característica também seja tida em conta nos estudos de história local, recorrendo ao contributo de outras ciências sociais.

Nessa perspectiva, segundo os autores:

> (...) o meio como recurso didáctico permite atingir determinadas metas de carácter científico e didáctico-pedagógico:
> - Os estudos de história local revelam-se extremamente motivadores para os alunos porque lhes permitem realizar actividades sobre temas que lhes despertam o interesse, pela sua relação com o passado do que ainda reconhecem os mais variados

vestígios. A motivação deve, contudo, ultrapassar a satisfação da simples curiosidade, para fomentar um verdadeiro trabalho de investigação.
- A observação do meio – e consequente pesquisa – permite o desenvolvimento de capacidades intelectuais como a análise, enquanto classifica, compara e discrimina os diversos dados obtidos na investigação, a que se seguirá um trabalho de síntese final.
- Por se tratar de trabalhos de pesquisa, o aluno pode iniciar-se no método de investigação histórica, exercitando outros processos científicos, como a formulação de critérios hipotético-dedutivos, e desenvolvendo a observação directa e indirecta.
- Pelo estudo do meio é possível concretizar a interdisciplinaridade através da abordagem didáctica de situações que implicam a relação de fenómenos que podem envolver diferentes áreas científicas, mas que têm como denominador comum o factor de se desenvolverem num lugar e época concretos.
- Ao iniciar-se no estudo do meio, o aluno irá seguir as três etapas que tradicionalmente caracterizam o labor historiográfico: a heurística das fontes, a sua crítica respeitando os caracteres interno e externo e, posteriormente, a elaboração da síntese global.
- O recurso ao meio como objecto de estudo e a compreensão do passado da localidade onde vive permitem que o aluno se insira e compreenda melhor a sociedade de que faz parte e na qual virá a intervir.
- O contacto com as instituições locais e a percepção do seu modo de funcionamento preparam melhor o aluno para uma futura integração na sociedade, facilitando-lhe a compreensão das instituições democráticas e reforçando, deste modo, o caráter formativo da História na preparação para o exercício consciente da cidadania. (*Ibidem*, p. 27; grafia portuguesa)

De forma didática, os autores sugerem uma sistemática pela qual se pode organizar o trabalho de investigação, visando atingir as metas anteriormente transcritas. Propõem as seguintes etapas:

- O processo deve iniciar-se pela tomada de contacto com o tema, por parte dos alunos. Para o efeito, o professor, em situação de classe, terá que prestar uma série de informações sobre o assunto, na sua globalidade, e orientará os alunos sobre as actividades de desenvolver os meios disponíveis, os objetivos a alcançar e os possíveis subtemas do trabalho. É a altura de proceder à formação de pequenos grupos que não devem ultrapassar os quatro ou cinco elementos. Esse trabalho será precedido ou acompanhado de visitas de estudo aos arquivos e biblioteca locais.

- Concretizado o tema e definidas as regras metodológicas, o professor e os alunos estabelecerão um acordo (que pode tomar a forma de um compromisso escrito) sobre a forma de trabalhar, atividades a desenvolver, prazos, formas de apresentação...
- Efetuadas essas operações, cada grupo começará o seu trabalho por uma primeira abordagem do subtema escolhido, de modo a definir o seu conteúdo e limites. (Trata-se de um primeiro plano da investigação.)
- Desenvolvimento, na aula, pelo professor (podendo integrar a participação dos alunos dos diferentes grupos) de cada um dos subtemas propostos. Essas aulas visam fornecer informações e preparar o posterior trabalho extra-aula.
- Enquanto se desenvolve o trabalho de pesquisa dos alunos, realizar-se-ão, com uma periodicidade predeterminada, aulas em que se precederá a seleção, explicação e organização dos conceitos operatórios e da informação recolhida por cada grupo, no sentido de estabelecer relações entre os diferentes subtemas do trabalho.
- Elaboração da síntese final, velando o professor para que não ocorram divagações ou uma grande dispersão por parte dos diferentes grupos. A intervenção do professor deve ser cuidadosa para evitar impor a sua própria interpretação ou visão. Embora tenha a obrigação de corrigir erros ou falsas conclusões, deve promover a autonomia dos alunos para que estes sejam os próprios construtores dos conhecimentos adquiridos e, por meio do seu trabalho, possam aperceber-se da especificidade do meio em que estão inseridos e da sociedade que os rodeia, compreendendo assim a sua condição de agentes históricos. O professor manter-se-á num papel de informador e catalisador durante a elaboração do trabalho, facilitando materiais, velando pela correcta definição e utilização de conceitos e evitando as divagações de forma a que cada grupo se mantenha nos limites fixados, para que não existam sobreposições. (*Ibidem*, pp. 27-28)

Em linha similar, os PCNs de História (Brasil 1998, pp. 94-95), anos finais do ensino fundamental, apresentam aos professores algumas ricas sugestões de estudos do meio, as quais apresento e comento a seguir:

a) criar atividades anteriores à saída, que envolvam levantamento de hipóteses e de expectativas prévias;

b) criar atividades de pesquisa, destacando diferentes abordagens, interpretações e autores, sobre o local a ser visitado. Concordo com o registro dos PCNs que algumas propostas envolvem o trabalho de pesquisa em outras fontes após a visita. O professor tem várias alternativas de trabalho;

c) se possível, integrar várias áreas, permitindo análises mais conjunturais dos locais a serem visitados (...);

d) antes de realizar a atividade, solicitar que os alunos organizem as informações que já dominam, para que subsidiem hipóteses e indagações no local;

e) se possível, conseguir um ou mais especialistas (acrescento: ou alguém da própria comunidade) para conversar com os alunos sobre o que vão encontrar. Como no caso sugerido na letra b, essa atividade pode ocorrer antes ou depois da visita;

f) o professor deve visitar o local com antecedência, para que possa ser também informante e guia ao longo dos trabalhos. Com a facilidade da internet, sugiro que essa visita seja realizada nos *sites* que apresentam a localidade. Os *sites* são vários: além dos oficiais de prefeituras, museus, ainda há os de agências de turismo;

g) organizar, com os alunos, um roteiro de pesquisa, um mapa do local e uma divisão de tarefas;

h) conseguir com antecedência ou posteriormente, para estudo em classe, mapas de várias épocas sobre o local, para análise da transformação da paisagem e da ocupação humana;

i) conversar com os alunos, antes da excursão, sobre condutas necessárias no local, como interferências prejudiciais aos patrimônios ambientais, históricos, artísticos ou arqueológicos.

Trata-se, como exposto nas duas proposições, de uma metodologia extremamente rica, que apresenta várias possibilidades de trabalho interdisciplinar, de modo especial com a Geografia. Favorece o desenvolvimento de várias habilidades, sobretudo da capacidade de observação do estudante, num processo de investigação histórica que possibilita e requer a localização, a problematização e a preservação de diversas fontes históricas. Nesse sentido, o estudo do meio não é um fim em si mesmo; não é, simplesmente, uma excursão ou um passeio como alguns alunos pensam. Trata-se de uma metodologia que requer um projeto de estudo que integre o projeto pedagógico da escola. Portanto, requer definição prévia dos procedimentos metodológicos a serem adotados, organização, preparação e avaliação, como abordamos em capítulos anteriores.

Assim, práticas educativas como o estudo do meio nos possibilitam "fugir às armadilhas", exigem do professor uma relação crítica com as concepções de História recorrentes nos currículos e materiais. Segundo Bittencourt (2004, p. 282) "a aproximação histórica ao meio define um processo de observação que conduz a um modo de observação do real". Pressupõe assumir uma postura dialética que lhe permita captar e representar com seus alunos o movimento sócio-histórico e temporal da sociedade, as contradições, as especificidades, as particularidades, sem perder de vista a totalidade. A formação da consciência histórica pressupõe a compreensão do "eu" no "mundo", do "uni" – "verso", enquanto dinâmica, movimento, transformação, história!

Concluindo

Nesta etapa, gostaríamos de reforçar que a nossa intenção é contribuir para o aprofundamento das reflexões sobre os saberes e as práticas pedagógicas em História. Procuramos identificar dificuldades, problemas, ressaltando alguns consensos construídos e possibilidades de trabalho com história oral e estudos do meio no ensino e na aprendizagem da História, com a intenção de contribuir para a busca de respostas sobre como fugir às armadilhas e evitar a fragmentação no tratamento das questões locais/globais. As alternativas/sugestões apresentadas caminham no sentido de articular o local ao nacional, ao global, no contexto social e multicultural em que vivemos. Reafirmamos nossa defesa de propostas investigativas como possibilidade de observação, de diálogo entre passado e presente, de ouvir a voz do outro, de registro da memória individual e coletiva.

Reiteramos aqui nossa posição, relembrando as palavras de Bosi (1992, p. 28):

> (...) a memória articula-se formalmente e duradouramente na vida social mediante a linguagem. Pela memória as pessoas que se ausentaram fazem-se presentes. Com o passar das gerações e das estações esse processo "cai" no inconsciente linguístico, reaflorando sempre que se faz uso da palavra que evoca e invoca. É a linguagem que permite conservar e reavivar a imagem que cada geração tem das anteriores. Memória e palavra, no fundo inseparáveis, é a condição de possibilidade do tempo reversível.

Memória e palavra, escola e história, lugares de memória, de produção de identidades, de formação, de educação. Mais do que difundir respostas para perguntas ou oferecer soluções acabadas para os problemas, a história oral e os estudos de meio, na educação básica, nos permitem olhar, tocar, penetrar, trocar, compreender e dialogar com o outro.

Notas

1. Este texto é uma versão revista e ampliada de texto publicado anteriormente. Veja Guimarães (2009).
2. As relações entre "história oral e tempo presente" são abordadas por: Ferreira, M.M. (1996). "História oral e tempo presente". *In*: Bom Mehy, J.C. (org.). *(Re)introduzindo história oral no Brasil*. São Paulo: Xamã, pp. 11-21.

3. Sobre a categoria de identidade, partilhamos das abordagens de Hall, S. (2004). *A identidade cultural na pós-modernidade*. Rio de Janeiro: DP&A; e de Bauman, Z. (2005). *Identidade*. Rio de Janeiro: Zahar; Bauman, Z. (2007). *Tempos líquidos*, Rio de Janeiro: Zahar.
4. Exemplo disso é uma experiência de ensino sobre história e cultura afro-brasileira, desenvolvida pela professora Maria Joana Costa, em turmas finais do ensino fundamental, na Escola Municipal do Bairro Laranjeiras da cidade de Uberlândia. O estudo teve como ponto de partida os nomes das ruas (onde residem os alunos no referido bairro) que são homenagens a vários países do continente africano. Experiência registrada e analisada em Silva, G.C. da. *O estudo da história e cultura afro-brasileira: Currículo, formação e práticas docentes*. Tese de doutorado em Educação. UFU/Faced/PPGED. Disponível na internet: http://www.ppged.faced.ufu.br.
5. A obra de J.C. Bom Mehy, *Manual de história oral* (São Paulo: Loyola, 2002), constitui importante fonte para a elaboração de projetos de ensino de História para o ensino fundamental e médio.
6. Entre os vários textos publicados, sugerimos: Pontuschka, N. *et al.* (1991). "Estudo do meio como trabalho integrador de práticas de ensino". *Boletim Paulista de Geografia*, São Paulo, n. 70, pp. 45-52; Possi, L. (1993). "Rastreando pistas: A observação nas praças da cidade". *Revista Brasileira de História*, vol. 13, n. 25/26, pp. 233-240, set. No *site* do Grupo de Estudos da Localidade (ELO) da FFCLRP/USP, podemos encontrar relatos de experiências, tais como o texto: "'Prática de ensino em História e Geografia: O estudo do meio na Fazenda 'Baixadão'". *Site*: http://falagrupoelo.blogspot.com.

Referências bibliográficas

BAUMAN, Z. (2005). *Identidade*. Rio de Janeiro: Zahar.

_____ (2007). *Tempos líquidos*. Rio de Janeiro: Zahar.

BITTENCOURT, C.M.F. (2004). *Ensino de História: Fundamentos e métodos*. São Paulo: Cortez.

BOSI, A. (1992). "O tempo e os tempos". *In:* NOVAES, A. (org.). *Tempo e história*. São Paulo: Companhia das Letras/SMC.

BRASIL (1997). *Parâmetros Curriculares Nacionais: História e Geografia*. Brasília: MEC/SEF.

_____ (1998). *Parâmetros Curriculares Nacionais: História*. Brasília: MEC/SEF.

CALVINO, I. (1990). *As cidades invisíveis*. 12ª ed. São Paulo: Companhia das Letras.

FINOCCHIO, S. (2007). "Entradas educativas en los lugares da memoria". *In:* FORQUIN, J.-C. (1993). *Escola e cultura: As bases sociais e epistemológicas do conhecimento escolar.* Porto Alegre: Artes Médicas.

FRANCO, M.P. e LEVÍN, F. (comp.). *Historia reciente: Perspectivas y desafíos para un campo en construcción*. Buenos Aires: Paidós, pp. 253-277.

_____ (1992). "O ensino de História e Geografia nas séries iniciais: A temática regional". *Ensino em Revista*, Uberlândia, vol. 1, n. 1, pp. 43-48.

GUIMARÃES, S. (2009). *Fazer e ensinar história*. Belo Horizonte: Dimensão.

GUIMARÃES, S. e GUIMARÃES, I.V. (2005). "A gente faz um país". *In:* SALGADO, M.U.C. e MIRANDA, G.V. (orgs.). *Veredas: Formação superior de professores – Projetos de trabalho*. Belo Horizonte: SEE/MG, vol. 7, pp. 131-146.

HARVEY, D. (2004). *Espaços de esperança.* São Paulo: Loyola.

MANIQUE, A.P. e PROENÇA, M.C. (1994). *Didáctica da História: Património e história local*. Lisboa: Texto.

REVISTA VEJA (1991). Minas Gerais, ano 24, n. 17, 24 abr., p. 11.

SAMUEL, R. (1989). "História local e história oral". *Revista Brasileira de História.* São Paulo, Anpuh, vol. 9, n. 19, pp. 219-242.

SCHMIDT, M.A. e CAINELLI, M. (2004). *Ensinar história*. São Paulo: Scipione.

SCHWARZSTEIN, D. (2001). *Una introducción al uso de la historia oral en el aula.* Buenos Aires: Fondo de Cultura Económica de Argentina.

TRAVERÍA, G.T. (2005). *Enseñar a pensar históricamente: Los arquivos y las fuentes documentales en la enseñanza de la historia.* Barcelona: ICE/Universitat de Barcelona, Horsori.

ZAMBONI, E. (1993). "O ensino de História e a construção da identidade". *História*. São Paulo: SEE/SP. (Série Argumento)

5
DIFERENTES FONTES E LINGUAGENS NO PROCESSO DE ENSINO E APRENDIZAGEM

No decorrer dos últimos anos, uma das principais discussões na área da metodologia do ensino de História tem sido o trabalho educativo com diferentes fontes e linguagens no estudo dessa disciplina. Esse movimento não é recente. No entanto, o debate desenvolveu-se no contexto de ampliação da pesquisa acadêmica no campo da historiografia e da educação; no movimento de críticas, avaliação e renovação dos livros didáticos, da difusão dos livros paradidáticos e outros materiais, do avanço das novas tecnologias, das mídias em geral e da internet. Tornou-se prática recorrente na educação escolar, no ensino e na pesquisa realizados nas universidades, o uso de imagens, obras de ficção, imprensa, filmes, programas de TV, internet e outros diferentes gêneros textuais, no desenvolvimento de vários temas e metodologias de ensino. Os livros didáticos avaliados pelo PNLD do MEC são representativos desse processo, pois incorporaram essas tendências. O conhecimento histórico escolar é abordado por meio de várias fontes e linguagens.

Trata-se de uma opção metodológica que amplia simultaneamente o olhar do historiador, de professores e alunos, e o campo de estudo, fazendo com que o processo de produção de conhecimentos se torne interdisciplinar, dinâmico e flexível. As fronteiras disciplinares são questionadas; os saberes são religados e rearticulados em busca da inteligibilidade da história. Isso requer de nós, professores e pesquisadores, um aprofundamento de nossos conhecimentos acerca da constituição das diferentes linguagens.

Assim, neste capítulo apresentaremos algumas reflexões, fruto de pesquisas e de experiências didáticas, bem como sugestões de metodologias de ensino, possibilidades de trabalho pedagógico, incorporando diversas linguagens no ensino e aprendizagem de História, desenvolvidas por mim e por outros professores em diferentes realidades escolares. Trata-se de um esforço para mapear, registrar e analisar experiências, saberes e práticas que constituem olhares distintos sobre algumas formas específicas de linguagens, apontando potencialidades, limites, possíveis riscos, ciladas, benefícios educativos nesse desafio metodológico.

O professor, no exercício cotidiano de seu ofício, incorpora noções, saberes, representações, linguagens do mundo vivido fora da escola, na família, no trabalho, nos espaços de lazer, na mídia etc. Como reafirmamos em vários textos, a formação do aluno/cidadão se desenvolve ao longo de sua vida nos diversos espaços de vivência. Logo, todas as linguagens, todos os veículos e artefatos, frutos de múltiplas experiências culturais, contribuem para a produção/difusão de saberes históricos, responsáveis pela formação do pensamento, tais como os meios de comunicação de massa – internet, rádio, TV, imprensa em geral –, imagens, literatura, cinema, tradição oral, objetos monumentos, museus etc. O livro didático, principal fonte de trabalho educativo no sistema público de ensino no Brasil, pode ser enriquecido por alunos e professores com essa variedade de materiais, ampliando, assim, tanto o acesso a esse universo de linguagens como sua compreensão. Sabemos das várias limitações e dos vários problemas que enfrentam os professores no cotidiano escolar. A realidade brasileira é diversa e desigual, muitas escolas ainda apresentam condições materiais desfavoráveis. Mas as lutas se ampliam, as políticas públicas educacionais se consolidam e a cada dia surgem novas possibilidades educacionais.

Ao incorporarmos diferentes linguagens no processo de ensino de História, reconhecemos não só a estreita ligação entre os saberes escolares, as culturas escolares e o universo cultural mais amplo, mas também a necessidade de (re)construirmos nossas concepções pedagógicas. As metodologias de ensino, nestes tempos, exigem do professor permanente atualização, constante investigação e contínua diversificação de fontes, artefatos e manifestações da cultura contemporânea em sala de aula, respeitando as especificidades de cada uma delas.

O professor não é mais aquele que apresenta um monólogo para alunos ordeiros e passivos que, por sua vez, "decoram" o conteúdo. Ele tem o privilégio de mediar as relações entre os sujeitos, o mundo e suas representações, e o conhecimento, pois as diversas linguagens expressam relações sociais, relações de trabalho e poder, identidades sociais, culturais, étnicas, religiosas, universos mentais constitutivos da nossa realidade sócio-histórica. As linguagens são constitutivas da memória social e coletiva.

Para Silva (1985, p. 51), o trabalho com linguagens exige do historiador pensá-las como elementos constitutivos de uma realidade sociopolítica, que dependem de um mercado, garantem determinadas modalidades de relações e participam na constituição de uma dada memória. Nesse sentido nos propomos, aqui, a pensar linguagem como forma e expressão de lutas, campo de força, dinâmica, experiência histórica. Esse é o nosso desafio. Neste texto, vamos partilhar algumas experiências, reflexões e aprendizados com o objetivo de contribuir para a necessária renovação das práticas educativas em História no ensino fundamental.

5.1 CINEMA

Cinema é história. Filme: imagem, documento, ficção, intriga, invenção, História. Para Marc Ferro (1992), o filme, imagem ou não da realidade, documento ou ficção, intriga autêntica ou pura invenção, é História. Desde o final do século XIX e ao longo do século XX, o cinema tornou-se arte, meio de expressão, de construção de sensibilidades, de comunicação, de entretenimento da sociedade. Distrai, fascina, inquieta, seduz, comove, inspira, provoca diversas sensações: medo, alegria, tristeza; alimenta a imaginação, os sonhos; amplia o modo de ver, sentir e compreender as pessoas e o mundo. Com o avanço das novas tecnologias, desenvolveu-se de forma rápida e sofisticada, tornando-se uma poderosa indústria, capaz de mobilizar milhões de espectadores, consumidores culturais, em diferentes lugares do planeta. Logo, o cinema detém um enorme poder de produção, de difusão de valores, ideias, padrões de comportamento e consumo, modos de leitura e compreensão do mundo.

Nas últimas décadas do século XX e no início do século XXI, como afirmamos na introdução do capítulo, uma das principais discussões, na área da metodologia do ensino de História no Brasil, tem sido a incorporação de imagens, obras de ficção, jornais, filmes, canções, TV, internet, mídias em geral. Entre essas linguagens, fontes e materiais mais utilizados no processo de ensino e aprendizagem de História estão os filmes. Esse movimento pode ser apreendido em diversas publicações, revistas especializadas, *sites* e livros, como, por exemplo, as coletâneas *A História vai ao cinema* (Ferreira e Soares 2001), *Ver História: O ensino vai aos filmes* (Silva e Ramos 2011) nas quais diversos historiadores analisam, em uma perspectiva histórica, diversos filmes. A coleção "Cinema e Educação" apresenta vários títulos no campo educacional, analisando diferentes aspectos (ideológicos, estéticos, psicológicos, educacionais, formativos) das relações entre o cinema e a educação (Duarte 2002; Teixeira e Lopes 2008). Proliferaram publicações didáticas para professores sobre como usar o cinema na sala de aula (Napolitano 2008) e experiências de utilização de filmes na escola em várias perspectivas (Bolognini 2007). Destacam-se também pesquisas e teses acadêmicas nas áreas de História, Comunicação e Educação (Ramos 2002; Morettin 2001; Monteiro 2006). Neste texto apresentaremos uma análise sobre o tema, bem como algumas proposições metodológicas.[1]

Estudos demonstram que as relações entre cinema e história e entre cinema e educação, tanto no contexto europeu como no Brasil, não são recentes. Desde o início do século XX, há registros, publicações de intelectuais, cineastas, historiadores e educadores sobre história e cinema e a viabilidade do uso do cinema na educação. Como afirma Ferro (1992, p. 13): "Desde que o cinema se tornou uma arte, seus pioneiros passaram a intervir na história com filmes, documentários ou de ficção". Simultaneamente, alerta-nos o autor: "Desde que os dirigentes de uma sociedade compreenderam a função que o cinema poderia desempenhar, tentaram apropriar-se dele e pô-lo a seu serviço" (*ibidem*, pp. 13-14).

No Brasil, a ideia de vincular, colocar o cinema a serviço da educação e do ensino de História motivou elites e dirigentes educacionais, educadores, sobretudo os escolanovistas, e, também, historiadores ao longo do século XX. Ensaios, obras didáticas, jornais, relatórios, revistas especializadas passaram a publicar comentários, análises, sugestões, propostas de trabalho didático mostrando as vantagens, bem como os riscos de utilização do cinema no ensino de História. No período mais recente, com o desenvolvimento da pós-graduação, pesquisas e teses acadêmicas têm se debruçado sobre a questão, bem como sobre a própria historicidade do tema na educação brasileira.

Ao investigar a história da educação, Monteiro (2006) analisa o surgimento do cinema educativo no Brasil, nas décadas de 1920 a 1930, no contexto da Escola Nova, em prol da modernização do ensino e da "utilização do bom cinema". A autora analisa as iniciativas da Diretoria Geral de Ensino do Estado de São Paulo, nas administrações de Lourenço Filho e Fernando Azevedo, visando à utilização do cinema educativo nas escolas paulistas. A autora evidencia, com base na leitura de mais de 60 relatórios elaborados por professores e delegados regionais de ensino do estado de São Paulo, no período 1933-1944, os inúmeros problemas enfrentados pelas escolas para a incorporação da nova tecnologia, que incluem desde as dificuldades na aquisição de filmes e recursos para a compra de equipamentos até as necessidades de revisão dos métodos pedagógicos e reestruturação dos espaços e tempos escolares.

Em 1931, as "Instruções metodológicas", que acompanhavam os Programas de Ensino da Reforma Francisco Campos, recomendavam a utilização da iconografia. Em 1937, o Governo Federal criou, sob a direção de Roquette Pinto,[2] o Instituto Nacional de Cinema Educativo (Ince), órgão encarregado de coordenar e divulgar as aquisições de caráter técnico, além de fornecer sugestões e viabilizar o funcionamento do cinema educativo de forma eficiente e produtiva nas escolas brasileiras. O Ince produziu mais de 400 filmes, ao longo de sua existência, até 1966, quando se transformou no, também extinto, Instituto Nacional de Cinema (INC). Dentre as obras produzidas, destacam-se os filmes *O descobrimento do Brasil* (1937) e *Os bandeirantes* (1940), ambos dirigidos pelo cineasta Humberto Mauro.

Nesse contexto histórico e educacional, diversas vozes de professores de História e de Didática da História defenderam o uso do cinema educativo no ensino de História. Guy de Hollanda (1957), comentando a "Nota Preliminar" de Jônatas Serrano em *Metodologia da História na aula primária*,[3] de 1917, afirma:

> O professor Serrano voltava (em 1918) a condenar os "velhos e condenáveis processos exaustivos da memória, apontando o papel destinado ao cinema ao serviço da História". Reconhecendo, porém, as dificuldades em levar a efeito o curso ideal, que fora uma série de projeções coordenadas, assinalava com realismo, que restava "entretanto, mais modestamente, o emprego de gravuras, retratos, mapas, etc., para ensinar pelos olhos, e não apenas, e enfadonhamente não raro, só pelos ouvidos, em massudas, monótonas e indigestas preleções". Acrescentava que, para "fixação do essencial, em nomes e datas, há o grande e fecundo recurso dos quadros sinóticos". (Hollanda 1957, p. 109)[4]

Serrano defendia a inovação das metodologias e o emprego do cinema, a serviço da História, para assegurar a veracidade dos fatos, das datas e dos nomes. Em outra obra,[5] o autor alerta para os riscos de deformação deliberada do passado nas reconstituições históricas.

Delgado de Carvalho, em *Introdução metodológica aos Estudos Sociais*, de 1957 (p. 243), escreve:

> Em certos estabelecimentos de ensino bem dotados, o cinema presta relevantes serviços. (...) Entusiastas deste novo processo de ensino previam a substituição do mestre pelo aparelho, a redução do tempo de escola, a diminuição do esforço para estudar e ler. Este otimismo era exagerado, mas as grandes vantagens do cinema na sala de aula não deixam de ser patentes.[6]

Além de benefícios como seriedade e concentração, o autor enumera outros, entre os quais: a motivação, o auxílio ao leitor lento, o fato de ensinar mais em menos tempo, a retenção, a introdução de novos materiais no ensino e a clarificação de conceitos.[7]

Posteriormente, Libânio Guedes, em sua obra *Curso de didática da História*, afirma:

> O uso do cinematógrafo como auxiliar do ensino não deve ser confundido com o uso do cinematógrafo como meio de recreação. Os filmes auxiliares do ensino não são filmes artísticos de enredo histórico; são filmes documentários sobre locais históricos, monumentos, documentos, documentos raros, peças de museus, etc. Exemplo: o filme brasileiro *O descobrimento* é um filme histórico. O filme-documentário sobre o descobrimento do Brasil ainda não foi feito (...). (1975, pp. 86-87)[8]

Interessante observar, nesses registros, indícios de mudanças, permanências, rupturas e continuidades, contradições. Primeiro: o Estado brasileiro, as elites dirigentes tentaram, sim, colocar o cinema a serviço da causa da educação.

Em segundo lugar, as dificuldades apresentadas pelos professores e especialistas revelam uma continuidade que marca a educação brasileira: as precárias condições materiais das escolas, os equipamentos inadequados que tornavam difícil – e ainda tornam, comprometendo ou até mesmo inviabilizando –, em algumas realidades, o trabalho com o cinema no processo educativo.

Também merece destaque a defesa da renovação das práticas pedagógicas com o uso do cinema, a motivação, o despertar do aluno, o desenvolvimento do gosto pela História, o rompimento com as aulas expositivas, enfadonhas. Ao mesmo tempo, havia o temor da "deformação" da História, os riscos, como o de tornar a aula um momento de recreação, mera ilustração ou perda de tempo, recorrentes nas vozes de professores e especialistas nos dias de hoje. A "retenção", a "fixação" de conteúdos era o pressuposto.

Outro aspecto apresentado por Carvalho merece nosso comentário: a previsão de "substituição do mestre pelo aparelho, a redução do tempo de escola, a diminuição do esforço para estudar e ler" (p. 242). Essa preocupação tem sido destacada, na atualidade, por professores e pais, em relação não só ao uso do cinema, mas também ao da TV e, de modo particular, ao da internet no espaço escolar e extraescolar.

Por fim, diferentemente do que afirmam alguns atuais defensores do "uso do cinema" como uma "nova linguagem" no ensino, a educação e a escola não descobriram "tardiamente" o cinema. Desse modo, devemos deixar claro que essa questão não é nova no campo da Didática e Metodologia de Ensino de História. Os enfoques, as abordagens, as concepções é que mudaram.

Voltando aos registros anteriormente citados, a concepção de História, de conhecimento histórico escolar, difundido nas escolas, confundia-se com os fatos, as datas, os grandes marcos da história universal; uma história verdade, escrita a partir de documentos, de fontes testemunhais. Seja na defesa da História de Serrano, Hollanda e Libânio Guedes, seja na versão "Estudos Sociais" de Delgado de Carvalho, a oposição entre ficção e realidade é ressaltada. Daí, a valorização do gênero documentário como um registro verossímil, objetivo, reprodução da verdade histórica. Essa concepção chegou ao final do século XX e influenciou muitos professores de História que ainda fazem opção pelo uso dos documentários, uma vez que expõem fatos e constituem documentos. É como se os documentários preservassem uma pureza de fatos, em contraposição aos voos da imaginação próprios ao espaço ficcional (Silva e Guimarães 2007, p. 92). Os chamados filmes artísticos de enredo histórico eram considerados obras da imaginação, que não tinham como fundamento a verdade, logo, não serviam ao ensino de História.

Muito já foi discutido e escrito sobre as relações entre filme documentário e História. Segundo as contribuições de Bernadet e Ramos (1992), os documentários não são reproduções da realidade, mas construções, interpretações da realidade. Assim como a fotografia não pode ser considerada um trampolim para o real, devido à objetividade do processo técnico que "assegura" o seu valor testemunhal, o filme documentário também traz em si uma carga de subjetividade. Para os autores:

> O principal problema que o historiador deve enfrentar é o do conteúdo do filme, é o da veracidade da fonte. A fotografia em si, o filme em si, não representam, tanto quanto qualquer documento velho ou novo, uma prova de verdade. Toda a crítica externa e interna que a metodologia da história impõe ao manuscrito impõe igualmente ao filme. Todos podem ser igualmente falsos, todos podem ser montados, todos podem conter verdades e inverdades. (1992, p. 38)

Desse modo, a historicidade do filme, assim como de outras fontes, situa-se tanto em seu fazer, na sua lógica constitutiva, como em seus temas, nas leituras, sensibilidades e olhares que suscita. Como produto cultural, o filme, seja ficcional, seja documentário, tem uma história e múltiplas significações. "Ele não vale somente por aquilo que testemunha, mas também pela abordagem sócio-histórica que autoriza" (Ferro 1992, p. 87). O cinema expressa um entrecruzamento de diversas práticas sociais, de poesia e história, estética e técnica, arte e ciência. Nesse sentido, a opção metodológica favorável à incorporação do cinema ao ensino de História requer de nós, professores e pesquisadores, o rompimento com a concepção de história escolar como uma verdade;

requer uma outra relação com as fontes de estudo e pesquisa e não apenas a ampliação do corpo documental no processo de transmissão e produção de conhecimentos. Demanda, também, um aprofundamento de nossos conhecimentos acerca da constituição da linguagem, das dimensões estéticas, sociais, culturais, cognitivas e psicológicas, seus limites e possibilidades. Exige do professor uma postura interdisciplinar, o gosto pela investigação, a busca permanente do acesso a esse universo da produção cultural. Logo, o cinema deve ser parte da formação do profissional da História.

No campo pedagógico, as pesquisas na área do ensino e da aprendizagem, bem como o avanço das tecnologias educacionais, têm possibilitado ao professor a construção de outras relações com os sujeitos e as práticas em sala de aula. O aluno não é mais um espectador passivo de aulas expositivas. O professor deixou de ser a principal fonte de saber transmissora de História. Os livros didáticos passaram a ser considerados fontes de estudo, ao lado de outras. Perderam o caráter exclusivo. Estão sendo avaliados periodicamente, revistos, não apenas numa perspectiva conceitual, mas, especialmente, no sentido de propiciar a ampliação das abordagens, dos problemas e das fontes de investigação. O mercado de livros, materiais paradidáticos, midiáticos cresceu e tornou-se mais acessível aos professores e alunos. Tudo isso propicia a dinamização do processo de ensino e aprendizagem de História e suscita questionamentos.

Em nossas pesquisas e processos de formação (inicial e continuada), registramos, nas vozes de professores de História, algumas questões recorrentes em relação ao trabalho pedagógico com filmes, que podem ser resumidas assim: qual é a especificidade da linguagem cinematográfica? Quais as fronteiras que delimitam os discursos da historiografia e do cinema? Como trabalhar o cinema em função da formação do aluno, dos objetivos da História, respeitando a especificidade da linguagem ficcional?

Sobre isso, lembramos que

> documento e ficção (ou história e poesia, retomando os termos de Aristóteles; ou a análise científica e imagem estética, usando um vocabulário mais próprio aos últimos dois séculos) são fazeres

humanos que se misturam e se esclarecem, e que o trabalho de ensino e aprendizagem de História pode se beneficiar dessa articulação, explorando "fatos irreais", tornados realidades porque construídos e compartilhados (Silva e Guimarães 2007, p. 93).

Os filmes, como produtos socioculturais, podem falar ao historiador sobre a história que não ocorreu, sobre as possibilidades que não vingaram, sobre os planos que não se concretizaram, levando-o a ver o "não visível através do visível", a descobrir "o latente por trás do aparente". Assim, somos atraídos não pela realidade, e, sim, pela possibilidade. O filme pode oferecer pistas, referências sobre o modo de viver, sobre os valores e os costumes de uma determinada época e lugar. É uma fonte que auxilia o desvendar das realidades construídas, as mudanças menos perceptíveis, os detalhes sobre lugares e paisagens, os costumes, o cotidiano, as mudanças naturais e os modos de o homem relacionar-se com a natureza em diferentes épocas.

Os PCNs (Brasil 1998, pp. 88-89) para o ensino de História alertam:

> Um filme abordando temas históricos ou de ficção pode ser trabalhado como documento, se o professor tiver a consciência de que as informações extraídas estão mais diretamente ligadas à época que retrata. (...) Todo o esforço do professor pode ser no sentido de mostrar que, à maneira do conhecimento histórico, o filme também é produzido, irradiando sentidos e verdades plurais.

Nesse sentido, os filmes, tanto os documentários como os ficcionais, constituem importantes fontes de estudo da História. Devemos, porém, estar atentos à linguagem própria da cinematografia, que não tem compromisso com a historiografia, com a didática da História. Logo, sua adoção exige de nós uma postura crítica e problematizadora, como em relação às demais fontes históricas.

Kornis (1992, pp. 247-248), analisando o valor do filmes para os historiadores e as possibilidades analíticas, cita três aspectos fundamentais para a análise do filme: a) os elementos que compõem o conteúdo, como roteiro, direção, fotografia, música e atuação dos atores; b) o contexto social e político de produção, assim como a própria indústria do cinema; c) a recepção do filme e a recepção da audiência, considerando a influência da crítica e a reação do público segundo aspectos de idade, sexo, classe e universo de preocupações.

Desse modo, entre as inúmeras vantagens, validades ou relevâncias educativas do cinema – ou, como alguns defendem, de educar com o cinema e para o cinema –, de um modo geral, especialistas, como Moran (2009, p. 2), nos lembram que "o vídeo é sensorial, visual, linguagem falada, linguagem musical e escrita. Linguagens que interagem superpostas, interligadas, somadas, não separadas. Daí a sua força. Atingem-nos por todos os sentidos e de todas as maneiras".

Nessa perspectiva, na literatura da área encontramos análises, leituras, por exemplo, do tema "Inconfidência Mineira" visto pelo cinema (Bernadet e Ramos 1992; Morettin 1988). Em nosso trabalho educativo com cinema, sugerimos que, na prática de ensino de História, os professores considerem alguns aspectos: a) planejamento: momento de selecionar o filme relacionado ao tema em estudo, de assistir ao filme, de organizar os materiais, o espaço, de preparar os equipamentos; b) organização do roteiro de trabalho: enumerar questões relativas à produção (quem fez, direção, roteiro, quando, onde, gênero, técnicas, financiamento, se é ou não baseado em alguma obra etc.). A ficha técnica pode ajudar o professor a explorar as características e a historicidade do filme: os personagens, o cenário, o ambiente, a época retratada, a história, as percepções, as leituras dos alunos, o roteiro, o desfecho, os limites e as possibilidades; c) projeção: assistir ao filme com os alunos no ambiente escolar ou em salas específicas; d) discussão: estabelecer relações entre as leituras, as interpretações, as percepções dos alunos sobre o filme e os temas estudados em sala de aula com a utilização de outros materiais: textos, canções, imagens etc. É o momento de confronto, desconstrução, ressignificação, análise e síntese; e) sistematização e registro.

Portanto, defendo a incorporação de filmes, pois, a meu ver – de maneira planejada, articulada ao processo de ensino e aprendizagem em História, não como mera ilustração ou, ainda, como meio de ocupar o tempo dos alunos –, pode contribuir de forma significativa para a educação histórica, ética e estética dos indivíduos.

Sugestões de filmes

Entre tantos filmes, documentários e ficcionais, apresentamos aos professores de História uma seleção de filmes brasileiros que consideramos importantes para a ampliação tanto do nosso olhar sobre a história, particularmente a História do Brasil, como para sua compreensão. É uma seleção feita com base em nossa experiência como pesquisadora e professora, espectadora crítica da produção cinematográfica nacional. O critério de seleção privilegiou filmes nacionais, relacionados a algumas temáticas da História do Brasil, abordadas no ensino fundamental. Alguns deles já foram citados ao longo dos capítulos. Esperamos que, em meio a esse universo de sugestões, o professor possa selecionar produções e incorporá-las ao ensino de História. Acreditamos que filmes e documentários são registros, fontes importantes da nossa história que enriquecem nossa formação e as atividades de ensino e aprendizagem de História.

Temática: História e cultura indígena

1. *Como era gostoso o meu francês*
   Ano: 1970
   Direção: Nelson Pereira dos Santos
   Sinopse: A narrativa se passa no século XVI, quando um francês, prisioneiro dos Tupinambás, consegue escapar da morte devido a seus conhecimentos em artilharia. Enquanto aguarda o momento de sua execução, o francês aprende os hábitos dos Tupinambás e se une a uma índia.
2. *Terra dos índios*
   Ano: 1980
   Direção: Zellito Viana
   Sinopse: O documentário focaliza a luta de grupos indígenas do Brasil pelo restabelecimento da posse de suas terras. Entre eles, os Caingangues

do Rio Grande do Sul, de São Paulo e do Paraná; os Cadieus e os Caiovás de Mato Grosso; os Cajabis do Xingu; e os Xavantes, também de Mato Grosso.

3. *Índia, a Filha do Sol*
   Ano: 1982
   Direção: Fábio Barreto
   Sinopse: Baseado no conto de Bernardo Élis, relata a história de um soldado no interior da Amazônia, que, dirigindo-se a um garimpo, apaixona-se por uma bela índia. É uma história sobre a relação de um branco e uma índia, as diferenças culturais entre ambos e a violência do garimpo onde vivem.

4. *Rondon, o sentimento da Terra*
   Ano: 1994
   Direção: Eduardo Escorel
   Sinopse: Documentário feito com base em filmes inéditos da Comissão Rondon e que apresenta, pela primeira vez, imagens do funeral bororo, registradas 72 anos após as imagens colhidas sobre o mesmo ritual por Thomaz Reis. Rondon percorre a pé, de barco, a cavalo e de carroça as florestas, os rios e as montanhas do interior brasileiro, fazendo um percurso correspondente a duas vezes a circunferência da Terra.

5. *Yndio do Brasil*
   Ano: 1995
   Direção: Sylvio Back
   Sinopse: Colagem de dezenas de filmes nacionais e estrangeiros de ficção, cinejornais e documentários, revelando como o cinema vê e ouve o índio brasileiro desde quando foi filmado pela primeira vez, em 1912. São imagens surpreendentes, emolduradas por músicas temáticas e poemas, que transportam o espectador a um universo idílico e preconceituoso, religioso e militarizado, cruel e mágico, do índio brasileiro.

6. *Yã Katu: O Brasil dos Villas Bôas*
   Ano: 2003
   Direção: Nilson Villas Bôas
   Sinopse: *Yã Katu* é uma expressão Tupi que significa "boa alma", "alma grande", "espírito elevado". O filme conta a história de Orlando Villas Bôas e os índios do Brasil Central. Dezesseis anos depois de um exílio compulsório imposto pelo governo militar brasileiro dos anos 60/80, Orlando retorna ao Parque Nacional do Xingu para um encontro emocionado com o seu passado e revela ao mundo uma sociedade equilibrada, sensível e sofisticada.

7. *Estratégia Xavante*
   Ano: 2007
   Direção: Belisário Franca
   Sinopse: O filme mostra estratégia desenvolvida pelo povo xavante na tentativa de preservar seu território e manter sua tradição com autonomia, por meio das histórias contadas por jovens índios que estudaram os costumes brancos nas grandes cidades com o objetivo de se tornarem interlocutores de seu povo.
8. *Terra vermelha*
   Ano: 2008
   Direção: Marco Bechis
   Sinopse: Um grupo de Guaranis-Caiovás vive em uma fazenda trabalhando em condições de escravidão e ganha alguns trocados para posar de atração turística. Eles decidem reivindicar a devolução das terras de seus ancestrais, o que dá início a um grande conflito com os fazendeiros.

Temática: A conquista, a colonização portuguesa e os movimentos pela independência

1. *O Descobrimento do Brasil*
   Ano: 1937
   Direção e roteiro: Humberto Mauro
   Sinopse: O roteiro, baseado na carta de Pero Vaz de Caminha ao rei de Portugal, D. Manuel, o Venturoso, reconstitui a viagem, desde a partida no Tejo até a primeira missa. *O Descobrimento do Brasil* é uma produção do Instituto Nacional do Cinema (Ince), com narrativa em formato de documentário, e é um dos filmes do mineiro Humberto Mauro (1897-1983) mais conhecidos.
2. *Os inconfidentes*
   Ano: 1972
   Direção: Joaquim Pedro de Andrade
   Sinopse: O filme, baseado nos *Autos da devassa*, é uma versão livre do movimento conspiratório de 1789, que resulta na morte dos envolvidos, como o próprio Tiradentes.
3. *Independência ou morte*
   Ano: 1972
   Direção: Carlos Coimbra
   Sinopse: Filme em comemoração aos 150 anos da Proclamação da Independência. O trabalho trata de questões como a vida amorosa do

primeiro imperador do Brasil, dividido entre Maria Leopoldina e a Marquesa de Santos.
4. *Independência ou...*
Ano: 1986
Direção: Cláudio Barroso e Nilton Pereira
Sinopse: Montado em sua burrinha chamada Brivaldo e "Pelos poderes de Greyskull", Dom Pedro I proclama a Independência e pergunta: "O Brasil é independente?".
5. *Século XVIII: A colônia dourada*
Ano: 1994
Direção e roteiro: Eduardo Escorel
Narrador: Othon Bastos
Sinopse: Este filme parte de uma série de documentários sobre a história do Brasil. Tem como contexto a transferência do eixo econômico da Colônia, baseado nos engenhos de açúcar, para as minas do Sudeste e do Centro-Oeste, mudança que marca a abertura de um novo ciclo de desenvolvimento, culminando com a fundação de cidades como a mineira Ouro Preto.
6. *Tiradentes*
Ano: 1998
Direção: Oswaldo Caldeira
Sinopse: Mostra a trajetória de Joaquim José da Silva Xavier, o Tiradentes, líder da Inconfidência Mineira, movimento contra a Coroa Portuguesa, em Vila Rica (Ouro Preto) em 1789.
7. *O Aleijadinho: Paixão, glória e suplício*
Ano: 2001
Direção: Geraldo Santos Pereira
Sinopse: Histórias de Antonio Francisco Lisboa, o Aleijadinho, artista famoso por suas esculturas dos profetas e igrejas inteiras de Ouro Preto e de outras cidades brasileiras durante o século XVIII, até que a lepra, destruindo seus dedos, mãos e braços, tirou sua vida em 1814.
8. *Caramuru: A invenção do Brasil*
Ano: 2001
Direção: Guel Arraes
Sinopse: Em 1º de janeiro de 1500, um novo mundo é descoberto pelos europeus, graças a grandes avanços técnicos na arte náutica e na elaboração de mapas. É nesse contexto que vive em Portugal o jovem Diogo, pintor que é contratado para ilustrar um mapa e, por ser enganado pela sedutora Isabelle, acaba sendo punido com a deportação, na caravela

comandada por Vasco de Athayde. Mas a caravela onde Diogo está acaba naufragando e ele, por milagre, consegue chegar ao litoral brasileiro.

9. *Vinho de rosas*
   Ano: 2005
   Direção: Elza Cataldo
   Sinopse: Nos tempos da Inconfidência Mineira, o avesso da conspiração: uma criança é criada em um convento sem conhecer suas origens. Ela é Joaquina, filha única e legítima do herói do movimento, Tiradentes, que foi separada da mãe quando tinha apenas 3 anos. Um retrato delicado do barroco mineiro, num resgate lírico e poético da História do Brasil.

Temática: História e cultura afro-brasileira

1. *Castro Alves: Retrato falado do poeta*
   Ano: 1972
   Direção: Silvio Tendler
   Sinopse: O filme traça um perfil de um dos maiores poetas brasileiros: Castro Alves. O poeta viveu intensamente apenas 24 anos, buscando pôr em prática ideais de liberdade.

2. *Xica da Silva*
   Ano: 1976
   Direção: Cacá Diegues
   Sinopse: O filme narra a trajetória de uma bela e sensual ex-escrava, com Zezé Motta no papel, que em 1750, em Diamantina, Minas Gerais, causou grande rebuliço na corte ao seduzir um fidalgo português, representado por Walmor Chagas, e se tornar a primeira dama negra da nossa história.

3. *Quilombo*
   Ano: 1984
   Direção: Cacá Diegues
   Sinopse: O filme narra a história de um grupo de escravos que, em 1650, se rebela num engenho de Pernambuco e se dirige ao Quilombo dos Palmares, onde uma nação de ex-escravos fugidos resiste ao cerco colonial. Entre eles, está Ganga Zumba, príncipe africano, que durante muitos anos será líder de Palmares.

4. *Abolição*
   Ano: 1988
   Direção: Zózimo Bulbul
   Sinopse: Trata-se de um documentário de longa-metragem sobre a cultura negra no Brasil, que resgata os 100 anos da abolição no país,

após a assinatura da Lei Áurea. Entrevista personagens importantes para a preservação dessa cultura, como Abdias do Nascimento, Lélia González, Grande Otelo, Joel Rufino, em contraposição a D. João de Orleans e Bragança e Gilberto Freire. O documentário questiona o tipo de abolição que houve neste país e a situação vivida um século depois: lutas, desigualdade e racismo.

5. *Atlântico negro: Na rota dos orixás*
Ano: 1998
Direção: Renato Barbieri
Sinopse: É um documentário filmado no Maranhão, na Bahia e em Benim, na África. O filme faz uma viagem no espaço e no tempo em busca das origens das raízes africanas da cultura brasileira. Por isso, parte das tradições religiosas mais antigas: candomblé, na Bahia, e tambor de mina, no Maranhão.

6. *Cafundó*
Ano: 2005
Direção: Clóvis Bueno e Paulo Betti
Sinopse: O filme narra a história de um tropeiro, ex-escravo deslumbrado com o mundo em transformação e desesperado para viver nele. Esse choque o leva ao fundo do poço. Derrotado, ele se abandona nos braços da inspiração, alucina-se, ilumina-se, é capaz de ver Deus! Sua morte, nos anos 40, transforma-o numa das lendas brasileiras, e até hoje, nas lojas de produtos religiosos, é possível encontrar sua imagem: *O preto velho*, João de Camargo.

7. *Mestre Bimba: A capoeira iluminada*
Ano: 2007
Direção: Luiz Fernando Goulart
Sinopse: Trata-se da história de Manuel dos Reis Machado, o Mestre Bimba, homem de origem humilde que se tornou um grande jogador e educador da capoeira. O documentário conta a história da capoeira como esporte, arte, jogo ou luta, que ganhou território tanto nacional quanto estrangeiro.

Temática: Deslocamentos populacionais, migração, multiculturalismo

1. *Gaijin: Caminhos da liberdade*
Ano: 1980
Direção: Tizuka Yamasaki
Sinopse: No início do século XX, um grupo de japoneses emigra para o Brasil, onde passa a trabalhar em uma fazenda cafeeira. Lá eles precisam

se adaptar às novas condições de vida e enfrentar a exploração dos donos da fazenda.
2. *O quatrilho*
Ano: 1995
Direção: Fábio Barreto
Sinopse: Tematiza a saga da imigração italiana no sul do Brasil, entre 1918 e 1930, retratada pela história de dois casais amigos: Ângelo e Teresa, Massimo e Pierina. A tradição e os valores morais são rompidos, quando Ângelo e Pierina se apaixonam e fogem.
3. *Gaijin: Ama-me como sou*
Ano: 2005
Direção: Tizuka Yamazaki
Sinopse: Conhecido também como *Gaijin 2*. Em 1908, chega ao Brasil Titoe, uma japonesa que vem ao país com o objetivo de conseguir dinheiro com seu trabalho para então retornar ao Japão e poder seguir sua vida no país natal. A narrativa prossegue com idas e vindas até os anos 1990.
4. *Jean Charles*
Ano: 2009
Direção: Henrique Goldman
Sinopse: O filme é baseado no caso do mineiro Jean Charles de Menezes, assassinado no metrô de Londres, por agentes do serviço secreto britânico, ao ser confundido com um terrorista. O filme acompanha a vida do eletricista mineiro e de seus primos em busca do sonho de uma vida melhor. Aborda os dramas e os sonhos dos brasileiros que migram para o exterior na tentativa de prosperar.

Temática: A era Vargas

1. *Getúlio Vargas*
Ano: 1974
Direção: Ana Carolina
Sinopse: Documentário que narra a vida do ex-presidente do Brasil, utilizando cinejornais produzidos pelo Departamento de Imprensa e Propaganda (DIP) e pela Agência Nacional, fotos de época, discos, discursos of Vargas e textos de literatura de cordel.
2. *For all: O trampolim da vitória*
Ano: 1997
Direção: Luiz Carlos Lacerda e Buza Ferraz

Sinopse: Durante a Segunda Guerra Mundial, o litoral do nordeste brasileiro tornou-se uma região estratégica para os aliados. Em Parnamirim Field (hoje base aérea de Natal, no Rio Grande Norte), os Estados Unidos constroem a maior base militar fora de seu território. Nesse ambiente se passa a história que envolve imigrantes europeus, nordestinos e americanos.

3. *Memórias do cárcere*
Ano: 1982
Direção: Nelson Pereira dos Santos
Sinopse: Baseado no relato autobiográfico do escritor Graciliano Ramos, clássica obra da literatura brasileira, retrata um dos períodos de repressão política da história do Brasil: a ditadura varguista. Nos anos 1930, o escritor Graciliano Ramos, acusado de colaborar com subversivos, é preso e enviado de Alagoas ao presídio de Ilha Grande, no Rio de Janeiro.

4. *O velho: A história de Luiz Carlos Prestes*
Ano: 2004
Diretor: Toni Venturi
Sinopse: Documentário sobre a trajetória de vida de Luiz Carlos Prestes e dimensões da história da esquerda brasileira. "Abrange depoimentos de testemunhas da história, imagens de época, uma narração informal e informativa e pequenos respiros poéticos, cenas ficcionais que remetem nosso imaginário a pequenos detalhes da vida de Prestes e seu tempo" (http://www.meucinemabrasileiro.com.br).

5. *Olga*
Ano: 2004
Direção: Jayme Monjardim
Sinopse: Conta a trajetória da revolucionária alemã Olga Benário Prestes: desde a adolescência em Munique, o romance com o líder comunista Luiz Carlos Prestes, o nascimento da filha com Prestes, até a morte na câmara de gás, durante o regime nazista de Hitler. O filme apresenta importantes aspectos históricos da ditadura Vargas e da perseguição dos judeus pelos nazistas.

6. *Tempos de paz*
Ano: 2009
Direção: Daniel Filho
Sinopse: A narrativa se passa em 1945. A guerra já se encerrava na Europa, mas o Brasil ainda se encontrava tecnicamente em guerra. O embate entre o interrogador alfandegário e ex-torturador da polícia política de Vargas e o polonês, ex-ator que viveu os horrores da guerra, mas era suspeito

de ser um nazista fugitivo, se desenrola na sala de imigração do Porto do Rio de Janeiro. Um filme sensível e rico em histórias.

Temática: Anos 50 e o golpe de 1964

1. *Os incríveis anos cinquenta no Brasil*
   Ano: 1975
   Direção: Sérgio Muniz
   Sinopse: O documentário apresenta uma síntese de alguns dos principais acontecimentos e personagens da década de 1950 no Brasil e no mundo: a Copa Mundial de 1950, a Petrobras, o suicídio de Vargas (...), Marylin Monroe e Hollywood, o *rock and roll* e Elvis Presley, a conquista espacial e Yuri Gagarin, John Kennedy, Nikita Kruschev, os Beatles etc.

2. *Os anos JK, uma trajetória política*
   Ano: 1980
   Direção: Silvio Tendler
   Sinopse: Uma narrativa da história política brasileira a partir de 1945 até os dias recentes, tendo como personagem central o presidente Juscelino Kubitschek. (...) O documentário aborda também fatos que marcaram a vida política do Brasil, como o Estado Novo, a eleição de Dutra, o curto período de legalidade do Partido Comunista, a retomada do poder por Getúlio, seu suicídio, a ascensão de Juscelino à presidência, o período João Goulart e os governos militares que se seguiram ao golpe de 1964.

3. *Jânio a 24 Quadros*
   Ano: 1981
   Direção: Luiz Alberto Pereira
   Sinopse: Balanço político e bem-humorado da década de 1950 aos dias atuais, tendo como grande personagem o ex-presidente Jânio Quadros (...). A carreira como governador de São Paulo, o exílio e a volta são narrados por filmes de arquivo, músicas de época e por bem-humoradas cenas de ficção, como a condecoração de Che Guevara e o sequestro de Tio Sam.

4. *Jango*
   Ano: 1984
   Direção: Silvio Tendler
   Sinopse: Documentário sobre João Goulart, único presidente morto no exílio. Retrata toda a sua carreira política desde o início, com a eleição a deputado estadual, em 1947, até o fim de sua vida, em 1976, com o

sepultamento na sua cidade natal de São Borja. O filme focaliza importantes acontecimentos políticos relacionados ao golpe militar de 1964.

5. *A era JK: Documentário*
Ano: 1993
Direção: Francisco César Filho
Sinopse: O filme aborda o governo JK, anos 1955-1960, o desenvolvimentismo, o planejamento, a construção de Brasília e outros momentos desse período histórico.

Temática: Brasil pós-1964

1. *Pixote: A lei do mais fraco*
Ano: 1980
Direção: Hector Babenco
Sinopse: *Pixote* é um dos filmes brasileiros de maior sucesso internacional, eleito por um júri de críticos norte-americanos a terceira melhor produção de língua não inglesa dos anos 1980. Tornou-se referência para a discussão da cidadania e das condições de vida nas grandes cidades brasileiras nos anos 80.

2. *Eles não usam black-tie*
Ano: 1981
Direção: Leon Hirszman
Sinopse: Apresenta o cotidiano e as lutas dos trabalhadores metalúrgicos paulistas em 1979, durante a ditadura militar. Aborda dimensões dos conflitos ocorridos entre trabalhadores, patrões e Estado, bem como os dramas das relações sindicais, familiares e sociais entrelaçadas às questões ideológicas na convivência de indivíduos que possuem convicções políticas distintas.

3. *Pra frente, Brasil*
Ano: 1983
Direção: Roberto Farias
Sinopse: Durante a Copa do Mundo de 1970, um cidadão comum, representado por Reginaldo Farias, desaparece, e sua família o procura, sem êxito. Recebeu o prêmio de melhor filme no Festival de Gramado; enfrentou problemas com a censura do regime militar, por focalizar explicitamente como agiam grupos paramilitares de repressão às organizações clandestinas de esquerda que sustentavam uma ação de guerrilha contra o governo.

4. *Cabra marcado para morrer*
   Ano: 1984
   Direção e roteiro: Eduardo Coutinho
   Sinopse: No início dos anos 1960, o líder camponês João Pedro Teixeira é assassinado por ordem de latifundiários do Nordeste. Uma reconstituição cinematográfica de sua vida, interpretada pelos próprios camponeses, é interrompida pelo golpe militar de 1964, e 17 anos depois o diretor Eduardo Coutinho volta a procurar a viúva de Teixeira para terminar o filme interrompido. Um filme importante para a compreensão da realidade brasileira nos anos 1960.[9]

5. *Céu aberto*
   Ano: 1985
   Direção: João Batista de Andrade
   Sinopse: Documentário sobre um momento rico e emocionante da história brasileira: a transição para a democracia, a campanha das Diretas-Já, a campanha e a eleição de Tancredo Neves e sua doença, até sua morte. Discute a história do golpe armado contra a ascensão da oposição ao poder, o golpe que não se deu.

6. *Ilha das flores*
   Ano: 1989
   Direção: Jorge Furtado
   Sinopse: Um dos mais importantes filmes de curta-metragem, do gênero documentário, produzido no Brasil. Em 13 minutos, podemos assistir a uma narrativa densa e divertida sobre os problemas da sociedade de consumo. Acompanhando a trajetória de um simples tomate, desde a plantação até o lixão em Porto Alegre, o curta nos mostra o processo de geração de riquezas, as desigualdades sociais e os problemas ambientais.

7. *ABC da greve*
   Ano: 1979/1980/1990
   Direção: Leon Hirszman
   Sinopse: O filme, gravado no final dos anos 1970 e concluído em 1990, cobre os acontecimentos na região do ABC paulista, acompanhando a trajetória do movimento de 150 mil metalúrgicos em luta por melhores salários e condições de vida. Sem obterem êxito em suas reivindicações, decidem-se pela greve, afrontando o governo militar. O governo inicia uma grande operação de repressão. Sem espaço para realizarem suas assembleias, os trabalhadores são acolhidos pela igreja. Passados 45 dias, patrões e empregados chegam a um acordo. Mas o movimento sindical nunca mais foi o mesmo...

8. *Central do Brasil*
   Ano: 1998
   Direção: Walter Salles
   Sinopse: *Central do Brasil* consagrou-se como um dos trabalhos principais do período de "renascimento" da produção cinematográfica brasileira. Esse filme apresenta um roteiro que percorre o trajeto litoral-interior, indo do Rio de Janeiro ao coração do Nordeste. Nesse percurso, Walter Salles explora aquela parte do Brasil que normalmente não é mostrada na televisão nem no cinema.
9. *Cidade de Deus*
   Ano: 2002
   Direção: Fernando Meireles
   Sinopse: Buscapé é um jovem pobre, negro e muito sensível, que cresce em um universo de muita violência. Ele vive na Cidade de Deus, favela carioca conhecida por ser um dos locais mais violentos da cidade. Amedrontado com a possibilidade de se tornar um bandido, Buscapé acaba sendo salvo de seu destino por causa de seu talento como fotógrafo, que lhe permite seguir carreira na profissão. É por meio de seu olhar atrás da câmera que Buscapé analisa o dia a dia da favela onde vive.
10. *Narradores de Javé*[10]
    Ano: 2003
    Direção: Eliane Caffé
    Sinopse: A rotina dos habitantes do pequeno vilarejo de Javé, no interior da Bahia, é completamente alterada em razão de uma ameaça à própria existência: o anúncio de que a cidade pode desaparecer sob as águas de uma enorme usina hidrelétrica. Em resposta à notícia devastadora, a comunidade adota uma ousada estratégia: decide preparar um documento contando todos os grandes acontecimentos heroicos de sua história, para que Javé possa escapar da destruição. Como a maioria dos moradores é analfabeta, a primeira tarefa é encontrar alguém que possa escrever as histórias...
11. *Araguaya: A conspiração do silêncio*
    Ano: 2004
    Direção: Ronaldo Duque
    Sinopse: Longa-metragem de ficção, baseado em pesquisa desenvolvida pelo realizador e roteirista Ronaldo Duque sobre a Guerrilha do Araguaia, um dos episódios mais importantes de nossa história contemporânea. O filme é narrado a partir do personagem do padre Chico, um religioso francês que chegou à região no início dos anos 1960.

12. *Três irmãos de sangue*
    Ano: 2005
    Direção: Ângela Patrícia Reiniger
    Sinopse: Três irmãos: Herbert José de Souza (Betinho), Henrique de Souza Filho (Henfil) e Francisco Mário de Souza (Chico Mário). Três brasileiros cujas vidas se confundem com a própria história política, social e cultural do Brasil no século XX. Muitas lutas marcaram a vida dos três – contra a hemofilia, contra a ditadura, contra a fome. O documentário mostra o ambiente familiar em que os irmãos cresceram, a trajetória de cada um, o exílio de Betinho e a "volta do irmão do Henfil" em 1979.

13. *O ano em que meus pais saíram de férias*
    Ano: 2006
    Direção: Cao Hamburger
    Sinopse: Em 1970, a maior preocupação na vida do garoto Mauro, de 12 anos, pouco tem a ver com a ditadura militar que impera no País: seu maior sonho é ver o Brasil tricampeão mundial de futebol. De repente, ele é separado dos pais e obrigado a se adaptar a uma "estranha" e divertida comunidade: o Bom Retiro, bairro de São Paulo, que abriga judeus e italianos, entre outras culturas.

15. *Tropa de elite*
    Ano: 2007
    Direção: José Padilha
    Sinopse: O filme aborda o dia a dia do grupo de policiais e de um capitão do Batalhão de Operações Especiais (Bope) que deseja encontrar um substituto para seu posto. Paralelamente, dois amigos de infância se tornam policiais e se destacam pela honestidade e honra ao realizar suas funções, indignando-se com a corrupção existente no batalhão em que atuam. O filme aborda faces da violência nas grandes cidades brasileiras, de modo particular no Rio de Janeiro.

16. *Lula, o filho do Brasil*
    Ano: 2010
    Direção: Fábio Barreto
    Sinopse: O filme narra a trajetória de Lula – Luiz Inácio Lula da Silva, presidente da República no período de 2002 a 2010 – e de sua família desde 1945. A narrativa da família mostra Lula criança, adolescente, sua formação, seus casamentos, dramas, a iniciação política, a morte da mãe e a liderança do movimento sindical no ABC paulista.

17. *Tropa de elite 2*
    Ano: 2010

Direção: José Padilha
Sinopse: Nascimento, agora coronel, foi afastado do Bope por conta de uma malsucedida operação. Dessa forma, ele vai trabalhar na inteligência da Secretaria de Segurança Pública do Estado. Contudo, ele descobre que o sistema que tanto combate é mais complexo do que imagina.

18. *Lixo extraordinário*
Ano: 2010
Direção: Lucy Walker; codireção: Karen Harley e João Jardim
Sinopse: Trata-se de um documentário sobre a experiência do artista plástico Vik Muniz num dos maiores aterros sanitários do mundo: o Jardim Gramacho, na periferia do Rio de Janeiro, a partir de fotografias de um grupo de catadores de materiais recicláveis. O objetivo inicial de Muniz era pintar esses catadores com o lixo. No entanto, o envolvimento e o trabalho com esses personagens revelam a dignidade, o desespero, as contradições e os sonhos dos sujeitos. Um retrato sensível de uma das faces do Brasil contemporâneo, capaz de suscitar questionamentos, críticas e reflexões sobre vários de nossos problemas sociais, políticos e ambientais.[11]

Notas

1. Este texto é uma versão revista e ampliada de texto publicado anteriormente. Veja Guimarães (2009).
2. Roquete Pinto (1884-1954): Médico, professor, escritor, antropólogo, etnólogo e ensaísta brasileiro. Foi membro da Academia Brasileira de Letras e é considerado o pai da radiodifusão no Brasil.
3. Serrano, J. (1917). *Metodologia da História na aula primária.* Rio de Janeiro: Francisco Alves.
4. Hollanda, G. de (1957). *Um quarto de século de programas e compêndios de História para o ensino secundário no* Brasil. Rio de Janeiro: Inep.
5. Serrano, J. (1935). *Como se ensina História.* São Paulo: Melhoramentos.
6. Carvalho, D. de (1957). *Introdução metodológica aos Estudos Sociais.* Rio de Janeiro: Agir.
7. As vantagens, enumeradas pelo autor, são citadas das obras de Wesley, E.B. (1946). *Teaching social studies in high schools.* D.C. Heath e Wesley, E.B. (1950). *Teaching social studies in elementary schools.* D.C. Heath.
8. Libânio Guedes, J.A. (1975). *Curso de didática da História.* 2ª ed. Rio de Janeiro: Pallas. Obra dedicada aos mestres do Colégio Pedro II, que divulga as aulas do

Curso de Didática Especial de História da Faculdade de Filosofia da Faculdade do Estado da Guanabara.

9. Uma análise do filme pode ser lida em Silva e Guimarães 2007.
10. Excelente sugestão para discutir com os alunos os modos de produzir história e as relações entre história e memória. Uma análise do texto pode ser apreendida no capítulo Guimarães (2011) e em outros capítulos da obra organizada por Silva e Ramos (2011).
11. Sugiro realizar uma atividade interdisciplinar com os dois documentários anteriomente citados: *Ilha das flores* e *Lixo extraordinário*. É possível traçar um panorama e um rico debate sobre os problemas ambientais e sociais no Brasil contemporâneo desde os anos 1980.

Fontes: BRASIL. MINISTÉRIO DA CULTURA. Secretaria de Audiovisual. *A redescoberta do cinema nacional: Um encontro com o Brasil e a cidadania.* Brasília: Minc, 1999.

SCHNEIDER, S.J. (ed.) (2008). *Mil e um filmes para ver antes de morrer.* Rio de Janeiro: Sextante.

Sites: Ministério da Cultura – Brasil – http://www.cultura.gov.br. Acesso em julho de 2011.

http://www.adorocinema.com.br. Acesso em março de 2011.

http://www.cinemateca.com.br. Acesso em março de 2011.

http://www.cinemateca.gov.br. Acesso em julho de 2011.

http://www.cinepop.com.br. Acesso em março de 2011.

Referências bibliográficas e sugestões de leituras

BERNADET, J.C. e RAMOS, A.F. (1992). *Cinema e história do Brasil.* 2ª ed. São Paulo: Contexto.

BOLOGNINI, C.Z. (org.) (2007). *O cinema na escola.* Campinas: Mercado de Letras.

BRASIL (1998). *Parâmetros Curriculares Nacionais: História.* Brasília: MEC/SEF.

CARVALHO, D. de (1957). *Introdução metodológica aos Estudos Sociais*. Rio de Janeiro: Agir.

DUARTE, R. (2002). *Cinema e educação*. Belo Horizonte: Autêntica.

FERREIRA, J. e SOARES, M. de C. (2001). *A história vai ao cinema*. Rio de Janeiro: Record.

FERRO, M. (1992). *Cinema e história*. Rio de Janeiro: Paz e Terra.

GUIMARÃES, S. (2009). "Cinema e ensino de História". *Revista do Arquivo Público Mineiro*, ano XLV, pp. 150-159.

GUIMARÃES, S. e GUIMARÃES, I.V. (2011). "Narradores de Javé e narrativas de professores: espaço, tempo e identidade". *In*: SILVA, M. e RAMOS, A.F. (org.). *Ver História: O ensino vai aos filmes*. São Paulo: Hucitec, vol. 1, pp. 247-265.

HOLLANDA, G. de (1957). *Um quarto de século de programas e compêndios de História para o ensino secundário no Brasil*. Rio de Janeiro: Inep.

KORNIS, M.A. (1992). "História e cinema: um debate metodológico". *Estudos Históricos: teoria e história*. Rio de Janeiro: FGV, n. 10, pp. 246-247.

LIBÂNIO GUEDES, J.A. (1975). *Curso de didática da História*. 2ª ed. Rio de Janeiro: Pallas.

MONTEIRO, A.N. (2006). "O cinema educativo como inovação pedagógica na escola primária paulista (1933-1944)". Dissertação de mestrado em Educação. São Paulo: Universidade de São Paulo.

MORAN, J.M. O vídeo na sala de aula. [Disponível na internet: http://www.eca.usp.br/prof/moran/vidsal.htm. Acesso em 12/2/2009.]

MORETTIN, E.V. (1998). "A Inconfidência Mineira vista pelo cinema". *In*: GOLDSTEIN, N. S. (org.). *Roteiro de leitura*. São Paulo: Ática, pp. 100-107.

_____ (2001). "Os limites de um projeto de monumentalização cinematográfica". Tese de doutorado em Ciências da Comunicação. São Paulo: Universidade de São Paulo.

NAPOLITANO, M. (2008). *Como usar o cinema na sala de aula*. 4ª ed. São Paulo: Contexto.

RAMOS, A.F. (2002). *O canibalismo dos fracos: Cinema e História do Brasil.* Bauru: Edusc.

SERRANO, J. (1917). *Metodologia da História na aula primária.* Rio de Janeiro: Francisco Alves.

_____ (1935). *Como se ensina História.* São Paulo: Melhoramentos.

SILVA, M. (1985). "O trabalho da linguagem". *Revista Brasileira de História.* São Paulo, Anpuh/Marco Zero, n. 11, set./fev.

SILVA, M. e GUIMARÃES, S.G. (2007). "Imaginários e representações no ensino de História". *In*: SILVA, M. e GUIMARÃES, S. *Ensinar História no século XXI: Em busca do tempo entendido.* Campinas: Papirus, pp. 89-108.

SILVA, M. e RAMOS, A.F. (org.) (2011). *Ver História: O ensino vai aos filmes.* São Paulo: Hucitec.

TEIXEIRA, I.A. de C. e LOPES, J. de S.M. (2008). *A escola vai ao cinema.* Belo Horizonte: Autêntica.

5.2 CANÇÕES

Ensinar História por meio de canções foi meu maior desafio e minha grande paixão desde o início de minha carreira docente. Já nos primeiros anos de magistério, procurava auscultar os interesses dos adolescentes e, sempre que possível, muitas vezes por sugestões deles, incorporava uma ou mais canções como fontes históricas, especialmente nas temáticas ligadas à história do Brasil. As experiências vividas, as novas referências teóricas e culturais nos conduziram ao aprofundamento da discussão metodológica, à seleção de fontes, à investigação da história da música popular brasileira (MPB), com o objetivo de pensar metodologias, incorporando a linguagem musical ao ensino e aprendizagem de História. A sequência da profissão nos permitiu orientar trabalhos de pesquisa nos níveis de iniciação científica e mestrado e realizar outras atividades na Prática de Ensino de História.

Muitas e muitas canções nos falam de histórias. Certa vez disse que, para as novas gerações de docentes brasileiros, algumas canções, por exemplo, "Canción por la unidad latinoamericana", de Pablo Milanés e Chico Buarque (1978), podem parecer saudosismo, símbolo de uma época, de uma efervescência política que não tem retorno; entretanto, creio, elas nos fazem relembrar a importância da história na vida e na luta de um povo, como algo vivo que acena, balança, ilumina, incendeia. Também atropelam, abrem novos espaços, riscam novas trilhas, inventam outras tramas. A história não é algo abandonado, parado na beira de uma estrada ou em uma estação inglória. A história é movimento, transformação, contradição, diferença. E também poesia. Vamos cantar?

E quem garante que a História
É carroça abandonada
Numa beira de estrada
Ou numa estação inglória

A História é um carro alegre
Cheio de um povo contente
Que atropela indiferente
Todo aquele que a negue

É um trem riscando trilhos
Abrindo novos espaços
Acenando muitos braços
Balançando nossos filhos

Quem vai impedir que a chama
Saia iluminando o cenário
Saia incendiando o plenário
Saia inventando outra trama

Quem vai evitar que os ventos
Batam portas mal fechadas
Revirem terras mal socadas
E espalhem nossos lamentos

Já foi lançada uma estrela
Pra quem souber enxergar
Pra quem quiser alcançar
E andar abraçado nela

A linguagem poética manifesta outra forma de ver, escrever e expressar sentimentos sobre variados temas, questões, fatos, sujeitos e práticas sociais e culturais. Seduz, age sobre nós, intervém, provoca-nos. Assim, pode fornecer pistas para alargar, com beleza e sensibilidade, a compreensão dos temas históricos. A incorporação de canções desperta o interesse dos alunos, motiva-os para as atividades, sensibiliza-os em relação aos diversos temas e desenvolve a criatividade.

Iniciei minha experiência com canções nas aulas de História, utilizando "O samba do crioulo doido",[1] clássico de Stanislaw Ponte Preta (Sérgio Porto), para discutir com os alunos de 5ª e 6ª séries (hoje

6º e 7º anos) o conceito de História, a abordagem da História tradicional, os heróis, os fatos, o ensino etc. Desde então, inúmeras pesquisas historiográficas e práticas de ensino foram publicadas, utilizando-se essa composição em uma perspectiva de análise crítica da historiografia.

A música popular brasileira tem sido objeto de várias pesquisas históricas, como Tinhorão (1998) e Contier (1998), e de reflexões didáticas que exploram possibilidades de sua utilização como fontes históricas no ensino de História (Napolitano 1987, 2002; Moraes 2000; Fiuza 2003). Nos últimos anos têm sido publicadas inúmeras experiências e ensaios em anais de eventos, em periódicos, em livros didáticos, paradidáticos e em sites. São saberes e práticas educativas que revelam sensibilidades, a criatividade, o gosto e o prazer de alunos e professores que incorporam canções no ensino de História.[2]

Concordando com Napolitano (1987), concebo canção como uma totalidade, uma materialidade sonora, portadora de mensagens poéticas, políticas, que age nos nossos desejos. Como arte/mercadoria, produto da indústria cultural contemporânea, está inserida na lógica do mercado capitalista internacional, dominado por grandes empresas. Logo, tem significação social e ampla penetração na sociedade de consumo. Trata-se, pois, de um documento histórico, produzido em determinado contexto, em circunstâncias próprias, por sujeitos determinados. Como totalidade de forma e conteúdo (letra e música), constitui uma linguagem, passível de múltiplas leituras e interpretações, e provoca inúmeras interpretações e reações. Assim, afirma o autor, "as ditas materialidades (letra e música) podem ser analisadas como complemento e contradição; harmonia e tensão; catarse e estranhamento" (*ibidem*, p. 182).

Nessa perspectiva, a meu ver devemos evitar o "uso" de canções como mera ilustração ou recurso de motivação da turma, mas pensá-las como documentos/fontes históricas produzidas por sujeitos históricos em determinados tempos e lugares. Isso requer um trabalho ao mesmo tempo sensível e sistemático.

O primeiro momento é o da seleção das canções, tendo em vista os temas a serem estudados, de acordo com o projeto de ensino inserido na proposta curricular e pedagógica da escola. Sempre tive a ajuda dos alunos, como relatei no projeto de pesquisa sobre o tema da "industrialização", tanto no ensino fundamental como no médio ou superior. Compartilho com os autores que recomendam escolher diferentes canções sobre um tema, evitando optar pela obra musical mais representativa do conteúdo abordado. O critério da heterogeneidade é sempre enriquecedor para alunos e professores, pois permite compreender diferentes projetos, leituras, manifestações variadas no mesmo contexto histórico. Nesse sentido, justifico esse procedimento narrando o quanto foi significativo para a minha vida e para o meu trabalho docente ter, no primeiro momento, vivido intensamente os anos 1970, quando se cantavam as canções: "Eu te amo, meu Brasil", de Dom e Ravel (1970); "Ouro de tolo", de Raul Seixas (1973); e "Apesar de você", de Chico Buarque (1973).

Como sugere Napolitano (*idem*, pp. 184-185), explorei as três canções nas aulas de História, em turmas de 7as séries (8º ano). São três documentos históricos, diferentes gêneros musicais, mensagens poéticas e políticas distintas. Expressam as contradições sociais, políticas, econômicas e culturais do momento histórico da ditadura. Aprendemos muito juntos. Tive oportunidade de ressignificar as obras em relação ao tempo histórico em que foram produzidas e ampliar o meu aprendizado sobre o período.

Elaborado o projeto, escolhidas as canções de acordo com interesses e sugestões de alunos e também do professor, sugiro, no segundo momento, organizar a audição. Para isso precisamos reunir as condições necessárias (aparelho de som, cópia da letra etc.). Esse momento pode anteceder ou não o da leitura, interpretação crítica, análise da letra e também da música. É a apreciação por parte de professores e alunos. Outra tarefa relevante e necessária é situar as obras em relação ao tempo/época da produção, a autoria, o nome do disco, CD, a gravadora, o contexto sociopolítico e cultural da época. Trata-se da necessária historicização do documento.

O momento seguinte é o da leitura e interpretação. Devemos atentar para a linguagem, o vocabulário, as metáforas. Podemos propor questões como: Qual é o tema da canção? De que trata a letra? Como o autor desenvolve o tema? Qual a posição que ele assume? Como o aluno interpreta a canção? Quais as hipóteses possíveis de serem estabelecidas? Quais são os indícios da época estudada? O que o texto desenvolve sobre o tema em estudo?

Finalmente, chega o momento de síntese, que pode ser o ponto de partida para a ampliação dos estudos sobre o tema. Qual a relação da obra/canção com o tema em estudo? Que relações podemos estabelecer entre os tempos presente e passado? É a fase do registro das análises, das interpretações e das sínteses, mas também de diálogo com outros textos, outras fontes, como imagens e textos que possibilitem complementar e ampliar a compreensão histórica do tema estudado. Não sou defensora de planejamentos rígidos. No entanto, alunos e professores devem ter clareza sobre os caminhos, os problemas apresentados e as fontes que serão utilizadas para complementar a produção de saberes históricos.

Relatos de experiências e sugestões

a) No vasto campo de possibilidades, iniciaremos uma viagem metodológica/musical/sonora, registrando canções que inspiraram e muito marcaram minhas aulas introdutórias de História, de Metodologia e Prática de Ensino de História no ensino fundamental e médio. Sugerimos o trabalho realizado com três letras de canções que nos falam sobre o fazer história: "Canción por la unidad latinoamericana", de Pablo Milanés e Chico Buarque, cuja letra foi registrada anteriormente; "Futuros amantes", de Chico Buarque; e "O quereres", de Caetano Veloso.[3] Por meio dessas canções, convido os alunos a produzirem reflexões sobre o que é história; como a história é construída; tempo, memória e história; história, movimento, contradições; diferenças, semelhanças, mudanças e permanências; transformações; evidências, vestígios e fontes históricas. No decorrer das atividades, é possível evidenciar e debater diferentes leituras, o que enriquece a reflexão do grupo.

b) Recentemente, iniciei outra experiência com o CD *Aula de samba: A História do Brasil através do samba-enredo*, 2008. Gostei muito e convido o leitor a ouvi-lo e a incorporá-lo de forma crítica às aulas de História. Lançado pela gravadora Biscoito Fino, o CD foi produzido por Mart'nália, com o apoio da Secretaria de Cultura do Estado do Rio de Janeiro e empresas privadas. São sambas-enredo das Escolas de Samba do Rio de Janeiro, interpretados por grandes compositores da MPB. As composições são de diversas escolas, em diferentes épocas da nossa História, lançadas entre 1949 e 1976. As canções ali reunidas nos possibilitam a realização de trabalhos criativos e críticos nas aulas de História no ensino fundamental, efetuando contrapontos com a chamada "história oficial", heroica e factual. Concordando com Sérgio Cabral, na apresentação do CD: "É uma deliciosa aula de samba e de História do Brasil e, ao mesmo tempo, uma advertência: por que não foi selecionado nenhum samba atual?". Os sambas que compõem o CD são: "Exaltação a Tiradentes", 1949; "Benfeitores do Universo", 1953; "O grande presidente", 1956; "Dia do Fico", 1962; "Aquarela brasileira", 1964; 'Os cinco bailes da história do Rio", 1965; "Dona Beija, a Feiticeira de Araxá", 1968; "Sublime pergaminho", 1968; "Heróis da liberdade", 1969; "Onde o Brasil perdeu a liberdade", 1972; e "Os sertões", 1973. Essa obra, a meu ver, possibilita análises críticas da história nacional, como fonte complementar, em turmas de diferentes níveis no ensino fundamental.

c) Selecionamos e registramos outras propostas de trabalho, elaboradas e desenvolvidas no ensino fundamental, representativas dos fazeres de professores de História e do nosso aprendizado. A seguir apresentamos uma sugestão de temas e períodos da História do Brasil e canções do acervo da MPB relacionadas a cada uma das unidades temáticas. Essa proposta foi elaborada e desenvolvida nos anos 1990 em turmas de 8ª série, hoje 9º ano, e posteriormente ampliada e desenvolvida em outras turmas dos anos finais do ensino fundamental.[4] Após a exposição das temáticas, apresentamos uma seleção de referências fonográficas das quais podem ser escolhidas canções. As sugestões não têm a pretensão de esgotar o número de canções pertinentes aos temas propostos, nem de apresentar a seleção mais representativa, mas sim de contribuir para outras seleções, outro projetos de ensino. Adotamos o seguinte critério para as indicações: nome(s) do(s) autor(es), ano de gravação, título da canção, nome do(a) intérprete, seguido do título do disco/CD no qual se encontra a canção. As canções não estão dispostas em ordem cronológica; foram elencadas de acordo com as pesquisas.

Referências fonográficas

Tema: Dos anos 1930 a 1950

As canções apresentadas para o estudo desta época têm uma característica comum: são composições marcadas pela ditadura, no que diz respeito às décadas de 1930 e 1940. A produção musical se relacionava ao poder político, ao Estado Novo; contém marcas do populismo, do ufanismo e do nacionalismo, como expressa a canção "Aquarela do Brasil". Foram selecionadas as seguintes canções:

ALVARENGA e RANCHINHO (1980). "Torpedeamento". Alvarenga e Ranchinho – *Documentos sonoros. Nosso século.*

BABO, Lamartine (1989). "Canção para inglês ver". *Afrodite se quiser.* Trilha da novela *Cananga do Japão.*

BABO, Lamartine e BARROSO, Ary (1934). "Grau dez". *Francisco Alves.*

BARROSO, Ary (1980). "Salada mista". Carmem Miranda – *Documentos sonoros.*

_____ (1984). Rio de Janeiro. "Isto é o meu Brasil". Maria Bethânia – *Ciclo.*

_____ (1989). "Aquarela do Brasil". Gal Costa – *Série Grandes Autores – Ary Barroso.*

BRAGUINHA; RIBEIRO, Alberto e VERMELHO, Alcir Pires (1940). "Onde o céu é mais azul". *Francisco Alves.*

BUARQUE, Chico (1979a). "Ópera". Cantores Líricos e Turma do Funil – *Ópera do malandro.*

_____ (1979b). "O malandro". MPB-4 – *Ópera do malandro.*

_____ (1979c). "Homenagem ao malandro". Moreira da Silva – *Ópera do malandro*.

_____ (1985a). "Rio 42". Bebel Gilberto – *Malandro*.

_____ (1985b). "Hino da repressão (2º turno)". Chico Buarque – *Malandro*.

_____ (1987). "Hino de Duran". Zé Ramalho – *Presença de Zé Ramalho*.

CHAVES, Juca (1980). "Presidente bossa-nova". Elis Regina – *Saudade do Brasil*.

CORDOVIL, Hervé (1983). "Inconstitucionalissimamente". Carmem Miranda – *Carmem Miranda*.

DISCURSO DE GETÚLIO VARGAS ANUNCIANDO O ESTADO NOVO (10/11/1937) (1980). Narração de Sérgio Viotti. *Documentos sonoros – Nosso século*.

LACERDA, Benedito e CABRAL, Aldo (1989). "Brasil". Elba Ramalho – *Elba ao vivo*.

LOBO, Edu e BUARQUE, Chico (1984). "Dr. Getúlio". Simone – *Desejos*.

LOBO, Haroldo e BATISTA, Wilson (1945). "Cabo Laurindo". *Jorge Veiga*.

PREFIXO DO REPÓRTER ESSO (RÁDIO NACIONAL) POR HERON DOMINGUES (1980). *Documentos sonoros – Nosso século*.

ROSA, Noel (1933). "Onde está a honestidade". *Noel Rosa*.

_____ (1937). "Você vai se quiser". *Noel Rosa e Marília Batista*.

_____ (1989). "Pela décima vez". Ângela Ro Rô – Trilha sonora da novela *Cananga do Japão*.

ROSA, Noel e VADICO (1989). "Feitiço da vila". Leila Pinheiro – *Série Grandes Autores – Noel Rosa*.

SILVA, Estanislau e PAQUITO (1940). "O trem atrasou". *Roberto Paiva*.

SILVA, Ismael e BASTOS, Nilton (1931). "O que será de mim?". *Mário Reis e Francisco Alves*.

SILVA, Sinval (1990). "Adeus batucada". Carmem Miranda – Trilha sonora da série *A-E-I-O-Urca*.

SOUZA, Cyro (1942). "Vai trabalhar". *Aracy de Almeida*.

Tema: Décadas de 1960 e 1970

No período histórico que compreende essas décadas, encontramos as marcas do militarismo, da repressão à produção musical, os exílios, os atos institucionais etc. No entanto, isso não impediu que se criassem belíssimas canções com críticas histórico-político-sociais. O contexto de reorganização dos movimentos sociais serviu de inspiração para a criação de peças musicais de grande valor estético e político. Para o estudo dessa época, sugerimos as seguintes canções:

AZEVEDO, Geraldo e VANDRÉ, Geraldo (1983). "Canção da despedida". Elba Ramalho – *Coração brasileiro*.

BEN, Jorge (1969). "País tropical". Gal Costa – *Gal*.

BORGES e PIAZOLLA (1983). "1964". Ney Matogrosso – *Pecado*.

BOSCO, João e BLANC, Aldir (1974). "De frente pro crime". Simone – *Quatro paredes*.

_____ (1979). "O bêbado e a equilibrista". Elis Regina – *Elis Regina, essa mulher*.

BUARQUE, Chico (1976). "O que será?" (À flor da terra). Chico Buarque – *Meus caros amigos*. Participação especial de Milton Nascimento.

_____ (1980a). "A banda". Chico Buarque – *Documentos sonoros – Nosso século*.

_____ (1980b). "Apesar de você". Chico Buarque – *Documentos sonoros – Nosso século*.

CARLOS, Roberto e CARLOS, Erasmo (1980). "E que tudo mais vá pro inferno". Roberto Carlos – *Documentos sonoros – Nosso século*.

COSTA, Sueli e PINHEIRO, Paulo César (1979). "Cordilheiras". Simone – *Pedaços*.

DISCURSO DE JOÃO GOULART ANUNCIANDO AS REFORMAS DE BASE (22/2/1964) (1980). *Documentos sonoros – Nosso século*.

DISCURSO DE JOÃO GOULART NA CENTRAL DO BRASIL (13/3/1964) (1980). *Documentos sonoros – Nosso século.*

DISCURSO DE LUIZ CARLOS PRESTES NA ABI (17/3/1964) (1980). *Documentos sonoros – Nosso século.*

DISCURSO DE MÉDICI (30/9/1969) (1980). *Documentos sonoros – Nosso século.*

DISCURSO DE POSSE DE CASTELO BRANCO (15/4/1964) (1980). *Documentos sonoros – Nosso século.*

DISCURSO DE POSSE DE COSTA E SILVA (15/3/1967) (1980). *Documentos sonoros – Nosso século.*

DON (1980). "Eu te amo, meu Brasil". Os Incríveis – *Documentos sonoros – Nosso século.*

DYLAN, Bob; VELOSO, Caetano e CAVALCANTI, Péricles (1977). "Negro amor". Gal Costa – *Caras e bocas.*

GIL, Gilberto (1987). "Procissão". Gilberto Gil – *Gilberto Gil em concerto.*

GIL, Gilberto e BUARQUE, Chico (1978). "Cálice". Maria Bethânia – *Álibi.*

LEITURA DO AI-5 (13/12/1968) POR GAMA E SILVA, MINISTRO DA JUSTIÇA (1980). *Documentos sonoros – Nosso século.*

LINS, Ivan e MARTINS, Vitor (1980a). "Desesperar jamais". Simone – *Simone ao vivo.*

_____ (1980b). "Novo tempo". Simone – *Simone.*

_____ (1984a). "Somos todos iguais nesta noite". Ivan Lins – *Juntos.* Participação especial de Djavan.

_____ (1984b). "Formigueiro". Ivan Lins – *Juntos.* Participação especial de Tim Maia.

LINS, Ivan e SOUZA, Ronaldo Monteiro (1972). "Chegou a hora". Simone – *Simone.*

MOURA, Tavinho e ANTUNES, Murilo (1974). "O trem tá feio". Simone – *Gotas d'água.*

NASCIMENTO, Milton e BORGES, Márcio (1978). A sede do peixe. Simone – *Cigarra*.

NASCIMENTO, Milton e BRANT, Fernando (1979). "Povo da raça Brasil". Simone – *Pedaços*.

NASCIMENTO, Milton e BUARQUE, Chico (1987). "Primeiro de maio". Simone – *Face a face*.

OSMAR, Pedro (1980). "Baile de máscara". Elba Ramalho – *Capim do vale*.

PAIVA, Leonel e ADELAIDE, Julinho da (1974). "Acorda, amor". Chico Buarque – *O prestígio de Chico Buarque*.

PAZ, Alberto e MENESES, Edson (1980). "Deixa isso pra lá". Jair Rodrigues – *Documentos sonoros – Nosso século*.

RAMALHO, Zé (1980). "Banquete de signos". Elba Ramalho – *Capim do vale*.

RICARDO, João e LULI (1978). "O vira". Secos e Molhados – *Secos e Molhados*.

TAPAJÓS, Maurício e PINHEIRO, Paulo César (1980). "Tô voltando". Simone – *Simone*.

VALE, João do (1980). "Carcará". Maria Bethânia – *Nossos momentos*.

VANDRÉ, Geraldo (1968). "Pra não dizer que não falei das flores". *Geraldo Vandré*.

VÁRIOS AUTORES (1980). "*Jingles* da campanha presidencial". Vários intérpretes – *Documentos sonoros – Nosso século*.

VELOSO, Caetano (1980a). "É proibido proibir". Caetano Veloso – *Documentos sonoros – Nosso século*.

_____ (1980b). "Alegria, alegria". Caetano Veloso – *Documentos sonoros – Nosso século*.

VIOLA, Paulinho da (1976). "Sinal fechado". Fagner – *Raimundo Fagner*.

Tema: Anos 1980

Período marcado por mobilizações sociais e lutas políticas pela Anistia, as Diretas Já, a nova Constituição. O período foi marcado pela explosão do sucesso das bandas de *rock*, muitas delas originárias da capital federal. Registra-se que foi um momento de muita esperança do povo brasileiro, de sonhos com mudanças, com a "Nova República", mas também de frustrações. Nessa década, o Ministério da Justiça autorizou a gravação do "Hino nacional brasileiro" por Fafá de Belém, que foi uma das porta-vozes das lutas pela democracia, considerada a musa da campanha pelas eleições diretas. A seguir, uma sugestão de várias canções que expressam nuanças desse período histórico:

ABREU, José Maria; MARROSO, Francisco e BARBOSA, Paulo (1984). "Onde está o dinheiro". Gal Costa – *Profana*.

ADOLFO, Celso (1982). "Coração brasileiro". Milton Nascimento – *Anima*.

ALÉM, Jaime (1988). "O girassol da baixada". Elba Ramalho – *Fruto*.

ANA e MÔNICA (1989). "Presidenciável". Nando Cordel – *Jogo de cintura*.

ARANTES, Guilherme e LIMA, Paulinho (1987). "Era pra durar". Zizi Possi – *Amor e música*.

ARAÚJO, Almir; LESSA, Marquinhos; CORRÊA, Hércules e BALINHA (1988). "Disputa de poder". Simone – *Sedução*.

BULLING, Erich; MAKAY, Al e BRANT, Fernando (1985). "Sol de corações". Fafá de Belém – *Aprendizes da esperança*.

CARVALHO, Roberto de e LEE, Rita (1980). "Nem luxo, nem lixo". Rita Lee – *Rita Lee*.

_____ (1987). "Brasil muamba". Rita Lee – *Flerte fatal*.

CECEU (1982). "Por debaixo dos panos". Ney Matogrosso – *Matogrosso*.

CORREA, Gilberto; OLIVEIRA, Du e BRANDÃO, C. (1988). "Olho de curioso". Gilberto Correa – *Tô de olho em você*.

ESTRADA, Joaquim Osório Duque e SILVA, Francisco Manuel da (1985). "Hino nacional brasileiro". Fafá de Belém – *Aprendizes da esperança*.

FERNANDO, Carlos (1985). "Pátria amada". Elba Ramalho – *Fogo na mistura*.

FREJAT, Roberto; SALOMÃO, Waly e GIL, Gilberto (1984). "O revólver do meu sonho". Gal Costa – *Profana*.

GESSINGER, Humberto (1987). "Toda forma de poder". Ney Lisboa – *Carecas da Jamaica*.

GUDIM, Eduardo e NETTO, Costa (1986). "Verde". Leila Pinheiro – *Olho nu*.

GUINETO, Almir e MAGALHA, Adalto (1986). "Corda no pescoço". Beth Carvalho – *Beth*.

JÚNIOR, Luiz Gonzaga (1984). "Gravidez". Gonzaguinha – *Grávido*.

_____ (1985). "Trabalho de parto". Gonzaguinha – *Olho de lince (trabalho de parto)*.

_____ (1986). "Sai da frente". Elba Ramalho – *Remexer*.

_____ (1987). "Geral". Gonzaguinha – *Geral*.

_____ (1988). "É". Gonzaguinha – *Corações marginais*.

LIMA, Marina e CÍCERO, Antônio (1985a). "Correndo atrás". Marina – *Todas*.

_____ (1985b). "Avenida Brasil". Marina – *Todas*.

_____ (1989). "O cara". Marina – *Próxima parada*.

LINS, Ivan e MARTINS, Vitor (1988). "Cabo eleitoral". Ivan Lins – *Amar assim*.

MAIA, Pretrucio e BELCHIOR (1987). "Incêndio". Fagner – *Romance no deserto*.

MAIAKOVSKI (1989). "E então, que quereis?". Poema traduzido por Emílio Guerra, João Bosco e Aldir Blanc. "Corsário". João Bosco – *Bosco*.

MAUTNER, Jorge (1983). "Viajante". Fagner – *Palavra de amor*.

MOREIRA, Moraes e MACHADO, Beu (1984). "Ave nossa". Gal Costa – *Profana*.

MOREIRA, Moraes e NILO, Fausto (1981). "Pão e poesia". Simone – *Amar*.

NASCIMENTO, Milton e BRANT, Fernando (1983a). "Menestrel das Alagoas". Fafá de Belém – *Fafá de Belém*.

_____ (1983b). "Coração civil". Ney Matogrosso – *Pois é*.

_____ (1987). "Carta à República". Milton Nascimento – *Yauaretê*.

NASSER, David e VERMELHO, Alcir Pires (1981). "Canta, Brasil". Gal Costa – *Fantasia*.

RAMALHO, Zé (1979). "Admirável gado novo". Zé Ramalho – *Presença de Zé Ramalho*.

RAMIL, Kleiton e FOGAÇA, Beto (1985). "Aprendizes da esperança". Fafá de Belém – *Aprendizes da esperança*.

RAMIL, Kleiton e RAMIL, Kledir (1982). "Trova". Kleiton e Kledir – *Kleiton e Kledir*.

TISO, Wagner e NASCIMENTO, Milton (1983). "Coração de estudante". Milton Nascimento – *Milton Nascimento ao vivo*.

TUNAI e NATUREZA, Sérgio (1983). "Fogo na mistura". Elba Ramalho – *Fogo na mistura*.

VELOSO, Caetano (1984). "Vaca profana". Gal Costa – *Profana*.

_____ (1988). "Falou, amizade". Simone – *Sedução*.

VELOSO, Caetano e COSTA, Tony (1987). "Vamos comer". Caetano Veloso – *Caetano*.

Tema: O Brasil na década de 1990

Há um rico elenco de canções para debater temáticas relacionadas a esse período histórico. São canções que abordam de maneira bastante aguçada a temática cultural, política, econômica e social, permitindo desse modo profundas análises e discussões. A seguir algumas propostas de canções:

ANTUNES, Arnaldo e BRITO, Sérgio (1986). "Porrada". Titãs – *Cabeça dinossauro*.

ANTUNES, Arnaldo; FROMER, Marcelo e BRITO, Sérgio (1989). "Comida". Marisa Monte – *Marisa Monte*.

BELLOTO, Toni (1986). "Polícia". Titãs – *Cabeça dinossauro*.

BOSCO, João; SALOMÃO, Waly e CÍCERO, Antônio (1990). "Holofotes". Gal Costa – *Plural*.

BRANDÃO, Arnaldo e CAZUZA (1989). "O tempo não pára". Cazuza – *O tempo não pára*.

BRITO, Sérgio; FROMER, Marcelo; REIS, Nando e PESSOA, Ciro (1986). "Homem primata". Titãs – *Cabeça dinossauro*.

BUARQUE, Chico (1983). "Até o fim". Ney Matogrosso – *Pois é*.

D. CLIC, Aleph e RO RÔ, Ângela (1988). "Viciado em regras". Ângela Ro Rô – *Prova de amor*.

DUSEK, Eduardo (1990). "Injuriado". Adriana Calcanhoto – *Enguiço*.

FONSECA, Celso e GIL, Gilberto (1989). "O eterno deus mudança". Gilberto Gil – *O eterno deus mudança*.

GAVIN, Charles (1986). "Estado violência". Titãs – *Cabeça dinossauro*.

LEONI e CAZUZA (1989). "Manhatã". Cazuza – *Burguesia*.

LIMA, Marina e CÍCERO, Antônio (1989). "Próxima parada". Texto incidental de Jorge Salomão. Marina – *Próxima parada*.

LINS, Ivan e MARTINS, Vitor (1988a). "Trinta anos". Ivan Lins – *Amar assim*.

_____ (1988b). "De nosso amor". Ivan Lins – *Amar assim*.

MELLO, Branco e ANTUNES, Arnaldo (1986). "Dívidas". Titãs – *Cabeça dinossauro*.

RO RÔ, Ângela (1988). "Cadê?". Ângela Ro Rô – *Prova de amor*.

RUSSO, Renato (1978/1987). "Que país é este?". Legião Urbana – *Que país é este?*.

_____ (1988). "Tempo perdido". Leila Pinheiro – *Alma*.

TOQUINHO (1989). "Lindo e triste Brasil". Toquinho – *À sombra de um jatobá*. Participação especial de Fagner.

VALENÇA, Alceu (1990a). "Te amo, Brasília". Alceu Valença – *Andar, andar*.

_____ (1990b). "FM rebeldia". Alceu Valença – *Andar, andar*.

VELOSO, Caetano (1984). "O quereres". Caetano Veloso – *Velô*.

_____ (1986). "Podres poderes". Leila Pinheiro – *Olho nu*.

_____ (1989). "Os outros românticos". Caetano Veloso – *Estrangeiro*.

VIANA, Herbert e RIBEIRO, Bi (1989). "O beco". Ney Matogrosso – *Ney Matogrosso ao vivo*.

VILLA-LOBOS, Dado; RUSSO, Renato e BONFÁ, Marcelo (1989a). "Meninos e meninas". Legião Urbana – *As quatro estações*.

_____ (1989b). "Há tempos". Legião Urbana – *As quatro estações*.

_____ (1989c). "Duas tribos". Legião Urbana – *As quatro estações*.

Tema: Brasil – Século XXI

A primeira década do século XXI foi marcada por mudanças na ordem política e econômica mundial. Nesse cenário, os jovens vivenciaram experiências diferentes, nos diversos lugares do mundo, mas também compartilharam formas de perceber, de pensar, de relacionar-se com os outros, sobretudo por meio das redes sociais.

A música é uma das formas de manifestação comum que unem os jovens de diferentes lugares e classes sociais. Representa, muitas vezes, uma maneira de expressarem aquilo que lhes falta, aquilo com que sonham, para viverem de forma digna e satisfatória a sua juventude. Por meio das canções, os jovens falam das diferenças e também das semelhanças entre eles. A cultura juvenil é identificada com as novas tecnologias. Fascinantes produtos de consumo da era digital proporcionam novas relações com o outro, com os tempos e com os espaços. A cultura jovem se transformou e a cultura musical também. Vários são os movimentos culturais, os gostos musicais, os estilos de vida dos grupos juvenis.[5]

Nesse sentido, o novo panorama cultural exige dos professores auscultar os interesses, os gostos, os comportamentos, os estilos de vida, as inserções dos jovens em diferentes grupos e comunidades. A seguir, apresentamos algumas canções representativas da cultura musical do período.

BRITTO, Sérgio (2001). "Epitáfio". Titãs. *A melhor banda de todos os tempos da última semana.*

BROWN, Carlinhos e MONTE, Marisa (2000). "Amor I love you". Marisa Monte. Declamação: Arnaldo Antunes. *Memórias, crônicas e declaração de Amor.*

GRANDE, Luiz; JACAREZINHO, Barbeirinho do e DINIZ, Mauro (2002). "Caviar". Zeca Pagodinho. *Zeca Pagodinho.*

LEE, Rita; CARVALHO, Roberto de e JABOR, Arnaldo (2003). "Amor e sexo". Rita Lee. *Balacobaco.*

MARTINHO, Alex e CASTRO, Rafael de (2005). *Tribos.* Rhuna.

MERITI, Serginho e CAIS, Eri do (2002). "Deixa a vida me levar". Zeca Pagodinho. *Deixa a vida me levar.*

MOAH, Serginho e PEZÃO, Fernando (2004). "Eu sei". Papas da Língua. *Ao vivo acústico.*

RACIONAIS MC'S (2002). *Negro Drama.* Site http://racionais-mcs.musicas.mus.br/.

Tema: América Latina

Em relação à temática latino-americana, há composições que tratam do imperialismo, da (in)dependência, das lutas e resistências dos povos latino-americanos, bem como da inserção do Brasil nesse continente. Existem também composições, peças folclóricas que nos falam da cultura latino-americana. Dentre o amplo universo, sugerimos:

ALÉM, Jaime (1981). "No caminho de Cuba". Elba Ramalho – *Fogo na mistura*.

BELCHIOR (1976). "A palo seco". Fagner – *Ave noturna*.

FAGNER, Raimundo (1982). "Sambalatina" (merengue). Fagner – *Fagner*.

GIECO, Léon e ELLAWANGER, Raul (1986). "Eu só peço a Deus". Beth Carvalho – *Beth*. Participação especial de Mercedes Sosa.

GUTIERREZ, Pedro Elias (1989). "Alma llanera". Ney Matogrosso – *Ney Matogrosso ao vivo*.

ISELLA, César (s.d.). "Canción con todos". César Isella – *La canción con todos*.

JARA, Victor (s.d.). "Plegaria a un labrador". Victor Jara – *Pongo en tus manos abiertas...*

LINS, Ivan e MARTINS, Vítor (1987). "Nicarágua". Ivan Lins – *Mãos*.

LORCA, Garcia e PACHÓN, Ricardo (1981). "La leyenda del tiempo". Fagner – *Traduzir-se*. Participação especial de Camaron de La Isla.

PARRA, Violeta (1976). "Gracias a la vida". Elis Regina – *Falso brilhante*.

RODRIGUEZ, Silvio (s.d.). "Sueño con serpientes". Milton Nascimento – *Sentinela*.

VELOSO, Caetano (1983). "Quero ir a Cuba". Caetano Veloso – *Uns*.

_____ (1984). "Língua". Caetano Veloso – *Velô*. Participação especial de Elza Soares.

VIGLIETE, Daniel (s.d.). "A desalambrar". Daniel Vigliete – *A desalambrar*. Gravação ao vivo.

YUPANQUI, A. (1976). "Los hermanos". Elis Regina – *Falso brilhante*.

Tema: História e cultura indígena

A questão indígena constitui um tema crítico em composições populares, desde o extermínio com a conquista e a colonização portuguesa até as relações das comunidades indígenas com os não indígenas. São composições que tratam o índio como sujeito na sociedade, criador de sua própria cultura. Sugerimos as seguintes canções:

ÂNGELO, Nelson e BRANT, Fernando (1977). "Canoa, canoa". Simone – *Face*.

CANTUÁRIA, Vinícius, "Filho das Índias"; TAVARES, Bráulio e FUBA, "A volta dos trovões"; VELOSO, Caetano, "Um índio" (texto) (1986). Elba Ramalho – *Elba Ramalho*.

FARIAS, Vital (1989). "Saga da Amazônia". Elba Ramalho – *Popular brasileira*.

FLORES, J.A. e GUERREIRO, M.O. Versão: FORTUNA, José (1979). "Índia". Gal Costa – *Gal tropical*.

GUEDES, Beto e BASTOS, Ronaldo (1986). "Amor de índio". Milton Nascimento – *A barca dos amantes*.

JOBIM, Tom (1982). "Borzeguim". Gal Costa – *Minha voz*.

LULI e LUCINHA (1986). "Bugre". Ney Matogrosso – *Bugre*.

QUEIROGA, Lula (1989). "Essa alegria". Elba Ramalho – *Popular brasileira*.

RUSSO, Renato (1986). "Índios". Legião Urbana – *Dois*.

Tema: A questão da mulher

A questão da mulher tem seu registro de formas diversas na MPB, permitindo ricas discussões e análises sobre as questões de gênero, a situação e a condição feminina na sociedade. Para esse tema, sugerimos:

ALVES, Ataulfo (1986). "Errei, sim". Maria Bethânia – *Dezembros*.

ANA MARIA (1972). "Assim não dá". Simone – *Simone*.

BATISTA, Otacílio e RAMALHO, Zé (1982). "Mulher nova, bonita e carinhosa faz o homem gemer sem sentir dor". Amelinha – *Mulher nova, bonita e carinhosa faz o homem gemer sem sentir dor*.

BOSCO, João e BLANC, Aldir (1974). "Bodas de prata". Simone – *Quatro paredes*.

BOSCO, João; BLANC, Aldir e EMÍLIO, Paulo (1983). "Coisa feita". Simone – *Delírios, delícias*.

BUARQUE, Chico (1978). "Folhetim". Gal Costa – *Água viva*.

_____ (1979a). "Geni e o zepelim". Chico Buarque – *Ópera do malandro*.

_____ (1979b). "Uma canção desnaturada". Chico Buarque e Marlene – *Ópera do malandro*.

_____ (1979c). "O casamento dos pequenos burgueses". Chico Buarque e Alcione – *Ópera do malandro*.

_____ (1979d). "Ai, se eles me pegam agora". Frenéticas – *Ópera do malandro*.

_____ (1979e). "Terezinha". Zizi Possi – *Ópera do malandro*.

_____ (1983). "Mil perdões". Gal Costa – *Baby Gal*.

_____ (1985a). "Último *blues*". Gal Costa – *Bem bom*.

_____ (1985b). "Aquela mulher". Paulinho da Viola – *Malandro*.

_____ (1988). "Palavra de mulher". Elba Ramalho – *Fruto*.

_____ (1989). "A mais bonita". Chico Buarque – *Chico Buarque*. Participação especial de Bebel Gilberto.

CARLOS, Roberto e CARLOS, Erasmo (1985). "Musa de qualquer estação". Gal Costa – *Bem bom*.

COSTA, Sueli e SILVA, Abel (1985). "Capricho". Amelinha – *Caminho do sol*.

_____ (1988). "Voz de mulher". Leila Pinheiro – *Alma*.

DALTO (1972). "Moreno". Simone – *Simone*.

DÉ; GIL; BEBEL e CAZUZA (1989). "Mulher sem razão". Cazuza – *Burguesia*.

DEBÉTIO, Paulo e LUZ, Waldir (1988). "Segredo de menina". Elba Ramalho – *Fruto*.

DEBÉTIO, Paulo e RESENDE, Paulinho (1989). "Uma nova mulher". Simone – *Simone*.

GALENO, Roberto (1988). "Eu sou a outra". Maria Bethânia – *Maria*.

GIL, Gilberto (1979). "Super-homem canção". Gilberto Gil – *Realce*.

JOYCE (1988). "Mulheres do Brasil". Maria Bethânia – *Maria*.

JOYCE e TERRA, Ana (1979). "Essa mulher". Elis Regina – *Elis, essa mulher*.

JÚNIOR, Luiz Gonzaga (1980a). "Mulher e daí?" (Apenas mulher). Simone – *Simone*.

_____ (1980b). "Do meu jeito" (Da maior liberdade). Simone – *Simone*.

_____ (1984). "Grávido". Gonzaguinha – *Grávido*.

_____ (1987). "Ponto de interrogação". Gonzaguinha – *Geral*.

LEE, Rita (1986). "Luz del Fuego". Zizi Possi – *Zizi*.

LEMOS, Tite de e SARACENI, Sérgio (1981). "Engraçadinha". Zizi Possi – *Um minuto além*.

LIMA, Marina e CÍCERO, Antônio (1985). "Acende o crepúsculo". Gal Costa – *Bem bom*.

LINS, Ivan e MARTINS, Vitor (1985). "A outra". Simone – *Cristal*.

_____ (s.d.). "Atrevida". Simone – *Simone*.

NASCIMENTO, Milton e BRANT, Fernando (1975). "Idolatrada". Simone – *Gotas d'água*.

_____ (1983). "Mulher da vida". Simone – *Delírios, delícias*.

PIÑON, Nélida; PAPI e DINIZ, Luiz (1989). "A doce canção de Caetana". Fagner – *O quinze*.

RAMALHO, Zé (1979). "Frevo mulher". Amelinha – *Frevo mulher*.

TYGEL, David e LOMBARDI, Bruno (1979). "Que me venha esse homem". Amelinha – *Frevo mulher*.

VELOSO, Caetano (1977). "Tigresa". Caetano Veloso – *Bicho*.

_____ (1978). "A mulher". Gal Costa – *Água viva*.

_____ (1982). "Dom de iludir". Gal Costa – *Minha voz*.

_____ (1984). "A hora da estrela de cinema". Maria Bethânia – *A beira e o mar*.

_____ (1987). "Esse cara". Maria Bethânia – *Personalidade Maria Bethânia*.

_____ (1988). "Dama de cassino". Ney Matogrosso – *Quem não vive tem medo da morte*.

VIEIRA, Durval (1984). "Tem pouca diferença". Gal Costa – *Profana*.

Tema: História e cultura afro-brasileira

É bastante representativo o acervo da MPB constituído de canções que abordam a discriminação racial presente na história do negro no contexto histórico-social brasileiro e todas as suas implicações culturais, sociais, políticas e econômicas. Sugerimos as seguintes canções:

BOBÔCO e JAMAICA, Beto, "Salvador não inerte"; BETÃO, "Ladeira do pelô" (1990). Gal Costa – *Plural*.

GIL, Gilberto (1986). "A mão da limpeza". Gilberto Gil – *Raça humana*.

GUIMARÃES, Marco Antônio e NASCIMENTO, Milton (1986). "Lágrimas do sul". Milton Nascimento – *A barca dos amantes*.

LENINE (1990). "O quilombo". Selma Reis – *Selma Reis*.

MENDES, Ari e RO RÔ, Ângela (1988). "Funk do negão". Ângela Ro Rô – *Prova de amor*.

NASCIMENTO, Milton e BRANT, Fernando (1986). "Maria, Maria". Milton Nascimento – *A barca dos amantes*.

NASCIMENTO, Milton; CASALDÁLIGA, Pedro e TIERRA, Pedro (1982). "Louvação a Marina". Simone – *Corpo e alma*.

PORTUGAL, Jorge e MENDES, Roberto (1986). "Yorubahia". Maria Bethânia – *Dezembros*.

SACRAMENTO, "A terra tremeu"; MENDES, Roberto e VELLOSO, J., "Ofá" (1988). Maria Bethânia – *Mara*. Participação especial de lady Smith Black Mambazo.

TENGA, Nego (1990). "Brilho de beleza". Gal Costa – *Plural*.

VILA, Martinho da (1988). "Meu homem" (carta a Nelson Mandela). Beth Carvalho – *Alma do Brasil*.

Tema: Pluralidade cultural

A música constitui uma manifestação cultural por meio da qual temos a acesso a universos diversificados. Várias manifestações populares encontram eco em composições musicais, possibilitando a percepção de "jogos" e "danças" que se expressam, se dissimulam ou se escondem nas culturas musicais. As seguintes músicas são indicadas para essa temática:

BOSCO, João e BLANC, Aldir (1974). "Fantasia". Simone – *Quatro paredes*.

BROWN, Carlinhos (1990). "Zanzando". Gal Costa – *Plural*.

CALDAS, Luiz e BAHIA, Chocolate da (1987). "Haja amor". Luiz Caldas – *Lá vem o guarda*.

FERNANDO, Carlos (1983). "Banho de cheiro". Elba Ramalho – *Coração brasileiro*.

GOL DA VITÓRIA NO TRI (gravado por locutor da *Rádio Bandeirantes*) (1980). *Documentos sonoros – Nosso século*.

GONZALEZ, Ulisses Dormosa; FERREIRA, Márcia e ARI, José (1989). "Chorando se foi". Fafá de Belém – *Fafá*.

GUSTAVO, Miguel (1980). "Pra frente, Brasil". Coral do Caneco – *Documentos sonoros – Nosso século*.

HIME, Francis e BUARQUE, Chico (1984). "Vai passar". Chico Buarque – *Chico Buarque*.

MOREIRA, Moraes (1983). "Grande final". Gal Costa – *Baby Gal*.

_____ (s.d.). "Saudades do Galinho". Moraes Moreira – *Pintando o 8*.

_____ (s.d.). "Todo mundo quer". Moraes Moreira – *Pintando o 8*.

MOREIRA, Moraes e SILVA, Abel (1981). "Festa do interior". Gal Costa – *Fantasia*.

TRISTEZA, Niltinho; JÓIA, Preto; VICENTINHO e JORANDIR, "Liberdade, liberdade"; SÉRGIO, João, "O amanhã" (1990). Simone – *Liberdade*.

VÁRIOS AUTORES (*Pot-pourri*) (1985). "Lambadas". Fafá de Belém – *Aprendizes da esperança*.

VILA, Luiz Carlos da (1985). "Samba-enredo para um grande amor".
Amelinha – *Caminho do sol*.

Essa seleção foi realizada e ampliada com base em uma pesquisa desenvolvida na *Rádio Universitária* da Universidade Federal de Uberlândia (UFU). O patrimônio da MPB é permanentemente ampliado e renovado: novas canções, novos compositores e novas gravadoras surgiram no mercado. Entretanto, a canção como evidência, como documento sócio-histórico, ultrapassa fronteiras espaçotemporais e surge carregada de propostas e ensinamentos. Cabe a nós, professores, dialogar com essas fontes com sensibilidade, emoção e crítica, respeitando os limites e as fronteiras discursivas próprios de cada linguagem.

A seguir transcrevemos, com autorização das autoras, uma experiência desenvolvida na Escola de Educação Básica da UFU e publicada em Franco (1995). As autoras, professoras de História e pesquisadoras da área, ressaltam que, após a publicação, foram feitas algumas revisões e alguns questionamentos. A proposta foi aprofundada; a reflexão sobre a própria prática potencializa a permanente reinvenção da experiência. Selecionamos esse relato, dentre vários, por considerá-lo criativo, aberto e rico em possibilidades investigativas. É um bom exemplo de como exercitar a formação do espírito crítico em sala de aula, livre de preconceitos e estereótipos.

Tema: Abolição da escravatura: diferentes interpretações
Professoras Aléxia Pádua Franco e Leide Divina Alvarenga Turini[6]
Um dos temas do programa de História da 6ª série foi (naquele ano) "O movimento abolicionista no Brasil e os interesses envolvidos". Para discuti-lo com os alunos, inicialmente, recordamos os aspectos da escravidão estudados no final da 5ª série e depois, em uma aula musical, introduzimos o tema "Abolição", mostrando as diferentes interpretações históricas que existem hoje sobre os movimentos abolicionistas ocorridos no Brasil no século XIX.
Selecionamos dois sambas-enredo para desenvolver essa atividade: "Kizomba, Festa da Raça" e "Liberdade, liberdade! Abra as asas sobre nós". O primeiro mostra que a escravidão foi uma luta dos

negros pela liberdade. O segundo diz que a Abolição foi um presente da Princesa Isabel para os negros. Isto é, enquanto o primeiro traz uma interpretação mais crítica, o segundo centra-se na História Oficial – a história contada de acordo com a visão dos dominantes, não considerando os atos da classe dominada, como os negros, os operários, os camponeses, entre outros.

É importante ressaltarmos que, antes dessa unidade, os alunos estudaram o conceito de História Oficial, o que lhes possibilitou identificar as diferenças de interpretação entre os dois sambas-enredo. Além disso, não podemos esquecer que as músicas foram utilizadas apenas como um texto que discutiu com mais detalhes os interesses envolvidos nos movimentos abolicionistas do Brasil. Antes de ouvirmos e discutirmos as duas músicas com os alunos, entregamos a eles as suas respectivas letras, esclarecimentos sobre seus compositores e seu vocabulário, e um roteiro de atividades com questões de compreensão e interpretação. Nos esclarecimentos não colocamos todas as palavras desconhecidas existentes nas músicas: explicamos apenas expressões e termos difíceis de serem encontrados no dicionário. As outras, deixamos que os próprios alunos as pesquisassem e apresentassem em sala de aula. Depois de cantarmos as músicas, acompanhando suas letras, lemos suas estrofes e os esclarecimentos anexados, discutindo todas as dúvidas surgidas entre os alunos. Após esse trabalho, os alunos responderam individualmente às questões de interpretação, as quais relacionavam o conteúdo das canções com o conceito de História Oficial. Finalmente, corrigimos essas questões em sala de aula, analisando as respostas dos próprios alunos. Veja, a seguir, o material entregue aos alunos.

Música 1: "Kizomba, Festa da Raça"
Compositores: *Rodolpho/Jonas/Luís Carlos da Vila*
Intérprete: *Gera*

Valeu, Zumbi!
O grito forte dos Palmares
Que correu terra, céus e mares
Influenciando a abolição
Zumbi valeu

Hoje a Vila é Kizomba
É batuque, canto e dança
Jongo e Maracatu
Vem, menininha, pra dançar o Caxambu. (BIS)

Ôô ôô, nega mina
Anastácia não se deixou escravizar
Ôô ôô, Clementina
O pagode é o partido popular.
O sacerdote ergue a taça
convocando toda a massa
neste evento que congraça
gente de todas as raças
Numa mesma emoção
Esta Kizomba é a nossa
Constituição. (BIS)

Que magia
reza, ajeum e orixás
tem a força da cultura
tem a arte e a bravura
é o bom jogo de cintura
faz valer seus ideais
e a beleza pura dos seus rituais
Vem a lua de Luanda
pra iluminar a rua (BIS)
nossa sede é nossa sede
de que o *apartheid* se destrua
Valeu!

Esclarecimentos sobre a música, seus autores, seu vocabulário e sobre as personagens que nela aparecem.

Música 2: "Liberdade, liberdade! Abra as asas sobre nós!"
Compositores: *Niltinho Tristeza, Preto Jóia, Jurandir e Vicentinho*
Intérprete: *Dominguinhos da Estácio*

(Olha a Imperatriz chegando...)
Liberdade, liberdade
abra as asas sobre nós
e que a voz da igualdade seja
sempre a nossa voz
Vem ver, vem reviver comigo amor
o centenário em poesia
nesta pátria, mãe querida
O império decadente
muito rico e incoerente
era fidalguia.
É por isso que surgem:
Surgem os tamborins
Vem emoção
a bateria vem

no pique da canção
e a nobreza enfeita o luxo do salão – vem viver...
Vem viver o sonho que sonhei
ao longe faz-se ouvir
em verde e branco por aí
brilhando na Sapucaí!
E da guerra...
Da guerra nunca mais
esquecemos do patrono – o Duque imortal.
A imigração floriu
de cultura o Brasil
A música encanta

e o povo canta assim
E a Princesa...
Pra Isabel, a heroína
que assinou a lei divina (Graças a Deus!)

negro dançou, comemorou
o fim da sina.
Na noite quinze reluzente
com a bravura finalmente
o Marechal que proclamou
foi Presidente.

Esclarecimentos sobre a música, seus autores, seu vocabulário e sobre os personagens que nela aparecem.

Roteiro de atividades distribuído aos alunos

1. Ouça e cante as músicas, acompanhando as suas letras.
2. Leia as suas letras e seus respectivos esclarecimentos com muita atenção, procurando entender o significado de cada uma das estrofes.
3. Grife as palavras desconhecidas das letras das músicas e dos esclarecimentos; procure no dicionário o seu significado e anote-o de acordo com o sentido da palavra na frase.
4. Discuta cada estrofe das músicas, em sala de aula, com seus colegas e seu professor.
5. Responda, por escrito, às questões relativas à interpretação de cada um dos sambas-enredo sobre a Abolição da Escravatura:
   - De acordo com o samba-enredo da Imperatriz Leopoldinense, "Liberdade, liberdade! Abra as asas sobre nós!", quem foi responsável pela Abolição da Escravatura no Brasil?
   Justifique sua resposta, citando uma estrofe da música.
   - De acordo com o samba-enredo da Unidos da Vila Isabel, "Kizomba, Festa da Raça", quem foi responsável pela Abolição da Escravatura no Brasil?
   Justifique sua resposta, citando uma estrofe da música.
   - Esses dois sambas-enredo fazem a mesma interpretação histórica sobre a Abolição da Escravatura? Explique sua resposta.
   - Qual dos dois sambas-enredo se assemelha à História Oficial? Fundamente sua resposta. (Franco 1995, pp. 117-124)

Notas

1. Esse trabalho me inspirou a produzir o texto: Guimarães, S. (1991). "O ensino de História na escola fundamental: Do 'Samba do crioulo doido' à produção do conhecimento histórico". *In*: Cardoso, M.H. e Veiga, I.P.A. (org.). *Escola fundamental, currículo e ensino*. Campinas: Papirus, vol. 1, pp. 157-170.
2. Exemplo é o projeto "Cantando a História pelos caminhos da MPB", desenvolvido pela professora Marli de Oliveira Carvalho, na rede municipal de ensino da cidade de São Paulo, publicado em: Carvalho, M.O. (2008). *Cantando a História; Um projeto dialógico de construção dos saberes históricos na escola*. São Paulo: Ed. do autor.
3. As letras das canções podem ser encontradas no *site* http:///www.terra.com.br.
4. Levantamento realizado por Selmo Haroldo Resende, sob minha orientação, no início dos anos 1990, e publicado com o título: "Proposta de ensino de História para a 8ª série: A música como documento histórico". *Ensino em Re-Vista*, vol. 1, n. 1, jan./dez. 1992, pp. 83-100.
5. O movimento *hip-hop* pode ser conhecido em diversas fontes. Sugerimos a excelente obra de Rocha, J.; Domenich, M. e Casseano, P. (2001). *Hip-hop: A periferia grita*. São Paulo: Perseu Abramo. Veja também a obra citada no final do capítulo, nas referências bibliográficas: Brandão e Duarte, *Movimentos culturais da juventude*. Há vários *sites* interessantes, tais como: http://www.culturahiphop.hpg.com.br.
6. Professoras da Escola de Educação Básica da Universidade Federal de Uberlândia, MG, Brasil.

Referências bibliográficas e sugestões de leituras

ALBIN, R.C. (2003). *O livro de ouro da MPB: A história de nossa música popular de sua origem até hoje*. Rio de Janeiro: Ediouro.

BARRADAS, F.C. (2000). "MPB (música popular brasileira) e educação escolar: Dificuldades e possibilidades de ensino". Dissertação de mestrado. Uberlândia: PPGED.

BRANDÃO, A.C. e DUARTE, M.J.F. (2004). *Movimentos culturais de juventude*. 29ª reimp. São Paulo: Moderna.

CABRAL, S. (1993). *No tempo de Ary Barroso*. Rio de Janeiro: Lumiar.

CONTIER, A. (1998). "Edu Lobo e Carlos Lyra: O nacional e o popular na canção de protesto". *Revista Brasileira de História*, São Paulo, vol. 18, n. 35, pp. 13-52.

DUARTE, M.J F. (2011). "A música e a construção do conhecimento histórico na sala de aula". Tese de doutorado em Educação. São Paulo: Universidade de São Paulo.

FIUZA, A.F. (2003). "A canção popular e a ditadura militar". *In*: CERRI, L.F. (org.). *O ensino de História e a ditadura militar.* Curitiba: Aos Quatro Ventos.

FERREIRA, M. (2002). *Como usar a música na sala de aula.* São Paulo: Contexto.

FRANCO, A.P. (org.) (1995). *Álbum musical para o ensino de História.* Uberlândia: Edufu.

MORAES, J.G.V. (2000). "História e música: Canção popular e conhecimento histórico". *Revista Brasileira de História*, São Paulo, vol. 20, n. 39, pp. 203-222.

NAPOLITANO, M. (1986/1987). "Linguagem e canção: Uma proposta para o ensino de História". *Revista Brasileira de História*, São Paulo, vol. 7, n. 13, pp. 177-188, set./fev.

_____ (2002). *História e música: História cultural da música popular.* Belo Horizonte: Autêntica.

SEVERIANO, J. e MELLO, Z.H. de (1997). *A canção no tempo: 85 anos de músicas brasileiras.* Vol.1 (1901-1957). Rio de Janeiro: Editora 34.

_____ (1998). *A canção no tempo: 85 anos de músicas brasileiras.* Vol. 2 (1958-1985). Rio de Janeiro: Editora 34.

TINHORÃO, J.R. (1998). *História social da música popular brasileira.* São Paulo: Editora 34. 365 p.

_____ (1988). *Os sons dos negros no Brasil.* São Paulo: Ática.

5.3 LITERATURA

Ah, quem escreverá a história do que poderia ter sido?
Será essa, se alguém a escrever,
A verdadeira história da humanidade.
Fernando Pessoa

Jorge Luis Borges (2000, p. 11), ao proferir a palestra "Enigma da poesia" na Universidade de Harvard em 1967, publicada no Brasil três anos depois, afirmou:

> Sempre que folheava livros de estética, tinha a desconfortável sensação de estar lendo as obras de astrônomos que não olhavam as estrelas. Quero dizer, eles escreviam sobre poesia como se a poesia fosse uma tarefa, e não o que é em realidade: uma paixão e um prazer... Passamos à poesia: passamos à vida. E a vida é feita de poesia. A poesia não é alheia – a poesia está logo ali, à espreita. Pode saltar sobre nós a qualquer instante.

Se a vida é feita de poesia, quem é o poeta na história? Eternamente Fernando Pessoa (1998):

> O poeta é um fingidor.
> Finge tão completamente
> Que chega a fingir que é dor
> A dor que deveras sente.
>
> E os que lêem o que escreve.
> Na dor lida sentem bem,
>
> Não as duas que ele teve,
> Mas só a que eles não têm.
>
> E assim nas calhas de roda
> Gira, a entreter a razão,
> Esse comboio de corda
> Que se chama o coração.
> (1988, p. 164)

Se a poesia, o poeta, o leitor entretêm a razão, os enigmas da poesia nos ajudam a viver e a compreender a história, pois história é vida e poesia. Isso nos leva a pensar a relação história e arte, história e ficção, história e narração.[1] O trabalho interdisciplinar entre História e Literatura, pensando aqui nos diferentes gêneros literários (poesia, contos, romance, crônicas, por exemplo), tem crescido significativamente nos últimos anos.[2] Para alguns autores, o historiador adota, quando procura reconstruir um passado desaparecido ou um acontecimento histórico, uma perspectiva que é a da ficção, pois as características que fazem fluir um relato e que nos permitem acompanhá-lo seriam análogas às da compreensão histórica, e nessa medida importa-nos conhecer as fronteiras da narrativa. É preciso lembrar, no entanto, que a Literatura, como formação discursiva própria, "não concede foros de verdade àquilo que declara" (Costa Lima 1986); enquanto, por exemplo, a fotografia representa, para alguns, uma possibilidade de registrar uma imagem em condições análogas às da visão, o discurso ficcional indica, por definição, o afastamento do real.

Mas até que ponto a utilização da obra de ficção como fonte para a História depende de seu valor testemunhal? Qual o valor dos diferentes gêneros literários para a compreensão histórica? As questões apresentadas por muitos professores de História que trabalham com discursos literários podem ser resumidas assim: Qual é a especificidade do discurso literário e do discurso histórico? Quais as fronteiras que delimitam esses dois discursos? Como incorporar a Literatura ao ensino de História, respeitando as especificidades dos gêneros literários?

O discurso histórico e o literário têm em comum o fato de ambos serem narrativos. O discurso histórico visa explicitar o real por meio de um diálogo que se dá entre o historiador e os testemunhos, os documentos, que evidenciam os acontecidos, as ações históricas. Com base nesse diálogo, o pesquisador busca compreender, explicitar o real em movimento, a dinâmica, as contradições, as mudanças, as transformações e também as permanências. A obra literária não tem o compromisso nem a preocupação de explicar o real, tampouco de "comprovar", testemunhar acontecimentos. Trata-se de uma criação, um "teatro mental", como afirma Costa Lima (*ibidem*), o que implica o afastamento do real.

Segundo Sevcenko (1986), a literatura é, antes de qualquer coisa, um produto artístico, porém com raízes no social. Nesse sentido, ela pode falar ao historiador sobre a história que não ocorreu, sobre possibilidades que não vingaram, sobre planos que não se concretizaram. Para o autor, mais do que dar um testemunho, ela pode revelar momentos de tensão. Assim, o historiador é atraído não pela realidade e sim pela possibilidade. Pesavento (2006) nos alerta para o "uso" da literatura pela história como fonte, sem que com isso se estabeleçam hierarquias de valor "sobre os modos de dizer o real". Segundo a autora, no diálogo transdisciplinar e interdiscursivo entre as duas formas de conhecimento sobre o mundo, a história pergunta, e a literatura responde. Nesse caso, não devemos esquecer que tanto o discurso literário quanto o discurso histórico são formas diferentes de dizer o real, haja vista que são representações construídas sobre o mundo e que traduzem sentidos e significados inseridos em dada época (*ibidem*).

Essa abordagem é extremamente relevante para a área de metodologia do ensino de História, pois chama nossa atenção para as possibilidades de leitura e compreensão do mundo, o que requer uma "postura epistemológica" de diálogo, de confronto entre as narrativas, aproximando-as sem perder de vista um diferencial: os historiadores lidam com marcas de historicidade, de forma metódica recorrem aos arquivos e fontes, buscando se aproximar do real acontecido. Os escritores de literatura também contextualizam seus personagens, ambientes e acontecimentos, mas não têm compromisso com as marcas de veracidade (*ibidem*). Assim, a literatura é fonte de si mesma, enquanto escrita de uma sensibilidade, registro, no tempo, das razões e das sensibilidades dos homens em certo momento da história. Nesse sentido, Pesavento afirma que "chegamos a uma das metas mais buscadas nos domínios da História Cultural: capturar a impressão de vida, a energia vital, a *enargheia* presente no passado, na raiz da explicação de seus atos e da sua forma de qualificar o mundo" (*ibidem*).

A leitura de textos literários, reservando as especificidades artísticas, pode nos oferecer traços, pistas, referências do modo de ser, viver e agir das pessoas, de imagens sensíveis do mundo, dos valores e costumes, do imaginário, de histórias de uma determinada época. Essas obras são fontes privilegiadas, evidências que nos ajudam a desvendar e a compreender a realidade, as mudanças menos perceptíveis, indícios,[3] detalhes sobre lugares e paisagens, culturas, modos de viver, detalhes de uma época, mudanças naturais, modos de o homem relacionar-se com a natureza em diferentes épocas.

Nessa perspectiva cabe a nós, como professores, muita sensibilidade ao trabalhar com o texto literário, pois, segundo Vieira *et al.* (2008), "é preciso estar atento às metáforas, às imagens etc., pois os recursos da linguagem são recursos históricos" (p. 22). As autoras nos lembram de que "o pesquisador tem que estar atento ao modo como a linguagem foi produzida tentando responder *por que* as coisas estão representadas de uma determinada maneira, antes de se perguntar *o que* está representado" (p. 23).

No ensino fundamental, é possível desenvolver projetos inter/transdisciplinares (História, Literatura e outras disciplinas), adequados ao universo dos alunos, sobre diversos temas e problemas. Experiências didáticas têm demonstrado como obras clássicas e contemporâneas da Literatura Brasileira e internacional possibilitam o desenvolvimento do gosto pela História, leitura, criatividade e criticidade, contribuindo para a ampliação do universo cultural e para a compreensão do mundo. Trata-se de uma opção metodológica que pode ser assumida no interior do projeto pedagógico da escola, como forma de integrar professores, projetos, interpenetrar conteúdos e métodos e transpor as rígidas fronteiras das disciplinas escolares.

Os textos literários ficcionais nas aulas de História não podem, assim, ser incorporados como meros complementos ou ilustração, mas como fonte a ser problematizada por professores e alunos, de forma interdisciplinar, propiciando ao aluno o acesso a outras faces das linguagens e o desenvolvimento de atitudes críticas e criativas. Por essa razão, acreditamos que podemos enriquecer o processo de alfabetização, ampliar a aprendizagem histórica, incorporando diferentes obras da literatura produzidas para o público juvenil. Sugerimos, então, ao professor de História, se possível em parceria com o professor de Língua Portuguesa e Literatura, que realize uma seleção entre as inúmeras obras publicadas no mercado editorial brasileiro e também entre aquelas que fazem parte do acervo do PNBE, programa que atende às escolas públicas, em anos alternados, distribuindo textos em verso e prosa, livros de imagens e histórias em quadrinhos.[4] É possível localizar materiais de grande valor literário e histórico que abordam diversos temas. Após a leitura e análise crítica do professor, a obra deve ser, então, indicada à turma e explorada, relacionando-a ao tema e confrontando-a com outras fontes, promovendo, assim, uma leitura sensível e crítica.

Sugerimos incorporar ao estudo da cultura afro-brasileira e indígena algumas obras do acervo do PNBE 2011 nos anos finais do ensino fundamental.[5] A obra *Contos africanos dos países de língua portuguesa*, escrita por representativos autores contemporâneos da África de língua portuguesa, apresenta dez contos de diferentes estilos e temáticas, que expressam as culturas, as diferenças e as semelhanças de países daquele continente, possibilitando enriquecer a compreensão sobre a cultura africana e afro-brasileira.[6] Por exemplo, a obra *Contos dos meninos índios*[7] aborda as trocas culturais, a partilha de experiências entre as diferentes gerações, desvelando as relações entre os homens e entre homens e natureza, por meio da oralidade.[8]

A Literatura, como linguagem constitutiva da realidade social, expressa contradições, relações sociais e culturais; ao problematizar a realidade, oferece ao historiador, ao professor e aos alunos pistas e propostas reveladoras da identidade social e coletiva. Por essas razões, cabe a nós explorá-la de modo criativo, combinando fontes e formas tais como as apresentadas anteriormente. Literatura e História nos remetem à educação estética, à recuperação da beleza e das sensibilidades no processo de ensino e aprendizagem. Parafraseando Borges (2000), a beleza está à espreita em toda a parte, como no título de um filme, em alguma canção popular; podemos encontrá-la (até) nas páginas de um escritor e de um historiador... A beleza está por toda a parte à nossa volta...

A matéria do poeta, do escritor de ficção e também a do historiador é a história humana que se desenrola em diversos espaços da nossa vida. A poesia, o romance, o conto, parafraseando Ferreira Gullar, assim como a história, não podem ser uma traição à vida. Poetas e historiadores cantam e contam a experiência humana, especialmente a daqueles que não têm voz. Acreditamos que a História e a Literatura na sala de aula são manifestações da vida, da existência humana. Uma não pode ser alheia à outra. Pensamos ser oportuno, aqui, apresentar outra experiência envolvendo história e poesia nas aulas de História.

Minas Gerais, tantas vezes cantada e recriada em verso e prosa, celebra a paz entre a poesia e a história. "Como compreender as histórias de Minas Gerais, sem compreender a alma dos poetas mineiros?" Essa frase, tão comum em Minas Gerais, simboliza, a meu ver, a importância da linguagem literária como referencial para a história não apenas na arte de poetas, escritores, narradores, artistas, mas especialmente no ofício de historiadores, professores e alunos. As obras literárias, as artes plásticas, as construções que registram histórias de Minas Gerais são diversificadas e de inegável valor artístico e cultural. Nas culturas escolares, cada vez mais esse patrimônio tem sido incorporado como expressão, fonte, evidências, registros de épocas, representações vivas de vidas vividas. Livros e materiais didáticos, vídeos e filmes buscam expressar essas relações como manifestações humanas, constitutivas da realidade sociocultural e histórica. No cotidiano escolar, experiências inter, multi e transdisciplinares revelam possibilidades de conhecer outras dimensões históricas.

Incorporar poemas pode nos revelar outros olhares sobre temas, fatos, questões, sujeitos e práticas sociais e culturais. A poesia é uma forma de leitura do mundo. Como exemplo de trabalhos nessa direção, relatamos uma experiência de ensino incorporando os poemas de Carlos Drummond de Andrade, em turmas do 7º ano do ensino fundamental, no estudo do tema "A colonização portuguesa na América", especificamente o tema "Mineração".[9]

Roteiro de trabalho

Problematização do tema, levantamento dos saberes dos alunos. Discussão dos significados do nome "Minas Gerais". Registro das ideias.

Observação e exploração do mapa político do Brasil atual e do mapa histórico dos séculos XVII e XVIII, com o objetivo de localizar o território hoje ocupado pelo Estado de Minas, pela Capitania de Minas e as rotas dos bandeirantes no século XVII em busca de ouro e diamantes.

Leitura, interpretação e discussão de um texto didático abordando o tema.

Audição, análise e debate da canção "Pátria Minas Imaculada", de Marcus Viana.

    a) Leitura e análise dos poemas de Carlos Drummond de Andrade, registrados a seguir:

"Canto mineral"

Minas Gerais
minerais
minas de Minas
demais,
de menos?
minas exploradas
do duplo, no múltiplo
sem sentido,

minas esgotadas
a suor e ais,
minas de mil
e uma noites presas
do fisco, do fausto,
da farra; do fim.
(...)
(2002, pp. 769-770)

"A palavra Minas"

Minas não é palavra
montanhosa.
É palavra abissal. Minas é
dentro e fundo.
As montanhas escondem o que
é Minas.
No alto mais celeste,
subterrânea,
É galeria vertical varando o ferro
Para chegar ninguém sabe onde.
Ninguém sabe Minas.
  A pedra
O buriti

A carranca

O nevoeiro
O raio
Selam a verdade primeira,
sepultada
em eras geológicas de sonho.

Só mineiros sabem. E não dizem
Nem a si mesmos o irrevelável
segredo
Chamado Minas.
(2002, p. 774)

    b) Apresentação de dados sobre a vida e a obra do poeta.
    c) Contextualização dos dois poemas.

d) Releitura dos poemas.
e) Discussão na roda sobre os versos do poeta que os alunos quiserem destacar.

Motivamos a conversa sobre o primeiro poema: "Minas Gerais/minerais", "minas exploradas", "duplo, no múltiplo/sem sentido", "minas esgotadas/a suor e ais"; "minas (...) presas do fisco, do fausto,/da farra; do fim". Como os alunos leram esses versos? Muitas questões foram apresentadas pelo grupo.

Em relação ao segundo poema, uma questão foi marcante: "Minas é ou não é uma palavra montanhosa?". Os significados da palavra "Minas" foram amplamente debatidos pelo grupo. As relações com a Geografia foram bastante exploradas, a diversidade territorial e cultural, as diferenças sociais e econômicas. Os alunos tiveram tempo para expor suas ideias oralmente.

Na sequência estimulamos o grupo a continuar a escrita do primeiro poema "Canto Mineral" e/ou a escrever o seu poema sobre Minas "depois desse fim" ou sobre Minas no tempo passado ou presente.

Para concluirmos a atividade, retomamos as questões expostas no início acerca dos significados do nome do Estado e produzimos um mural coletivo, apresentando os textos/poemas construídos, desenhos, gravuras, imagens de Minas no passado e no presente.

A leitura e a análise dos poemas estimularam a criatividade, a imaginação, a discussão sobre a história de Minas e do Brasil. Vários sentidos foram construídos e sentimentos foram manifestados sobre o tema e sobre a poesia de Drummond. Ampliamos a compreensão da história do Estado e do Brasil com leveza e sensibilidade. O interesse pela poesia ficou evidenciado, assim como o desejo de conhecer o cotidiano, os costumes, os sentimentos, as dores, os amores, as artes, a poesia etc. Abrimos as janelas e o desejo do grupo de continuar os estudos a respeito das lutas, das resistências e dos movimentos contra a exploração da metrópole.

Para concluirmos, relembramos a afirmação de Silva (1985, p. 82):

> A discussão de linguagens pelos historiadores, muito mais que trazer para seu trabalho "o exótico" ou o "inexplorado", permite abordar um nível básico das relações entre os homens que, naturalizado, realiza em larga escala tarefas ideológicas de dominação ao se fazer passar como dado neutro da vida social. Mais ainda, envolve a preocupação com a tarefa crítica de desenvolver um conhecimento histórico que se saiba prática política e enfrente a necessidade de desmontar os discursos que o constituem como lugar de erudição neutra, à maneira da história historicizante.

Conscientes da tarefa crítica, acreditamos que ensinar História, articulando-a com a Literatura, expande o diálogo com outras áreas do conhecimento, outras manifestações da experiência humana. Como nos ensinou Pesavento: "A literatura registra a vida". Poesia e história são dimensões do nosso viver, modos de ler e interpretar o mundo. Recuperar essa totalidade é valorizar nossa existência, libertar nossos sentimentos, nossos pensamentos. A escola, espaço de viver e pensar, não pode ficar alheia à poesia e à história.

Notas

1. Agradeço as sugestões de Regina Lúcia do Nascimento, professora de Literatura da Universidade Federal do Amapá.
2. Um balanço dessas produções pode ser conhecido em: Santos, A.F. dos (2009). "Entre fatos e artefatos: Literatura e ensino de História nos encontros acadêmicos nacionais". Dissertação de mestrado em História Social. Universidade Estadual de Londrina.
3. Sugerimos a leitura do clássico texto: Ginsburg, C. (2003). "Sinais: Raízes de um paradigma indiciário". *In:* Ginsburg, C. *Mitos, emblemas e sinais*. São Paulo: Companhia das Letras, pp. 143-180.
4. O acervo de obras literárias do PNBE pode ser conhecido nas escolas públicas e no *site*: http://portal.mec.gov.br/index. php?option=com_content&view=article& id=12368&Itemid=574.
5. A *Revista África e Africanidades* divulga várias experiências de ensino na área da cultura afro-brasileira por meio da literatura. Veja *site*: http://www.africaeafricanidades.com/educacao.html.

6. Publicado pela Ática, São Paulo, 2009, 144 p.
7. A obra *Contos dos meninos índios* também faz parte do acervo do PNBE 2011, de autoria de Hernâni Donato, publicada pela Melhoramentos, São Paulo, 2009.
8. Para conhecer outras obras literárias que abordam a temática indígena, sugerimos consultar o levantamento realizado pela Funai e publicado em: Moreira, C. de A. e Fajardo, H.C.B. (2003). *O índio na literatura infanto-juvenil no Brasil*. Brasília: Funai/Dedoc. Disponível no *site*: http://www.funai.gov.br/projetos/Plano_editorial/Pdf/O_indio_na_literatura_infanto-juvenil_no_Brasil.pdf.
9. Essa atividade foi desenvolvida em uma escola pública da cidade de Uberlândia, no 7º ano do ensino fundamental, em 2010, inspirada na atividade desenvolvida pela professora de História Romilda Degani, na Escola de Educação Básica da UFU, em 1991, em turmas de 3ªs e 4ªs séries do ensino fundamental e relatada em Guimarães, S. (2003). *Didática e prática de ensino de História*. Campinas: Papirus.

Referências bibliográficas e sugestões de leituras

ANDRADE, C.D. de (2002). *Poesia completa*. Rio de Janeiro: Nova Aguilar.

ASSIS, M. de (1994). *Crônicas escolhidas*. São Paulo: Ática/*Folha de S.Paulo*.

BORGES, J.L. (2000). *Esse ofício do verso*. São Paulo: Companhia das Letras.

CHARTIER, R. (2000). "Literatura e História". *Topoi*, Rio de Janeiro, n. 1, pp. 197-216.

_____ (1991). "O mundo como representação". *Estudos Avançados*, vol. 5, n. 11, São Paulo: USP, jan./abr., pp. 171-191.

LIMA, L.C. (1986). "Documentação e ficção". *Sociedade e discurso ficcional*. Rio de Janeiro: Guanabara, pp. 187-242.

_____ (2006). *História, ficção e literatura*. São Paulo: Companhia das Letras.

PESAVENTO, S.J. (2006). "História & literatura: Uma velha-nova história". *Nuevo Mundo Mundos Nuevos*, Debates. [Disponível na internet: http://nuevomundo.revues.org.]

PESSOA, F. (1998). "Autopsicografia". *Obra poética*. Rio de Janeiro: Nova Aguilar.

SEVCENKO, N. (1986). *Literatura como missão*. São Paulo: Brasiliense.

SILVA, M.A. (1985). "O trabalho da linguagem". *Revista Brasileira de História* (11). São Paulo: Anpuh/Marco Zero, set.

VIEIRA, M.P.A. *et al.* (2008). A pesquisa em História. 5ª ed. São Paulo: Ática.

WILLIAMS, R. (1979). *Marxismo e literatura.* Rio de Janeiro: Zahar.

ZAMBONI, E. e GUIMARÃES, S. (2010). "Contribuições da literatura infantil para a aprendizagem de noções do tempo histórico: Leituras e indagações". *Caderno Cedes*, vol. 30, pp. 339-353.

5.4 DOCUMENTOS

Durante muito tempo, os historiadores ligados à chamada história tradicional privilegiaram como fontes de produção do conhecimento histórico os documentos escritos e oficiais. O documento era o lugar da História. Sem documento, não havia história. Essa tradição historiográfica foi amplamente difundida nos currículos e livros didáticos. Conclusão: os livros difundiam, basicamente, a história política institucional, a história econômica, religiosa, os fatos, os dados, os personagens marcantes. Essa crença e essa valorização do documento como espelho fiel da realidade, "comprovação do acontecido", foram desconstruídas ao longo do século XX. As novas correntes historiográficas ampliaram o conceito de documento histórico. Passaram a ser consideradas e utilizadas como fontes todas as evidências, registros da experiência humana. Isso exigiu de nós, professores, uma mudança de postura em relação aos documentos, bem como a ampliação da busca, do levantamento, da preservação e do acesso ao patrimônio histórico cultural, como sugerem estudos no campo do ensino de História (Bittencourt 2004; Schmidt e Cainelli 2004). Diante da diversidade de fontes documentais, abordadas neste capítulo, meu foco, neste item especificamente, serão os documentos escritos, textos históricos.

Tema recorrente nos debates historiográficos e no campo didático, o uso dos documentos requer um trabalho cuidadoso do professor. Sempre inicio este tema fazendo referência a um estudo que muito inspirou minha prática com documentos em sala de aula. Refiro-me ao excelente texto intitulado "Sobre a norma e o óbvio: A sala de aula como lugar de pesquisa", de Paulo Knauss (1996), professor da Universidade Federal Fluminense. Tive a felicidade de conhecer Paulo Knauss e a versão preliminar desse trabalho no I Encontro de Professores na Área de Ensino de História, realizado na Universidade Federal de Uberlândia em 1993. Desde então, tive condições de sistematizar, em sala de aula, uma reflexão mais aprofundada sobre as possibilidades de utilização de documentos não de forma complementar, ou como ilustração, mas como problema, sustentada na "convicção da necessidade de superar a cadeia normatizadora do conhecimento, pronto, acabado e localizado, desabsolutizando as formas de conhecimento, mesmo o científico" (*ibidem*, p. 33).

A utilização de documentos numa perspectiva metodológica dialógica propicia o desenvolvimento do processo de ensino e aprendizagem que tem como pressupostos a pesquisa, o debate, a formação do espírito crítico e inventivo. Isso implica dizer que professores e alunos podem estabelecer outras relações com as fontes de saber histórico. Segundo a proposta de Knauss, para cada unidade

> (...) o professor deverá estabelecer um problema que estará articulado com fontes de seu conhecimento. Isso requer pesquisa docente de ordem bibliográfica, mas igualmente de identificação de *corpus* documentais apropriados. Não só a atividade discente e a sala de aula se tornam lugar de exercício da pesquisa, mas igualmente o professor se vê envolvido na tarefa de investigador, voltado para o exercício didático, rompendo a lógica normatizadora autoritária. (*Ibidem*, p. 41)

A problematização poderá ocorrer a partir de uma fonte escrita, ou iconográfica, de uma obra inspiradora, de um problema emergente no social, de uma situação cotidiana. Enfim, vários são os pontos de partida que nos podem conduzir a um conjunto de testemunhos de época, possibilitando a exploração de temas significativos para a formação do aluno. Uma vez selecionados os documentos, os alunos devem ser motivados ao trabalho, construindo, juntos, atividades de leitura, interpretação, criação e sistematização de novos conhecimentos que levem à "superação das obviedades" e à "superação da cadeia normatizadora do conhecimento".

O texto dos PCNs de História (Brasil 1998, p. 86) registra algumas questões que podem orientar atividades com documentos em sala de aula:

- O documento não fala por si mesmo, isto é, ele precisa ser interrogado a partir do problema estudado, construído na relação presente-passado;
- Para interrogar o documento, é preciso fazer a escolha de um método, isto é, escolher procedimentos que orientem na observação, na identificação de idéias, temas e contextos, na descrição do que foi identificado, na distinção de relações de oposição, associação e identidade entre as informações levantadas e na interpretação dos dados, considerando a relação presente-passado;
- Os métodos mais adequados são aqueles que possibilitam extrair dos documentos informações de suas formas (materiais, gráficas e discursivas) e de seus conteúdos (mensagens, sentidos e significados) e que permitam compreendê-los no contexto de sua produção.

Com base nessas orientações, vários autores concordam com a necessidade de:

1. Selecionar documentos acessíveis (linguagem, conteúdo, extensão) ao nível de desenvolvimento da turma.
2. Questionar a fonte. Situar o documento no contexto em que foi produzido, por meio de perguntas como: Quem produziu? Quando? Onde? Em que condições? Onde está publicado? Relacioná-los a outros eventos históricos.
3. Apresentar questões, problematizar o tema abordado no presente e no passado.

4. Criar diversas atividades de leitura e compreensão dos textos, o que implica identificar, situar, descrever, explicar, analisar, criticar.
5. Possibilitar ao aluno questionar as fontes, confrontá-las, estabelecer um diálogo crítico entre as concepções prévias, os conhecimentos históricos anteriormente adquiridos, as indagações e os textos.
6. Orientar a produção de saberes, sugerindo formas, linguagens, construções discursivas que favoreçam o desenvolvimento da aprendizagem e a compreensão da história como uma construção.

No clássico livro *Didactique de l'histoire* (1993), Henri Moniot, citando Gadler, Leclerc e Limouzin (1991),[1] sintetiza os seguintes momentos (não lineares) na análise e no comentário de um documento: 1) descrever o documento, destacar e indicar as informações que ele contém; 2) situar o documento em relação ao contexto e à autoria; 3) identificar e explorar a natureza do documento; 4) mobilizar os saberes, os conhecimentos; 5) explicar o documento, associar as informações aos saberes relevantes; e 6) retirar, remover os limites, os interesses, criticar o documento.

Portanto, os diferentes autores apontam a necessidade de rigor e de postura crítica dos historiadores e professores diante dos registros do passado, aos contextos, aos modos de produção e leitura dos documentos. O exercício de seleção e adequação didática são extremamente relevantes nesse processo.

Relato de experiência

Essa atividade foi desenvolvida com algumas turmas de 8ª série, hoje 9º ano do ensino fundamental, na disciplina História, em diferentes escolas públicas. Desenvolvi também com futuros professores nas aulas de Metodologia do Ensino de História e em cursos e oficinas de formação continuada de professores de História. O objetivo foi propiciar a leitura e a discussão de documentos históricos produzidos em diferentes momentos e circunstâncias, por diversos sujeitos, possibilitando a ampliação dos conhecimentos históricos, o diálogo e a reflexão do tema em sala de aula.

A atividade foi desenvolvida, com variações, da seguinte maneira: 1) em círculo, realizávamos um debate sobre a educação no Brasil, apresentando diversos problemas, hipóteses e desafios da educação, em particular os problemas vivenciados na escola. As questões que mais apareceram foram registradas; 2) as turmas foram divididas em quatro grupos, e todos os alunos receberam as cópias da seleção de documentos da forma como transcrita a seguir; 3) foi solicitado que cada grupo lesse, confrontasse e discutisse os documentos – todos eles foram contextualizados nos grupos; 4) os alunos elaboraram uma apresentação do tema, relativa a um dos documentos, com suas conclusões; 5) a turma toda elaborou um texto coletivo sobre a educação nas diferentes épocas, no presente e no passado, recuperando as questões iniciais que haviam sido registradas pela própria turma. A professora acompanhou e orientou os diversos grupos, problematizando e motivando o trabalho investigativo, sugerindo atividades de leitura e criação. Foi entregue e discutido um roteiro de trabalho, antes de começar a atividade.

Roteiro de trabalho

Tema: "A educação em diferentes lugares e épocas".

Objetivos:

- analisar diversas formas de conceber a educação em diferentes épocas e lugares;
- refletir sobre os costumes, os modos de viver e os objetivos da educação em diferentes sociedades;
- possibilitar a construção de conhecimentos históricos sobre a educação;

- ampliar a compreensão sobre a história da educação em diferentes épocas.

Ponto de partida do trabalho: a problematização do cotidiano de alunos e professores na atual realidade educacional do Brasil

Atividades: Vamos construir em conjunto?

Textos escolhidos

Documento 1 – "Um pequeno escolar romano no tempo de Marco Aurélio"
Temos a sorte de possuir um manual de conversação greco-latino composto cerca do ano 200 da era cristã, para ensinar o latim aos alunos gregos. Eis aqui, segundo esse livro, a jornada de um menino que vai à escola primária. Desperto-me ao romper da aurora: chamo o escravo, mando abrir a janela, ele abre-a logo. Levanto-me, sento-me à beira da cama, peço chinelas e sapatos porque faz frio. Uma vez calçado, peço uma toalha; trazem-me uma bem limpa. Trazem-me água para a lavagem em uma bacia; derramo-a nas mãos, no rosto, na boca, esfrego os dentes e as gengivas; assôo e limpo o nariz como convém a um menino bem educado. Tiro a camisa de dormir, tomo uma túnica, ponho uma cinta; perfumo a cabeça e penteio-me, enrolo um lenço de seda em torno do pescoço; visto por cima a minha capa de pele branca. Saio do quarto com meu pedagogo e a minha ama para saudar e beijar meus pais. Eu os saúdo e os beijo. Procuro o tinteiro e o caderno e entrego-os ao escravo. Chego diante da escadaria da escola, subo os degraus vagarosamente, como se deve. Deponho o capote no vestíbulo; aliso os cabelos e digo: "Salve, mestre". Ele abraça-me e retribui a minha saudação. O escravo apresenta-me as tabuinhas, o tinteiro, a régua. "Salve, colegas. Dai-me o meu lugar. Aperta-te um pouco." "Este lugar é meu! Tomei-o antes de ti!" Sento-me e começo a trabalhar.

Copio o modelo; quando termino, mostro-o ao mestre que me corrige escrevendo com bonita letra: "Faz bem os cheios e os finos. Põe um pouco de água na tinta. Vês que agora vai bem". Mostra-me a pena (de caniço) e o canivete (para aparar a pena). "Mostra-me: como escreveste? Não está mal... ou antes: mereces chicote! Mas eu te perdôo...".

Acabei de estudar a lição. Peço ao mestre para me deixar ir para casa; ele deixa-me sair; digo-lhe: "Passe bem" e ele retribui a minha saudação. Volto a casa, troco de roupa. Como pão branco, azeitonas, queijo, figos secos e nozes, e bebo água fresca. Depois do almoço, regresso à escola. (O dia termina com um banho.) Mando buscar toalhas e sigo o meu servidor. Corro ao encontro dos que vão ao banho e digo-lhes: "Como estão passando? Bom banho! Bom jantar!". (Marrou, H.I. "Histoire de l'education dans l'antiquité", *apud* Isaac e Alba, 1964, pp. 181-183)

Documento 2 – "A educação espartana"
Em toda a Grécia, o costume dos que pretendem dar boa educação aos filhos é o seguinte: logo que atingem a idade adequada são entregues aos cuidados do pedagogo ou tutor. Com esses criados, são enviados à escola de algum professor, onde aprendem gramática, música e diversos exercícios físicos. Além disso, recebem sapatos que tornam seus pés macios, e seus corpos são debilitados por diversas mudas de roupa. E a medida da comida é seu apetite.
Mas Licurgo, em vez de deixar a cada cidadão o encargo de escolher um escravo-tutor para seu filho, designou um paidônomo como guardião público dos meninos espartanos com total autoridade sobre eles.
Para auxiliar o educador, criou um corpo de jovens fortes, portando chicotes para infligir castigos quando necessários. O resultado feliz foi que em Esparta a humildade e a obediência vão sempre de mãos dadas e não existe falta de qualquer delas.
Em vez de amolecer seus pés em sapatos ou sandálias, decretou que deveriam endurecê-los andando descalços. Para que não se tornassem efeminados com uma variedade de roupas, determinou que usassem um só traje o ano inteiro porque dessa maneira suportariam melhor as variações de calor e frio.
O prefeito ou cabeça de bando vigiava para que seu grupo não comesse demais nas refeições coletivas para que não se tornasse indolente ou desconhecesse as agruras da vida pobre. Sua crença era que, com esse ensinamento na infância, os espartanos poderiam lutar com estômago vazio quando fosse necessário.
Para que os meninos nunca ficassem sem autoridade em caso de ausência do guardião, deu a qualquer cidadão que estivesse presente o direito de admoestá-los ou castigá-los por qualquer infração. Com isso criou nos

meninos de Esparta a mais rara humildade e reverência. Todos sabemos que não há Estado no mundo onde seja demonstrada maior obediência aos magistrados e às leis do que Esparta. Noutros países, nenhum líder quer que nem mesmo se pense que têm medo dos magistrados. Isso seria encarado como símbolo da submissão.

Em Esparta, ao contrário, quanto mais poderoso o homem, mais facilmente se curvava perante a autoridade constituída. (Xenofonte. "A constituição dos lacedemônios". *In*: São Paulo/Cenp, 1978, p. 62)

Documento 3 – "O nazismo: Seus princípios"

A educação nazista: Nosso povo alemão, hoje esfacelado, jazendo entregue, sem defesa, aos pontapés do resto do mundo, tem, precisamente, necessidade da força que a confiança em si proporciona. Todo o sistema de educação e de cultura deve visar dar às crianças de nosso povo a convicção de que são absolutamente superiores aos outros povos.

O expansionismo: O direito ao solo e à terra pode tornar-se em dever quando um grande povo parece destinado à ruína por falta de extensão territorial. Especialmente quando não se trata de qualquer populaçãozinha negra, mas da Alemanha, mãe da vida, mãe da civilização atual.

A Alemanha tem todas as oportunidades de arrebatar a Ucrânia à Rússia soviética porque o comunismo é dirigido pelos judeus: ora, a longo prazo, o judeu não saberia conservar o Estado potente; ele não é um elemento organizado, não passa de um fermento de decomposição. O fim dos judeus sobre a Rússia será também o fim da Rússia como Estado. Fomos eleitos pelo destino para assistir a uma catástrofe que constituirá a prova mais sólida da exatidão das teorias racistas no tocante às raças humanas. (Hitler. *Minha luta. In*: São Paulo/Cenp, 1978, p. 94.)

Documento 4 – "Escreveu não leu, o pau comeu!"

Lambadas na bunda, cascudos, cocorotes, puxões de orelha, beliscões (simples ou "de frade", que eram mais fortes e mais ardidos), ajoelhar-se horas seguidas em grãos de milho, palmadas e, por último, mas não menos doloridas, as terríveis palmatórias, com palmatórias de vários tipos e para todos os gostos... Quem batia é que escolhia!

> "Quentes" mesmo eram as surras de varas: vara fina de goiabeira, vara de jacarandá, vara de cipó, vara até de pele de peixe. A mais famosa e temida era a vara de marmelo – com ou sem alfinetes nas pontas. Nossos avós a conheceram muito bem!
> Lambadas, palmadas, varadas: tudo dependia da gravidade da "arte" ou do conceito que faziam do "artista". E também do humor do dono da vara... Quem gostava? Quem aguentava?!
> Quem muito costumava usar as varas, talvez por não estarem satisfeitos em só dar beliscões, eram os exigentes frades-mestres. E os tios letrados também. Todas as tardinhas, num daqueles imensos cômodos das casas-grandes, esses severos professores ensinavam as primeiras letras (o bê-a-bá), as primeiras contas e as indispensáveis orações. Eram as "aulas de ler, escrever e contar". As aulas eram uma tortura, os mestres, uns carrascos. Suas pobres vítimas: os filhos dos trabalhadores livres do engenho. "Com sangue e letra entra", acreditavam os frades-mestres e os tios letrados. No Brasil colonial, que ia sendo criado pelos portugueses, saber era decorar. Decorar a tabuada, as regras da língua portuguesa, os dez mandamentos da Igreja Católica, os pecados capitais, os nomes dos reis de Portugal. Nada de ciência, quase nenhuma arte, pouca reflexão. Não foi à toa que viajantes europeus que estiveram no Brasil espantaram-se, até mesmo no século passado, com a tristeza de muitos meninos, o ar acanhado e humilde das meninas, a sem-gracice de ambos. As crianças pareciam adultos antes de completar doze anos! (Alencar, C. *et al.* 1984, p. 27)

Em diversas situações, utilizando a mesma seleção de documentos, vivenciei experiências de ensino e aprendizagem singulares. Em uma turma de 8ª série, por exemplo, após leituras, questionamentos e debates, os quatro grupos apresentaram suas conclusões utilizando cartazes com histórias em quadrinhos, *charges*, representando situações escolares nas diferentes épocas estudadas. Em outra turma, os textos serviram de fonte para a construção de um roteiro e apresentação de uma peça teatral com personagens caracterizados, cenários, representações das relações professor-aluno. Em cursos de formação continuada, vivenciei a elaboração de vários projetos de ensino para diferentes séries e níveis de ensino.

Essa experiência reforçou em nós a convicção da possibilidade de: a) desenvolvimento de trabalhos de pesquisa nas aulas de História; b) utilização de documentos de forma problematizadora; c) incorporação/ utilização/desenvolvimento de diferentes linguagens nas aulas de História; d) construção/sistematização de conhecimentos; e) estabelecimento de um diálogo crítico intertextual; f) redimensionamento das relações entre diferentes temporalidades.

Portanto, os documentos não mais falam por si mesmos, mas sugerem-nos inúmeras questões, possibilidades de diálogos constitutivos do processo de leitura e reconstrução permanente da História.

Notas

1. Trata-se do anexo 3, retirado da obra de Gadler, J.P.; Leclerc, M. e Limouzin, J. (1991). "Histoire-Geographie en O.R.: Pratique des objectifs de référence". CRDP de Nancy, p. 55. *In*: Moniot 1993.

Referências bibliográficas e sugestões de leituras

ALENCAR, C. *et al*. (1984). *Brasil vivo*. Petrópolis: Vozes.

BITTENCOURT, C.F. (2004). *Ensino de História; fundamentos e métodos*. São Paulo: Cortez.

BRASIL (1998). *Parâmetros Curriculares Nacionais: História. 5ª a 8ª séries*. Brasília: MEC/SEF.

ISAAC, J. e ALBA, A. (1964). *Roma*. São Paulo: Mestre Jou.

KNAUSS, P. (1996). "Sobre a norma e o óbvio: A sala de aula como lugar de pesquisa". *In*: NIKITIUK, S.L. (org.). *Repensando o ensino de História*. São Paulo: Cortez.

MONIOT, H. (1993). *Didactique de l'Histoire*. Paris: Édition Paris.

SÃO PAULO (1978). *Coletânea de documentos históricos para o 1º grau – 5ª a 8ª séries*. São Paulo: SEE/Cenp.

SCHMIDT, M.A. e CAINELLI, M.R. (2004). *Ensinar História*. São Paulo: Scipione.

5.5 IMPRENSA: JORNAIS E REVISTAS IMPRESSOS

A imprensa é reconhecidamente uma importante fonte de informação da sociedade e das pesquisas acadêmicas. É recorrente nas práticas de pesquisa e ensino no campo da História. Considerando que a escritura da imprensa, sobretudo nos meios de comunicação de massa, é totalmente estranha aos modos tradicionais do discurso, como afirmou Morin (1969), alguns autores procuraram definir suas características em contraposição a outros gêneros, por exemplo, à obra de ficção. Enquanto esta é considerada uma representação emanada de uma criação fabuladora, a narrativa da imprensa é comandada, dia a dia, pelo acontecimento. No entanto, quando o acontecimento é registrado, o "real" transforma-se em representação. Assim, para Franzosi (1987), a informação jornalística é sempre questionável e isso cria para o pesquisador o dilema de saber se está lidando com acontecimentos ou padrões de notícias.

No chamado "grau zero de leitura", o jornal é considerado um trampolim para a realidade: o acontecimento é que importa e a ele chegamos pela informação jornalística (Mouillad 1968). Esta metáfora do "trampolim para a realidade" é perceptível no cotidiano. Nas conversas é comum a pessoa, ao relatar um fato, um acontecimento, dizer: "É verdade, eu li no jornal..."; ou: "Eu assisti no jornal da rede de televisão... Você não leu a revista... esta semana? Você não viu?". Assim, verificamos que o leitor ou telespectador costuma atribuir *status* de verdade à informação, à notícia de um acontecimento divulgado por um veículo de comunicação de massa. No entanto, não se pode ignorar o processo de semantização que necessariamente ocorre quando um fato da realidade social é incorporado ao conteúdo de um meio de comunicação de massa (Véron 1984). Os recursos metodológicos aplicados a esse tipo de fonte, segundo esses autores, iam da simples transposição de dados a processos sofisticados de mensuração.

Durante muito tempo, como abordamos em capítulos anteriores, várias formas de registro da experiência humana foram, de algum modo, desprezados por historiadores e professores, entre elas a imprensa. Com o avanço tecnológico ao longo do século XX, a universalização da educação, da capacidade de leitura, a imprensa periódica tornou-se um dos principais meios de (in)formação dos povos. Pesquisadores, professores e alunos passaram a viver mergulhados num elevado nível de informação. Na atualidade, temos acesso a notícias provenientes do mundo inteiro, transmitidas por poderosos aparelhos de comunicação de massa. Assim, no atual contexto de globalização, não é mais possível uma atitude de omissão, negação ou mesmo de desprezo por parte do professor em relação à imprensa nas diferentes mídias (jornais impressos, TV, internet). A ele cabe o papel de leitor crítico de mensagens e informações, incorporando-as aos saberes e às práticas educativas no cotidiano da sala de aula.

Isso nos remete a algumas reflexões, especialmente à relação imprensa/fato ou acontecimento/notícia, informação. Começando pela imprensa, é necessário levarmos em conta seu "lugar social", sua inserção e o papel das empresas de comunicação de massa na sociedade globalizada. Como produto de empresas que têm propostas político-sociais definidas, linhas, padrões ou receitas, a imprensa, ao informar, revela também a existência de um não dito. O fato ou acontecimento é testemunhado, retrabalhado, transformado em notícias ou informações de acordo com as linhas ou os interesses de quem tem o poder de produzi-lo e vendê-lo à população.

Pretende-se sempre atribuir foros de verdade às informações; porém, com sua linguagem própria, a imprensa noticia, explica o real de forma limitada e fragmentada. A informação, como toda mercadoria, surge coisificada: nem o produtor (emissor) nem o receptor (consumidor) se reconhecem na mensagem veiculada. Ela traz em si uma série de explicações e é consumida pelos leitores, mas não é assimilada ativamente, pois só tem valor no momento em que surge e, como toda mercadoria cultural, esgota-se rapidamente. Implica pensar a relação acontecimento/fato/informação/mercadoria consumida por milhões e milhões de pessoas: neste mundo informacional, como o pesquisador e o professor de História lidam com a imprensa, uma vez que é considerada por muitos o "trampolim" para o real?

Possíveis respostas a essa pergunta relacionam-se ao interesse das pesquisas historiográficas pelo redimensionamento das relações passado/

presente, uma vez que a história, tradicionalmente, foi identificada ao tempo passado e a imprensa ao tempo presente. Como o tempo presente[1] é tratado pela história e pela imprensa? História imediata para alguns, história recente para outros, o que importa é o reconhecimento da necessidade de romper com a concepção que separa rigidamente o presente do passado. Le Goff (1984) defende a conquista da história imediata pela história nova, pois acredita ser um campo possível para a busca de uma história total. Lacouture (1990) associa a importância da história imediata ao modo de vida das sociedades atuais e ao papel exercido pelos meios de comunicação de massa. Segundo ele, vivemos numa sociedade que exige informações e que, por sua vez, tem direito a uma inteligibilidade da história próxima. Para Chesneaux (1995), a história imediata deve ser um caminho para o estudo dos movimentos políticos, diante não apenas da vivência e do envolvimento dos historiadores nos processos de lutas, mas também das disponibilidades de fontes, rejeitando sua transformação em mera mercadoria. Assim, o historiador, o professor, não aparecem como intérpretes que falam em nome da objetividade, mas como agentes da historicidade que, inevitavelmente, também se interpretam.

Pesquisas historiográficas no Brasil (Capelato 1988; Cruz e Peixoto 2007; Pereira 2009) apresentam importantes reflexões sobre as relações entre história e imprensa e as implicações na construção das memórias; nas relações passado-presente, leitura e escrita, pesquisa e ensino. Relatos de experiências apontam o valor didático da imprensa para a formação dos jovens[2] (Menezes *et al.* 2000; Faria 1996, 1997; Faria e Zanchetta Jr. 2002). No currículo escolar, é possível desenvolver atividades interdisciplinares que favoreçam a formação de leitores críticos, o debate e o estudo da História, não só da história imediata, recente, mas também do passado.

O professor de História não é um leitor comum, mero consumidor de informações. É indispensável que ele esteja atento às redes, às implicações, aos padrões de notícias, aos preconceitos, às omissões e também às ênfases. Logo, é imperativo que deite um olhar, e um olhar crítico, sobre todas as coisas, não permitindo que seja ofuscado, para que possa penetrar no campo inacessível ao leitor comum e até mesmo aos jornalistas. A eles, como testemunhas oculares do real, do acontecimento, compete decodificar uma linguagem que chega às massas. Mas, como toda representação, a imprensa também cria imagens do real: seletivas, limitadas, fragmentadas e, ao mesmo tempo, carregadas de pistas e dados que facilitam a busca de explicitação da realidade.

A imprensa fornece aos pesquisadores e educadores materiais provenientes de diversas fontes, possibilitando, por exemplo, textos que contêm análises, pontos de vista de diversos autores, especialistas e testemunhas da História. Permite o acesso a dados estatísticos, indicadores de diversos aspectos da realidade, e a reconstituição histórica de fatos, sobretudo do nosso passado recente. Apresenta imagens fotográficas, *charges*, histórias em quadrinhos, crônicas, mapas, textos literários, poesias, canções, dossiês sobre diversos temas/objetos do ensino de História.

Como qualquer outra fonte, os jornais e as revistas são importantes registros de dimensões históricas do presente e do passado. Por meio deles, é possível captar evidências de mudanças, rupturas, continuidades, por exemplo, dos projetos políticos, dos movimentos sociais e culturais, do cotidiano das pessoas, dos modos de ser, viver, alimentar-se, vestir-se etc. No tempo presente, dominado pela interatividade, pelos artefatos como telefone celular, internet *wi-fi*, computadores portáteis, as novas gerações podem se interessar mais pela leitura de jornais e revistas nos meios digitais do que na versão impressa. Concordando com vários educadores, pode ser mais difícil e desafiador o trabalho com os meios impressos, porém certamente importante para a formação de leitores habituais e cidadãos bem-informados. Os diversos veículos de informação apresentam textos com características gráficas e editoriais distintas e, como mercadorias da sociedade de consumo, esforçam-se para agradar o seu público leitor em relação à forma e ao conteúdo.

Isso requer do professor permanente atualização, e, como leitor crítico, cidadão, ele deve proceder à análise e à crítica na sala de aula sempre com o cuidado de situar a fonte histórica, a matéria/informação no contexto de sua produção. Jornais e revistas são importantes aliados do professor, fornecem materiais diversificados que ampliam o ensino e a aprendizagem. A meu ver, o trabalho pedagógico com a imprensa deve ser feito com cuidado e rigor. É necessário identificar e refletir sobre o papel, o contexto, o lugar social das empresas de comunicação de massa, as linhas e os projetos político-sociais dos grupos, enfim, os interesses explícitos e implícitos. Nesse sentido, consideramos que, na prática de ensino de História, o primeiro passo é identificar o veículo, o nome do jornal, o local de produção, a época, a autoria da matéria, a proposta veiculada. Não podemos confundir notícia, informação sobre um acontecimento, com o acontecido, o real. A notícia é uma produção que segue um "manual", um "padrão"; logo, apresenta uma versão e, como mercadoria/informação, deve ser consumida rapidamente no mercado. Ela só tem valor no momento em que surge. Desatualiza-se em pouquíssimo tempo. É fugaz.

Desenvolvi várias vezes – e recomendo exercitar nas aulas de História – o confronto, o debate de matérias jornalísticas. De que forma? Escolhendo um acontecimento ao mesmo tempo relevante para a turma e para o aprendizado da História, e analisando como o mesmo tema é tratado por diferentes veículos de comunicação. Por exemplo, como os jornais *Folha de S.Paulo*, *O Estado de S. Paulo*, *O Globo* e *Estado de Minas* noticiam, informam o mesmo acontecimento? É interessante observar as ênfases, as omissões, o lugar que a matéria ocupa no material e assim por diante. Outra proposta pedagógica interessante, usual nas escolas, são a produção e a divulgação de notícias pelos próprios alunos na construção de jornais da História.

Sugerimos que, num enfoque interdisciplinar e transdisciplinar, os registros da imprensa periódica sejam utilizados não apenas nas aulas de História: é interessante que perpassem o trabalho docente em todas as áreas do conhecimento.[3] A imprensa, incorporada ao processo de ensinar e aprender História, possibilita-nos o exercício da leitura crítica, privilégio que não podemos negar. Nessa perspectiva, registramos duas experiências pedagógicas desenvolvidas em aulas de Língua Portuguesa, que podem ser ampliadas e incorporadas ao estudo da História.

1) A primeira, publicada por uma revista educacional de grande circulação, que focaliza, como o próprio título da matéria indica, "Jornal

na sala de aula: leitura e assunto novo todo dia", foi desenvolvida em escolas do estado de São Paulo, com o objetivo de ampliar o universo dos alunos, formar leitores competentes e tornar as aulas mais interessantes. No registro, uma das professoras envolvidas enfatizou a importância das mídias comparadas. Além de discutir os fatos com as crianças, a professora comparou a leitura do jornal com sua versão na internet. Nesse caso, segundo ela, as crianças preferiam ler no papel, por ser mais fácil encontrar as notícias; discutiu a diagramação e abordou as diferentes maneiras de tratar o mesmo tema, comparando com outras publicações ou com telejornais. Apontou, também, as diferenças entre os vários gêneros textuais, como artigo, reportagem, classificados, horóscopo etc. Segundo a professora: "No início, eu tive dúvida sobre o sucesso dessa atividade". Hoje, admite que, no final de cada ano, seus alunos se tornavam leitores habituais de jornal e até sentiam falta de notícias novas todos os dias.[4] Os professores e autores recomendam:

Para uma leitura eficiente

Ao levar jornais para a sala de aula, é preciso envolver seus alunos com a linguagem utilizada por esse meio. Veja como:

- Respeite a integridade do texto publicado, não cortando partes dele para não mudar a informação original.
- Caso não consiga levar o jornal inteiro para a sala, indique sempre o título da publicação, a data, a página e o nome do autor da matéria.
- Preserve as fotos com as legendas originais e o nome do fotógrafo.
- Escolha vários gêneros textuais para leitura e análise.
- Ressalte que a notícia relatada no texto jornalístico não é exatamente o fato, mas a versão do jornal sobre esse fato.
- Promova a leitura comparativa entre dois veículos para desenvolver o olhar crítico.
- Estimule a identificação das características dos possíveis leitores de cada jornal, facilitando a percepção do aluno com relação à constituição de um texto informativo.

2) O segundo registro foi retirado do portal do professor, no *site* do MEC, que tem como objetivo divulgar e trocar experiências educacionais. Trata-se de uma atividade didática, desenvolvida na cidade de Juiz de Fora, que visa à formação de leitores críticos.

Introdução ao uso do jornal em sala de aula

Data: 27/10/2010
Autor: Livia Fagundes Neves
Escola: Colégio de Aplicação João XXIII, Juiz de Fora, MG
Coautor: Andréa Vassallo Fagundes

Dados da aula
O que o aluno poderá aprender com esta aula

- Exercitar a leitura por meio do jornal, reconhecendo-o como fonte de conhecimentos gerais.
- Reconhecer a organização estrutural do jornal, com leitura e comentário de diferentes sessões.
- Manusear, com desenvoltura, diferentes jornais que circulam na sociedade.
- Pesquisar, em diferentes fontes, a função social desse suporte textual.
- Confeccionar, coletivamente, um texto informativo sobre as utilidades do jornal na vida social.

Duração das atividades
Aproximadamente 3 aulas de 50 minutos.

Conhecimentos prévios trabalhados pelo professor com o aluno
Será necessário que o aluno esteja inserido no processo de letramento.

Estratégias e recursos da aula

- *Momento 1:* O professor iniciará a aula mostrando um exemplar qualquer de um jornal e apresentará perguntas a fim de conversar com os alunos a respeito desse suporte. Vocês conhecem esse material que está aqui em minha mão? Vocês costumam ler jornais? Quais jornais vocês leem? Há alguma parte do jornal de que vocês gostam mais? O que encontramos em um jornal? Quais textos? Para que vocês acham que as pessoas leem jornais? Vocês acham importante ler jornais regularmente. Por quê?

  Durante essa conversa, o professor deverá conduzir o assunto de modo que os alunos percebam que há diferentes jornais circulando na sociedade e que, em um jornal, há diferentes gêneros textuais, como notícia, classificados, anúncios, artigos etc.

  Além disso, é importante que o aluno entenda que a leitura desse material permite que se informe acerca dos acontecimentos mundiais.

- *Momento 2:* Após essa primeira conversa, o professor dividirá a turma em grupos e entregará um jornal diferente para cada grupo, pedindo que eles folheiem, leiam o que lhes interessar e identifiquem a estrutura do jornal (dividido em sessões).

- *Momento 3:* O professor orientará os grupos para que eles apresentem o jornal lido, contando ao restante da turma:

  O título do jornal.

  O dia da publicação.

  O local da publicação.

  As notícias que mais lhe interessaram.

  As diferentes sessões contidas naquele jornal.

- *Momento 4:* O professor pedirá que cada aluno leve para a sala de aula um jornal e estipulará um tempo de leitura individual desse material.

Após a leitura, os alunos poderão dizer, sentados em uma roda, quais fatos importantes foram relatados nos jornais.

Nessa conversa, o professor enfatizará que, pela leitura de jornais, nós nos tornamos mais informados do que está acontecendo em nossa sociedade e no mundo.

- *Momento 5:* Ainda dispostos em roda, o professor apresentará o jornal mais detalhadamente, discutindo cada sessão com os alunos e pedindo que eles relembrem notícias que leram em cada uma dessas partes: *capa do jornal*: apresenta o resumo das notícias que serão tratadas. Os títulos desses resumos são chamados de *manchetes* e estão sempre em destaque, acompanhadas de fotos ilustrativas. Além disso, na capa aparecem o nome do jornal, o dia da publicação e o local.

- *Momento 6*: O professor levará os alunos a um laboratório de informática (caso haja esse recurso na escola) e os orientará a pesquisarem na internet textos que apresentem a importância do jornal para as pessoas.

  Os alunos terão um tempo para ler as informações e anotar o que julgarem relevante.

  Em seguida, a turma visitará também a biblioteca da escola e será orientada a pesquisar em livros textos que também abordem a importância do jornal.

  Outra estratégia para coletar essa informação é orientar os alunos a perguntarem para diferentes professores qual a importância do jornal na vida deles.

- *Momento 7*: Na sala de aula, a turma, com o professor, escreverá coletivamente um texto, informando os benefícios da leitura do jornal e ainda destacando os diferentes tipos de notícias que podem ser apresentados.

Avaliação

O professor avaliará se o aluno compreendeu a importância da leitura do jornal, emitindo opiniões por meio da escrita coletiva do texto.

- Observará se os alunos foram capazes de realizar leituras no jornal no momento de leitura coletiva e individual.
- Verificará se eles compreenderam a organização estrutural do jornal, refletindo sobre cada sessão do jornal.

Fonte: http://portaldoprofessor.mec.gov.br/fichaTecnicaAula.html?aula=23175. Acesso em 30/9/2011.

Os dois registros nos proporcionam vários questionamentos e ideias para a criação de outras atividades interdisciplinares e específicas nas aulas de História. Ressalto os procedimentos dos professores no sentido de possibilitar a compreensão da fonte, do gênero textual, o confronto com outras fontes, o diálogo e a crítica. Acreditamos que o professor de História, ao incorporar em sua prática pedagógica a releitura da imprensa, consciente de que não se trata de um discurso neutro e imparcial, mas veiculador (explícita e implicitamente) de proposições políticas e econômicas, tem a possibilidade de articular saberes e práticas críticas de leitura, contribuindo, assim, para o exercício da liberdade de expressão, a formação da cidadania e a consolidação da democracia no Brasil.

Notas

1. Sobre a história e o tempo presente, sugerimos duas importantes obras: Chartier, R. (2009). *A história ou a leitura do tempo*. Belo Horizonte: Autêntica; Sarlo, B. (2010). *Tiempo presente: Notas sobre el cambio de una cultura*. Buenos Aires: Siglo XXI.
2. Sobre isso, sugerimos consultar o *site* http://www.anj.org.br/jornaleeducacao e conhecer o Programa Jornal e Educação da Associação Nacional de Jornais (ANJ).
3. Exemplo: os materiais produzidos pela Dimensão, de Belo Horizonte: *Aprendendo a ler com o jornal* e *100 fichas práticas para explorar o jornal na sala de aula*, Nicole Herr, 160 p.
4. Depoimento da professora Adriana Pastorello na matéria "Jornal na sala de aula: Leitura e assunto novo todo dia", que pode ser lida integralmente em: http://revistaescola.abril.com.br/lingua-portuguesa/pratica-pedagogica/jornal-sala-aula-423555.shtml.

Referências bibliográficas e sugestões de leituras

CAPELATO, M.H.R. (1988). *Imprensa e História do Brasil*. São Paulo: Contexto.

CHESNEAUX, J. (1995). *Devemos fazer tabula rasa do passado?*. São Paulo: Ática.

CRUZ, H.F. e PEIXOTO, M.R. da C. (2007). "Conversas sobre história e imprensa". *Projeto História*. São Paulo: Educ, n. 35, pp. 253-271.

FARIA, M.A. (1996). *O jornal na sala de aula*. São Paulo: Contexto.

_____ (1997). *Como usar o jornal na sala de aula*. São Paulo: Contexto.

FARIA, M.A. e ZANCHETTA JR., J. (2002). *Para fazer o jornal na sala de aula*. São Paulo: Contexto.

FRANZOSI, R. (1987). "The press as a source of socio-historical data: Issues in the methodology of data collection from newspaper". *Historical methods*, 20(1). Chicago, pp. 5-16.

LACOUTURE, J. (1990). "A história imediata". *In*: LE GOFF, Jacques (org.). *A história nova*. São Paulo: Martins Fontes, pp. 216-241.

LE GOFF, J. (1984). "Passado/presente". *Memória/História*. Lisboa: Imprensa Nacional/Casa da Moeda, pp. 293-310.

MENEZES, G.; TOSHIMITSU, T. e MARCONDES, B. (2000). *Como utilizar outras linguagens em sala de aula*. São Paulo: Contexto.

MORIN, V. (1969). "L'écriture de presse et l'unité d'information". *L'escriture de presse*. Paris: La Haye, Monton & Co., pp. 11-69.

MOUILLAD, M. (1968). "Le système des journaux: Théorie et méthodes pour l'analyse de presse". *Langaes*, n. 11, set., pp. 61-83, Paris.

PEREIRA, M.H. de F. (2009). *A máquina da memória – Almanaque Abril. O tempo presente entre a história e o jornalismo*. São Paulo: Edusc.

PROJETO HISTÓRIA (2007). *História e Imprensa*. São Paulo: PUC, n. 35, pp. 1-411, dez.

VÉRON, E. (1984). "Ideología y comunicación de masas: La semantizactión de la violência política". *In*: VÉRON, Eliseo *et al*. *Lenguage y comunicación social*. Buenos Aires: Nuevas Visión, pp. 133-191.

5.6 FONTES ORAIS

Como abordamos em textos anteriores, a expansão e a diversidade das fontes de pesquisa nos estudos históricos e educacionais, em particular das fontes orais, têm impulsionado, entre nós, nos diferentes níveis de ensino, o desenvolvimento da história oral nas aulas de História. No ensino fundamental, é cada vez mais recorrente o trabalho educativo de recuperação, de registro de testemunhos – vozes de sujeitos históricos – por meio de entrevistas orais.

A história oral se justifica por várias razões, mas talvez a mais importante seja a necessidade de incorporação, no ensino e aprendizagem da História, dos protagonistas vivos, pessoas que estão vivendo e fazendo história no meio social próximo. Os alunos são motivados a compreender que todos os homens, mulheres e crianças são sujeitos da história. Para ela, toda experiência humana tem valor. A história não é algo morto, congelado; ao contrário, está viva, pulsando, em construção. Todos nós temos oportunidade de fazer e escrever história.

As atividades com fontes orais favorecem a aquisição de habilidades e atitudes de investigação, indagação, análise, responsabilidade, ética e respeito aos diferentes sujeitos e seus pontos de vista. O professor deve, a meu ver, estar atento às vantagens, à relevância do trabalho e também às dificuldades e aos cuidados exigidos. É importante frisar a subjetividade das fontes orais. As lembranças, os relatos estão impregnados de silêncios, contradições, omissões, ênfases, seleções, incoerências e, algumas vezes, distorções; assim, como toda fonte, requerem problematização, análise, crítica e interpretação. As narrativas, as histórias particulares não podem ser tomadas como verdades absolutas, mas como visões, percepções, interpretações da experiência individual e coletiva. Desse modo, a história oral não é mera técnica de coleta de informações por meio de entrevistas, mas um modo de produção de conhecimentos.

Na defesa da história oral no ensino fundamental, relembro aqui os projetos de trabalho de história oral, registrados por Thompson no clássico livro *A voz do passado* (1992). Segundo o autor, são vários os argumentos educativos a favor do desenvolvimento de projetos nas escolas: buscam um objetivo concreto e um produto imediato; favorecem o debate e a cooperação; ajudam a desenvolver as habilidades linguísticas em relação tanto à linguagem escrita como à falada; facilitam os estudos da história local; ajudam os alunos a produzir e a avaliar criticamente as fontes, ao coletar narrativas e memórias sobre como as pessoas viviam no passado, como se vestiam, as brincadeiras, as mudanças na paisagem e outros temas; desenvolvem habilidades de pesquisa por meio de várias técnicas, em especial a entrevista; ajudam a enfrentar os problemas de interpretação e compreensão; ajudam a desenvolver habilidades técnicas como, por exemplo, manejar gravadores. Finalmente, o autor ressalta o desenvolvimento de habilidades sociais básicas como tato, paciência, solidariedade, capacidade de comunicação, de escuta, de convivência com o outro, com valores conflitantes, com o diferente, com as experiências de outras pessoas. Em relação à história, oferece-se ao aluno a oportunidade de ter uma visão viva de como era o passado, de como é ser outra pessoa no passado e no presente (pp. 218-220).

O autor relata, nessa obra, experiências realizadas em escolas inglesas. Em uma escola primária de um condado de Cambridge, por exemplo, a professora desenvolveu um projeto de história oral durante metade de um trimestre, em duas tardes por semana, com um grupo variado (em termos de nacionalidade e nível de alfabetização) de 20 crianças de 7 anos. O projeto foi a primeira experiência de aprendizado de História e teve como objetivo tornar o encontro interessante para os alunos. Tencionava motivá-los, fazê-los sentir que podiam coletar evidências de que a história é real e importante para o presente.

O ponto de partida foi a apresentação de uma fotografia da escola 60 anos antes, na qual apareciam os primeiros alunos de pé em meio aos entulhos da construção. Após a exploração da fotografia e inúmeras perguntas e hipóteses levantadas, os alunos descobriram que aqueles ex-alunos da foto possuíam a idade de seus avós. Assim, a "vovó" foi escolhida como a figura simbólica do projeto. Foram realizadas entrevistas, discussões, e, a partir do material coletado, a professora montou um livro de leitura para a turma, com trechos e textos da pesquisa e desenhos materiais sobre vários temas, como vestuário, por exemplo.

Várias atividades complementares foram desenvolvidas, entre as quais a visita a um museu e a comemoração do Dia da Vovó, em que elas (avós) foram convidadas para tomar um chá e conversar com os alunos na escola. Produziram-se ainda textos, desenhos, maquetes e outros. O autor nos lembra que o êxito do projeto se deve ao fato de ter sido executado em uma escola sem fronteiras disciplinares, o que possibilitou o trabalho interdisciplinar abrangendo História, Língua e a área de Artes, bem como a realização de visitas externas (*ibidem*, pp. 219-220).

A experiência relatada nos mostra como é possível ensinar História, desde os primeiros anos, a partir de variadas estratégias pedagógicas e de formas de organização do processo de ensino e aprendizagem, por meio da interpenetração de saberes e práticas e da transversalização de problemas e métodos. Acreditamos que a história oral, assim como defendida por Thompson, favorece o desenvolvimento das noções de tempo histórico. A história oral lança a vida para dentro da própria História, o que contribui para compreendê-la como algo construído por pessoas nos diferentes tempos e espaços, distanciando-se da concepção métrica e fragmentária.

Nessa perspectiva, Siman (2003, p. 117) analisa a temporalidade histórica, e o tempo vivido reforça a necessidade de explorarmos a vida, o vivido nas situações de sala de aula. Segundo a autora,

> na memória do vivido constata-se uma intuição da duração, da sucessão, da simultaneidade temporal, da relação entre o presente, o passado e o futuro, categorias de pensamento sem as quais o vivido se torna incompreensível. A idéia da sucessão temporal, que por sua vez é solidária à idéia de causalidade, estabelece uma relação entre o antes e o depois, sendo os eventos dependentes e independentes uns dos outros. Portanto, antes de ser um tempo concebido ou histórico – pensado a partir de operações que o retiram da "ordem do natural" – o tempo é, pois, vivido e refletido pelos homens, no seu cotidiano. As referências temporais construídas pelo vivido fogem à clausura dos tempos curtos, delimitados pelos "acontecimentos oficiais" tão a gosto da historiografia tradicional.

A organização do trabalho educativo em História, utilizando-se das fontes orais, possibilita a ampliação da compreensão da historicidade das ações, nos ajuda e nos leva, como nos ensina Portelli (1997) "ao reconhecimento não só da diferença, mas também da igualdade". A diferença, segundo o autor, "é, antes de mais nada, aquela entre as numerosas pessoas com quem conversamos, porém compreende também o elemento de serem diferentes de nós – constituindo essa a razão principal que nos motiva a procurá-las (...)". Mas adverte-nos, sobre algo importante para a formação das crianças e dos jovens: "A diferença se transformará em hierarquia e opressão, a menos que a liberdade de escolha (das nossas próprias diferenças) seja compartilhada por todos, nas mesmas proporções: as diferenças universais têm como base os direitos universais iguais". O autor reafirma as duas categorias básicas da história oral: igualdade e diálogo e conclui: "A fim de sermos totalmente diferentes, precisamos ser verdadeiramente iguais e não conseguiremos ser verdadeiramente iguais, se não formos totalmente diferentes" (*ibidem*, pp. 18-19).

Igualdade, diálogo, diferença, tempo e espaço são noções que, exploradas, ampliadas, possibilitam a compreensão das transformações e das permanências na localidade onde vivem alunos e professores e em outros lugares, próximos e distantes. O diálogo, a investigação, o debate, o registro, a produção, a construção de saberes podem embasar a prática do professor. Temos reiterado em nossos textos, em nosso exercício, a necessidade de romper com determinadas práticas denominadas "pesquisa" no ensino de História, que, em muitas de nossas escolas, ainda é confundida com cópia de livros, ou de *sites* da internet. As atividades investigativas, combinando fontes orais, imagens, documentos, textos e outras fontes, exigem outra relação entre alunos e professores – ambos construtores de conhecimentos.

Nesse sentido, é possível desenvolver projetos de trabalho, incorporando as fontes orais, em vários momentos do desenvolvimento curricular do ensino fundamental para turmas de diferentes níveis, abordando diversas temáticas. Como sugerido em outros capítulos, entre os variados temas, relembramos os exemplos: história local e do cotidiano; modos de viver (alimentação, moradia, festas e outros); temas relacionados à diversidade cultural, aos movimentos populacionais, à história social e do trabalho, – como, por exemplo, o tema "industrialização" –, à história política, das organizações, entre muitos outros. Tem sido recorrente nos relatos o exercício de escrita das autobiografias e das histórias de famílias, comunidades, escolas.[1]

A meu ver, as práticas envolvendo entrevistas orais devem considerar alguns elementos: planejamento (problematização do tema, definição dos objetivos, definição coletiva das estratégias e do "para que" entrevistar); revisão bibliográfica sobre o tema; preparação das entrevistas (escolha dos entrevistados, contato com os entrevistados e preparação do roteiro, das questões da entrevista, definição da data, do local, dos instrumentos); realização das entrevistas; transcrição; análise das entrevistas; estabelecimento de relações entre o relato, a narrativa e as informações do entrevistado, e o contexto histórico estudado; diálogo entre as informações, os dados obtidos nas atividades orais, e em outras fontes como fotos, vídeos, textos; registro, escrita; sistematização e integração dos resultados; análise; divulgação dos resultados em forma de textos, vídeos, exposições e outros.

Alguns pressupostos educativos devem permear essas práticas, tais como: o interesse, a motivação e a participação do aluno e dos grupos; o processo de busca e reflexão, de questionamento, pelos alunos, das descobertas, dos novos saberes; a sistematização e o registro das produções e, sobretudo, o respeito aos sujeitos, aos diversos saberes, às diferentes vozes. Acreditamos que a iniciação das práticas investigativas contribui para despertar nos alunos o gosto pela investigação, busca, descoberta; para desenvolver a expressão oral e escrita; e, fundamentalmente, para formar, nos alunos, a concepção de que são sujeitos históricos produtores de saber, de conhecimento, assim como os diversos atores sociais.

A história oral é uma possibilidade metodológica, pois, como ensina Freire (2001, p. 3),

> a oralidade precede a grafia, mas a traz em si desde o primeiro momento em que os seres humanos se tornaram socialmente capazes de ir exprimindo-se através de símbolos que diziam algo de seus

sonhos, de seus medos, de sua experiência social, de suas esperanças, de suas práticas. Quando aprendemos a *ler*, o fazemos sobre a escrita de alguém que antes aprendeu a ler e a escrever. Ao aprender a ler, nos preparamos para imediatamente escrever a fala que socialmente construímos.

Assim, é possível, por meio da história oral, aprender e ensinar a ler o mundo e a escrever a nossa própria história. Não apenas somos sujeitos da história, mas também do conhecimento: participamos da escrita e das múltiplas leituras da História!

Notas

1. Um excelente exemplo de produção de auto/biografias pode ser apreendido no filme: *Escritores da liberdade*, 2007.

Referências bibliográficas e sugestões de leituras

ALBERTI, V. (2004). *Manual de história oral.* Rio de Janeiro: FGV.

_____ (2004). *Ouvir contar: Textos em história oral.* Rio de Janeiro: FGV.

BOM MEIHY, J.C.S. (1991). *Canto de morte kaiowá: História oral de vida.* São Paulo: Loyola.

_____ (org.) (1996). *Re-introduzindo história oral no Brasil.* São Paulo: Xamã.

_____ (2002). *Manual de história oral.* São Paulo: Loyola.

BOM MEIHY, J.C.S. e HOLANDA, F. (2010). *História oral: Como fazer, como pensar.* São Paulo: Contexto.

_____ RIBEIRO, S.L.S. (2010). *Guia prático de história oral: Para empresas, universidades, comunidades, famílias.* São Paulo: Contexto.

BOSI, E. (1983). *Memória e sociedade; lembrança de velhos.* São Paulo: T.A. Queiróz/Edusp.

_____ (2003). *O tempo vivo da memória: Ensaios de psicologia social*. São Paulo: Atelier.

FERREIRA, M.M. (org.) (1994). *Entrevistas: Abordagens e usos da história oral*. Rio de Janeiro: FGV.

FERREIRA, M.M.; FERNANDES, T. A. e ALBERTI, V. (orgs.) (2000). *História oral: Desafios para o século XXI*. Rio de Janeiro: Casa Oswaldo Cruz.

FREIRE, P. (2001). "Carta de Paulo Freire aos professores". *Estudos Avançados*. São Paulo, vol.15, n. 42, maio/ago.

GUIMARÃES, S. (2007). *Ser professor no Brasil: História oral de vida*. Campinas: Papirus.

MENEZES, M.A. (org.) (2002). *Histórias de migrantes*. São Paulo: Loyola.

MONTENEGRO, A.T. (1992). *História oral e memória: A cultura popular revisitada*. São Paulo: Cortez.

PORTELLI, A. (1997). "Tentando aprender um pouquinho. Algumas reflexões sobre a ética na história oral". *Projeto História*, n. 15, PUC-SP.

PRINS, G. (1992). "História oral". *In*: BURKE, P. *A escrita da história: Novas perspectivas*. Trad. Magda Lopes. São Paulo: Editora da Unesp, pp.163-198.

REVISTA HISTÓRIA ORAL. Associação Brasileira de História Oral (ABHO) – http://revista.historiaoral.org.br.

REVISTA PROJETO HISTÓRIA – PUC-SP. Vols. 14, 15, 17, 29 – http://www.pucsp.br/projetohistoria.

SIMAN, L.M.C. (2003). "A temporalidade histórica como categoria central do pensamento histórico: Desafios para o ensino e a aprendizagem". *In*: ZAMBONI, E. e DEL ROSSI, V.L.S. (orgs.). *Quanto tempo o tempo tem?*. Campinas: Alínea, pp. 109-144.

SIMSON, O.R.M.V. (org.) (1997). *Os desafios contemporâneos da história oral*. Campinas: CMU/Unicamp.

THOMPSON, P.R. (1992). *A voz do passado*. Rio de Janeiro: Paz e Terra.

_____ (2002). "História oral e contemporaneidade". *História Oral*. ABHO, n. 5, jun., pp. 9-28.

5.7 FONTES ICONOGRÁFICAS

As imagens constituem fontes extraordinárias para o processo de ensino e aprendizagem em todas as áreas, sobretudo em História.[1] Ampliam o nosso olhar, possibilitam o desenvolvimento da observação, da crítica, da criatividade. Atraem. Seduzem. Instigam. As imagens visuais – desenhos, pinturas, gravuras, esculturas, fotografias –, produzidas em diferentes épocas e lugares, têm valor educativo, estético, histórico.[2] Os professores de História no cotidiano da sala de aula reconhecem esse fato e cada vez mais as incorporam no cotidiano da sala de aula. As artes visuais expressam modos de pensar, visões de mundo, leituras e intenções variadas, experiências e sensibilidades de homens e mulheres que as produziram em determinadas circunstâncias. Logo, estimulam o nosso pensamento, nosso imaginário, nossas sensações.

Corroborando Mauad (2006), as imagens são históricas, dependem das variáveis técnicas e estéticas do contexto histórico que as produziram e das diferentes visões de mundo que concorrem no jogo das relações sociais. Assim, as imagens (pinturas, fotografias, desenhos, por exemplo) que chegaram até nós, seja nos arquivos, nos museus, seja nos demais lugares de memória, por meio dos livros didáticos guardam as marcas do tempo passado. No entanto, lembra-nos a autora, "um dia já foram memória presente" daqueles que as apreciaram, consumiram, colecionaram. O historiador, o professor, o aluno, ao aliarem imagens ao estudo da História, como espectadores ativos, vivenciam outras experiências estéticas, educativas, entram em relação com o passado-presente e lhe atribuem sentidos.

No Brasil, alguns historiadores se têm debruçado sobre o tema "imagens e história" (Paiva 1996; Maud 1996, 2006). Meneses (2003) nos convida a deslocar o interesse das fontes visuais para um tratamento, segundo ele, mais abrangente da visualidade como importante dimensão da vida social e dos processos sociais. Implica, pois, pensar o campo da visualidade "como objeto detentor, ele também, de historicidade e como plataforma estratégica de elevado interesse cognitivo". Com base em uma revisão do tema em diversas áreas do conhecimento, critica o autor:

"É preciso evitar ilusões: a História, como disciplina, continua à margem dos esforços realizados no campo das demais ciências humanas e sociais, no que se refere não só a fontes visuais, como à problemática básica da visualidade" (*ibidem*, p. 20). Para ele, a História continua a privilegiar, ainda hoje, "a despeito da ocorrência de casos em contrário, a função da imagem com a qual ela penetrou suas fronteiras no final do século atrasado (século XIX)" (*ibidem*, p. 21). Conclui: é o uso como ilustração, desempenhando o papel de mera confirmação do conhecimento produzido a partir de outras fontes, ou, "o que é pior, de simples indução estética em reforço ao texto, ambientando afetivamente aquilo que de fato contaria" (*ibidem*).

As críticas do autor nos instigam a pensar as imagens como multidimensionais e, nesse sentido, são importantes fontes de comunicação que nos informam sobre visões culturais e sociais do momento em que foram produzidas. Por isso, abrem novas perspectivas metodológicas que ampliam nosso olhar, ultrapassando as fronteiras de leituras expressivas e estéticas, possibilitando-nos abordagens históricas e culturais. Fotografias, pinturas, desenhos, por exemplo, podem nos mostrar possíveis cenários sociais e culturais sobre o momento histórico em que foram produzidos. Como produtos imagéticos intencionais, articulados a interesses diversos, são documentos históricos de uma realidade.

Uma questão recorrente entre os professores: Como explorar imagens nas situações de ensino e aprendizagem de História? Quais as implicações? No movimento de ampliação temática e documental no âmbito da pesquisa em História e do ensino, certos consensos foram construídos e têm sido objeto de debates permanentes. Talvez o mais recorrente seja o cuidado necessário no tratamento das diversas imagens como fontes históricas. Em primeiro lugar, as imagens, como critica Meneses (*ibidem*) não devem ser consideradas meras ilustrações que servem apenas para tornar um livro mais bonito, mais chamativo ou uma aula mais agradável ao aluno. Em segundo lugar, as imagens, como evidências históricas, seja qual for o conteúdo, têm um caráter multidisciplinar; isso requer diálogo, capacidade de interagir com diversos sujeitos e saberes para que possamos nos aproximar, apreciar e compreender. As imagens são multidimensionais, podendo nos informar sobre contextos educativos, expressivos e iconográficos. Podem, assim, ser pensadas como portadoras de valores cognitivos: não são meras ilustrações, mas fontes impregnadas de conhecimentos significativos.

As obras são, portanto, registros, evidências da história, representações do real com as quais os professores e os alunos podem estabelecer um diálogo para ampliar o olhar e a compreensão do mundo. O professor deve estar atento para tratar as fontes iconográficas com as devidas distinções, respeitando as fronteiras, as características próprias de cada linguagem; nesse caso, é muito importante não confundir uma representação do real com o real em si. É indispensável estar atento às condições de produção de cada obra. A fotografia como fonte histórica, por exemplo, deve ser analisada como uma produção, fruto do trabalho de um sujeito que seleciona, recorta ações, ângulos, cores, objetos e, utilizando-se de recursos tecnológicos, fotografa não o que vê, mas como vê. Ela é, assim, fruto de determinadas intenções, visões de mundo, de um determinado contexto e condições técnicas de produção. Portanto, uma fotografia, bem como uma pintura, um desenho, uma obra de audiovisual, é fruto de determinadas intenções, visões de mundo, de um determinado contexto e condições técnicas de produção. Ela traz em si lacunas, silêncios, recortes, evidências, escolhas.

Como toda fonte histórica, a fotografia é uma forma de representação, e não a verdade da História, o espelho fiel da realidade, "pura emanação ou depósito do real", modelo de transcrição objetiva do real, como muitos acreditavam. Ao longo do século XX, essa visão analógica foi contraposta, questionada, ganhando espaço outras concepções nas diferentes áreas do conhecimento. Para Durand (1988), a fotografia – a imagem da imagem e não a imagem da coisa – constrói a aparência dos objetos e inventa o real. Ela é, segundo o autor, fruto do dedo mágico de um fotógrafo que seleciona imagens, cores, luzes e ângulos. Kossoy (2006) nos instiga a pensar sobre o papel das imagens fotográficas na investigação histórica, imagens são "apenas o ponto de partida, a pista para tentarmos desvendar o passado. Elas nos mostram um fragmento selecionado da aparência das coisas, das pessoas, dos fatos tal como foram esteticamente congelados num dado momento de sua existência/ocorrência" (p. 1). Para o autor, "a manipulação da fotografia, a parcialidade na sua escolha e os múltiplos fatores que influem na percepção que dela se tem, jogam por terra o ditado de que a imagem vale mais que mil palavras" (*ibidem*).

No entanto, no senso comum, fotografar, para muitos, quer dizer "testemunhar o real" ou "uma imagem vale por mil palavras". O professor tem, portanto, um poderoso registro (que pode configurar-se como uma armadilha) que nos conecta aos fatos e às situações do real, mas como uma elaboração, uma leitura da realidade. Assim, sugerimos que, ao explorar uma foto, o professor investigue e leve para a turma informações sobre quando, onde, quem e para quem foi feita a fotografia. É importante que o aluno conheça o autor, sua vida, sua história e o contexto da produção; inclusive, se for possível, informações técnicas. É necessário problematizar, refletir, interpretar de diferentes ângulos, apresentando outras perguntas, como: O quê? Como? Por quê? Onde? Para quem? Para quê? Devemos incentivar, valorizar e respeitar as percepções, as leituras dos alunos. Podemos ampliar esse exercício historicizando a obra ao longo do tempo, por exemplo, apresentando leituras, interpretações construídas por diferentes autores, sobre as mesmas fotografias, ou pinturas, se for o caso, sempre lembrando que a imagem não é tudo, há muito mais e outras coisas além do que os nossos olhos podem ver. Portanto, ao explorarmos uma imagem como fonte, subsídio para nossas reflexões críticas do mundo, devemos ir além da observação da imagem em si, explorando seu contexto e promovendo diálogos com outras representações e relatos do mundo, tanto científicos quanto literários, por exemplo.

Oliveira e Garcez (2002) analisam algumas das habilidades que julgam necessárias à leitura das imagens e à apreciação das artes visuais. Considero-as valiosas para o trabalho do professor de História, especialmente no atual contexto tecnológico em que os ritmos e os fluxos foram redimensionados. A primeira é a observação ativa. Segundo as autoras, observar é uma habilidade que precisamos desenvolver, renovar e estimular. Depende do olhar com interesse, do exame detalhado, do focalizar, prestar atenção, concentrar o pensamento e os sentidos com vontade de ver, perceber, apreender, capturar os pormenores, os detalhes de uma produção. A segunda habilidade é a memória visual, entendida como a nossa capacidade de registrar aquilo que observamos, o que nos facilitará estabelecer comparações, associações, relações, reconhecer diferenças e semelhanças. Finalmente, análise e síntese. A análise requer desenvolvimento e aprofundamento da observação, decompondo as partes, os elementos do objeto observado, de acordo com uma metodologia ou, como as autoras nos indicam, um roteiro – que, a meu ver, deve ser construído coletivamente com os alunos. Essa análise nos conduzirá à síntese, que nada mais é que a essência da nossa observação, ou seja, é a conclusão sobre a experiência interpretativa, resultante da interação, do diálogo com outros saberes e sujeitos.

Um dos exercícios recorrentes nos livros e nas aulas de História é a comparação entre imagens. A comparação pode ocorrer com diferentes recursos (dados) visuais, incluindo a moda. A missão artística francesa, por exemplo, no século XIX retratou intensamente a paisagem social do Brasil Imperial: pessoas, fatos, locais, contextos, visões de mundo eram apresentados, ressaltados e/ou forjados, o que pode ser comparado com fotografias da época. Pouco tempo depois, o cinema, a fotografia e a arte moderna passam a cumprir o papel de promover tanto reflexões estéticas quanto sociais de um tempo. O que se percebe é o quanto as diferentes propostas estéticas nos fornecem um rico material que pode nos ajudar a compreender um determinado momento e a forma pela qual a sociedade se organizava. Podemos comparar as representações de pessoas, paisagens, o consumo, formas de convívio social, o modo de as pessoas lidarem com certos grupos sociais, por exemplo. Podemos comparar essas questões à medida que as representações visuais sobre elas mudam. Assim, creio que um bom exercício é investigar os conflitos internos à imagem que podemos ir desvelando ao compararmos as leituras que se fazem dela e nos aprofundarmos nela.

Outro exemplo é a observação de imagens fotográficas que retratam os mesmos lugares, paisagens e fatos em épocas diferentes, como a de uma rua famosa: Avenida Paulista no início do século XX e cem anos depois, no início do século XXI. A comparação das imagens nos possibilita desenvolver a percepção das mudanças, das permanências, das transformações, das semelhanças e das diferenças ao longo do século XX. Cabe ao professor problematizar, relacionar as fontes aos temas estudados, estimular a observação, a comparação, a análise, a síntese. Os livros didáticos e paradidáticos apresentam inúmeras imagens, pinturas, produzidas por diferentes artistas em épocas passadas – como Debret e Rugendas –, que podem ser exploradas em conjunto com outros textos históricos.[3] Há vários relatos de experiências exitosas explorando as obras que constituem legado dos dois artistas. Entre várias sugestões publicadas, registro a descrita nos PCNs de História, relacionada ao estudo do tema "Trabalho", utilizando-se da gravura de Jean Baptiste Debret *O colar de ferro: Castigo dos fugitivos*.

Ficha
Autor: Debret, Jean Baptiste, 1768-1848
Colaborador: Frères, Thierry (litografia de)
Título: *Le collier de fer: châtiment des fugitifs.*
Título alternativo: Tradução do título: *O colar de ferro para castigo dos fugitivos.*
Local de publicação: Paris: Firmin Didot Frères
Ano de publicação: 1835
Idioma: Francês
Parte de: Voyage pittoresque et historique au Brésil [...] (Volume 2)
Direitos: Domínio público
URL: http://www.brasiliana.usp.br/bbd/handle/1918/624520085

O texto dos PCNs de História (Brasil 1998, p. 87) sugere as seguintes atividades que podem ser ampliadas no estudo da história do Brasil, de acordo com o nível e as temáticas desenvolvidas nas diferentes turmas dos anos finais do ensino fundamental:

> O aluno pode ser solicitado a ter suas primeiras impressões – o que observa. Depois identificar personagens nela presentes, suas ações, vestimentas, calçados e adornos, os ferros presos aos corpos de alguns deles, os demais objetos presentes na cena e suas características, o cenário, o tipo e o estilo de edificações ao fundo, o tipo de calçamento do ambiente, se há presença de vegetação, o que está em primeiro plano a ao fundo da gravura, sobre o que ela fala no seu conjunto e detalhes, onde acontece a cena, se passa a idéia de ser cotidiana ou um evento específico e raro, diferenças e semelhanças entre os personagens, suas vestimentas e ações, e os personagens e os objetos remetem para algum evento histórico conhecido (...). Além dessas indagações, o aluno pode ser solicitado a pesquisar quem é o artista, em que época a gravura foi feita, onde a gravura original pode ser encontrada, como foi preservada, desde quando e por qual meio tem sido divulgada etc. É possível, também, incentivar o aluno a relacionar a gravura com contextos históricos mais amplos, solicitando que identifique ou pesquise outros eventos da História brasileira relacionados a ela.

Sugerimos também a incorporação das imagens fotográficas presentes na coleção "Princesa Isabel: Fotografia do século XIX", publicada em 2008 pela Editora Capivara. São mais de mil imagens inéditas do Brasil no século XIX – acervo pessoal da Princesa Isabel e do Conde d'Eu – que nos chegam pela última neta viva da princesa, Teresa Maria de Orleans e Bragança. A obra, organizada por Pedro e Bia Corrêa do Lago, contém um material riquíssimo sobre o Brasil e a fotografia no século XIX, material indispensável aos professores de História.[4] Acreditamos que as fotos podem ampliar a compreensão do século XIX e os temas relacionados ao trabalho, à escravidão, ao cotidiano e aos modos de viver.

Chamamos a atenção para não tomarmos essas obras (gravuras e fotografias) como verdades sobre as épocas, os cenários, os fatos e as situações representadas. São escolhas, decisões, seleções de homens e mulheres em determinados contextos. Trazem consigo as marcas de um tempo, contêm lacunas, silêncios, vieses. Precisamos observá-las e interpretá-las de forma crítica, e também estar atentos às diversas interpretações já produzidas sobre elas, saberes acumulados pelas diversas áreas do conhecimento. Dessa maneira evitaremos as armadilhas e poderemos incorporar as imagens, com o objetivo de ampliar o olhar dos alunos e a compreensão do mundo a partir de múltiplas leituras interdisciplinares e transdisciplinares.

O trabalho do historiador e do professor não é o de um observador passivo. Corroborando Kossoy (2006, p. 2), "a decifração das imagens vai além das aparências". Devem, segundo o autor "ser desvendadas segundo metodologias adequadas de análise e interpretação, caso contrário permaneceremos na superfície das imagens, iconografias ilustrativas sem densidade histórica". Com rigor e cuidado, as imagens no ensino de História nos ajudam a ampliar pelo olhar as possibilidades de leitura do social, do histórico, indo além das aparências, tentando captar aquilo que é, ao mesmo tempo, estranho e novo, presente e passado, aproximando o olhar, a linguagem, a visibilidade e as coisas, a observação, a descrição, a análise e a síntese.

Assim, ao propor leituras iconográficas, ressalto que devem ser cuidadosas e profundas. Professores e estudantes de História devem ser estimulados a investigar tanto o contexto da produção como também o da circulação das imagens. A imagem, como produção criativa do mundo, não é neutra, tampouco autônoma; é produzida e gerada por conflitos diversos, o que permite à imagem imiscuir-se, contaminar-se pelos interesses do seu autor e dos patrocinadores da imagem, que, por sua vez, interferem nos espaços e nos contextos em que uma imagem circulará.[5] O que muda, portanto, na nossa relação com essa pintura, não é simplesmente o contexto da produção e sim os contextos em que ela circula e, sobretudo, os contextos da significação que podem ser atualizados a qualquer momento, revelando os conflitos internos inerentes a ela. Concorda? Isso requer de nós um permanente diálogo com outras áreas do saber e outros produtores de saber, de arte, de cultura, nos diversos espaços socioculturais e educativos. Um desafio, um caminho sensível, próprio do ser e viver o ofício de professor de História: arte, história, vida!

Notas

1. Agradeço a leitura crítica e as colaborações do professor de Artes Visuais Alexandre Pereira, da Universidade Federal do Amapá.
2. Ressalvo que considero o cinema também uma arte visual. No entanto, não será abordado neste texto, pois, considerando a intensa relação entre cinema e ensino de História, o tema foi tratado em um item específico do livro.
3. Sobre isso, sugerimos as obras: Bandeira, J. e Lago, P.C. do (2007). *Debret e o Brasil. Obra completa*. Rio de Janeiro: Capivara e Diener, P. e Costa, M.F. (2002). *Rugendas e o Brasil*. Rio de Janeiro: Capivara.
4. Lago, P.C. do e Lago, B.C. do (2008). *Coleção Princesa Isabel. Fotografia do Século XIX*. Rio de Janeiro: Capivara. Além dessa obra, vale a pena investigar: Lago, P.C. do e Lago, B.C. do (2005). *Os fotógrafos do império*. Rio de Janeiro: Capivara.
5. Por exemplo, a pintura *A primeira missa no Brasil* (1861), de Victor Meirelles, circulou e reforçou-se durante muitos anos como símbolo do poder colonial dominante português. A imagem foi encomendada a Meirelles, que a projetou/pensou e a executou para funcionar como emblema colonial/imperial, pois havia sido encomendada para esse fim – o que, na minha análise, também condicionou os espaços onde essa pintura circulava, quais sejam, os salões, as grandes exposições, o museu e, por fim, o livro didático.

Referências bibliográficas e sugestões de leituras

BORGES, M.E.L. (2003). *História & fotografia*. Belo Horizonte: Autêntica.

BRASIL (1998). *Parâmetros Curriculares Nacionais: História*. Brasília: MEC/SEF.

BURKE, P. (2004). *Testemunha ocular: História e imagem*. Bauru: Edusc.

CARVALHO, V.C. de (1994). "Fotografia e História: Ensaio bibliográfico". *Anais do Museu Paulista*, São Paulo, vol. 2, n. 1.

DURAND, R. (1988). *Le regard pensif: Lieux et objets de la photographie*. Paris: La Différence.

FELDMAN-BIANCO, B. e LEITE, M.L.M. (orgs.) (1998). *Desafios da imagem: Fotografia, iconografia e vídeo nas ciências sociais*. Campinas: Papirus.

KOSSOY, B. (2002). *Fotografia e História*. 3ª ed. São Paulo: Atelier Editorial.

_____ (2002). *O olhar europeu: O negro na iconografia brasileira do século XIX*. 2ª ed. São Paulo: Edusp.

_____ (2006). "Imagem fotográfica é história". *História Viva*, edição 27, jan. [Disponível na internet: http://www2.uol.com.br/historiaviva/artigo.]

LEITE, M.M. (1993). *Retratos de família*. São Paulo: Edusp.

MACHADO, A. (1984). *Ilusão especular: Introdução à fotografia*. São Paulo: Brasiliense.

MANGUEL, A. (2001). *Lendo imagens: Uma história de amor e ódio*. São Paulo: Companhia das Letras.

MAUAD, A.M. (1996). "Através da imagem: Fotografia e História – interfaces". *Tempo*, Rio de Janeiro, vol. 1, n. 2, pp. 73-98.

_____ (2006). *Fotografia e História*. Biblioteca Nacional digital. Rede da memória virtual brasileira. [Disponível na internet: http://bndigital.bn.br/redememoria/fotografia.html.]

MENESES, U.T.B. de. (2003). "Fontes visuais, cultura visual, história visual: Balanço provisório, propostas cautelares". *Revista Brasileira de História*, São Paulo, vol. 23, n. 45, jul., pp. 11-33.

OLIVEIRA, J. e GARCEZ, L. (2002). *Explicando arte: Uma iniciação para entender e aprender artes visuais*. 4ª ed. Rio de Janeiro: Ediouro.

PAIVA, E. F. (2006). *História & imagens*. 2ª ed. Belo Horizonte: Autêntica.

5.8 TECNOLOGIAS DIGITAIS DE COMUNICAÇÃO E INFORMAÇÃO

No início da segunda década do século XXI, o Brasil vivencia uma tendência demonstrada desde o final do século XX, como indicavam instituições de pesquisas,[1] ou seja, a difusão crescente de equipamentos, de meios, tecnologias de informação e comunicação (TICs). Pesquisas disponíveis evidenciam que houve, apesar das desigualdades sociais, econômicas e culturais, uma significativa ampliação do acesso às tecnologias digitais de informação e comunicação (TDICs).[2] Os meios mais usados pelos brasileiros eram, em 2009, nesta ordem, conforme o Centro de Estudos sobre as Tecnologias da Informação e da Comunicação (Cetic 2010):[3] televisão, telefone celular, rádio, telefone fixo, computador de mesa, antena parabólica, jogos (*videogames*), televisão por assinatura e computador portátil (*laptop*).[4] O uso desses equipamentos redimensionou a vida cotidiana, o lazer, a cultura, as relações afetivas, o convívio pessoal, as atividades de trabalho, educação e pesquisa, o processo de ensino e aprendizagem.

Em relação à internet (rede mundial de computadores), o acesso atingia 41,7% da população acima de 10 anos, o equivalente, em números absolutos, a 67,9 milhões de pessoas, segundo dados da Pesquisa Nacional por Amostra de Domicílios (Pnad 2009) do IBGE. O número representava um crescimento de 112,9% na comparação com os 31,9 milhões de usuários registrados em 2005 (20,9% da população). Os mais jovens eram os que mais utilizavam a internet. Do total da população de 15 a 17 anos, 71,1% tiveram acesso à rede de computadores em 2009, segundo o Pnad/IBGE.[5] Houve um crescimento expressivo do número de *lan houses*,[6] locais de acesso pagos, frequentados por indivíduos que desejam utilizar a rede, principalmente para comunicação com outras pessoas.[7] Em 2011, o número de usuários da internet no Brasil foi calculado em aproximadamente 76 milhões e em 200 milhões o número de aparelhos celulares móveis.[8]

Esses dados revelam traços do cenário em que passamos a habitar. Espaços e mundos diferentes e análogos, singulares e plurais, distantes e próximos – mas profundamente desiguais. Estamos "conectados" o tempo todo, antenados a diversos lugares. Lugares e territórios de fronteiras fluidas nos quais convivem "nativos e imigrantes digitais".

Nativos digitais:[9] assim são denominadas aquelas pessoas que nasceram e cresceram na cultura informatizada pós-1980, que acompanharam o desenvolvimento tecnológico, as mudanças, e que foram e estão sendo alfabetizados imersos em uma nova (para os velhos) linguagem, a digital. Enfim, formam aquele grupo de pessoas que sempre viveu no mundo informatizado.

Os imigrantes digitais são as pessoas para quem a informática é uma novidade; fazem parte de gerações anteriores, que não nasceram na era digital, mas estão aprendendo a lidar com a tecnologia. Buscam dominar a linguagem, o vocabulário, os significados dessa cultura. Esse processo não é feito sem resistências, muitos são aqueles que se recusam a aprender a linguagem e a nova cultura. Outros passaram a vivê-las intensamente, tornaram-se ávidos consumidores de modernos meios de comunicação, participam de redes sociais, (re)constroem diálogos, afetos, reinventam sensibilidades e sociabilidades.

Segundo Di Felice (2011, p. 1), "a revolução digital é a última revolução comunicativa que alterou, pela primeira vez na história, a própria arquitetura do processo informativo". Isso se deu pela "substituição da forma frontal de repasse das informações (teatro, livro, imprensa, cinema, TV) por aquela reticular, interativa e colaborativa". Trata-se de um tempo em que uma nova forma de interação, resultante da inovação tecnológica, modifica o modo de comunicar e seus significados, estimulando práticas interativas inéditas entre nós e as TDICs. Com a introdução e a disseminação das TDICs, ocorre a digitalização do território, que altera o ambiente em código informativo, produzindo a superação da distância entre sujeito e território, admitindo mudanças na natureza do território e da interação, e na interdependência entre indivíduo e ambiente. Por meio de novas práticas comunicativas, as relações entre o sujeito e o território deixam de ser dicotômicas. Segundo o referido autor, o espaço digitalmente reproduzido, transformado em informação, leva-nos a habitar naturezas diferentes e mundos no interior dos quais nos deslocamos informativamente. "Esse habitar atópico não constitui um 'não lugar', nem um metaterritório, mas é outro ecossistema construído através de interações entre territórios, indivíduos e tecnologias informativas."[10]

Portanto, uma revisão da história do século passado nos possibilita compreender que, no interior do desenvolvimento tecnológico, a informática representou uma mudança significativa no que diz respeito tanto à acumulação de informações, dados, conhecimentos e no acesso a eles quanto à comunicação entre as pessoas, o ambiente e a tecnologia. Nesse sentido, refletimos sobre algumas perspectivas de diálogo entre as TDICs e o campo do conhecimento histórico não só na pesquisa como também no ensino e aprendizagem.

Este texto é parte do esforço de compreensão e debate sobre as relações entre os sujeitos, o ensino e aprendizagem em História e as novas tecnologias.[11] Professores e alunos estão, hoje, inseridos nesse universo de interações entre sujeitos, saberes, linguagens. As fontes de estudo são variadas, como, por exemplo, museus, arquivos e bibliotecas, textos e imagens pertencentes a esses acervos, *sites* que oferecem informações e análises de diferentes áreas de comunicação. Os computadores permitem acumular informações e processá-las de diferentes formas, ampliando enormemente as possibilidades de acesso a dados. Por fim, os grupos de discussão, comunidades, redes sociais viabilizam o permanente compartilhar, a conversa entre sujeitos situados em diversos lugares do mundo ao mesmo tempo.

Novaes (2011, p. 4), ao analisar o contexto em que vive a juventude contemporânea, enfatiza alguns dos marcos geracionais que suscitam demandas específicas dos jovens, como a inclusão digital:

> Na interface entre as desejadas melhorias do sistema escolar e a qualificação voltada para a inserção produtiva surge a demanda por inclusão digital. Não é por acaso que a sigla NTICs (novas tecnologias de informação e comunicação) começa a frequentar as pautas de reivindicações juvenis. As NTICs se tornam instrumentos úteis para a circulação de informações sobre vários temas e causas e, ao mesmo tempo, alimentam novas bandeiras de luta. Este é o caso do envolvimento de grupos de jovens na defesa do *software* livre (programa

de código aberto) que significa dar liberdade para os usuários para executar, copiar, distribuir, estudar, modificar e aperfeiçoar o Programa.

As TDICs passaram, pois, a fazer parte da agenda de lutas dos jovens que as reivindicam fora e dentro do espaço escolar. Mais do que na escola, os jovens demandam as TDICs na interioridade do processo educativo, como parte inerente do ensino de qualidade. Isso nos coloca vários desafios: Como criar condições de ensino e aprendizagem em História que levem em conta o lugar ocupado pelas TDICs na vida do jovem? Como o professor pode vencer as tradicionais resistências da cultura escolar à cultura dos nativos digitais mediada pelas novas tecnologias?

Segundo Moran (2011), o professor *on-line* possui múltiplos papéis, que se diferenciam e se complementam. Isso requer capacidade de adaptação, de criatividade diante de novas propostas e atividades. O modelo convencional de professor centralizador, detentor de saber em uma área específica, cuja atuação se reduzia ao espaço específico da escola e, mais precisamente, da sala de aula, é considerado inadequado por professores e alunos. Conclui o autor:

> Antes o professor só se preocupava com o aluno em sala de aula. Agora, continua com o aluno no laboratório (organizando a pesquisa), na internet (atividades a distância) e no acompanhamento das práticas, dos projetos, das experiências que ligam o aluno à realidade (ponto entre a teoria e a prática). (*Ibidem*, p. 2)

Diante das dificuldades no seio das culturas escolares refratárias às interações e às implicações da nova cultura no processo de ensino e aprendizagem, muitos professores, ainda que reconheçam a importância e a necessidade de aperfeiçoamento, permanecem imersos em outras práticas, realizadas por meios educativos convencionais.

Apesar dos consensos construídos ao longo das últimas décadas na prática escolar e mesmo na acadêmica, persistem dificuldades, resistências às inovações, à superação dos tradicionais modos de ensinar e aprender. Um indicador significativo é a produção científico-acadêmica que tem como objeto de investigação o ensino e a aprendizagem em História e as TDICs. Um levantamento realizado por nós, em 2011, no Banco de Dissertações e Teses da Capes, alimentado por informações dos programas de pós-graduação no Brasil, revelou ser bastante incipiente a pesquisa nessa área.[12] Em mais de uma década, foram localizadas apenas seis dissertações de mestrado e duas teses de doutorado sobre essa matéria.

      Revisitando a História, no campo da historiografia, embora não se enfatize o apelo direto a esse equipamento (o computador), a partir do clássico debate de Fernand Braudel sobre a longa duração, publicado, originalmente, em 1958, ocorreu um desdobramento indireto: a necessidade de cobrir vasta documentação (Braudel 1992). Essa preocupação foi ampliada e aprofundada posteriormente, visando a um tratamento estatístico de informações (Chaunu 1976; Cardoso e Brignoli 1981). A trilogia inaugural da Nova História francesa ainda associou os computadores mais à pesquisa sobre Economia e Demografia (Le Goff e Nora 1976a, b, c), embora um de seus colaboradores já generalizasse esse procedimento para toda "operação historiográfica" (De Certeau 1982). Essas iniciativas tiveram como desdobramento uma maior atenção a práticas coletivas, criticando a História concentrada nas ações individuais, mas também quase perdendo de vista as experiências de ruptura. Nesses tempos iniciais, o computador tendia a ser associado aos universos da História designada como "quantitativa". A expansão de seu emprego superou tais fixações preliminares e ele tornou-se cada vez mais vinculado a qualquer pesquisa histórica, a ponto de, nos anos 1970, Jean Chesneaux (1995) apontar esse recurso como uma espécie de cacoete do historiador acadêmico na França, nos Estados Unidos da América e em outros países. Mais recentemente, surgiram revistas especializadas na área, além de frequentemente serem realizados congressos sobre suas conquistas (Figueiredo 1997).

      Um uso evidentemente consolidado do computador, no campo da pesquisa histórica, é o processamento de textos, beneficiando-se dos recursos de memória e mesclagem, que imprimem um ritmo muito mais acelerado à escrita da História. Noutro patamar, o computador tem servido também para a constituição de bancos de dados, para o tratamento desses materiais nos planos de gráficos e de estatísticas e também para o acesso a redes de comunicação. Essa riqueza instrumental não pode negligenciar articulações metodológicas, que derivam da capacidade própria ao pesquisador na formulação de problemáticas e em seu encaminhamento. Mesmo no plano da edição de textos, é preciso salientar que quem escreve é o historiador, e não o computador. Escolha de temas, indagações sobre alguns de seus aspectos e formulação de problemáticas interpretativas ainda permanecem tarefas do pesquisador. Se a máquina processa programas e materiais nela inseridos, jamais é possível deixar de lado o papel do historiador como aquele que escolhe e encaminha os passos do trabalho de investigação.

Por meio das redes de comunicação, os profissionais dessa área passaram a ter acesso facilitado a catálogos e também a tópicos de acervos de arquivos, museus, bibliotecas e instituições similares. Ao mesmo tempo, bancos de dados acumulam resultados de pesquisas e oferecem instrumentos de trabalho muito úteis. Resultados de investigações são, assim, disponibilizados em escala internacional e intensificam o diálogo entre os que refletem sobre campos de interesse aproximados. Além de contatos diretos entre pesquisadores ou destes com centros de estudos, a internet oferece, ainda, informativos eletrônicos.

No campo do ensino e da aprendizagem em História, as TDICs são consideradas, por muitos, imprescindíveis, pois, além de tornarem as atividades didáticas mais dinâmicas, atrativas, favorecem as interações, as trocas de saberes, de experiências e (re)construção de conceitos por diversos meios, como a pesquisa em *sites*, talvez a prática mais recorrente no ensino fundamental. Há vários *sites* didáticos de História, acessíveis aos alunos desse nível; uma visita a esses *sites* nos permite concluir que alguns deles se assemelham aos livros eletrônicos (alguns são até piores que livros impressos), mais articulados, mas repetindo vícios desses livros, como a sugestão de que "toda a História" se encontra ali resolvida. Aquele é o lugar de toda a história. Sendo assim, a pesquisa em *sites* didáticos de História requer um esforço do professor e do coletivo de alunos para não reduzir a atividade de "pesquisa" a uma cópia mecânica (como abordamos anteriormente neste livro), o que poderia ser feito sem qualquer emprego do computador. Se os alunos não forem devidamente orientados, a informática pode ser colocada a serviço de concepções muito restritas de conhecimento histórico, assumindo um papel mais limitado do que aquele que um manual ou mesmo uma enciclopédia costumavam e costumam desempenhar. O trabalho de refletir sobre informações, explicações, análises, de articulá-las a outras e de desenvolver um raciocínio histórico deve ser parte da operação de aprendizagem histórica. A orientação do docente e o diálogo com outros universos de informação e interpretação podem evitar esses usos factuais estéreis de informações de *sites*.

A sugestão de temas e de articulações, associada ao retorno de resultados atingidos e à correção de equívocos cometidos, foi comentada a respeito de uma experiência didática referente à Revolução dos Cravos, evidenciando a conquista de novos horizontes naquele universo de estudo, desde que adequadamente integrado a um projeto de aprendizagem e intermediado pela ação crítica do professor (Gonçalves 2004). Dessa perspectiva, o computador e as informações nele obtidas foram colocados em diálogo com livros, com aulas, com saberes já dominados pelo professor e pelos colegas de estudos. Ao mesmo tempo, conceitos clássicos dos estudos históricos (fontes de época, ação individual e ação coletiva, cronologia, estrutura e conjuntura) podem ser utilizados na interpretação dos materiais encontrados.

Esse exemplo e inúmeros outros publicados demonstram que podem ser construídos *sites* didáticos de grande valor no campo do conhecimento histórico escolar e também que os existentes podem ser aprimorados, assim como seu uso em espaços escolares e semelhantes, deixando patente que são um recurso de aprendizagem entre muitos outros, com as vantagens que a agilidade de acesso e a riqueza multimídia garantem: recursos de imagem, som e texto. Mas é preciso evitar uma imagem "fetichizada" do computador e da internet como antídotos para os males do ensino. Precisamos ter rigor e cautela, não nos esquecendo das possibilidades de acesso a informações sobre temas e materiais (livros, filmes, peças de teatro, músicas etc.) permanentemente oferecidas por esses novos meios.

Existem também os *sites* institucionais, e, entre eles, os de museus, arquivos, bibliotecas e órgãos similares, que, em geral, oferecem catálogos completos *on-line*, reproduções de materiais do acervo, "visitas" virtuais às salas de exposições, trechos e/ou textos completos de documentos etc. Nesse caso questionamos: Como é que os recursos da informática entram no universo museológico ou arquivístico? Eles podem reforçar o que essas instituições já são, mas os mesmos recursos também podem integrar os atos de repensá-las. Tais instrumentos participam da divulgação do museu e do arquivo, possibilitando visitas virtuais,[13] diferentes de uma leitura textual sobre essas instituições, uma vez que há mais espaço para colocar informações visuais ou textuais e sonoras e comparações instantâneas entre itens do acervo, para acompanhar espaços de exposição e depósito etc.

Não podemos esquecer, porém, que o museu ou o arquivo virtual não substituem o museu ou os arquivos físicos. Vamos analisar o exemplo de um museu de artes plásticas. Vislumbrar as obras originais permite avaliar mais detidamente dimensões de textura: a passagem da mão humana que trabalhou aquelas pinceladas, diferenças entre ângulos de aproximação e outros aspectos que as reproduções fotográficas ou digitalizadas não mostram. O teor tenso e agressivo das colagens dadaístas de Kurt Schwitters (uso de detritos recolhidos do lixo) muda muito quando as vemos reproduzidas em papel-cuchê, uniformizadas pelo brilho das boas tintas de impressão. É como se todas as pinturas possuíssem as mesmas texturas e, por que não, uma sensação de "atemporalidade histórica" oriunda do meio no qual houve a reprodução da obra.

Em contrapartida, reproduções de alta resolução, obtidas por máquinas fotográficas digitais, permitem vastas ampliações de detalhes pintados ou esculpidos, desde o acompanhamento de rachaduras, superposições de camadas e as próprias pinceladas – contra a ilusão mimética da pintura "igual ao modelo". Esse exemplo de um museu de arte evidencia como o museu virtual não substitui o museu físico, nem em termos da fruição pelo visitante, nem em termos da pesquisa, nem da aprendizagem histórica. Essa afirmação se aplica também a outros tipos de museus e instituições (bibliotecas, arquivos etc.) de interesse para o historiador. É excelente dispormos *on-line* dos catálogos dessas entidades, tomarmos conhecimento dos livros que estão lá, dos documentos que integram sua coleção, das peças que compõem seu acervo tridimensional. Se pensarmos apenas em arquivos, museus e bibliotecas brasileiros, a situação se agrava. Muitos deles possuem acervos que nem sequer foram catalogados. Nesse caso, frequentemente, o pesquisador também é um catalogador: um subproduto de sua pesquisa é um guia, extremamente útil para a instituição e para futuros pesquisadores. Nos *sites* desses arquivos e instituições congêneres, tais zonas desconhecidas permanecerão como buracos, e o virtual torna o real ainda menor. Mesmo em grandes instituições, onde tudo ou quase tudo está digitalizado, existem critérios para identificação de temas e dados que podem permanecer obscuros para determinada problemática de pesquisa. A consulta à documentação original e sua zelosa preservação permanecem, portanto, como passos incontornáveis dos estudos históricos.

Isso serve de alerta para alguns cuidados que a pesquisa e também o ensino continuam a exigir, e que as aparentes facilidades de catálogos e documentos *on-line* não aboliram. Tem-se expandido uma falsa noção de que, a partir de qualquer lugar, é possível pesquisar temas de diferentes países, sem explorar *in loco* seus arquivos, uma vez que catálogos e mesmo boas amostragens de documentos são disponíveis *on-line* ou podem facilmente ser adquiridos via internet. A informática ajuda enormemente na divulgação daqueles órgãos. Apesar das dificuldades de acesso, representam com frequência uma enorme massa documental sobre assuntos mais variados, faltando pensar mais sobre seus aproveitamentos pelos estudos históricos.

Outras possibilidades didáticas estão em construção, como os grupos de discussão sobre questões de História nas redes de comunicação. Isso se tem tornado uma prática comum: pessoas com interesses temáticos, técnicos ou teóricos em comum, que não podem se reunir a toda hora, num país com a dimensão continental no Brasil – para não falar daqueles que trabalham em escala internacional –, utilizam instrumentos dessa natureza para manterem textos *on-line*, promoverem discussões etc. Tal recurso proporciona a troca de experiências e materiais entre professores e alunos.

É cada vez mais recorrente, na prática de ensino de História, a criação de *blogs* coletivos; fóruns relacionados a temáticas da

História; bate-papo *on-line* sobre temas abordados em aula; criação e publicação de vídeos na internet sobre os assuntos estudados; produção de *slides* em Power Point para apresentação de seminários e a posterior divulgação na internet, assim como de CD-ROM específicos de História, videoconferências, montagem de banco de dados com documentos, imagens, textos e outros.

Além dessas possibilidades, destaco os jogos digitais. Em iniciativa pioneira no Brasil, Arruda (2011) investigou as possibilidades de aprendizagem de raciocínio e/ou ideias históricas, por jovens com idade entre 14 e 18 anos, construídas em um jogo digital com temática histórica, especificamente o jogo Age of Empires III. Por meio de uma pesquisa ancorada na etnografia virtual, Arruda participou e recolheu inúmeros indícios em 657 partidas e 1.200 horas de imersão, sendo-lhe possível traçar várias análises, entre as quais destaco: o jovem reconhece o passado (exótico, distante temporalmente) e direciona suas escolhas pelos jogos que possibilitam essa dimensão; aprecia a interatividade e a formação de laços sociais dentro e fora do jogo; desenvolve estratégias de aprendizagens, raciocínios, ideias não vinculadas à aprendizagem escolar; no caso específico das aprendizagens históricas, concluiu que o jovem não aprende a história ensinada por meio do jogo, mas desenvolve aprendizagens, raciocínios e ideias históricas fundamentais para a compreensão da história (cf. pp. 183-184). Nesse sentido, como a pesquisa demonstra as relações entre o conhecimento histórico e as TDICs, não se podem negligenciar os debates sobre a própria noção de documento histórico – a rigor, tudo o que diz respeito à experiência humana!

Portanto, devemos estar atentos à historicidade do documento ao longo do tempo. Não é porque fizemos um trabalho de escanear e digitalizar documentos que esse material está salvo para sempre: acidentes físicos ou erros de utilização podem levar à perda de tudo. Isso significa que temos de ter os suportes originais preservados, sim, e garantir outras cópias, ou estaremos à mercê de acidentes muito comuns, que destroem o trabalho de vários dias ou até meses e anos. No entanto, o trabalho de quem copiou um documento original, de acordo com a historicidade de seu olhar, pode negligenciar aspectos que apenas poderão ser recuperados em outro momento e retrabalhados de outros ângulos se sua preservação física for garantida.

É certo que encontraremos, no caso da documentação produzida via computador, materiais que provêm do Estado e de instituições dominantes, e de grupos, comunidades, movimentos e instituições sociais, ligados aos setores populares que estão informatizados. Em alguns casos, o pesquisador ou professor pode até contribuir para a expansão do contato entre setores da população e certos recursos da informática que ele usa em seu trabalho.

O trabalho do profissional de História com as TDICs também engloba recursos para a reprodução, a acumulação e o tratamento de informações, desde o apelo ao escâner, particularmente importante para quem pesquisa fontes visuais, passando por programas estatísticos, extremamente úteis para os historiadores debruçados sobre dados quantitativos, mas também aplicáveis aos mais diferentes tipos de materiais. Esses instrumentos copiam, acumulam, confrontam, processam dados.

Junte-se a isso outra característica da informática que é a extrema rapidez da reprodução, do processamento e da circulação de informações. Esse ritmo representa uma vantagem no mundo onde vivemos: gastamos muito menos tempo para copiar uma documentação ou para obter cópias de fontes que estão em arquivos muito distantes, bem como para processá-la de diferentes formas.

Portanto, as TDICs constituem, na atualidade, importantes fontes de informações, dados, textos, mapas, documentos, leis, fotografias, pinturas, canções, poemas, enfim, uma multiplicidade de registros da experiência histórica das diferentes sociedades, de fontes de pesquisa, suporte, lugar de saberes. Isso requer do professor alguns cuidados, para que as informações ali obtidas não sejam tomadas como verdades absolutas sobre determinados temas. Precisamos estabelecer uma relação crítica ao acessar, selecionar, analisar e retransmitir dados via internet. Os endereços dos *sites* devem ser registrados e as pesquisas, datadas. O aluno deve ser estimulado permanentemente. O acesso à rede mundial de computadores deve ser ampliado e facilitado em nossas escolas, pois vivemos em uma sociedade globalizada, na qual a circulação de informações se processa de maneira cada vez mais rápida. O processo de ensino e aprendizagem em História pode ser enriquecido e ampliado com a incorporação de novas TDICs, sem, contudo, como defendemos anteriormente, desprezar outras fontes, ou torná-las "as mais confiáveis", as "mais importantes" na atualidade. Esse processo requer formação permanente não somente de professores, mas de todos os profissionais da escola envolvidos com a aprendizagem.

Para orientar os alunos, o professor pode desenvolver atividades como: problematizar e elaborar um roteiro de pesquisa na internet; pré-selecionar os tipos de materiais e informações a serem buscados (mapas, documentos, entrevistas, imagens, fotos, letras de canções, notícias, entre outros); indicar *sites* considerados seguros aos alunos; identificar materiais pesquisados em relação à origem, à data, a onde, a quando e a por quem foram produzidos, e observar o registro do endereço do *site*; acompanhar e orientar o trabalho, evitando que os alunos identifiquem pesquisa com cópia de textos, dados e imagens; discutir, sistematizar e publicizar no grupo os resultados da pesquisa, confrontando-os e incorporando-os aos saberes provenientes de outras origens, como as fontes orais e os livros.

Portanto, concordando com Alves (2007, pp. 6-7), as novas tecnologias digitais, a cultura da simulação, presentes nas comunidades virtuais e nos jogos eletrônicos, por exemplo, favorecem a interatividade e a interconectividade, o que facilita a construção de outra lógica de pensamento (hipertextual), a ampliação das habilidades cognitivas, tais como a rapidez no processamento de informações imagéticas, a disseminação mais ágil de ideias e dados. Isso nos leva à participação ativa do processo, interagindo com várias janelas cognitivas ao mesmo tempo.

Cabe a nós, docentes, debater, de forma permanente, os significados dessas novas tecnologias para a vida das pessoas – velocidade, fluxos, mudanças do ritmo e rapidez na circulação das informações, relações e implicações –, destacando possibilidades de saber, limites e critérios que devemos ter ao lidar com as novas fontes. O aluno pode ser estimulado, como digo aos futuros professores, "a buscar sem abusar", a "viajar sem naufragar". Sugerimos realizar uma ou mais atividades com o objetivo de problematizar e desenvolver noções e conceitos básicos acerca do tema TDICs, preparando os alunos para sua utilização de forma criteriosa e consciente, de acordo com sua condição de cidadãos.

1) Problematizar o tema TDICs a partir de narrativas dos alunos, questionando as mudanças e as permanências no cotidiano, o modo de viver e organizar o tempo.

2) Fazer um levantamento na turma sobre seu conhecimento sobre as TDICs, os meios de comunicação, em especial a rede internacional de computadores, e seu acesso a todas essas novas tecnologias.

3) Discutir a questão do acesso de todos os cidadãos às TDICs, aos programas de democratização dos meios, aos programas sociais de inclusão digital e outros.

4) Ler e discutir textos sobre o assunto.

5) a) Ler as letras e, se possível, ouvir com a turma criativas canções que falam sobre a internet. Sugerimos algumas, como: "Pela internet", de Gilberto Gil; "Admirável *chip* novo", de Pitty; "Via internet", de Sid Santos, Bira e Joccy; e "Vou te excluir do meu orkut", de Ewerton Assunção. Na internet estão disponíveis todas as letras, cuja busca já é um exercício para os alunos.[14]

b) Com base nas letras das canções, podem ser retirados do texto alguns termos utilizados na internet e com eles fazer um glossário, de preferência utilizando dicionários. Sugerimos iniciar por *redes sociais* e, na sequência, *sms*, *e-mail*, *internet*, *blog* etc.

c) Discutir com o grupo: Como podem as novas tecnologias unir as pessoas, contribuir para a construção de um mundo mais humano e solidário? Quais as implicações das novas tecnologias para a história?

6) a) Como conclusão do trabalho, a turma pode produzir outro texto, um fórum, uma letra de canção ou um poema, expressando suas concepções, suas posições, seus pontos de vista sobre o assunto.

b) Outra sugestão é estabelecer comparação entre essas canções sobre formas de comunicação contemporânea, baseadas na internet, com canções que falam sobre as comunicações no passado – canções, por exemplo, sobre cartas, telegramas, telefone e outras...

Esperamos, com este texto, colaborar, suscitando outros questionamentos e contribuições para o permanente diálogo acerca desse tema.

Notas

1. Por exemplo: 1) Instituto Brasileiro de Geografia e Estatística (IBGE): http://www.ibge.gov.br. Disponibiliza estatísticas e publicações sobre o uso de novas tecnologias de informação e comunicação (NTICs). Veja as pesquisas PNADs; 2) Centro de Estudos sobre as Tecnologias da Informação e da Comunicação (Cetic): http://www.cetic.br; 3) Estatísticas de uso da internet no mundo para todos os países e regiões do mundo, estatísticas demográficas, informações sobre comércio eletrônico e de telecomunicações: http://www.internetworldstats.com.
2. Nesse texto a sigla TDICs se refere às tecnologias de informação e comunicação.
3. Fonte: http://www.cetic.br/usuarios/tic/2010-total-brasil/index.htm.
4. Segundo resultados do Censo de 2010, divulgado em 16 novembro de 2011 pelo IBGE: "Em dez anos, a existência de computadores nos domicílios mais que triplica. Em 2010, a proporção de domicílios brasileiros somente com telefone celular (47,1%) predominava em relação aos que tinham só telefone fixo (4,7%) e aos que tinham fixo e celular (36,1%). Em relação à existência de bens duráveis nos domicílios, entre 2000 e 2010, houve redução apenas da presença do rádio (de 87,9% para 81,4%). Todos os demais bens registraram aumento de presença, com destaque para o computador, que teve o maior aumento no período, de 10,6% para 38,3% dos domicílios". Fonte: http://www.ibge.gov.br/home/presidencia/noticias/noticia_visualiza.php?.
5. Fonte: http://www.ibge.gov.br/home.

6. São estabelecimentos comerciais, de entretenimento. *Lan* é a sigla usada para *local area network*, que significa "rede local de computadores". As *lan houses* oferecem aparelhos ligados em rede para acesso à internet, programas e jogos eletrônicos. Em geral cobram uma taxa dos usuários proporcional ao tempo de uso. As *lan houses* são consideradas importantes espaços de inclusão digital no Brasil, pois possibilitam o acesso àqueles que não possuem recursos financeiros para ter equipamento próprio e manter os custos dos serviços das operadoras. Para conhecer mais sobre o processo de inclusão digital, informe-se no Comitê Gestor da Internet no Brasil: http://www.cgi.br.
7. Para conhecer mais sobre o tema, sugerimos visitar o *site* da Associação Brasileira de Centros de Inclusão Digital (ABCID): http://www.abcid.org.br.
8. Fonte: http://www.internetworldstats.com.
9. Sobre essa questão, ver a obra: *Nascidos na era digital: Entendendo a primeira geração de nativos digitais*, John Palfrey e Urs Gasser, Artmed.
10. O texto completo pode ser lido em "Entrevista com Massimo di Felice": http://www.ihu.unisinos.br/index.php?option=com_noticias&Itemid=18&task=detalhe&id=49298.
11. Parte deste texto é uma versão ampliada e revista de texto publicado anteriormente: Silva e Guimarães 2007.
12. Para a busca no *site* http://www.capes.gov.br/servicos/banco-de-teses (acesso em 5/10/2011), utilizamos as palavras-chave: ensino e aprendizagem em História e novas tecnologias de informação e comunicação. Não especificamos a área, o tempo e o programa de pós-graduação. Foram encontrados seis registros de dissertações de mestrado e duas teses de doutorado, citadas a seguir:

1) Pereira, R.P. (2000). "Aprendizagem de História e internet". Dissertação de mestrado em Educação. Piracicaba: Universidade Metodista de Piracicaba.

2) Souza, A.W.M. (2005). "Mudando a cara da História; Tecnologias da Informação e Comunicação na produção do saber histórico em sala de aula: Uma proposta pedagógica". Dissertação de mestrado em Educação. Porto Alegre: Universidade Federal do Rio Grande do Sul.

3) Santos, D.G.G. (2004). "O uso da informática no ensino de História: Permanências e mudanças". Dissertação de mestrado em Educação. Piracicaba: Universidade Metodista de Piracicaba.

4) Sossai, F.C. (2009). "A um play do passado? Ensino de História e novas tecnologias educacionais". Dissertação de mestrado em Educação. Florianópolis: Universidade do Estado de Santa Catarina.

5) Leivas, M. (2004). "Riscos & bordados: O ensino de História e as Tecnologias de Informação e Comunicação". Dissertação de mestrado em Educação. Porto Alegre: Universidade Federal do Rio Grande do Sul.

6) Elias, M.B. de C. (2008). "A potencialidade pedagógica do uso da lousa eletrônica: Uma experiência em aulas de História". Dissertação de mestrado em Educação. São Paulo: Universidade Presbiteriana Mackenzie.

Teses:

1) Arruda, E.P. (2009). "Jogos digitais e aprendizagem: O jogo Age of Empire III desenvolve ideias e raciocínios históricos de jovens jogadores?". Tese de doutorado em Educação. Belo Horizonte: Universidade Federal de Minas Gerais.

2) Ferreira, A. de A. (2010). "Desenvolvimento profissional de professores de história: Estudo de caso de um grupo colaborativo mediado pelas Tice". Tese de doutorado em Educação. Belo horizonte: Universidade Federal de Minas Gerais.

13. Sobre museus virtuais, veja relato de pesquisa: Arruda, E.P. (2011). "Museu virtual, prática docente e ensino de história: Apropriações dos professores e potencialidades de elaboração de um museu virtual orientado ao visitante". *Anais do IX Encontro Nacional dos Pesquisadores do Ensino de História*. Florianópolis: UFSC.

14. As letras podem ser encontradas no *site* http://www.terra.com.br.

Referências bibliográficas e sugestões de leituras

ALVES, L.R.G. (2007). "Nativos digitais: Games, comunidades e aprendizagens". *In:* MORAES, U.C. de (org.). *Tecnologia educacional e aprendizagem: O uso dos recursos digitais*. São Paulo: Livro Pronto, pp. 233-251. [Disponível na internet: http://www.lynn.pro.br/admin/files/lyn_artigo/628bb509cb.pdf.]

ARRUDA, E.P. (2006). *Ciberprofessor: Novas tecnologias, ensino e trabalho docente*. Belo Horizonte: Autêntica.

_____ (2011). *Aprendizagens e jogos digitais*. Campinas: Alínea.

BRAUDEL, F. (1992). "História e Ciências Sociais: A longa duração". *In:* BRAUDEL, F. *Escritos sobre a História*. Trad. Jacó Guinsburg. São Paulo: Perspectiva, pp. 41-77. (Debates – 131)

CARDOSO, C.F. e PÉREZ BRIGNOLI, H. (1981). *Os métodos na História*. Rio de Janeiro: Graal.

CHAUNU, P. (1976). *História como ciência social: A duração, o espaço e o homem na época moderna*. Rio de Janeiro: Zahar.

CHESNEAUX, J. (1995). *Devemos fazer tábula rasa do passado? Sobre História e historiadores*. Trad. Marcos Silva. São Paulo: Ática.

DE CERTEAU, M. (1982). "A operação historiográfica". *In*: DE CERTEAU, M. *Escrita da História*. Trad. Maria de Lourdes Menezes. Rio de Janeiro: Forense.

DI FELICE, M. (2011). As redes digitais vistas a partir de uma perspectiva reticular. *Revista do Instituto Humanitas Unisinos – on-line*. [Disponível na internet: http://www.ihuonlineunisinos.br.]

FIGUEIREDO, L.R. (1997). "História e informática". *In*: CARDOSO, C.F. e VAINFAS, R. (orgs.). *Domínios da História*. Rio de Janeiro: Campus, pp. 419-439.

GONÇALVES, R. (2004). "A aprendizagem da História na sociedade de informação". *In*: BARCA, I. (org.). *Para uma educação histórica de qualidade*. Actas das IV Jornadas Internacionais de Educação Histórica. Braga: Cied/Universidade do Minho, pp. 203-232.

LE GOFF, J. e NORA, P. (orgs.) (1976a). *História: Novos problemas*. Rio de Janeiro: Francisco Alves.

_____ (1976b). *História: Novas abordagens*. Rio de Janeiro: Francisco Alves.

_____ (1976c). *História: Novos objetos*. Rio de Janeiro: Francisco Alves.

LUCENA, C. e FUKS, H. (2000). *A educação na era da internet*. Rio de Janeiro: Clube do Futuro.

MATTA, A. (2006). *Tecnologia de aprendizagem em rede e ensino de História: Utilizando comunidades de aprendizagem e hipercomposição*. Brasília: Líber Livro.

MORAN, J.M. Educação humanista inovadora. Textos. [Disponível na internet: http://www.eca.usp.br/prof/moran.]

_____ (2011). Os novos espaços de atuação do educador com as tecnologias. Textos. [Disponível na internet: http://www.eca.usp.br/prof/moran.]

MORAN, J.M.; MASETTO, M. e BEHRENS, M. (orgs.) (2003). *Novas tecnologias e mediação pedagógica*. 7ª ed. São Paulo: Papirus.

NOVAES, R. Juventude e sociedade: Jogos de espelhos. Sentimentos, percepções e demandas por direitos e políticas públicas. [Disponível na internet: http://www.antropologia.com.br/arti/colab/a38-rnovaes.pdf. Acesso em 1/10/2011.]

PALLOFF, R.M. e PRATT, K. (2002). *Construindo comunidades de aprendizagem no ciberespaço: Estratégias eficientes para salas de aula on-line*. Porto Alegre: Artmed.

PETERS, O. (2001). *Didática do ensino a distância*. São Leopoldo: Editora Unisinos.

PRATS, J.C. (2001). "Recursos de Historia en internet". *In*: Junta de Extremadura. Consejería de Educación, Ciencia y Tecnología. Dirección de Ordenación, Renovación y Centros. *Las Ciencias Sociales en internet*. Mérida, Espanha. [Disponível na internet: http://www.ub.es/histodidactica/libros/Ccss_Int.pdf.]

SILVA, M. (org.) (2003). *Educação on-line: Teorias, práticas, legislação, formação corporativa*. São Paulo: Loyola.

SILVA, M.A. da e GUIMARÃES, S. (2007). *Ensinar História no século XXI: Em busca do tempo entendido*. Campinas: Papirus.

5.9 MUSEUS E CULTURA MATERIAL

História, memória, documentos, monumentos, vestígios, evidências – palavras carregadas de significados, categorias utilizadas nas aulas de História pelos professores para lembrar aos alunos os diferentes lugares da memória, as fontes, os vestígios do passado, da história das sociedades. Este texto pretende ser mais uma colaboração ao debate na área da produção, ensino e aprendizagem da História.[1]

Os debates sobre memória, história e cultura material, sobre os objetos de uso cotidiano e outros registros que fazem parte do patrimônio histórico-cultural, tornaram-se referências importantes tanto para a pesquisa como para o ensino fundamental. No entanto, enfrentamos riscos, no ensino e em outros ramos de conhecimento histórico, de reduzir o trabalho com cultura material ao inventário, por vezes, apenas ilustrativo, de diferentes artefatos, sem uma reflexão mais detida e rigorosa sobre sua situação num mundo de homens e mulheres que se relacionam por meio de símbolos e poderes.

No ensino e aprendizagem da história imediata, ou recente, da história local, do presente vivido por professores e alunos, muitos exemplos de cultura material se encontram na própria sala de aula e nos corredores e arredores da escola. No entanto, essa amostragem, mesmo no limite do imediato, é muito restrita, considerando-se a infinidade de outras experiências que lhe são contemporâneas em outras escolas, em outras cidades, em outros países, em outras camadas sociais. O conhecimento histórico ganha muito quando incorpora o imediato em seu universo, mas perde ainda mais se ficar restrito de forma unidimensional a esse mundo como presente contínuo, com os mesmos sujeitos e num espaço exclusivo. Um de seus objetivos, no ensino fundamental, pode ser sair desse círculo vicioso, permitindo a compreensão de outras experiências sociais, em diferentes temporalidades.

A cultura material, associada às outras problemáticas de conhecimento histórico, encontra múltiplos itens para reflexão em diferentes locais, como os museus – instituições encarregadas da exposição, da preservação e da pesquisa de acervos de objetos de diferentes épocas –, visitados pessoal ou virtualmente. Os livros didáticos costumam apresentar fotografias e desenhos de alguns tópicos pertinentes à área. O patrimônio histórico – edificado ou disperso em diferentes fazeres e saberes – contém inestimáveis elementos para a discussão, possibilitando que professores e alunos se beneficiem da reflexão sobre objetos e experiências existentes no cotidiano de cidades e campos, por meio de visitas orientadas a lugares adequados ao projeto pedagógico.

Certos do valor educativo, uma questão recorrente entre nós é como integrar as evidências da cultura material, que ultrapassam aquelas presentes em sala de aula e nas escolas, ao ensino e aprendizagem de História? Não há uma resposta única ou com alguma saída universal. Defendo que essa integração ocorra no diálogo entre o professor de História, os alunos, a escola, os saberes, os sujeitos e os lugares de produção e difusão do conhecimento histórico. Compreendo, ainda, a escola fundamental como espaço multidisciplinar de diálogo entre diferentes projetos de saber e concepções de educação. Professores e alunos convivem simultaneamente ao redor de várias disciplinas e várias definições do processo educativo. Não se trata, portanto, de supor que todos os professores de História optarão pelo universo metodológico aqui abordado da mesma forma, nem que enfrentarão as consequências culturais e políticas derivadas de opções e seleções feitas em outros espaços. No entanto, entendo que o professor de História é alguém que faz um percurso de diálogo intradisciplinar, ou seja, uma reflexão sobre possibilidades de seu próprio campo de conhecimento, e também multidisciplinar e interdisciplinar, intercâmbios com outros campos de conhecimento e de escolha pedagógica e política no espaço escolar.

Desse modo, indicarei algumas possibilidades de trabalho com museus e com a cultura material. Trata-se de um diálogo com outros espaços especializados, como universidades, museus, bibliotecas, arquivos etc., o que considero uma necessidade básica no ensino de História. Logo, requer de todos nós o exercício do pensamento crítico e das opções interpretativas.

Quando se fala em cultura material, geralmente a primeira imagem que se forma é a do mundo dos objetos fisicamente palpáveis, tridimensionais: instrumentos de trabalho, utensílios domésticos, roupas, alimentos etc. Isso não é um erro, mas pode conduzir a equívocos: supor que a cultura material se encerra ali, que outras manifestações culturais são marcadas pela pura e imediata "imaterialidade". Entendo que aqueles e outros objetos não são simples "coisas", uma vez que fazem parte dos fazeres humanos, englobam saberes, aprendizados, ensinamentos, simbologias de várias naturezas. Tomemos como exemplo uma panela. A que ela nos remete? A saber fazê-la ou a poder ter acesso a ela já pronta; a saber usá-la; à possibilidade de ser suporte de memórias (originária de uma região do Brasil, no caso de panelas de pedra ou de barro, ou de outro país, quando de alta tecnologia ou *design* avançado; ter pertencido a uma pessoa querida ou simplesmente ter sido usada por ela)... São coisas de pessoas e para pessoas. Existem num universo de imaginação e como potencialidades humanas.

A contrapartida desses artefatos físicos é o mundo da cultura que não se configura imediatamente em objetos: uma prece, um desejo, uma lembrança, um medo ou um sonho, por exemplo. Mas, sendo também de e para pessoas, esse mundo se manifesta materialmente, tanto naqueles objetos como nos próprios corpos humanos, acarretando sensações físicas (frio na barriga, calores pelo corpo todo, relaxamento, euforia...). Opor a cultura material a outra cultura "imaterial" pode nos levar a perder de vista imperativos humanos que percorrem todas as práticas culturais. Meneses (2003) nos alerta para os riscos de empobrecimento e deformação, por exemplo, do uso dos termos "História Material" ou "História da Cultura Material" que, segundo ele, não podem significar uma História feita mediante a utilização apenas de documentos físicos, materiais. Segundo o autor, a cultura material – entendida, pois, como aquele segmento do universo empírico social e culturalmente apropriado – pode ser uma das plataformas de observação. Mas, alerta, para que a observação seja eficaz, é indispensável incorporar outras fontes materiais, escritas, orais, hábitos corporais etc. e dialogar com elas.

Ao discutirmos essa problemática, uma instituição que se destaca para o ensino de História é o museu, tendo em vista seu importante papel de preservar e pesquisar acervos preciosos de objetos tornados raros, antigos, escassos, frágeis, fora de uso cotidiano, com arquivos e bibliotecas, que preservam, mais habitualmente, documentos escritos. Quando se fala em museu, imediatamente pensamos em grandes instituições clássicas, internacionais, como o Museu do Louvre (Paris), o Museu do Prado (Madri), o Museu Britânico (Londres), o Museu de Antiguidades do Cairo, ou, no Brasil, seus congêneres – o Museu Nacional (Rio de Janeiro) e o Museu Paulista (São Paulo), entre outros. São instituições excelentes, com acervos fantásticos, mas um museu não é exclusivamente essa grandiosidade. Também uma pequena entidade municipal, de bairro ou até associativa, constituída por um acervo de determinado agrupamento humano ou de um campo de saber, guarda traços em comum com aqueles outros monumentais: exposição de um conjunto de objetos, reflexão sobre a materialidade de sua área, critérios de seleção sobre o que merece ou não estar no acervo e ser mostrado.

Os museus são frequentemente lembrados como "locais", "espaços culturais" que cuidam da preservação da memória dos povos. Os museus, grandes ou pequenos, constituem importantes espaços de aprendizagem, contribuindo significativamente para o conhecimento, o respeito e a valorização do patrimônio sócio-histórico e cultural dos povos.

Segundo o Comitê Internacional de Museus (Icom), museu é definido como:

> Instituição permanente, sem fins lucrativos, a serviço da sociedade e do seu desenvolvimento, aberta ao público e que adquire, conserva, investiga, difunde e expõe os testemunhos materiais do homem e de seu entorno, para educação e deleite da sociedade.
> Além das instituições designadas como "Museus", se considerarão incluídos nesta definição:[2]
>
> - Os sítios e monumentos naturais, arqueológicos e etnográficos;
> - Os sítios e monumentos históricos de caráter museológico, que adquirem, conservam e difundem a prova material dos povos e de seu entorno;
> - As instituições que conservam coleções e exibem exemplares vivos de vegetais e animais, como os jardins zoológicos, botânicos, aquários e vivários;
> - Os centros de ciência e planetários;
> - As galerias de exposição não comerciais;
> - Os institutos de conservação e galerias de exposição, que dependam de bibliotecas e centros arquivísticos;
> - Os parques naturais;
> - As organizações internacionais, nacionais, regionais e locais de museus;
> - Os ministérios ou as administrações sem fins lucrativos, que realizem atividades de pesquisa, educação, formação, documentação e de outro tipo, relacionadas aos museus e à museologia;
> - Os centros culturais e demais entidades que facilitem a conservação e a continuação e gestão de bens patrimoniais, materiais ou imateriais;
> - Qualquer outra instituição que reúna algumas ou todas as características do museu, ou que ofereça aos museus e aos profissionais de museus os meios para realizar pesquisas nos campos da Museologia, da Educação ou da Formação.[3]

Para o Instituto Brasileiro de Museus (Ibram),

> os museus são casas que guardam e apresentam sonhos, sentimentos, pensamentos e intuições que ganham corpo através de imagens, cores, sons e formas. Os museus são pontes, portas e janelas que ligam e desligam mundos, tempos, culturas e pessoas diferentes. Os museus são conceitos e práticas em metamorfose.[4]

Observamos nessa abordagem que houve uma ampliação do conceito de museu; no entanto, a face mais visível dos museus, grandes ou pequenos, é seu acervo exposto. Os museus apresentam, habitualmente, objetos bonitos, espetaculares, raros – em geral, de épocas passadas. Precisamos ter em conta, todavia, que um museu não é exclusivamente o acervo exposto, e muito comumente ele possui um conjunto de materiais ainda maior fora de exposição, por diferentes motivos. Como descrito anteriormente, o museu "conserva, investiga, difunde e expõe os testemunhos materiais do homem e de seu entorno". O acervo exposto exige recursos de visibilidade, de circulação do público; não é possível colocar em exposição tudo o que existe na instituição. Parte do material que está fora de exposição, a reserva técnica, encontra-se nessa situação por falta de espaço naqueles ambientes. Os bons museus frequentemente renovam as mostras para dar ao público uma chance de ver as peças ausentes de circulação por esse motivo. Outra parcela da coleção está nesse estado porque não possui condições de ser apresentada: sofreu desgastes, está sendo restaurada ou permanece na reserva técnica para ser mais bem preservada, uma vez que a exposição pode suscitar maior fragilidade numa peça que já está em processo de degradação. Isso não é um material "morto", tendo em vista que faz parte do acervo geral do museu e pode vir a ser exposto novamente; às vezes está sendo trabalhado pelos pesquisadores da instituição, em fase de preservação ou restauração.

Assim, o museu é uma instituição de pesquisa, dotada de um acervo, que não está lá apenas para ser exposto, mas também para ser estudado, conservado e restaurado. Os materiais de diferentes épocas sofreram diferentes tipos de desgaste: alguns naturais – oxidação, mofo –, outros acidentais – incêndios, enchentes, quedas etc. –, outros, ainda, por ações destrutivas deliberadas (vandalismo), intervenções de preservação ou restauro equivocadas. Os pesquisadores observam e estudam essas peças em busca de novos conhecimentos sobre as sociedades de onde provieram e também para restauro e preservação – conserto de estragos, reaproveitamento do material para que ele seja reutilizado em exposições e pesquisas na prática cotidiana do museu.

É necessário pensarmos também sobre outros papéis sociais frequentemente assumidos pelos museus e que não dizem respeito apenas às pequenas instituições. Etimologicamente, a palavra *museu* deriva de *musa* (na mitologia greco-latina, uma divindade inspiradora), como se ele fosse a casa das musas, um lugar dos saberes, dos conhecimentos elevados, um local onde diferentes materiais, considerados significativos para aquela sociedade, são preservados e expostos como fontes de inspiração e incentivo para novas grandezas surgirem. Vivemos em sociedades marcadas pela desigualdade entre os homens, pela hierarquia entre grupos sociais, pela exclusão de uns por outros, pela luta de classes. Isso significa que os museus, tradicionalmente, se voltaram mais atentamente ao mundo dos grupos sociais privilegiados, bem representados em seus acervos, quando não aparecem como se fossem tudo o que interessa para aquela sociedade, como exemplo do que ela teve e tem de melhor. Isso não é feito, na maior parte do tempo, de maneira consciente e deliberada, pelos profissionais que ali atuam. Os museus costumam reunir profissionais sérios, dedicados, preocupados com seu campo de conhecimento e com aquele acervo como coleção significativa para a área de saber ali abordada, bem como para o público mais geral.

Para sobreviverem institucionalmente (financiamento de atividades e de seu funcionamento cotidiano), os museus precisam convencer órgãos governamentais e privados de sua importância, e esse convencimento se faz, em alguns momentos, por meio de sutis jogos de celebração de quem domina política e socialmente. Tanto um museu de grandes dimensões quanto um museu pequeno vivem situações dessa natureza, quase nunca deliberadamente escolhidas pelos profissionais que ali atuam, mas inerentes a sua existência e a sua sobrevivência, mesclando objetivos de pesquisa a fins ideológicos, cívicos e comemorativos. Um equilíbrio nesse jogo, com o predomínio da produção de conhecimento crítico, será maior quando os profissionais não se sentirem sozinhos na condição de pessoas que pensam sobre os destinos da instituição, quando os visitantes forem assumidos, ou se assumirem, como pensadores da entidade, com aqueles outros, ultrapassando a exclusiva identidade de usuários.

Assim, em visitas a museus espetaculares, é comum presenciarmos cenas de deslumbramento de crianças, jovens e mesmo adultos diante do fascínio exercido por joias, roupas, móveis, veículos, um espetáculo da beleza do passado. Conclusão: Como o passado era legal! Isso não é "tolice" de crianças, de adolescentes nem de adultos leigos! Eles estão apenas fazendo um comentário condizente com o que muitos museus costumam enfatizar: o espetáculo dos grupos sociais dominantes e de suas instituições. A superação desse quadro dependerá de vários fatores, englobando a ação de museólogos, profissionais externos ao museu, visitantes, leigos e questionadores. Trata-se de explicar a presença dos grupos dominantes em diferentes sociedades, com outros grupos. E nesse esforço explicativo, é importante procurar entender o universo da cultura material à luz das outras modalidades de documentos históricos e também do conhecimento produzido por diferentes estudiosos.

Outras experiências são possíveis, como a realizada pelo Ministério da Cultura do Brasil: a exposição itinerante, Tesouros do Patrimônio, com materiais de várias instituições museológicas e similares – incluindo cinematecas, bibliotecas e arquivos –, pertinentes à preservação e à pesquisa do patrimônio artístico, histórico e cultural do país. Numa das salas, os organizadores da mostra colocaram, lado a lado, um vestido de baile de uma dama do Segundo Império brasileiro (tecidos preciosos, bordados, pedrarias), um vestido de princesa de Maracatu (tecidos vistosos, mas baratos), uma bandeja de prata de lei, ricamente cinzelada, e um daqueles instrumentos de torturar escravos. Promoveu-se, portanto, o encontro entre formas de beleza pertencentes a diferentes camadas sociais (os vestidos, a bandeja) e um instrumento de tortura.

Tal combinação foi uma experiência muito estimulante para levar a pensar como é que essas realidades foram, respectivamente, constitutivas umas das outras, como é que o vestido de baile da dama provavelmente não existiria se não houvesse a escravidão, como é que a bandeja de prata provavelmente não aconteceria se não existissem escravos torturados, como é que a princesa de maracatu provavelmente não apareceria se não houvesse a memória da escravidão e o esforço dos escravos para produzir beleza, como é que o escravo sofria violências físicas, mas também preservava beleza, evidenciando o direito a esse universo e a capacidade de sua produção, mesmo em péssimas condições de existência. Esse encontro reflexivo nas exposições museológicas nem sempre é o mais comum. Muitos dos museus brasileiros e estrangeiros não costumam fazer tais comparações; eles caminham mais na direção do espetáculo homogeneizado, da beleza dos grupos sociais dominantes do passado (e, subliminarmente, do presente e do futuro) como padrão exclusivo de sociabilidade, silenciando sobre o restante.

Outra experiência relevante que merece ser destacada ocorre no nosso país vizinho, a Argentina. Trata-se da organização Memoria Abierta, que tem como missão reunir, preservar, organizar e difundir o acervo documental de organizações de Direitos Humanos e arquivos pessoais e institucionais vinculados ao terrorismo de Estado. Trata-se de uma ação coordenada que objetiva aumentar o nível de informação e a consciência social sobre o terrorismo de Estado, tornando acessíveis os testemunhos sobre a vida social e política dos anos 1960 e 1970 para fins de investigação e educação das futuras gerações. Os organismos que conformam essa ação coordenada são: Asamblea Permanente por los Derechos Humanos (APDH), Centro de Estudios Legales y Sociales (Cels), Fundación Memoria Histórica y Social Argentina, Madres de Plaza de Mayo – Línea Fundadora, Servicio Paz y Justicia. Os sítios e museus disponíveis para visitação incluem o Museo de la Memoria, instalado simbolicamente no prédio da Escuela de Mecánica de la Armada (Esma), que funcionou como um Centro Clandestino de Detenção, Tortura e Extermínio durante a última ditadura militar. Calcula-se que lá estiveram sequestradas, aproximadamente, 5 mil pessoas. Em 2000, a legislatura de Buenos Aires aprovou a lei para destinar os edifícios à instalação do Museo de La Memoria. Em março de 2004, o presidente

Néstor Kirchner ordenou que as instituições militares se retirassem do lugar e que ele fosse restituído à cidade de Buenos Aires, criando uma comissão bipartite para que seguisse o cumprimento da missão. Outros sítios e museus que fazem parte dessa ação organizada são El Olimpo e o Parque de la Memoria, em Buenos Aires, e o Museo de la Memoria da cidade de Rosário, em Santa Fé.[5]

Existem esforços estimulantes nessa direção em vários países. Na condição de professores de História, e acompanhando nossos alunos, seja nos espaços físicos, seja nos virtuais, precisamos estar atentos às diferentes propostas e possibilidades de conhecimentos. Não podemos ficar apenas na experiência de encanto, deslumbramento, ódio, tristeza, indiferença, turismo educacional. Na maior parte do tempo, os museus são visitados turisticamente. O trabalho que o profissional de História desenvolve com seus alunos, aprendendo História em museus, requer ir além do olhar apenas turístico, do olhar que passa por aquele amontoado de objetos e não se detém para pensar sobre qual é o discurso que cada um deles está fazendo a respeito das sociedades humanas. Isso acontece, até mesmo, porque a grande quantidade de tópicos em museus é um convite para a perda de percepção daqueles objetos, quando vistos ligeiramente.

Qual é o Brasil que sai de uma visita ao Museu Paulista ou ao Museu Nacional? Essa indagação tem que estar presente no trabalho de ensino e pesquisa de História, para evitar que o museu se transforme apenas num espaço turístico ou de lazer, igual a qualquer outro lugar dessa natureza, sem diferenças entre ele e um *shopping*, supermercado ou parque de diversões. Uma ida ao museu, como profissional de História, sozinho ou acompanhando alunos, é um ato reflexivo: precisamos pensar e fazer pensar sobre o que é aquele espaço, o que é aquela instituição, o que são seu acervo, a cultura material de diferentes épocas e suas atividades.

Museus, arquivos e bibliotecas possuem uma faceta autocomemorativa, festejando-se como lugares privilegiados do conhecimento (casas das musas), onde está o acervo de determinados assuntos. No entanto, muitos tópicos essenciais talvez não se façam presentes, de forma direta, naqueles universos. Não podemos deixar que o museu, o arquivo ou a biblioteca pensem por nós, professores e alunos.

É preciso problematizar os acervos de cultura material assim como problematizamos um discurso presidencial ou um poema, na condição de documentos históricos, ou ainda um livro ou um artigo erudito sobre determinado assunto.

Naquelas instituições, profissionais de História e áreas correlatas problematizam saberes, escolhem documentos, selecionam temas, elaboram hipóteses de trabalho. Novas indagações, derivadas de problemáticas construídas por qualquer pessoa que assuma o desafio do pensamento crítico, podem iluminar a importância de materiais obscuros, pouco destacados, às vezes nem catalogados, embora até disponíveis em fundos arquivísticos, bibliotecas e museus; ou, quando inexistentes nesses lugares, conhecidos pelo professor a partir de outras fontes de estudo. Essas instituições passaram por debates e reformulações significativas. Com o museu clássico – que continua a existir, merece todo o respeito e abriga materiais preciosos –, existem outras modalidades de museus, como aqueles sem acervos, que são lugares de referência para um tema ou problemática de conhecimento e um convite à reflexão sobre um personagem, um período ou um campo de interesse. Existem, ainda, museus em ambientes abertos, que abrangem sítios arqueológicos, paisagens etc.

Essas situações se articulam com o repensar das relações entre público e instituição, encarando esses dois agentes como coparticipantes na definição de rumos e responsabilidades do museu. Nesse sentido, algumas iniciativas de diferentes setores da sociedade, inclusive os mais pobres, redesenham os museus, os arquivos e as concepções de patrimônio histórico e cultural como lugares de memória e dimensões de identidades. Alguns grupos e movimentos dos setores sociais dominados são muito ciosos de preservar sua memória em determinados acervos – fotografias, panfletos, recortes de jornais etc. Isso se observa em relação a movimentos pela saúde popular, a lutas pela terra urbana ou rural, a associações de minorias discriminadas e outros. Muitos desses acervos não têm necessariamente sedes físicas específicas, são conservados em casas, guardados em pastas, malas... Para não permanecermos no imediato da materialidade (os objetos de nosso cotidiano e do cotidiano passado, os materiais usados no ensino), é preciso levar em conta, também, a grande importância histórica de imaginários e representações, evitando repor aquela oposição mecânica entre cultura material e cultura espiritual: materialidade, imaginários e representações são faces simultâneas da experiência humana.

Partindo dessas reflexões, registro perguntas geralmente feitas de diferentes maneiras: Como "levar" os museus para as salas de aula de História? Como praticar aulas de História nas salas dos museus? Como os museus podem contribuir com o desenvolvimento do processo formativo em História? Nos textos acadêmicos e nos materiais de divulgação, podemos encontrar diferentes sugestões, relatos de experiências bem-sucedidas, problemas e questionamentos sobre as relações escola-museu e, especificamente, como ensinar e aprender História em museus.

Assim como os museus nos ensinam que a História pode ser aprendida nos objetos mais corriqueiros da vida cotidiana – cadeiras, calçados, panelas –, aqueles objetos podem nos servir de inspiração para pensarmos sobre a multiplicidade de expressões materiais do ensino de História. Já introduzimos várias fontes e linguagens. No Brasil, creio que falta afirmar mais claramente a universalidade de materiais e linguagens nesse processo, que nunca prescindirá dos mais tradicionais como veículos e instrumentos de análise. Paralelamente às aulas, a identificação de leituras complementares, a organização de exposições e a realização de visitas a locais pertinentes a temas estudados são procedimentos de trabalho sempre interessantes, desde que articulados a um projeto de curso e a um processo de entendimento das experiências históricas.

Em algumas escolas, a existência da sala ambiente para cada disciplina é um recurso frutífero para colocar em cena a multiplicidade de materiais envolvidos nos atos de ensino e aprendizagem. Alunos e professores convivem com diferentes livros e objetos adequados a seu campo de estudos, resultando dessa prática uma compreensão da aprendizagem como processo em aberto, tanto pelos materiais envolvidos como pela ação interpretativa permanente dos sujeitos ali atuantes. A existência de materiais didáticos produzidos pelos próprios professores é também salutar, desde que não se percam de vista aquelas articulações com outros materiais já existentes ou em processo de elaboração. A divisão com os alunos dos atos de produzir a materialidade do ensino (leituras, painéis, vídeos etc.) pode contribuir para uma compreensão compartilhada do acesso ao conhecimento, reafirmando seu caráter coletivo. Com a formação para atingir metas individuais, é preciso também educar os alunos na divisão coletiva de tarefas e conquistas de saber.

O historiador cubano Horacio Pendás (1990) sugere aos professores de História os seguintes procedimentos para explorar as fontes museológicas como apoio ao desenvolvimento do ensino e da aprendizagem em História:

- estudar a correlação existente entre o conteúdo do museu e o programa de História, para determinar as fontes e os meios de ensino para cada unidade e as temáticas do curso;
- elaborar fichas com o conteúdo dos objetos expostos que servem de fontes de autopreparação do professor;
- determinar os objetivos das atividades que serão desenvolvidas no museu. No planejamento deve estar presente a função didática predominante, ou seja, se a atividade de aprendizagem que o aluno realizará será a introdução de um conteúdo novo ou de fixação, ampliação ou conclusão de temas já trabalhados em sala de aula, ou se não predominará uma única função;
- traçar o plano de visita. É importante lembrar que a lógica do museu pode ser uma e a da atividade docente planejada outra. Isso pode provocar a necessidade de reordenamento do trajeto na exposição. Vale também precisar os objetos aos quais os alunos devem dedicar maior atenção;
- determinar a forma de organização mais adequada às necessidades da turma, de acordo com os objetivos e o conteúdo histórico;
- realizar trabalho metodológico conjunto com o guia do museu nos casos em que ele seja a pessoa que atenderá os estudantes. Escola e museu, professor e guias podem integrar um sistema harmônico de influências pedagógico-culturais;

- estabelecer com os alunos as condições prévias, o papel e o valor da atividade que realizarão no museu;
- decidir as tarefas que serão realizadas pelos alunos como resultado da visita. Esta não é um fim em si mesma, mas um meio de aprendizagem. Portanto, o que o aluno aprende no museu pode ter continuidade em diversas atividades: intervenções em sala de aula, seminários, desenhos, informes, painéis, mesas-redondas, informações a outros alunos, enfim, os saberes devem ser sistematizados para consolidar o aprendido.

Podemos extrair algumas preocupações metodológicas comuns a práticas desenvolvidas entre nós. Há necessidade de uma estreita correlação entre o "conteúdo" do museu e as temáticas estudadas pelos alunos. Deve existir coerência entre os objetivos, os conteúdos e as metodologias projetadas para a sala de aula e as possibilidades de estudo e aprendizagem que oferece o museu a ser visitado e explorado. Nesse sentido, a preparação prévia do professor engloba o conhecimento do conteúdo do museu, dos objetos, das imagens e de tudo aquilo que possa contribuir para o desenvolvimento dos objetivos e dos conteúdos de ensino.

A preparação dos alunos, a motivação para as visitas, a organização do trabalho de forma coletiva, a formação de equipes e a divisão do trabalho são aspectos importantes para a construção das aprendizagens. Para que a visita ao museu seja bem aproveitada, ela deve ser preparada de forma a possibilitar tempo de observação, de formulação de interrogações e de desenvolvimento de múltiplas atividades criativas e dinâmicas. A discussão e a sistematização dos saberes após a visita proporcionam o diálogo entre diferentes fontes que falam do mesmo tema, como os textos didáticos, as imagens, as roupas, os objetos, as cartas etc.

Há algumas questões a serem enfrentadas na relação de trabalho didático-museu. Segundo Almeida *et al.* (1996, p. 362),

> os problemas (...) são comuns a todos os museus: desmotivação dos alunos e professores para a visita, geralmente causada por falta

de um trabalho anterior; exposições desinteressantes ou de difícil compreensão para um não-especialista; despreparo dos professores para trabalhar com a cultura material; e um problema específico do Museu Paulista, que é uma expectativa em relação ao que será visto no museu, uma visão bastante conservadora da história.

Como proposta de solução, os autores assinalam:

> Pensamos na elaboração de número maior de publicações, a elaboração de vídeos (para serem utilizados por professores) e a implantação de um sistema permanente de atendimento a professores através de cursos e de orientações para elaboração de projetos educativos no museu ou com suas coleções. (*Ibidem*)

Acreditamos que professores de História motivados, em permanente formação, podem superar os problemas apresentados e tornar esse trabalho um espaço de leituras, de diálogo entre diversas fontes de conhecimento histórico e, a partir daí, ressignificar, reescrever e ampliar a compreensão de mundo no processo educativo de seus alunos. Na atualidade, os museus oferecem inúmeras possibilidades de aprendizagem histórica, não apenas de questões político-institucionais, atos de governo, grandes feitos e fatos, mas também do cotidiano, dos hábitos, das manifestações culturais, das religiões, das crenças, das lendas, das origens, das viagens, das trajetórias de diferentes povos, da violência. Portanto, os museus constituem importantes espaços de recriação da memória e reinterpretação do tempo, da cultura e da história. Exemplo: o Ponto de Cultura Museu da Maré, na cidade do Rio de Janeiro. O museu, segundo o MEC, procura valorizar o trabalho desenvolvido para preservação do patrimônio cultural dos subúrbios, favelas e periferias, localidades pouco reconhecidas ou mesmo desprezadas no contexto histórico nacional.[6] É um convite à ação docente.

Mas você pode estar pensando: "Na minha localidade, ainda não existe museu, arquivo, nem biblioteca pública" – locais que podemos chamar de "lugares da memória". Infelizmente, em muitos municípios do Brasil, ainda não temos sequer uma biblioteca pública, um cinema, um arquivo, tampouco um museu. Isso dificulta o trabalho do professor. No entanto, como abordamos anteriormente, não são apenas os grandes museus, arquivos e bibliotecas que guardam histórias. Quantos registros, objetos importantes estão desprezados nas casas das famílias dos alunos, em fazendas, nas ruas das cidades? Trata-se de uma inquietação que nos conduz à questão mais ampla da educação patrimonial em nosso país.

A educação patrimonial constitui uma dimensão significativa do ensino de História, mas não se restringe a essa disciplina. Trata-se de um trabalho educativo multidisciplinar, no interior de políticas públicas focalizadas no patrimônio histórico e cultural, que engloba todos os bens culturais que nos marcam, distinguem e identificam perante os outros povos e culturas. São materiais como, por exemplo, casarões, objetos, monumentos, sítios históricos ou arqueológicos, paisagens, parques ou áreas de proteção ambiental, centros históricos urbanos ou comunidades rurais, além de manifestações populares, cantigas, folclore, religiões, modos de falar, de vestir e muitos outros elementos que compõem a riqueza e a diversidade cultural dos diferentes grupos étnicos que formaram, fizeram a história do nosso país. Esse trabalho pode contribuir para o desenvolvimento do respeito à diversidade, à multiplicidade de expressões, de manifestações culturais nas diferentes localidades e regiões, da linguagem, dos hábitos e costumes diversos.[7] Esse processo educativo favorece a discussão da identidade, da noção de pertencimento, de valorização das diferentes culturas, sem distingui-las, hierarquizá-las ou discriminá-las, classificando umas como melhores do que outras. Assim, podemos considerar a educação patrimonial e histórica parte do processo de alfabetização e da aprendizagem histórica, uma vez que possibilita não só leituras variadas do mundo que a rodeia como também a compreensão das trajetórias temporais e históricas.

Se não for possível sair da escola, leve objetos para a sala de aula, ou utilize os próprios objetos e materiais da escola. Analise-os com a classe de forma crítica, induzindo-a a: olhar, observar atentamente um objeto, ou o detalhe de um objeto; registrar por meio de desenhos, representar o que viu e como viu; apresentar ao restante da turma; discutir: Para que serve o objeto? Quem o utilizou? Quando foi construído? Por quem; relacionar os objetos ou elementos observados, se eles têm relações com outros aspectos da cultura e da vida local; comparar, identificar diferenças e semelhanças entre dois ou mais objetos de um mesmo local; desenvolver a valorização, com questões como: Qual a importância dos objetos para a cultura, a economia, a história, o meio ambiente; divulgar as observações e/ou conclusões em forma de murais, exposições ou apresentações orais para o restante da turma ou para a comunidade. Com base nessa atividade, podemos elaborar uma sugestão que pode ser desenvolvida em turmas de diferentes níveis do ensino fundamental.

Enfim, sugiro uma atividade que pode ser recriada em várias turmas e situações de ensino e aprendizagem. No estado de Minas Gerais (assim como em outros estados do Brasil), muitas fazendas antigas foram preservadas. Elas nos contam muitas histórias, razão pela qual fazem parte do patrimônio histórico e cultural. Você já ouviu falar sobre isso? Fazem parte do patrimônio todos os bens culturais, como casarões, objetos e outros; paisagens urbanas e rurais; e também as cantigas, as religiões, os costumes, as manifestações artísticas. Para enriquecer o estudo, se for possível visite uma fazenda, uma comunidade rural, ou um museu. Sugiro as seguintes atividades: a) Planeje: com a professora, faça um planejamento, um roteiro da visita; b) No local: olhe, veja tudo com muita atenção; c) Registre: fotografe ou filme (se for possível), desenhe o que viu; d) Apresente: cada aluno deve apresentar seus registros à turma; e) Discuta: o que viu? Para que serviam, quando foram construídos, os objetos, casas, instrumentos de trabalho? f) Relacione: o que foi observado tem relação com outros lugares, tempos, aspectos da vida na localidade? g) Compare: quais as diferenças e as semelhanças entre os objetos do passado e os do presente; h) Valorize: discuta a importância do que foi observado para a história; i) Divulgue: por meio de murais, exposições e de apresentações orais, divulgue para o restante da escola o trabalho realizado pela turma. Assim, estará contribuindo para a preservação do patrimônio histórico![8]

Por fim, reiteramos a crença nas possibilidades educativas dessa proposta. Os museus, a cultura material, o patrimônio histórico e cultural ampliam nossos olhares, possibilitam-nos visões, leituras diferentes, sugerem interrogações e variadas respostas. Cabe ao professor, mediador da relação sujeitos-evidências-conhecimentos-mundo, estabelecer um diálogo crítico, estimulando o debate, a compreensão e a produção de conhecimentos sobre diferentes temáticas.

Notas

1. Essa é uma versão ampliada e revista de um texto publicado anteriormente: Silva e Guimarães 2007.
2. Definição aprovada pela 20ª Assembleia Geral. Barcelona, Espanha, 6 de julho de 2001. *Site*: http://www.museus.gov.br/museu.
3. Fonte: http://www.museus.gov.br/sbm/.
4. Estas e muitas outras informações sobre as ações da Memoria Abierta, o acesso aos arquivos, aos sítios e museus e as conexões com as redes de memória da América Latina podem ser acessados via *site*: http:\\www.memoriaabierta.org.ar.
5. Fonte: http://www.memoriaabierta.org.ar.
6. Fonte: http://www.cultura.gov.br.
7. Sugestões adaptadas do seguinte texto: Horta, M.L.P. Iphan, Ministério da Cultura. Disponível na internet: http://www.tvebrasil.com.br/salto/boletins2003/ep/pgm3.htm. Acesso em 2/1/2008.
8. Sugestão apresentada na obra: Guimarães, S. e Venâncio, R.P. (2011). *Minas, uma história*. Belo Horizonte: Dimensão.

Referências bibliográficas e sugestões de leituras

ABREU, R. e CHAGAS, M. (orgs.) (2003). *Memória e patrimônio: Ensaios contemporâneos*. Rio de Janeiro: DP&A.

ALDEROQUI, S. (1996). *Museos y escuela: Socios para educar*. Barcelona: Paidós.

ALMEIDA, A.M. et al. (1996). "Relação museu/escola: Realidade e perspectivas". *Perspectivas do ensino de história (2º encontro)*. São Paulo: FE/USP-CNPq.

ALMEIDA, A.M. e VASCONCELOS, C. de M. (1997). "Por que visitar museus". *In*: BITTENCOURT, C.F. (org.). *O saber histórico na sala de aula*. São Paulo: Contexto, pp. 104-116.

BITTENCOURT, C.F. (org.) (2004). *Ensino de História: Fundamentos e métodos*. São Paulo: Cortez.

BRASIL (1998). *Parâmetros curriculares nacionais: História*. Brasília: MEC/SEF.

_____ (2003). *Política nacional dos museus: memória e cidadania*. Brasília: Ministério da Cultura.

CHAGAS, M. (2002). "Cultura, patrimônio e memória". *Ciências e Letras*, Porto Alegre, n. 31, jan./jun., pp. 15-29.

FONSECA, M.C.L. (2005). *O patrimônio em processo: Trajetória da política federal de preservação no Brasil*. 2ª ed. Rio de Janeiro: UFRJ/Iphan.

HORTA, M.L.P. e GRUNBERG, E. (2002). "A gestão dos museus e do patrimônio cultural". *Ciências e Letras*, Porto Alegre, vol. 31, pp. 33-52.

_____ (1999). *Guia básico de educação patrimonial*, vol. 1. Petrópolis: Museu Imperial/Iphan/MinC.

_____ (2005). "Lições das coisas: O enigma e o desafio da educação patrimonial". *Revista do Patrimônio Histórico e Artístico Nacional*, vol. 31, pp. 220-233.

LE GOFF, J. (1992). *História e memória*. Campinas: Edunicamp.

MENESES, U.B. de (1992). "Para que serve um museu histórico? Como explorar um museu histórico". São Paulo: Museu Paulista: USP.

_____ (2000). "Educação e museus: Sedução, riscos e ilusões". *Ciências e Letras*, Porto Alegre, n. 27, pp. 91-101, jan./jun.

_____ (2003). "Fontes visuais, cultura visual, história visual: Balanço provisório, propostas cautelares". *Revista Brasileira de História*, São Paulo, vol. 23, n. 45, jul., pp. 11-33.

NAKOU, I. (2006). "Museus e educação histórica numa realidade contemporânea em transição". *Educar em Revista*. Dossiê Educação Histórica, pp. 261-273.

NORA, P. (1993). "Entre memória e História: A problemática dos lugares". *Projeto História*, São Paulo, n. 10, pp. 7-28, dez.

ORIÁ, R. (1997). "Memória e ensino de História". *In*: BITTENCOURT, C.F. (org.). *O saber histórico na sala de aula*. São Paulo: Contexto, pp. 128-148.

PENDÁS, H.D. (1990). *Aprendiendo historia en el museo*. Havana: Pueblo y Educación.

PEREIRA, J. et al. (2007). *Escola e museu: Diálogos e práticas*. Belo Horizonte: SEC/PUC/Cefor.

RAMOS, F.R.L. (2007). *A danação do objeto: O museu no ensino de História*. Chapecó: Argos.

REVISTA MUSAS. Instituto Brasileiro de Museus (Ibram) – http://www.museus.gov.br/publicacoes-e-documentos/revista-musas.

REVISTA MUSEU – http://www.revistamuseu.com.br.

SILVA, M.A. da e GUIMARÃES, S. (2007). *Ensinar História no século XXI: Em busca do tempo entendido*. Campinas: Papirus.

SUANO, M. (1986). *O que é museu*. São Paulo: Brasiliense.

Sugestões de museus

Museu da Língua Portuguesa São Paulo:

> http://www.museudalinguaportuguesa.org.br

Museu da Pessoa:

> http://www.museudapessoa.net

Memorial do Imigrante São Paulo:

> http://www.memorialdoimigrante.org.br

Museu de História Natural e Jardim Botânico:

> http://www.mhnjb.ufmg.br

Museu Giramundo:

> http://www.giramundo.org/museu

Museu da Comunicação:

> http://www.museudacomunicacao.rs.gov.br

Museu Aleijadinho:

    http://www.museualeijadinho.com.br

Museu de Artes e Ofícios (MAO):

    http://www.mao.org.br

Museu Nacional da Cultura Afro-Brasileira:

    http://www.cultura.gov.br/site/2010/11/19/museu-nacional-da-cultura-afrobrasileira/

Museu do Índio:

    http://www.museudoindio.gov.br

Museu da Imagem e do Som:

    http://www.mis-sp.org.br

Museu do Futebol São Paulo:

    http://www.museudofutebol.org.br

Museu Paulista USP:

    http://www.mp.usp.br/

Museu de Arte de São Paulo Assis Chateaubriand:

    http://masp.art.br

Museu Nacional (Rio de Janeiro):

    http://www.museunacional.ufrj.br

Museu Imperial (Petrópolis, RJ):

    http://www.museuimperial.gov.br

6
A AVALIAÇÃO DA APRENDIZAGEM EM HISTÓRIA

Ao longo dos textos que compõem este livro, enfatizamos como ensinar e aprender História constitui um processo construtivo, dinâmico, aberto e reflexivo. A avaliação é parte integrante desse processo. Não está localizada no fim, tampouco no início, mas no decorrer, na trajetória. Alunos e professores são sujeitos da ação educativa e, portanto, da avaliação. Participam ativamente do cotidiano das atividades escolares, das atividades didático-pedagógicas e também da avaliação. Logo, quando se avalia a aprendizagem, avalia-se também o ensino.

Ao contrário das tradicionais posturas pedagógicas e práticas de avaliação que privilegiavam critérios de seleção, classificação, hierarquização e exclusão, sob a justificativa da busca da "excelência", defendemos a avaliação da aprendizagem em História como uma ação formativa e cidadã. Isso tem várias implicações. Como você bem sabe, nem todos os agentes educativos pensam dessa maneira. Não é fácil avaliar. Muito menos a aprendizagem dos alunos. Há vários preconceitos, medos, sentimentos negativos e positivos, além dos aspectos políticos, econômicos, culturais, institucionais, epistemológicos, pedagógicos e técnicos que envolvem a questão.

Este texto[1] tem como objetivo analisar as relações entre avaliação, currículo, planejamento, ensino e aprendizagem de História no ensino fundamental.[2] Temos o intuito de contribuir para formar outras concepções de avaliação, contribuir para desestabilizar concepções arraigadas e, assim, provocar o debate e as lutas pela construção de novas posturas e práticas pedagógicas no campo da avaliação em História, no contexto das transformações sociais e educacionais.

No cerne dessas relações estão a escola, o aluno e o professor, situados no espaço e no tempo histórico dos quais fazem parte e com os quais estabelecem relações. Para tanto, é preciso questionar a avaliação da aprendizagem desenvolvida dentro e fora da sala de aula, os currículos, os conhecimentos. Precisamos pensar no aluno que é formado por nós, professores. Refletir sobre avaliação é, sobretudo, pensar no aluno!

A avaliação da aprendizagem: Múltiplos olhares

Esse tema tem sido objeto de inúmeros estudos e pesquisas no Brasil e em outros países. De acordo com alguns autores na área – como Castanho (2000), Esteban (2001), Freitas (2002), Hoffmann (2000), Luckesi (1999), Perrenoud (1999), Romão (1998), Oliveira (2006), Villas Boas (2010), Carvalho (2009), Vasconcellos (2002, 2005), entre outros –, a avaliação da aprendizagem configura-se, no debate educacional contemporâneo, entre distintos olhares: como um ato formativo, conscientizador, emancipador e dialógico e também como um campo de controle e seleção. Os diferentes autores apresentam alguns princípios da avaliação por diversos enfoques e tratamentos, como o sociopolítico, o cognitivo, o filosófico, o histórico-cultural e o tecnológico. Ao mesmo tempo, demonstram tendências e apontam sugestões para a construção de formas, processos e procedimentos de avaliação da aprendizagem como algo dialógico, mediador, formativo, regulador, processual e contínuo, como caminhos de redefinição das práticas avaliativas.

Assim, concebemos a avaliação da aprendizagem como uma prática pedagógica, política e cultural inerente e necessária ao processo educativo; uma prática pedagógica diagnóstica das situações de ensino e aprendizagem, pois possibilita aos professores e aos alunos a reorientação do trabalho educativo realizado na escola, nas diferentes áreas do saber.

Não podemos correr o risco de adotar um olhar estreito e mecanicista. A escola se situa em uma determinada estrutura política, social, econômica e cultural. Exerce influência e é influenciada por ela, por meio das relações estabelecidas entre a avaliação da aprendizagem, o currículo e os sujeitos da escola, e, em específico, entre o ensino de História e o contexto, sendo um processo conflituoso, dialético e complexo. São relações de saber e poder constitutivos da dinâmica, do movimento histórico da sociedade.

A avaliação da aprendizagem do aluno, como demonstra a literatura da área, muitas vezes expressa dimensões que contradizem práticas avaliativas, dependentes em grande parte tanto do sistema de avaliações externas, de larga escala, que tem por objetivo produzir classificações e índices de desempenho, como do sistema de promoções, punições e das precárias condições de trabalho dos professores, característico da educação escolar brasileira, sobretudo na educação básica.

No fazer diário da sala de aula, a avaliação se caracteriza, em grande parte, por um modelo estandardizado por provas, exames, notas, aprovações, reprovações e dependências (Romão 1998). Isso demonstra sua dimensão social e política, pois representa, em muitos momentos, a contradição entre as práticas avaliativas e os objetivos da escola: levar o aluno ao aprendizado, e não classificá-lo (Hoffmann 2001).

Os estudos sobre avaliação da aprendizagem evidenciam conceitos configurados em correntes antagônicas do pensamento científico no campo educacional. Ainda são recorrentes as posturas de filiação positivista tradicional ou neopositivista, que entendem as relações como estruturas prontas e acabadas, valorizam os aspectos quantitativos, o padrão de desempenhos aceitos, o julgamento de acertos e erros e, desse modo, reforçam apenas a meritocracia. Em contraposição, destacam-se posturas críticas, dialógicas, emancipatórias, nas quais a ênfase comum recai nos aspectos qualitativos e processuais. A avaliação, nessa perspectiva, é considerada mediadora, formativa e diagnóstica das relações. Estas últimas valorizam o desempenho de alunos e de professores, segundo o qual atingir o sucesso ou não é o ponto de re/orientação do trabalho pedagógico (Romão 1998).

Como exemplo, podemos citar os processos seletivos, como os tradicionais vestibulares realizados pelas universidades, nos quais prevalece a postura de inspiração tradicional e meritocrática. A aferição de conhecimento se dá com o objetivo exclusivo de medir, avaliar e selecionar pelo mérito poucos ingressantes. Segundo Esteban (2003, p. 18), as avaliações dessa natureza "apresentam-se como uma dinâmica que isola os sujeitos, dificulta o diálogo, reduz os espaços de solidariedade e de cooperação e estimula a competição".

Para Romão (1998), algumas das definições apresentadas por estudiosos evidenciam o caráter classificatório da avaliação da aprendizagem, conceituada como um julgamento de valor, com base em padrões consagrados e tomados previamente como referência. Haydt (2004, p. 10) considera que:

> Avaliar é julgar ou fazer a apreciação de alguém ou alguma coisa, tendo como base uma escala de valores. Assim sendo, a avaliação consiste na coleta de dados quantitativos e qualitativos e na interpretação desses resultados com base em critérios previamente definidos. (...) Quando usamos o termo avaliar, porém, estamos nos referindo não apenas aos aspectos quantitativos da aprendizagem, mas também aos qualitativos, abrangendo tanto a aquisição de conhecimentos e informações decorrentes dos conteúdos curriculares quanto as habilidades, interesses, atitudes, hábitos de estudo e ajustamento pessoal e social.

Na concepção de Esteban (2003, p. 30), a avaliação é "uma prática de investigação como uma possibilidade de distanciamento da avaliação classificatória. Tal proposição constitui um diálogo com experiências cotidianas na escola e com formulações teóricas, em que ambos indicam alguns desafios". A avaliação, nessa perspectiva, é uma estratégia de aproximação, de diálogo entre o conhecimento instituído e os significados deste para a vida dos agentes da escola. A autora propõe uma concepção de prática avaliativa investigativa para a superação de concepções anteriores.

Outros estudiosos assinalam o caráter qualitativo da avaliação. Hoffmann (2001, pp. 112-113) a conceitua em uma perspectiva mediadora, como "um processo de permanente troca de mensagens e de significados, um processo interativo, dialógico, espaço de encontro e de confronto de idéias entre educador e educando em busca de patamares qualitativamente superiores de saber". As expressões "mediação" e "interação" indicam a essencialidade na/da construção do aprendizado. Os professores, como agentes culturais, são responsáveis pela mediação entre o conhecimento e sua internalização pelo aluno.

Inspirada em Paulo Freire, a abordagem dialógica, segundo Romão (1998, p. 101), implica reconhecer que:

> A avaliação da aprendizagem é um tipo de investigação e é, também, um processo de conscientização sobre a "cultura primeira" do educando, com suas potencialidades, seus limites, seus traços e seus ritmos específicos. Ao mesmo tempo, ela propicia ao educador a revisão de seus procedimentos e até mesmo o questionamento de sua própria maneira de analisar a ciência e encarar o mundo. Ocorre, neste caso, um processo de mútua educação.

Essa definição manifesta o caráter político e cultural da avaliação, parte de uma prática pedagógica de mútua educação. O professor é um pesquisador dialógico, no sentido da problematização, com o aluno, do conhecimento e da realidade, com o objetivo de constituir um aprendizado significativo para ambos.

O caráter diagnóstico da avaliação é, para Luckesi (1999, pp. 172-173), um ato de amor:

> (...) a avaliação da aprendizagem como um ato amoroso, no sentido de que a avaliação, por si, é um ato acolhedor, integrativo, inclusivo. (...) A avaliação tem por base acolher uma situação, para, então (e só então), ajuizar a sua qualidade, tendo em vista dar-lhe suporte

de mudança, se necessário. A avaliação, como ato diagnóstico, tem por objetivo a inclusão e não a exclusão; a inclusão e não a seleção (que obrigatoriamente conduz à exclusão). O diagnóstico tem por objetivo aquilatar coisas, atos, situações, pessoas, tendo em vista tomar decisões no sentido de criar condições para a obtenção de uma maior satisfatoriedade daquilo que se esteja buscando ou construindo.

Luckesi (1999) defende a avaliação diagnóstica como uma postura de superação de uma avaliação classificatória, excludente, punitiva e autoritária.[3] O olhar volta-se para a "função ontológica (constitutiva)" do diagnóstico como ato de criar o caminho para tomadas de decisão, rumo à inclusão do aprendizado, como ato de propiciar a autocompreensão, como ato de motivar o crescimento, como ato de aprofundar e auxiliar a aprendizagem.

É recorrente, nos debates a favor de uma avaliação dialógica, qualitativa ou emancipatória, a ideia de que a avaliação da aprendizagem tem como intuito identificar as carências e primazias, situando o educador e o educando no processo escolar. Nesse sentido, possibilita o aperfeiçoamento do ensino, deixando de ser meramente classificatória, tornando-se parte de uma trajetória de aprendizado dos alunos.

No entanto, conceber a avaliação da aprendizagem sob tal perspectiva mostra-se um desafio cada vez maior para os profissionais da área, uma vez que novos modelos e pressupostos têm sido apresentados como norteadores das práticas avaliativas, por meio da implementação de mecanismos que controlam e regulam os diversos níveis de ensino (Afonso 2000). Como exemplo, podemos citar o Exame Nacional do Ensino Médio (Enem) e a Prova Brasil, avaliações nacionais desenvolvidas e implementadas pelo MEC (http://www.inep.br). Não podemos esquecer que, ao lado desses mecanismos de avaliação em larga escala, importantes reflexões ocorrem sobre a necessidade de ressaltar, na sala de aula, um ensino e uma prática avaliativa expressivos, com a valorização da aprendizagem (Luckesi 1999).

A busca de uma educação escolar básica de qualidade se tem mostrado um desafio e, cada vez mais, torna-se o centro das discussões de diversos estudiosos do campo educacional brasileiro, em particular na área da avaliação da aprendizagem. Vasconcellos (2005) e Hoffmann (2001) evidenciam que vários elementos contribuem para a concretização desse ideal, tais como: formação docente assentada nos princípios reflexivos e críticos; melhoria das condições de trabalho; melhor remuneração pelo exercício docente; profissionalização da categoria; currículos multiculturais; e avaliação como objeto de formação e conscientização do professor e do educando.

Além das concepções anteriormente abordadas, outros sentidos podem ser atribuídos à avaliação da aprendizagem, sobretudo no cotidiano da sala de aula. Nesse contexto, a avaliação assume diferentes configurações, com características que privilegiam os processos de ensinar e aprender, ora se confrontando com as políticas avaliativas vigentes, de verificação de resultados estipulados por um currículo único e testes padronizados dos exames e dos processos seletivos, ora entrando em conflito com as diretrizes apontadas pela cultura familiar e escolar (Perrenoud 1999).

Não desvinculada do contexto das políticas públicas educacionais, a avaliação externa pode configurar-se como uma demonstração da busca de qualidade da prática escolar. No entanto, reiteramos que a construção de uma prática pedagógica de qualidade perpassa os processos de avaliação da aprendizagem realizados em sala de aula. Nesse espaço, a avaliação é, para Perrenoud (*ibidem*, p. 145), o "centro do sistema didático e do sistema de ensino".

A avaliação posta no centro do ensino está mais vinculada à perspectiva formativa e menos seletiva. Perrenoud (*ibidem*) defende a ideia de que "a avaliação formativa não passa, no final das contas, de um dos componentes de um dispositivo de individualização dos percursos de formação e de diferenciação das intervenções e dos enquadramentos pedagógicos". A avaliação ganha outros sentidos quando, na prática pedagógica, possibilita a professores e alunos conhecer limites e possibilidades, reorienta caminhos à aprendizagem, propicia reflexão e autocrítica. Assim, a avaliação assume um caráter regulador do processo pedagógico com vista à formação do aluno.

Segundo Perrenoud (*ibidem*), a concretização de uma "avaliação formativa" e "menos seletiva" exige mudanças na escola. A avaliação necessita ser transformada, e nada mais lógico do que colocá-la no centro do "sistema didático" e de ensino representado pela imagem de um octógono, no qual o pesquisador realiza uma abordagem sistêmica da avaliação, focalizando oito dimensões que se inter-relacionam com a avaliação dentro da cultura escolar.

A primeira dimensão do octógono, defendida pelo autor, diz respeito às relações estabelecidas entre as famílias e a escola. Nesse âmbito, a avaliação é o caminho de conexão mais comum entre a escola e a família. Ela reporta ao sucesso ou ao fracasso dos filhos. A família age de acordo com as "indicações numéricas" apresentadas. Qualquer fuga das habituais avaliações (provas, testes e exames) entra em descrédito. De acordo com Perrenoud (*ibidem*, p. 148), a busca por uma avaliação formativa passa, essencialmente, "por uma explicação paciente, por uma mudança das representações, por uma reconstrução do contrato tácito entre a família e a escola".

A segunda dimensão remete à organização das turmas e às possibilidades de individualização para uma avaliação formativa, o que torna necessário romper com a organização tradicional das turmas e com a estruturação em graus. A fragmentação do tempo escolar, a divisão do trabalho entre especialistas das diversas disciplinas, a repartição de todas as horas entre as disciplinas, a dificuldade de uma prática pedagógica interdisciplinar e a organização fixa do tempo dificultam a diferenciação do ensino no atendimento individual das aprendizagens.

A terceira dimensão refere-se à avaliação e sua inter-relação, no interior da escola, com a didática e com os métodos de ensino em que está assentada – em grande parte, num ensino não concebido por uma pedagogia diferenciada, que valorize a avaliação formativa. A (re)construção da avaliação formativa no campo da didática passa pela integração de saberes e competências necessárias ao aprendizado do aluno.

A quarta dimensão é o contrato didático: a relação pedagógica e o ofício de aluno passam pela transformação nas "regras do jogo". Numa avaliação formativa, o contrato didático necessita substituir uma relação de conflito por uma relação cooperativa. Num "contrato de confiança", a relação pedagógica deixaria de lado a seleção e as ameaças de reprovação pela avaliação. O aluno abandonaria o interesse de "iludir, mascarar suas falhas e acentuar seus pontos fortes", abrindo espaço para "revelar suas dúvidas, suas lacunas, suas dificuldades de compreensão da tarefa" (*ibidem*, p. 151).

A quinta dimensão refere-se ao acordo, ao controle e à política institucional para uma avaliação formativa que ultrapasse a organização burocrática da escola. O ensino individualizado e acompanhado por mais tempo pelo professor fundamenta essa avaliação. Para Perrenoud (*ibidem*, p. 152), esta estrutura exige "uma nova concepção da equidade e da igualdade diante do sistema, certa tolerância à desordem e à diferença, capacidades de auto-regulação e de auto-avaliação de uns e de outros". O funcionamento da escola implica um grau de continuidade e de rupturas. É necessário, segundo o autor, romper com o "individualismo dos professores" e com a "divisão do trabalho", institucionalizando uma "divisão de tarefas" em que todos colaborem com o trabalho pedagógico.

Na análise da sexta dimensão, questiona: como relacionar a avaliação formativa com os programas, os objetivos e as exigências normativas? Para uma avaliação formativa, é necessário que os conteúdos de um programa sejam ensinados e compreendidos pelo aluno com base no significado que tenham para a vida dele. O que ocorre, geralmente, é a verticalização e a implementação do currículo sem a participação da comunidade escolar.

A sétima dimensão é a do sistema de seleção e de orientação. A avaliação formativa visa democratizar o ensino mediante a valorização do conhecimento e das competências, e a seleção coloca-se como mais tardia e reversível. A avaliação formativa propicia retrospectivas, regulações e tomadas de decisão, tanto pelos professores como pelos alunos.

A oitava e última dimensão, analisada pelo autor, diz respeito à inter-relação da avaliação formativa com a dimensão das satisfações pessoais e profissionais dos agentes da escola por meio da avaliação, baseada na postura positivista. A avaliação tradicional fornece uma "faixa de segurança" aos professores, segundo o autor. Todos sabem em qual território caminham. São os donos da "nota". O prazer está aí. O poder está aí. Tirá-lo significa romper com uma ordem construída culturalmente.

A análise sistêmica da avaliação, portanto, visa enfatizar e compreender melhor a questão da organização escolar e das relações humanas desenvolvidas na escola. Para fazer valer uma transformação a favor de uma avaliação formativa, não existe um método, mas o autor aponta pistas para mudanças. Na escola, deve haver uma "autoridade negociada", "cooperação entre professores e equipes pedagógicas", "amparo nos estatutos dos professores" e "a preocupação com os processos formativos".

Compreender o processo de (re)construção de uma avaliação formativa nos possibilita entender que ações pedagógicas, pautadas em avaliações aliadas à construção do conhecimento, podem contribuir para que o aluno tenha condições de fazer confirmar os aprendizados em exames e processos seletivos, no sistema educacional e no mercado de trabalho.

As pesquisas sobre a avaliação da aprendizagem têm sido objeto de interesse, sob diferentes aspectos, inclusive os sentidos dela para/ com a vida das pessoas. Alguns defensores da perspectiva que podemos chamar de crítica ou formativa da avaliação, como Romão (1998) e Hoffmann (2001), sustentam que o professor deve priorizar o viés qualitativo da avaliação sobre o que é ensinado e aprendido, utilizando-se de instrumentos apropriados, acrescentando, em sua prática pedagógica, as práticas avaliativas formativas e contínuas.

Acreditamos que a avaliação da aprendizagem possa alicerçar-se numa perspectiva mediadora, dialógica e formativa. Assim, possibilitaria valorizar os sujeitos educandos, abrindo caminhos para uma aprendizagem significativa. Por isso, pensamos ser importante investigar, compreender como se realiza a avaliação da aprendizagem dentro e fora da sala de aula nas diversas áreas do saber e nos diferentes níveis de ensino.

Segundo a bibliografia da área, as práticas de avaliação da aprendizagem que servem aos interesses do Estado e do mercado explicitam seus objetivos em busca da qualidade. No entanto, constata-se que há, muitas vezes, um mascaramento desse ideal pelas políticas que priorizam resultados, indicadores que favorecem interesses determinados. Castanho (2000, p. 160) destaca os significados da avaliação classificatória e de produto, que vai além da identificação dos objetivos alcançados. Nessa perspectiva "a avaliação é vista como a ferramenta de que se vale a classe dominante para garantir a prioridade a seus filhos nas vagas existentes no sistema de ensino, e ainda atender às demandas por escolarização dos estratos intermediários, seus eventuais aliados, bem como às das classes subalternas, que cumpre apaziguar.

Para o autor, os instrumentos de "avaliação da aprendizagem" nas instituições escolares aparecem, comumente, como mecanismos de controle, traduzindo, dessa forma, o conceito da instituição sobre a pessoa humana, mediando a forma de existir dos cidadãos. É recorrente, no debate educacional, a consciência crítica acerca das práticas avaliativas como evidências de uma racionalidade técnica e objetiva, da determinação do ensino e da promoção da produtividade, em que as "notas", ou os "conceitos", registram e revelam o processo supostamente ensinado e aprendido.

Esse tipo de avaliação, considerado classificatório, punitivo e reprodutivista, cumpre, na maioria das vezes, apenas o objetivo de coletar informações sobre o que o aluno alcançou nos resultados. Ou seja, a avaliação não se caracteriza como um instrumento de avaliação do processo de ensinar e aprender, mas um meio de controle e seleção, classificação dos educandos, dos educadores e das escolas.

Alguns autores consideram imprescindível ao educador aprofundar seus estudos sobre as concepções teóricas e metodológicas de avaliação qualitativa e permanente, como ressalta Hoffmann (2000). Para a estudiosa, os cursos de formação de professores tendem a tornar superficiais esses estudos, e, dessa maneira, o professor acata e acentua o caráter reprodutivista típico da avaliação controladora. Mediante o conhecimento do que seja "avaliar" em distintas abordagens, o educador certamente terá condições de romper com posturas e práticas que têm a mera função de classificar e punir.

Para isso, é importante a participação de todos ao constituir e (re)construir a avaliação escolar na cultura escolar. Segundo Luckesi (1999), devemos combater a "pedagogia do exame". Nas reflexões do autor, fica evidente que a "pedagogia do exame" (naquele momento e, concordamos, ainda hoje) permanece orientando a prática pedagógica nas escolas.

Segundo Perrenoud (1999), uma avaliação formativa requer uma "transparência possível" entre professor e aluno. No entanto, existe uma "cultura comum", que demanda uma "revolução cultural". Se o aluno passa por problemas de aprendizado, em geral não consegue revelar suas dúvidas e seus erros ao professor, com medo de expor-se em boletins e relatórios que poderão ser lidos por outros professores, pelo diretor e pelo inspetor. O "ofício de aluno" ganha sentido pelo receio da exposição e das chacotas dos que o conhecem, levando-o a "iludir, mascarar suas falhas e acentuar seus pontos fortes" (*ibidem*, p. 151). Compreendemos que isso faz parte do cotidiano escolar. Muitos alunos utilizam como "armas" a sedução, a conquista do professor, a memorização do conteúdo na última hora e a "cola" para superar as avaliações da aprendizagem.

A avaliação quase sempre se vincula à promoção ou não do estudante de uma série (ou nível) para outra, apoiada em provas. Perrenoud (*ibidem*, p. 147) enfatiza que, na "imagem que os pais têm da escola, as lições e as provas são valores seguros". O que prevalece é a "nota". Parece que a avaliação não tem nada a ver com a aprendizagem do que foi estudado. O resultado, o produto, o indicador têm mais valor do que o processo de aprendizado construído pelo filho. As manifestações dos pais nas reuniões das escolas são ricas de exemplos que confirmam essa afirmação.

Para Luckesi (1999, p. 24), a "nota" é perseguida tanto por alunos como por professores: ela domina o contexto escolar. Ou, dizendo de outra maneira, a prática pedagógica vive das notas para controlar ou promover, pois

> o professor adora-as quando são baixas, por mostrar sua "lisura" ("não aprovo de graça; sou durão"); por mostrar o seu "poder" ("não aprovo qualquer aluno e de qualquer jeito"). O aluno, por outro lado, está à

procura do "Santo Graal" – a nota. Ele precisa dela, não importa se ela expressa ou não uma aprendizagem satisfatória; ele quer a nota. Faz contas e médias para verificar a sua situação.

Segundo o autor, a "pedagogia do exame" gera algumas consequências. Entre elas, destaca: no campo da pedagogia, "centraliza a atenção nos exames; não auxilia a aprendizagem dos estudantes"; no campo psicológico, "é útil para desenvolver personalidades submissas" e, "sociologicamente, a avaliação da aprendizagem, utilizada de forma fetichizada, é bastante útil para os processos de seletividade social" (*ibidem*, pp. 25-26).

A meu ver, a "pedagogia do exame" é parte da nossa cultura escolar. No entanto, a prova não é em si a vilã da situação, nem a utilização do uso de notas no processo de ensino e aprendizagem é a causa das exclusões. Salientamos que uma das causas é a ausência ou a fragilidade, nos cursos superiores de formação de professores, de estudos, discussões e pesquisas sobre a avaliação da aprendizagem, o que fragiliza a posição política, pedagógica e técnica do docente perante os pais e a comunidade escolar.

Como acentua Villas Boas (2004, p. 115), nos cursos universitários de formação de professores, "o tema avaliação costuma ser incluído na disciplina Didática Geral como último item do programa. Como se sabe, geralmente, o último item nem sempre chega a ser desenvolvido e, quando o é, o tempo a ele destinado é muito curto". Assim, em geral, não há tempo adequado para uma discussão profunda. Desse modo, a avaliação pode, para muitos, constituir-se apenas num mecanismo para oficializar a exclusão não somente social, mas também do conhecimento.

Esteban (2001), por sua vez, nos mostra como a avaliação pode constituir-se num mecanismo de construção do sucesso escolar dos sujeitos. Isso ocorrerá, segundo a autora, quando o professor abandonar o caráter meramente técnico, burocrático, e incorporar, em seu campo, os valores éticos, morais, históricos, culturais e sociais de um povo. Esses princípios ancoram uma prática avaliativa democrática, inclusiva, multicultural, a qual valoriza a diversidade de etnias, gêneros, culturas e valores existentes dentro da realidade escolar. Carvalho (2009) demonstra, a partir de pesquisas realizadas em escolas de educação fundamental, as relações entre a avaliação escolar e o desempenho dos alunos, articuladas às relações de gênero, raça e classe social. A autora nos alerta: a avaliação tem cor, sexo e classe.

Em síntese, no debate educacional, a avaliação da aprendizagem se apresenta em diversas abordagens. As consideradas tradicionais (ou neopositivistas, conservadoras...), ainda recorrentes, segundo as quais, nos processos avaliativos, não há relação dos conteúdos e objetivos de ensino efetivamente construídos na escola com o mundo social vivido. O foco principal é o caráter classificatório e meritocrático. E outras pautadas em concepções educacionais críticas emancipatórias, que focalizam a construção do aprendizado pelo sujeito na relação com os saberes escolares e aqueles construídos na experiência social. Há distinções, nuanças entre as diversas abordagens que se relacionam com as concepções de mundo, de educação e de ensino dos sujeitos-professores e pesquisadores. Conhecê-las, debatê-las é uma tarefa permanente.

Avaliação, currículo e ensino de História: Um campo de relações

A avaliação educacional manifesta intenções pedagógicas, políticas, econômicas, culturais. Logo, os saberes e as práticas pedagógicas e avaliativas dos professores não são neutros: carregam em si as marcas das experiências sociais e históricas. Influenciam e são influenciados pelo tempo e espaço em que são produzidos. Nesse sentido, o currículo é entendido também como um campo de relações e intenções sociais, políticas, econômicas e culturais, pois é parte desse contexto, exerce papel importante como definidor dos saberes e das práticas escolares.

Entendemos que estudar a avaliação é estudar o currículo, é fazer história. É conhecer contextos e lugares de sua constituição. O currículo é temporal. É histórico. Medeia as relações escola, conhecimento e sociedade. É relacional. É busca da compreensão das permanências e das transformações no que se refere aos objetivos da escola – o que ela faz e com quem ela estabelece relações, a quem ela atende e de que modo (Veiga-Neto 1999).

O currículo é reconhecido como histórico, porque representa, marca, interfere na história de seu tempo. Como declara Veiga-Neto (*ibidem*, p. 94), o currículo é um artefato da educação escolarizada. Desse ponto de vista, ele assume diferentes sentidos no contexto da escola porque ele é aquilo que se vive, é um dos elementos que fazem a escola como ela é. Para o autor, "a historicidade do currículo é da sua própria constituição, de modo que não apenas ele tem uma história como ele faz uma história" (*ibidem*, p. 96). Sendo, então, o currículo considerado um artefato da educação escolarizada, "traz para a escola elementos que existem no mundo e cria, na escola, sentidos para o mundo" (*ibidem*, p. 101). Logo, ocupa lugar central na construção identitária dos alunos.

A história do currículo possibilita-nos conhecer um pouco de sua genealogia, de suas tendências e de suas filosofias, conexões que, como campo do conhecimento, estabelece com outras áreas, como a História, a Pedagogia, a Sociologia, a Economia, a Linguística e a Epistemologia (Veiga-Neto 1999). Neste estudo, consideramos a análise sociológica crítica como um dos caminhos para apreender a relação estabelecida entre currículo, escola, avaliação e sociedade (Silva 1999). Entretanto, temos consciência de que esse referencial de análise não é suficiente para abarcar a complexidade da relação escola, currículo, avaliação e realidade social, pois são espaços em constante mudança, o que exige novos olhares teóricos.

Nessa perspectiva, o campo curricular pode ser entendido como o lugar de representação cultural, de avanços/retrocessos, de luta pelo poder, de multiculturas, de exclusão e de escolhas. Para Moreira e Silva (2000, p. 28), o currículo pode ser conceituado como não sendo

> o veículo de algo a ser transmitido e passivamente absorvido, mas o terreno em que ativamente se criará e produzirá cultura. O currículo é, assim, um terreno de produção e de política cultural, no qual os materiais existentes funcionam como matéria-prima de criação, recriação e, sobretudo, de contestação e transgressão.

O currículo, assim entendido, constitui um dos percursos que os interesses sociais e a cultura encontram para se produzirem e se desenvolverem por meio dos códigos e das práticas estabelecidas por ele. Para Lopes (2002, p. 102), os códigos "são princípios regulativos, tacitamente adquiridos, que selecionam e integram os significados relevantes, as formas de realização desses significados e os contextos que evocam tais significados".

Os códigos legitimam determinados conteúdos, valores e culturas adquiridos por intermédio de métodos de aplicação/apreensão que privilegiam certos modos de formar, de avaliar, a partir de exigências econômicas e políticas de uma sociedade situada em um dado momento e espaço. Desse modo, o currículo seleciona, oficializa os objetivos culturais da sociedade.

Para Sacristán (2000, pp. 15-16), o currículo pode ser entendido como a concretização prática de seus códigos.

> O currículo é uma práxis antes que um objeto estático emanado de um modelo coerente de pensar a educação ou as aprendizagens necessárias das crianças e dos jovens, que tampouco se esgota na parte explícita do projeto de socialização cultural nas escolas. É uma prática, expressão, da função socializadora e cultural que determinada instituição tem, que reagrupa em torno dele uma série de subsistemas ou práticas diversas, entre as quais se encontra a prática pedagógica desenvolvida em instituições escolares que comumente chamamos ensino. É uma prática que se expressa em comportamentos práticos diversos. O currículo, como projeto baseado num plano construído e ordenado, relaciona a conexão entre determinados princípios e uma realização dos mesmos, algo que se há de comprovar e que nessa expressão prática concretiza seu valor. É uma prática na qual se estabelece um diálogo, por assim dizer, entre agentes sociais, elementos técnicos, alunos que reagem frente a ele, professores que o modelam etc.

A análise de currículo exige um olhar sobre o que ensinar e como é ensinado. O currículo se concretiza no campo dos saberes e das práticas pedagógicas realizadas na instituição escolar. Campo que não é neutro. Nele, há confluências de relações e interesses humanos em que se intercruzam os anseios sociais vinculados ao poder, representados pelos ideais hegemônicos. Sendo o currículo componente da escola, por consequência é o local de encontros e desencontros dos desejos ideológicos. A prática do currículo estabelece não apenas aceitação, mas resistências configuradas no contexto diário da sala de aula.

O currículo não é apenas o elemento "guia" do trabalho na escola, mas o instrumento veiculador de interesses sociais e culturais contextualizados na prática escolar. Por isso, percebemos que há uma relação íntima entre o currículo, as práticas pedagógicas e as formas avaliativas vinculadas à noção de poder exercida por meio do controle social e econômico, o que se configura por meio do controle do Estado sobre a escola.

O controle social e econômico é, indubitavelmente, desenvolvido não só nas instituições políticas e econômicas, mas também dentro da escola. As áreas de conhecimento formalmente prescritas pelo currículo e as atividades pedagógicas podem ou não estabelecer e reforçar o controle sobre as pessoas. Ou seja, o campo do currículo seleciona e organiza o conhecimento a favor de alguns princípios e valores, que podem ser reproduzidos, aceitos, criticados, rejeitados pelos atores da escola. Por isso, o currículo é contextual, depende de onde e de quem o utiliza.

Frutos da política educacional dos anos 1990, a escola brasileira passou a conviver com novas formas de controle por meio de diferentes mecanismos, entre os quais o currículo nacional comum, os PCNs e os sistemas nacionais e estaduais de avaliação. Em 2007, em continuidade e aprofundamento da política nacional de educação, o MEC lançou "o Plano de Desenvolvimento da Educação (PDE) com o objetivo de melhorar substancialmente a educação oferecida às nossas crianças, jovens e adultos". Esse plano (atualizado em 2011), segundo o documento, "sistematiza várias ações na busca de uma educação equitativa e de boa qualidade e se organiza em torno de quatro eixos: educação básica; educação superior; educação profissional e alfabetização" (p. 4). O plano tem como instrumento básico de aferição de qualidade o instrumento chamado Índice de Desenvolvimento da Educação Básica (Ideb) –

"termômetro da qualidade da educação básica em todos os estados, municípios e escolas no Brasil" –, e articula e combina dois índices, resultados de avaliações: o fluxo escolar que demonstra o número de aprovações e repetências, resultante das informações das escolas ao Programa Educacenso, e o desempenho dos estudantes, avaliado pela Prova Brasil nas áreas de Língua Portuguesa e Matemática. O Ideb de cada escola é divulgado periodicamente e constitui o principal referencial para o financiamento às escolas.

O Instituto Nacional de Estudos e Pesquisas Educacionais Anísio Teixeira (Inep)[4] é o órgão do MEC cuja "missão é promover estudos, pesquisas e avaliações sobre o sistema educacional com o objetivo de subsidiar a formulação e implementação de políticas públicas para a área educacional a partir de parâmetros de qualidade e equidade" (2008, p. 5). O órgão tem sob sua responsabilidade várias avaliações, entre elas o Enem, destinado aos alunos em fase de conclusão do ensino médio ou que já o concluíram. Trata-se de um exame individual "voluntário" que abrange competências e habilidades nas diferentes áreas do conhecimento. A adesão ao exame é crescente, uma vez que várias universidades, públicas e privadas, passaram a usá-lo como critério de acesso ao ensino superior. O Inep realiza também o Exame Nacional para Certificação de Competências de Jovens e Adultos (Encceja). O Programa Internacional de Avaliação de Alunos (Pisa) é realizado pela Organização para a Cooperação e o Desenvolvimento Econômico (OCDE). O Sistema Nacional de Avaliação da Educação Básica (Saeb) é composto por duas avaliações complementares, a Avaliação Nacional da Educação Básica (Aneb) e a Avaliação Nacional do Rendimento Escolar (Anresc-Prova Brasil) e, realizado a cada dois anos, avalia as habilidades dos alunos do segundo ano de escolarização em Língua Portuguesa (leitura) e em Matemática (resolução de problemas). No estado de Minas Gerais, realizam-se outras avaliações que compõem o Sistema Mineiro de Avaliação da Educação Pública (Simave). Observam-se a ampliação e o aperfeiçoamento do sistema de avaliação em grande escala no Brasil como instrumento de controle e subsídio para a formulação e a implantação de políticas educacionais focalizadas.

O currículo nacional comum – PCNs – e os processos avaliativos passaram a exercer significativa influência nas práticas pedagógicas e avaliativas dos professores. Passaram a formatar as propostas curriculares das escolas, os conteúdos a serem ensinados e as metodologias visando atender à demanda dos sistemas avaliativos, além dos instrumentos avaliativos a serem aplicados aos alunos para treiná-los a fazer os "modelos" das provas dos principais exames do país.

Segundo o *Dicionário Houaiss da língua portuguesa* (2001, p. 2.129), a palavra "parâmetro", tão discutida no processo de elaboração dos currículos, criticada pelos especialistas da área e defendida pela então equipe do MEC, significa:

> Variável para a qual se fixa ou à qual se atribui um valor e por seu intermédio se definem outros valores ou funções num dado sistema ou caso; variável cuja medida é indicativa de uma quantidade ou função que não pode ser precisamente determinada por métodos diretos; característica diferencial que é passível de mensuramento ou direta ou indiretamente; elemento de apreciação necessário para julgar determinados fatos cujas variações são acompanhadas de alterações correspondentes na série de fatos estudados e de que depende em particular a solução de um problema; fator, critério; norma, padrão; conjunto de características, especificações.

Logo, como debatemos nos anos 1990, época da formulação pelo MEC, os PCNs têm estreita vinculação com as avaliações nacionais desde a gestação, a concepção, até a implantação. Currículos e avaliações padronizadas caminham juntos.

Ao pensar as relações estabelecidas entre o currículo, a avaliação da aprendizagem e outros elementos da prática escolar, faz-se necessário voltar um pouco o olhar sobre o papel da escola como instituição cultural, social e política na sociedade. Ela não só reproduz como também produz saberes, práticas, valores, culturas. Portanto, o campo do currículo não se limita ao "prescrito" nos documentos oficiais. Envolve as ações, as vivências, os currículos vividos, as práticas avaliativas construídas na cultura escolar.[5]

O currículo, em sua dupla dimensão – prescrito e vivido –, remete-nos a pensar as relações cultura e poder no ensino de História. Macedo e Moreira (2002) enfatizam que, no interior das discussões críticas sobre o currículo, evidenciam-se análises que focalizam a produção de identidades sociais. Nessa linha de análise, o currículo é espaço de seleção cultural, e a cultura é o ambiente de produção de significados gerados no embate, nas disputas, nas relações de poder. A construção de significados contribui, participa da produção de identidades sociais. Nesse sentido, o currículo é concebido como um campo de força, território de cultura e poder.

As escolas são instituições que produzem, controlam e distribuem significados. Nessa perspectiva, o currículo é um território, delimitado pelas relações políticas e de poder, que seleciona a cultura considerada válida. Por isso, é um espaço de poder. Nele são selecionados conhecimentos, procedimentos, valores e ideias que constituem os programas das instituições escolares. As conexões estabelecidas entre a escola e o currículo estão intimamente relacionadas à economia, à cultura, à sociedade, à política, à prática pedagógica e à avaliação da aprendizagem (Oliveira 2006).

Vivemos, no século XXI, um tempo de profundas mudanças nos processos de trabalho, no campo tecnológico, na indústria, na informática, nas telecomunicações, nas ciências. O mundo transformou-se. A globalização econômica concretiza uma nova organização econômica, social, política, e surgem novos processos de distribuição e socialização dos significados, de valores éticos, morais, culturais etc. Logo, as reformas educativas do Estado procuram contemplar as demandas do mercado e da sociedade, que exigem um cidadão/trabalhador/consumidor cada vez mais escolarizado e qualificado para o desenvolvimento econômico, para o desenvolvimento dos processos de trabalho.

Para tanto, o currículo prescrito unificado e as avaliações de desempenho assumem maior centralidade no contexto das reformas educacionais implementadas nos diversos lugares do mundo. De acordo com Lopes (2002), o Banco Interamericano de Desenvolvimento (BID), um dos órgãos financiadores da reforma educacional no Brasil, assim como o Banco Mundial, coloca o currículo no centro das mudanças.

O currículo, para esses órgãos, serve para distribuir o conhecimento considerado oficialmente válido às instituições escolares, facilitando, desse modo, a verificação dos resultados por meio dos mecanismos avaliativos (*ibidem*). Compreendemos que as reformas implementadas se inserem, pois, no processo de globalização econômica e de mundialização da cultura, de oficialização dos currículos comuns.

Os PCNs focalizam a formação cidadã, reforçam a ideia do pertencimento do sujeito a esse mundo, ao mercado, ao país globalizado. A construção de competências pelos estudantes vincula-se aos quatro alicerces da educação redigidos pela Comissão Internacional sobre a Educação para o século XXI.[6] Segundo os PCNs, o "aprender a conhecer", buscar o conhecimento, é a base que qualifica o "aprender a fazer", para a solução de problemas; o "aprender a viver", para trabalhar em equipe; e o "aprender a ser", para saber comunicar-se, ser criativo e crítico. Por "habilidades", entende-se que é o "saber fazer", ou seja, é o saber resolver problemas. Portanto, são decorrentes das competências construídas.

Essas finalidades de desenvolvimento e preparação dos educandos podem ser apreendidas nos "critérios de avaliação" apresentados pelos PCNs de História. Para o terceiro ciclo, que corresponde aos 6º e 7º anos:

- reconhecer relações entre a sociedade, a cultura e a natureza no presente e no passado;
- dimensionar, em diferentes temporalidades, as relações entre a sociedade, a cultura e a natureza;
- reconhecer diferenças entre relações de trabalho construídas no presente e no passado;
- reconhecer laços de identidade e/ou diferenças entre relações de trabalho do presente e do passado;
- reconhecer a diversidade de documentos históricos. (Brasil 1998, pp. 62-63)

Para o quarto ciclo (8º e 9º anos), são estabelecidos os seguintes critérios:

- dimensionar, em diferentes temporalidades, as formas de organização política nacionais e internacionais;
- reconhecer diferenças e semelhanças entre os confrontos, as lutas sociais e políticas, as guerras e as revoluções, do presente e do passado;
- reconhecer características da cultura contemporânea atual e suas relações com a história mundial nos últimos séculos;
- reconhecer algumas diferenças e semelhanças, transformações e permanências entre ideias e práticas envolvidas na questão da cidadania, construídas e vividas no presente e no passado;
- reconhecer a diversidade de documentos históricos;
- organizar ideias articulando-as oralmente, por escrito e outras formas de comunicação. (*Ibidem*, pp. 74-75)

Esses critérios de avaliação se articulam aos objetivos, aos conteúdos prescritos e às orientações didáticas. As instituições escolares passaram a selecionar os conteúdos com base nas competências e habilidades, nos domínios de aprendizagem prescritos pelo documento curricular e pelo PDE. Com esse intuito, há uma vinculação de objetivos de ensino de História com os fins da educação escolar. Logo, o professor deve estar atento para as relações íntimas entre os currículos padronizados, os critérios de avaliação e as práticas educativas em História, pois, explícita ou implicitamente, inconsciente ou deliberadamente, corre-se o risco de limitar, submeter, padronizar e adequar o ensino e aprendizagem em História, amplo e complexo, aos mecanismos de controle e regulação que intentam verificar e classificar de acordo com padrões de qualidade estabelecidos fora da escola.

Considerações e proposições

As diferentes leituras, pesquisas compartilhadas (Oliveira 2006) e as experiências cotidianas com avaliações nos levam a defender e atribuir às práticas avaliativas um caráter diagnóstico, investigativo e processual. Elas devem favorecer a identificação dos problemas, dos níveis de desenvolvimento individual e coletivo, dos significados das práticas, das estratégias, dos modos de construção das aprendizagens. As práticas avaliativas devem guardar coerência com os objetivos, os temas, as metodologias, e possibilitar o enriquecimento do trabalho pedagógico dos professores e a aprendizagem dos alunos. Dessa maneira, avaliar é diagnosticar as reais situações, tendo em vista a continuidade do processo do ensino e aprendizagem em História.

Assim, reiteramos nossa defesa de ações avaliativas processuais por meio da autoavaliação docente e discente, da observação do desempenho e da participação do aluno, individualmente e em grupo, nas diversas situações pedagógicas criadas especialmente para esse fim. A prova constitui-se um dos procedimentos mais utilizados na verificação da aprendizagem em História. Mas não é o único, nem o melhor, nem o pior. Não pode ser o único. É necessário discutir os limites da aplicação das provas e identificar os cuidados necessários no processo de elaboração, correção e utilização de seus resultados.

Os chamados "trabalhos escolares" são também recorrentes na área de História. Precisamos qualificar, definir e explicitar com os alunos os objetivos e os critérios de avaliação para não torná-los um "faz de conta" que eu ensino e que você aprende na aula de História.

Há variadas formas de avaliação e de registro do desempenho escolar, procedimentos que tornam possível não só identificar capacidades, reconhecer habilidades e compreender as aprendizagens dos alunos, tais como: observação, atividades em grupo, confecção de murais, exposições, debates, teatros, entrevistas, relatórios, portfólios (dossiê de informações sobre as atividades), excursões, entrevistas, autoavaliação etc., como também possibilitam diferentes modos de intervenção. Os instrumentos de avaliação diversificados proporcionam diagnosticar no processo a construção de noções, conceitos históricos, a formação de atitudes, valores, saberes e habilidades. Permitem que o debate sobre a pluralidade de vozes, de fontes históricas incorporadas ao processo de ensino e aprendizagem seja contemplado nas ações avaliativas. Portanto, a avaliação diagnóstica e processual favorece a reflexão sobre as práticas pedagógicas, o repensar, o replanejar, a redefinição e revisão de práticas educativas.

Ao ensino de História cabe um papel educativo, formativo, cultural e político. A relação com a construção da cidadania perpassa os diferentes aspectos do ensino e da aprendizagem em História nos diversos contextos da educação brasileira. Desse modo, a avaliação da aprendizagem em História deve contribuir para o processo de reconhecimento e valorização da heterogeneidade, das diferenças, das particularidades, da cidadania, da política e da convivência social e ética. A avaliação educacional como prática social é fundamentalmente uma prática política e cidadã.

Notas

1. Esse texto é uma versão revista e ampliada de texto publicado anteriormente. Veja Guimarães (2009).
2. A esse respeito, veja o artigo "Planejamento e avaliação na escola: Articulação e necessária determinação ideológica", de C. Luckesi. [Disponível na internet: http://www.crmariocovas.sp.gov.br/pdf/ideias_15_p115-125_c.pdf.]
3. A esse respeito, veja, do mesmo autor: "Prática escolar: Do erro como fonte de castigo ao erro como fonte de virtude". [Disponível na internet: http://www.crmariocovas.sp.gov.br/pdf/ideias_08_p133-140_c.pdf.]
4. Esses dados e informações podem ser conhecidos no *site* do MEC: http://www.mec.gov.br/ e do Inep: http://www.inep.gov.br.
5. Sobre o conceito de cultura escolar, sugerimos o texto: Juliá, D. (2001). "A cultura escolar como objeto histórico". *Revista Brasileira de História da Educação*, n. 1, pp. 9-44.
6. Exemplos de obras que enfatizam os saberes necessários no século XXI: Delors, J. (2002). *Educação: Um tesouro a descobrir*. São Paulo: Cortez; Brasília: MEC/Unesco e Morin, E. (2000). *Os sete saberes necessários à educação do futuro*. São Paulo: Cortez.

Referências bibliográficas e sugestões de leituras

AFONSO, A.J. (2000). *Avaliação educacional: Regulação e emancipação. Para uma sociologia das políticas avaliativas contemporâneas*. São Paulo: Cortez.

BRASIL. Lei de Diretrizes e Bases da Educação Nacional – Lei 9.394, de 20 de dezembro de 1996. Brasília: Presidência da República.

_____ (1998). *Parâmetros Curriculares Nacionais: História*. Brasília: MEC/SEF.

_____ (2008). *PDE: Plano de Desenvolvimento da Educação: Prova Brasil 2011: Ensino fundamental: Matrizes de referência, tópicos e descritores*. Brasília: MEC/SEB/ Inep.

CARVALHO, M.P. de (2009). *Avaliação escolar, gênero e raça*. Campinas: Papirus.

CASTANHO, S. (2000). "Ainda avaliar?". *In:* CASTANHO, M.E.L.M. e CASTANHO, S. (orgs.). *O que há de novo na educação superior: Do projeto pedagógico à prática transformadora*. Campinas: Papirus, pp. 159-179.

ESTEBAN, M.T. (2001). "A avaliação no cotidiano escolar". *In:* ESTEBAN, M.T. (org.). *Avaliação: Uma prática em busca de novos sentidos*. Rio de Janeiro: DP&A, pp. 7-28.

_____ (2003). "Ser professora: Avaliar e ser avaliada". *In:* ESTEBAN, M.T. (org.). *Escola, currículo e avaliação*. São Paulo: Cortez.

FREITAS, L.C. (org.) (2002). *Avaliação: Construindo o campo e a crítica*. Florianópolis: Insular.

GUIMARÃES, S. (2009). *Fazer e ensinar História*. Belo Horizonte: Dimensão.

HAYDT, R.C. (2004). *Avaliação do processo ensino-aprendizagem*. São Paulo: Ática.

HOUAISS, Antonio e VILLAR, Mauro de Salles (2001). *Dicionário Houaiss da língua portuguesa*. Rio de Janeiro: Objetiva.

HOFFMANN, J. (2001). *Avaliar para promover: As setas do caminho*. Porto Alegre: Mediação.

_____ (2000). "Mitos da avaliação no 2º e 3º graus". *In:* HOFFMANN, J. *Pontos & contrapontos: Do pensar ao agir em avaliação*. Porto Alegre: Mediação, pp. 75-84.

LOPES, A.C. (2002). "Identidades pedagógicas projetadas pela reforma do ensino médio no Brasil". *In:* MACEDO, E.F. de e MOREIRA, A.F.B.

(orgs.). *Currículo, práticas pedagógicas e identidades*. Porto: Porto Editora, pp. 93-118.

LUCKESI, C.C. (1999). *Avaliação da aprendizagem escolar*. São Paulo: Cortez.

MACEDO, E.F. de e MOREIRA, A.F.B. (2002). "Currículo, identidade e diferença". *In:* MACEDO, E.F. de e MOREIRA, A.F.B. (orgs.). *Currículo, práticas pedagógicas e identidades*. Porto: Porto Editora, pp. 11-33.

MOREIRA, A.F.B. e SILVA, T.T. da (2000). "Sociologia e teoria crítica do currículo: Uma introdução". *In:* MOREIRA, A.F.B. e SILVA, T.T. da (orgs.). *Currículo, cultura e sociedade*. São Paulo: Cortez.

OLIVEIRA, Z.A. de (2006). "Saberes e práticas avaliativas no ensino de História: O impacto dos processos seletivos – Paies e Vestibular/UFU e do Enem na avaliação da aprendizagem no ensino médio". Dissertação de mestrado em Educação. Uberlândia: Universidade Federal de Uberlândia.

PERRENOUD, P. (1999). *Avaliação: Da excelência à regulação das aprendizagens – Entre duas lógicas*. Porto Alegre: Artmed.

RIOS, T. A importância dos conteúdos socioculturais no processo avaliativo. [Disponível na internet: http://www.crmariocovas.sp.gov.br/pdf/ideias_08_p037-043_c.pdf. Acesso em 2/9/2011.]

_____ (2011). O que será da avaliação sem ética?. [Disponível na internet: http://eventos.unipampa.edu.br/seminariodocente/files/2011/03/O_que_sera_da_avalia%C3%A7%C3%A3o_sem_%C3%A9tica_Terezinha-Rios.pdf.]

ROMÃO, J.E. (1998). *Avaliação dialógica: Desafios e perspectivas*. São Paulo: Cortez: Instituto Paulo Freire.

SACRISTÁN, J.G. (2000). *O currículo: Uma reflexão sobre a prática*. Trad. Ernani F. da Fonseca Rosa. Porto Alegre: Artmed.

SILVA, T.T. da (1999). *O currículo como fetiche: A poética e a política do texto curricular*. Belo Horizonte: Autêntica.

VASCONCELLOS, C. dos S. (2005). *Avaliação: Concepção dialética-libertadora do processo de avaliação escolar*. 15ª ed. São Paulo: Libertad.

_____ (2005). *Avaliação da aprendizagem: Práticas de mudança – Por uma práxis transformadora*. 7ª ed. São Paulo: Libertad.

_____ (2002). *Avaliação: Superação da lógica classificatória e excludente: Do "é proibido reprovar" ao é preciso garantir a aprendizagem*. 4ª ed. São Paulo: Libertad.

VEIGA-NETO, A. (1999). "Currículo e história: Uma conexão radical". *In:* COSTA, M.V. (org.). *O currículo nos limiares do contemporâneo*. Rio de Janeiro: DP&A, pp. 93-104.

VILLAS BOAS, B. de F. (2004). "A avaliação em cursos de pedagogia para professores em exercício: Desenvolvendo a autonomia intelectual do professor-aluno". *In:* JUNQUEIRA, S.R.A.; MARTINS, P.L.O. e ROMANOWSKI, J.P. (orgs.). *Conhecimento local e conhecimento universal: Pesquisa, didática e ação docente*. Curitiba: Champagnat.

_____ (2010). *Portfólio, avaliação e trabalho pedagógico*. 7ª ed. Campinas: Papirus.

_____ (2010). *Projeto de intervenção na escola: Mantendo as aprendizagens em dia*. Campinas: Papirus.

BIBLIOGRAFIA PARA O PROFESSOR

Educação e ensino de História

ABREU, Martha e SOIHET, Rachel (orgs.) (2003). *Ensino de História: Conceitos, temáticas e metodologia*. Rio de Janeiro: Casa da Palavra.

ABUD, Kátia (org.) (2005). "Ensino de história – Novos horizontes". *Cadernos Cedes*. Campinas, vol. 25, n. 67, set./dez.

ALMEIDA, Maria Isabel de e EUGENIO, Fernanda (orgs.) (2006). *Culturas jovens: Novos mapas do afeto*. Rio de Janeiro: Zahar.

ALVES, Nilda e GARCIA, Regina L. (orgs.) (2008). *O sentido da escola*. Rio de Janeiro: DP&A.

AMANCIO, Iris Maria da Costa; GOMES, Nilma Lino e SANTOS JORGE, Miriam Lúcia dos (2007). *Literaturas africanas e afro-brasileira na prática pedagógica*. Belo Horizonte: Autêntica.

APPLE, Michael W. (2000). *Política cultural e educação*. São Paulo: Cortez.

AQUINO, R.S.L. (2002). *Futebol: Uma paixão nacional*. Rio de Janeiro: Zahar.

ARENDT, Hannah (1979). "A crise da educação". *In:* ARENDT, Hannah. *Entre o passado e o futuro*. São Paulo: Perspectiva.

ARRUDA, Eliane P. (2011). *Aprendizagens e jogos digitais.* Campinas: Alínea.

BARCA, Isabel (2000). *O pensamento histórico dos jovens: Idéias dos adolescentes acerca da provisoriedade da explicação histórica.* Universidade do Minho: Braga.

BITTENCOURT, Circe F. (org.) (1997). *O saber histórico na sala de aula.* São Paulo: Contexto.

_____ (2004). *Ensino de História; fundamentos e métodos.* São Paulo: Cortez.

_____ (org.) (2007). *Dicionário de datas da História do Brasil.* São Paulo: Contexto.

CABRINI, Conceição et al. (2000). *Ensino de História: Revisão urgente.* São Paulo: Educ.

CAIMI, Flávia H. (2008). A*prendendo a ser professor de História.* Passo Fundo: UPF.

CARDONA, F. Xavier Hernàndez (2002). *Didáctica de las ciências sociais, geografia e historia.* Barcelona: Graó.

CERRI, L. Fernando (org.) (2007). *Ensino de História e educação: Olhares em convergência.* Ponta Grossa: UEPG.

_____ (2011). *Ensino de História e consciência histórica: Implicações didáticas de uma discussão contemporânea.* Rio de Janeiro: Editora FGV.

CHARLOT, Bernard (2000). *Da relação com o saber.* Porto Alegre: Artmed.

_____ (2001). *Os jovens e o saber: Perspectivas mundiais.* Porto Alegre: Artmed.

DUARTE, Orlando (1998). *O Brasil de todas as copas.* São Paulo: Progresso

ESTEBAN, M. Teresa (org.) (2000). *Avaliação: Uma prática em busca de novos sentidos.* Rio de Janeiro: DP&A.

FARIA, Maria Alice (1996). *Como usar o jornal na sala de aula.* São Paulo: Contexto.

FERNÁNDEZ, Florentino Sanz (2006). *El aprendizaje fuera de la escuela. Tradición del pasado y desafío para el futuro.* Madri: Ediciones Académicas.

FERRO, Marc (1990). *Cómo se cuenta la historia a los niños en el mundo entero*. Cidade do México: Fondo de Cultura Económica.

FISHER, Rosa Maria B. (2001). *Televisão e educação. Fruir e pensar a TV*. Belo Horizonte: Autêntica.

FRANZINI, F. (2005). "Futebol é 'coisa para macho'? Pequeno esboço para uma história das mulheres no país do futebol". *Revista Brasileira de História*, vol. 25, n. 50, São Paulo, jul./dez.

FREIRE, Paulo (2002). *Pedagogia da autonomia: Saberes necessários à prática educativa*. Rio de Janeiro: Paz e Terra.

GATTI JR., Décio (2004). *A escrita escolar da História: Livro didático e ensino no Brasil* (1970-1990). Bauru: Edusc/Uberlândia: Edufu.

GOODSON, Ivor F. (1995). *Currículo – Teoria e história*. Petrópolis: Vozes.

_____ (2006). *As políticas de currículo e de escolarização*. Petrópolis: Vozes.

GUIMARÃES, Selva (2007). *Ser professor no Brasil: História oral de vida*. 2ª ed. Campinas: Papirus.

_____ (org.) (2009). *Ensinar e aprender História: Formação, saberes e práticas educativas*. Campinas: Átomo & Alínea.

_____ (2010). *Caminhos da História ensinada*. 12ª ed. Campinas: Papirus.

GUIMARÃES, Selva e GATTI JR., Décio (orgs.) (2011). *Perspectivas do ensino de História: Ensino, cidadania e consciência histórica*. Uberlândia: Edufu.

HARGREAVES, Andy (2004). *O ensino na sociedade do conhecimento*. Porto Alegre: Artmed

HERNANDEZ, L. Leite (2008). *A África na sala de aula: Visita à história contemporânea*. São Paulo: Selo Negro Edições.

KARNAL, Leandro (org.) (2003). *História na sala de aula: Conceitos, práticas e propostas*. São Paulo: Contexto.

MALHANO, C.E.M. de B. e MALHANO, H.B. (1998). *Memória social dos esportes: São Januário – Arquitetura e história*. Rio de Janeiro: Maud.

MARTINS, Maria do Carmo (2002). *A história prescrita e disciplinada nos currículos escolares: Quem legitima esses saberes?*. Bragança Paulista: Edusf.

MIRANDA, Sônia Regina (2007). *Sob o signo da memória. Cultura escolar, saberes docentes e história ensinada*. São Paulo: Edunesp/UFJF.

MONIOT, H. (1993). *Didatique de l'histoire*. Paris: Nathan.

MONTEIRO, Ana Maria F.C.; GASPARELLO, Arlette Medeiros; MAGALHÃES, Marcelo de Souza (orgs.) (2007). *Ensino de História: Sujeitos, saberes e práticas*. Rio de Janeiro: Mauad X/ Faperj.

_____ (2007). *Professores de História: Entre saberes e práticas*. Rio de Janeiro: Mauad X.

MOREIRA, Antonio F.; ALVES, Maria P.C. e GARCIA, Regina L. (orgs.) (2006). *Currículo, cotidiano e tecnologias*. Araraquara: Junqueira & Marin.

MOREIRA, Antonio F. e CANDAU, Vera Maria (2007). "Currículo, conhecimento e cultura". *In:* BRASIL, MEC, SEB. *Indagações sobre currículo: Currículo conhecimento e cultura*. Brasília: MEC/SEB.

_____ (orgs.) (2008). *Multiculturalismo: Diferenças culturais e práticas pedagógicas*. Petrópolis: Vozes.

MORIN, Edgar et al. (2002). *A religação dos saberes*. Rio de Janeiro: Bertrand Brasil.

NAPOLITANO, Marcos (1999). *Como usar a televisão na sala de aula*. São Paulo: Contexto.

_____ (2002). *História & música: História cultural da música popular*. Belo Horizonte: Autêntica.

OLIVEIRA, Margarida Maria Dias de e STAMATTO, Maria Inês Sucupira (orgs.) (2007). *O livro didático de História: Políticas educacionais, pesquisas e ensino*. Natal: Ed. da UFRN.

OLIVEIRA, Sandra R.F. de e MIRANDA, Sônia R. (orgs.) (2010). "Educar para a compreensão do tempo". *Cadernos Cedes*, vol. 30, n. 82.

PAGÈS, Joan e SANTISTEBAN, Antoni Fernández (2009). "Câmbios e continuidades: Aprender a temporalidade histórica". *In:* FONSECA,

Selva G. *Ensino fundamental: Conteúdos, metodologias e práticas.* Campinas: Alínea.

PAIVA, Eduardo França (2004). *História & imagens.* Belo Horizonte: Autêntica.

PEREIRA, Júnia *et al.* (2007). *Escola e museu: Diálogos e práticas.* Belo Horizonte: SEC/PUC/CEFOR.

PEREIRA, L.A. de M. (1998). *Footballmania: Uma história social do futebol no Rio de Janeiro (1902-1938).* Rio de Janeiro: Nova Fronteira.

PERRENOUD, Philippe (1999). *Avaliação: Entre duas lógicas.* Porto Alegre: Artmed.

RAMOS, F.R.L. (2007). *A danação do objeto: O museu no ensino de História.* Chapecó: Argos.

REZENDE, Maria José de (2001). *A ditadura militar no Brasil: Repressão e pretensão de legitimidade 1964-1984.* Londrina: Eduel.

ROCHA, Helenice A. Bastos; MAGALHÃES, Marcelo de Souza e TEIXEIRA, Rebeca Gontijo (orgs.) (2009). *A escrita da História escolar: Memória e historiografia.* Rio de Janeiro: FGV.

SACRISTÁN, J. Gimeno (1998). *Poderes instáveis em educação.* Porto Alegre: Artmed.

_____ (2002). *Educar e conviver na cultura global.* Porto Alegre: Artmed.

SANTOS, Joel Rufino dos (1990). *A questão do negro na sala de aula.* São Paulo: Ática.

SCHMIDT, Maria Auxiliadora e BARCA, Isabel (orgs.) (2009). *Aprender Histórias: Perspectiva da educação histórica.* Ijuí: Editora Unijuí.

SCHMIDT, Maria Auxiliadora; BARCA, Isabel e MARTINS, Estevão de Rezende (orgs.) (2010). *Jörn e o ensino de história.* Curitiba: Ed. da UFPR.

SCHMIDT, Maria Auxiliadora e CAINELLI, Marlene R. (2004). *Ensinar História.* São Paulo: Scipione.

SCHMIDT, Maria Auxiliadora e GARCIA, Tânia Braga (orgs.) (2006). "Educar em Revista". *Dossiê Educação Histórica.* Curitiba: UFPR.

SERRANO, Carlos e WALDMAN, Maurício (2010). *Memória d'*África*: A temática africana na sala de aula.* 3ª ed. São Paulo: Cortez.

SEVCENKO, N. (1994). "Futebol, metrópoles e desatinos". *Revista USP.* [Disponível na internet: http://www.usp.br/revistausp/22/04-nicolau.pdf.]

SILVA, Aracy Lopes da e GRUPIONI, Luís Donisete B. (org.) (1995). *A temática indígena na escola: Novos subsídios para professores de 1º e 2º graus.* Brasília/São Paulo: MEC/Mari/Unesco.

SILVA, Marcos Antonio da e GUIMARÃES, Selva (2007). *Ensinar História no século XXI: Em busca do tempo entendido.* Campinas: Papirus.

SILVA, Marcos Antonio da e RAMOS, Alcides Freire (org.) (2011). *Ver História: O ensino vai aos filmes.* São Paulo: Hucitec.

SIMAN, Lana. M. e FONSECA, Thaís. N. de L. e (orgs.) (2001). *Inaugurando a História e construindo a nação: Discursos e imagens no ensino de História.* Belo Horizonte: Autêntica.

SODRÉ, Lilian Abreu (2010). *Música africana na sala de aula*: *Cantando, tocando e dançando nossas raízes negras.* São Paulo: Duna Dueto.

WITTER, J.S. (1990). *O que é futebol?.* São Paulo: Brasiliense.

_____ (1996). *Breve história do futebol brasileiro.* São Paulo: FTD.

ZAMBONI, Ernesta (org.) (2007). *Digressões sobre o ensino de História.* Itajaí: Maria do Cais.

ZAMBONI, Ernesta e DEL ROSSI, Vera L.S. (orgs.) (2003). *Quanto tempo o tempo tem?.* Campinas: Alínea.

ZAMBONI, Ernesta e GUIMARÃES, Selva (orgs.) (2008). *Espaços de formação de professores de História.* Campinas: Papirus.

Memória, História e historiografia

BOSCHI, Caio César (2007). *Por que estudar História?.* São Paulo: Ática.

BOSI, Ecléa (1983). *Memória e sociedade; lembrança de velhos.* São Paulo: T.A. Queiróz/Edusp.

_____ (2003). *O tempo vivo da memória-ensaios de psicologia social*. São Paulo: Ateliê Editorial.

BRAGA, Luciano e MELO, Elisabete (2010). *História da África e afro-brasileira: Em busca de nossas raízes*. São Paulo: Selo Negro.

BRESCIANI, Stella e NAXARA, Márcia (orgs.) (2004). *Memória e (res)sentimentos. Indagações sobre uma questão sensível*. Campinas: Edunicamp.

BURKE, Peter (1991). *Revolução Francesa da Historiografia: A escola dos Annales*, 1929/1989. São Paulo: Editora da Unesp.

_____ (2003). *Hibridismo cultural*. São Leopoldo: Editora Unisinos.

CARDOSO, Ciro Flamarion S. e VAINFAS, Ronaldo (org.) (1997). *Domínios da História: Ensaios de teoria e metodologia*. Rio de Janeiro: Campus.

CERTEAU, Michel de (1982). *A escrita da história*. Rio de Janeiro: Forense.

_____ (1994). *A invenção do cotidiano*. Petrópolis: Vozes.

CHARTIER, Roger (1990) (1995). *A história cultural: Entre práticas e representações*. Lisboa: Difel.

CHAUI, Marilena (2000). *Brasil: Mito fundador e sociedade autoritária*. São Paulo: Fundação Perseu Abramo.

CHESNEAUX, Jean (1995). *Devemos fazer tábula rasa do passado?*. São Paulo: Ática.

COLEÇÃO HISTÓRIA GERAL DA ÁFRICA (2010) (*em português* – 8 volumes). Brasília: Unesco, Secad/MEC, UFSCar. [Disponível na internet: http://www.unesco.org/pt/brasilia/dynamic.]

CUNHA, Manuela Carneiro da (org.) (2008). *História dos índios no Brasil*. 2ª ed. São Paulo: Companhia das Letras.

CUNHA JUNIOR, Henrique (2004). *Tear africano: Contos afrodescendentes*. São Paulo: Selo Negro Edições.

DEL PRIORI, Mary (org.) (1996). *História das mulheres no Brasil*. São Paulo: Contexto.

DEL PRIORI, Mary *et al.* (1998). *Documentos de História do Brasil*. São Paulo: Scipione.

DEL PRIORI, Mary e VENÂNCIO, Renato P. (2003). *O livro de ouro da História do Brasil*. Rio de Janeiro: Ediouro.

DOSSE, François (2001). *A história à prova do tempo*. São Paulo: Edunesp.

FERRO, Marc (2009). *O ressentimento na História*. Rio de Janeiro: Agir.

FRANCISCO, Flávio Thales Ribeiro (2008). *Laços atlânticos: A imigração africana em São Paulo*. São Paulo: Diáspora.

HALL, Stuart (2004). *A identidade cultural na pós-modernidade*. Rio de Janeiro: DP & A.

HOBSBAWN, Eric (1995). *A era dos extremos: O breve século XX 1914-1991*. 2ª ed. São Paulo: Companhia das Letras.

_____ (1998). *Sobre a História: Ensaios*. São Paulo: Companhia das Letras.

ISHIKAWA, Tatsuzô (2008). *Sobô: Uma saga da imigração japonesa*. Trad. Maria Fusako Tomimatsu, Monica Setuyo Okamoto e Takao Namekata. Cotia: Ateliê.

JENKINS, Keith (2005). *A História repensada*. São Paulo: Contexto.

LE GOFF, Jacques (org.) (1986). *História e história nova*. Lisboa: Teorema.

_____ (1990). *A história nova*. São Paulo: Martins Fontes.

_____ (1992). *História e memória*. Campinas: Edunicamp.

LOPEZ, Adriana e MOTA, Carlos Guilherme (2008). *História do Brasil. Uma interpretação*. São Paulo: Senac.

MATTOS, Regiane Augusto de (2007). *História e cultura afro-brasileira*. São Paulo: Contexto.

MELATTI, Julio Cezar (2007). *Índios do Brasil*. São Paulo: Edusp.

MOURA, Clóvis (1981). *Rebeliões da senzala*. São Paulo: Ciências Humanas.

NOVAES, Adauto (1992). *Tempo e história*. São Paulo: Companhia das Letras.

NOVAIS, Fernando (coord.). *História da vida privada no Brasil*. São Paulo: Companhia das Letras. Vol. 1 – SOUZA, Laura de Mello e (org.) (1997). *Cotidiano e vida privada na América portuguesa*; Vol. 2 – ALENCASTRO,

Luiz Felipe (org.) (1997). *Império: A corte e a modernidade nacional*; Vol. 3 – SEVCENKO, Nicolau (org.) (1998). *República: Da belle époque à era do rádio*; Vol. 4 – SCHWARCZ, Lilia Moritz (org.) (1998). *Contrastes da intimidade contemporânea.*

NOVAIS, Fernando e SILVA, Rogério Forastieri da (orgs.) (2011). *Nova história em perspectiva*, vol. 1. São Paulo: Cosac Naify.

OLIVEIRA, Lucia Lippi (2002). *O Brasil dos imigrantes.* Rio de Janeiro: Zahar.

RESENDE, Maria Efigênia Lage de e VILLALTA, Luiz Carlos (orgs.) (2007). *História de Minas Gerais: As Minas setecentistas I.* Belo Horizonte: Autêntica/Companhia do Tempo, v. 1.

_____ (2007). *História de Minas Gerais: As Minas setecentistas II.* Belo Horizonte: Autêntica/Companhia do Tempo, v. 2.

SAMARA, Eni de Mesquita e SILVEIRA, Ismênia S.T. (2006). *História & documento e metodologia de pesquisa.* Belo Horizonte: Autêntica.

SCHWARCZ, Lilia Moritz e REIS, Letícia V. de Sousa. (1996). *Negras imagens: Ensaios sobre cultura e escravidão no Brasil.* São Paulo: Estação Ciência/Edusp.

SEAL, Mark (2010). *Na África Selvagem: Uma emocionante história real.* Rio de Janeiro: Zahar.

SEGANFREDO, Carmem e FRANCHINI, Ademilson S. (2008). *As melhores histórias da mitologia africana.* Porto Alegre: Artes e Ofícios.

SEVCENKO, Nicolau (2000). *Pindorama revisitada: Cultura e sociedade em tempos de virada.* São Paulo: Peirópolis.

_____ (2001). *A corrida para o século XXI.* São Paulo: Companhia das Letras.

SOUZA, Laura de Mello e (2006). *O Sol e a sombra: Política e administração na América portuguesa do século XVIII.* São Paulo: Companhia das Letras.

SOUZA, Marina de Mello e (2008). África e Brasil africano. 2ª ed. São Paulo: Ática.

VAINFAS, Ronaldo (2000). *Dicionário do Brasil colonial: 1500-1808.* Rio de Janeiro: Objetiva.

_____ (2010). *A heresia dos índios: Catolicismo e rebeldia no Brasil colonial*. 4ª ed. São Paulo: Companhia das Letras.

_____ (2010). *Jerusalém colonial: Judeus portugueses no Brasil holandês*. Rio de Janeiro: Civilização Brasileira.

VENANCIO, José Carlos (2010). *O fato africano: Elementos para uma sociologia da África.* Recife: Massangana.

VESENTINI, Carlos A. (1997). *A teia do fato.* São Paulo: Hucitec.

VIEIRA, Maria do Pilar *et al.* (2007). *A pesquisa em História.* 5ª ed. São Paulo: Ática.

Documentos

BRASIL (1998). *Lei de Diretrizes e Bases da Educação Nacional*. Rio de Janeiro: Qualitymark.

_____ (1998). *Parâmetros Curriculares Nacionais: História. 5ª a 8ª séries.* Brasília: MEC/SEF.

_____ (2003). *Diretrizes operacionais para a educação básica nas escolas do campo*. Brasília: MEC, abr.

_____ (2005). *Diretrizes Curriculares Nacionais para a Educação das Relações Étnico-Raciais e para o Ensino de História e Cultura Afro-Brasileira e Africana*. Brasília: MEC, Secad.

SITES PARA O PROFESSOR

1. MEC – Ministério da Educação
   http://www.mec.gov.br
   Informações sobre a educação no Brasil, programas e projetos, notícias e *links* de interesse – documentos sobre o ensino de História, leis, diretrizes, publicações, currículos etc.

2. Inep – Instituto Nacional de Pesquisas Educacionais Anísio Teixeira
   http://www.inep.gov.br
   Sistema de informações, pesquisas e estatísticas educacionais. Acesso a publicações e resultados de avaliações de ensino.

3. Iphan – Instituto do Patrimônio Histórico e Artístico Nacional
   http://www.iphan.gov.br
   Órgão do Ministério da Cultura que tem a missão de preservar o patrimônio cultural brasileiro.

4. Revista eletrônica do Iphan
   http://www.revista.iphan.gov.br

5. Ministério da Cultura
   http://www.cultura.gov.br

6. Ministério do Meio Ambiente
   http://www.mma.gov.br

7. Secretaria de Políticas de Promoção da Igualdade Racial
   http://www.seppir.gov.br/
   Órgão da Presidência da República.

8. Secretaria Especial de Políticas para as Mulheres
   http://www.presidencia.gov.br/spmulheres

9. Associação Brasileira de Estudos Populacionais
   http://www.abep.org.br

10. Fundação Cultural Palmares
    http://www.palmares.gov.br
    Entidade pública ligada ao Ministério da Cultura.

11. IBGE – Instituto Brasileiro de Geografia e Estatística
    http://www.ibge.gov.br
    Estatísticas, mapas e informações sobre o Brasil.

12. IBGE 7 a 12 anos
    http://www.ibge.gov.br/7a12/
    IBGE *Teen*
    www.ibge.gov.br/ibgeteen
    Site do IBGE com informações sobre o Brasil, história, geografia, mapas, dados.

13. Plenarinho
    http://www.plenarinho.gov.br
    Principal canal de interação entre a Câmara dos Deputados e o universo infantojuvenil (crianças de 7 a 12 anos, pais, professores e educadores). Por meio de uma linguagem

acessível e lúdica, o portal informa sobre o Poder Legislativo, elaboração de leis e atuação parlamentar, política, democracia e organização do Estado.

14. Capes – Coordenação de Aperfeiçoamento de Pessoal de Nível Superior
http://www.capes.gov.br
Banco de teses – resumos de teses e dissertações apresentadas no Brasil desde 1987.

15. CNPq – Conselho Nacional de Desenvolvimento Científico e Tecnológico
http://www.cnpq.br

16. Fapemig – Fundação de Amparo à Pesquisa do Estado de Minas Gerais
http://www.fapemig.br

17. Fapesp – Fundação de Amparo à Pesquisa do Estado de São Paulo
http://www.fapesp.br

18. Faperj – Fundação de Amparo à Pesquisa do Estado do Rio de Janeiro
http://www.faperj.br

19. Fundação Araucária
http://www.fundacaoaraucaria.org.br
Fomento à pesquisa paranaense.

20. Anped – Associação Nacional de Pesquisa e Pós-graduação em Educação
http://www.anped.org.br
Publicações, eventos, discussões, pesquisas e pesquisadores na área educacional.

21. Anpuh – Associação Nacional de História
    http://www.anpuh.org
    Publicações, eventos, discussões, pesquisas e pesquisadores na área de História e ensino de História.

22. Abeh – Associação Brasileira de Ensino de História
    http://abeh.org.br

23. Cimi – Conselho Indigenista Missionário
    http://www.cimi.org.br

24. Funai – Fundação Nacional do Índio
    http://www.funai.gov.br

25. Unicef – Fundo das Nações Unidas para a Infância
    http://www.unicef.org.br
    Site do Unicef, textos sobre o desenvolvimento infantil, ações em prol das crianças no Brasil e no mundo, como ajudar, muitas dicas e formas de praticar a solidariedade e lutar por um mundo melhor, para todos.

26. Instituto Socioambiental
    http://www.socioambiental.org

27. Biblioteca Nacional Brasil
    http://www.bn.br
    O *site* é referência para todas as bibliotecas do país, com farta documentação e imagens digitalizadas, além de informações e serviços.

28. *Revista Brasileira de História*
    http://www.scielo.br/scielo.php?script=sci_serial&pid=0102-0188
    Principal periódico científico brasileiro da área de História – publicado pela Anpuh.

29. Unesco – Organização das Nações Unidas para a Educação, a Ciência e a Cultura/Brasil
    http://www.unesco.org.br
    Publicações, *links*, notícias, eventos e serviços.

30. *Revista de História da Biblioteca Nacional*
    http://www.revistadehistoria.com.br
    De forma sintética e acessível, esse *site* disponibiliza centenas de artigos a respeito da história e pré-história de Minas Gerais.

31. Revista *Varia Historia*
    http://www.scielo.br/scielo.php?script=sci_serial&pid=0104-8775&lng=en&nrm=iso
    A revista *Varia Historia* é uma publicação do Departamento de História da Universidade Federal de Minas Gerais (UFMG).

32. Arquivo Público Mineiro
    http://www.siaapm.cultura.mg.gov.br
    Trata-se do Sistema Integrado de Acesso ao Arquivo Público Mineiro, mecanismo de busca que permite a consulta a documentos manuscritos coloniais, jornais, fotografias e mapas do século XIX, assim como a filmes oficiais do século XX.

33. Brasiliana USP
    http://www.brasiliana.usp.br
    Nessa biblioteca digital, são possíveis a consulta e a leitura integral de centenas de livros a respeito da história de Minas Gerais, cabendo destacar as obras dos inconfidentes Cláudio Manuel da Costa e Tomás Antonio Gonzaga.

34. Cinemateca Brasileira
    http://www.cinemateca.com.br
    Esse *site* tem uma base de dados com todos os títulos dos filmes produzidos no Brasil. Há eventualmente trechos desses filmes; também são disponibilizados vídeos da antiga TV Tupi, dos anos 1960.

Especificações técnicas

Fonte: Times New Roman 11 p
Entrelinha: 14 p
Papel (miolo): Offset 75 g/m^2
Papel (capa): Cartão 250 g/m^2